曾国藩的正面与侧面

《曾国藩家书》与曾氏家风文化

张宏杰／著

②

岳麓書社 博集天卷 CS-BOOKY

图书在版编目（CIP）数据

曾国藩的正面与侧面 . 2 / 张宏杰著 . -- 长沙：岳麓书社，2017.2（2022.7 重印）
ISBN 978-7-5538-0668-6
Ⅰ . ①曾… Ⅱ . ①张… Ⅲ . ①曾国藩（1811—1872）—人物研究 Ⅳ . ① K827=52
中国版本图书馆 CIP 数据核字（2016）第 295157 号

ZENG GUOFAN DE ZHENGMIAN YU CEMIAN .2
曾国藩的正面与侧面 . 2
作　　者：张宏杰
责任编辑：奉懿梓
监　　制：秦　青
特约策划：张　卉
特约编辑：列　夫
营销编辑：吴　思　李　帅
版式设计：李　洁
封面设计：余　雷
岳麓书社出版
地址：湖南省长沙市爱民路 47 号
直销电话：0731-88804152　88885616
邮编：410006
2017 年 2 月第 1 版　2022 年 7 月第 4 次印刷
开本：680×955　1/16
印张：24
字数：350 千字
书号：ISBN 978-7-5538-0668-6
定价：59.80 元
承印：三河市天润建兴印务有限公司

若有质量问题，请致电质量监督电话：010-59096394
团购电话：010-59320018

目 录

//
自　序
//

在父子兄弟之间：曾国藩的家庭之道

一

因为写《曾国藩的正面与侧面》，我曾经接触过一位曾氏后人。他是一位退休工程师。我问他，您对曾国藩这个人是什么印象？曾国藩家书、湘乡曾氏的家风，对您从小有什么影响？

他一开口，先咳了一声，说："我对曾国藩，其实没印象。要说有印象，那就是这个人是我们家族的耻辱。为什么呢？因为在我成长的年代，曾国藩是'汉奸''卖国贼'啊，所以我们家里有一个默契，从来没有人提曾国藩。曾国藩是我们的'原罪'，我们都夹着尾巴做人。更别说读曾国藩家书，到哪儿找去啊。改革开放以前，全中国你上哪儿找曾国藩家书去？所以曾国藩家书，你们读过，我以前还真没读过。你要我说曾氏家族的家风对我的影响，我还真说不上来。"

媒体这两年经常讲"家风文化"。有一天，我去拜访戴逸先生，戴老是常熟人，常熟有很多文化世家。他说，过去那些大家族出来的人，很多人气质风度确实很好，特别礼貌特别有分寸。那是一个家族多少代滋长积淀下来的东西。他说，他还曾和湘乡曾氏的后人共事过。曾国荃的玄孙女曾宪楷新中国成立后一直在人大清史所工作。戴老说，曾宪楷的待人接物，真是有一股大家风范，为人修养极好，特别谦和，特别乐于助人。传统社会的大家族，是有所谓"封建落后”的东西，但是也有很多有价值的传统。

戴老说，家风家教确实是一种看得见、感受得着的东西，是切切实实地影响着每个人的，因此文化传统的主要传递方式就是家风家教。不过现在很多东西已经荡然无存了。要想延续家风文化，我们还需要从根上捡拾。

二

曾氏家族的家风，最主要的塑造者当然是曾国藩。

作为一个儒者，曾国藩一生立身行事，是按《大学》的逻辑架构展开的，因此他的一生，只做了四件事：修身、齐家、治国、平天下。

有人比较曾国藩和胡林翼，认为曾国藩不如胡林翼“忠纯”。确实，在胡林翼的心中，国重于家，他一生立身行事很少虑及家族和亲人，为朝廷做到了鞠躬尽瘁，死而后已。相比之下，曾国藩的“杂念”要多很多。

曾国藩虽然自诩治军严明，对诸将一视同仁，但是谁都能看得出，曾国藩对自己的兄弟们一直明显偏向。湘军当中，曾国荃、曾国葆的势力扩充得非常迅速，军饷、器械比其他人要充足得多。安庆之战和天京之战中，他都安排自己的兄弟曾国荃围城，城下之后可以获得头功，却安排其他人担任更为艰苦也更不易建功的打援任务。结果安庆功成之后，曾国荃所获独丰，多隆阿却怀恨离开湘军集团。

曾国藩虽然自身非常清廉，但是对弟弟曾国荃在战争中的劫掠却睁一只眼闭一只眼。因为他知道，曾国荃并不是为自己一人贪，而是为了“照顾”整个曾氏家族。正是在他的放纵下，曾国荃积累起了数万身家。

曾国藩在家书中不停地讨论自己家族的兴衰，“我家气运太盛，不可不格外小心，以为持盈保泰之道”。他自己的出处进退考虑，很多时候都是和对家族命运的考虑联系在一起的。“此次安庆之得失，关系吾家之气运，即关系天下之安危。”

到了晚年，天心已定，国运难挽，精力衰疲，诸事棘手，曾国藩唯一感到欣慰的，就是家中添丁进口，家族日渐兴旺。“吾自五十以后百无所求，惟望星冈公之后丁口繁盛，此念刻刻不忘。”“兄年来衰态日增，他无所图，专盼家中添丁。”

总之，曾国藩一生有两个核心焦虑：一个是自己能不能成为圣贤，挽救国家，另一个是曾氏家族能不能光大和永久。在曾国藩心目中，家族的兴衰，不亚于朝廷的兴亡。毕竟，没有了大清王朝，曾氏家族也要继续生存下去。

曾国藩和胡林翼之所以有如此差别，一个重要原因也许是两人身处于不同的家族之中：胡林翼是独生子，又膝下无儿，领兵之时父亲也已经去世，没有太多的直系亲属可以挂念；而曾国藩有兄弟五人，姊妹四人，上有父母，下有二子。在中国人的文化传统里面，家大于国，孝高于忠。一个人，可以为父绝君，却不能为君绝父。[①]因此曾国藩必须家国兼顾。在为国家鞠躬尽瘁的同时，他对家庭、对家族也投入了巨大的时间和精力。这些努力的印迹，就是今天的《曾国藩家书》。

三

读《曾国藩家书》，我们首先感受到的，是曾国藩对家族极强的责任心。

曾国藩是家中长子，族中长孙，是家族中责任最重的一个人。曾国藩对诸弟的学习和成长是非常尽责的。现存《曾国藩家书》中最早的一封致诸弟书，写于道光二十二年（1842年）九月十八日。在这封信中，曾国藩说：

> 予生平于伦常中，惟兄弟一伦抱愧尤深。盖父亲以其所知者尽以教我，而我不能以吾所知者尽教诸弟，是不孝之大者也。

---

① 郭店楚简云：“为父绝君，不为君绝父。”

这是曾国藩的自谦之语。事实上，曾国藩一直在努力“以吾所知者尽教诸弟”。刚到北京为官之时，他就要求弟弟们把作文定期寄京，不惮烦苦，亲加批阅。

有一句话，说湖南人只有“出湖”之后，才有出息。意思是说，湖南人虽然有奋斗精神，但是湖南毕竟封闭偏僻，风气保守。所以湖南人不出洞庭湖，终是井底之蛙。

如果这样说，那么万山之中的湘乡荷叶塘就更是井底中的井底了。曾国藩作为一只幸运的青蛙，一跃到了北京，他眼中的大千世界，无比新奇壮阔。所以他在京期间，一有所见、所获、所得，都急着第一时间汇报与诸弟，与兄弟们分享，唯恐一日之迟。所以曾国藩京官早期的家书，就是井外之蛙向井内的殷殷致语。这部分家书，多长篇大论，其功夫不在写翰林大卷之下。诸弟的成长、成就，就是他的责任。这个责任，他负得辛苦，也负得愉快。

带兵打仗期间，他写给曾国荃、曾国华、曾国葆的家书，仍然同在京时一样，殷切详尽，只不过分享的内容，从诗文写作、理学修炼，变成了如何带兵打仗，如何与上下级相处。正是在他手把手的教导下，曾国荃从一个土秀才变成了天下名将、封爵开府。如果没有曾国藩的提携，曾国荃很可能以一个乡村塾师的身份终老此生。

四

《曾国藩家书》的第二个特点是真实、坦率。

作为一个理学家和老资格的官僚，曾国藩在很多时候说话做事是非常有保留的。甚至他的日记都记得非常谨慎，绝少品评政治。

但是，他在家书中的状态却非常真实，毫无保留。他在这些文字当中分享了自己最深刻的人生经验，表现了自己最真实的生命状态。曾国藩在家书中公然和家人讨论他年轻时是否得过梅毒，汇报自己娶妾的过程。他对家人说话非常直接，正如他自己所说，“余之行事，每自以为至诚可质天地，何妨直情径行”。有的时候不免因为过于直接惹得家人恼怒。“昨接四弟信，始知家人天亲之地，亦有时须委曲以行之者。吾过矣，吾过矣。”

曾国藩家书的第三个特点是平易。

曾国藩是一个“平庸”的人。他没有同时代的胡林翼那样的手段、左宗棠那样的凌厉、李鸿章那样的明快，更没有前人诸葛亮那样的智谋、曹操那样的雄霸、王阳明那样的超绝。他是古今中外名人中，最没有天分的一个，常常被他人甚至自己的弟弟曾国荃瞧不起。

他一生没有说过什么惊人之语，家书也都是老生常谈。但和他人不同的是，首先曾国藩所说的，都先经过了自己的反复思考，确有所得、确有体会，他才会对别人说。其次，他所说的，自己都做到了，或者说，要求别人做到的，他都首先做到了，这就让他的家书有与众不同的说服力。梁启超在谈到曾国藩所总结出来的人生道理时也说：“彼其所言，字字皆得之阅历，而切于实际，故其亲切有味，资吾侪当前之受用者，非唐宋以后儒先之言所能逮也。”他所说的话，字字都是从阅历中来，符合实际，所以亲切有味，可以使我们受益无穷，不是唐宋之后的那些儒生所能比拟的。

那么，曾国藩对兄弟子侄们老生常谈的都有哪些呢？

第一是和。儒家兄弟伦理当中，首重“和”字，最怕的是“不和”。曾国藩自己曾在家书中说过：“兄弟和，虽穷氓小户必兴；兄弟不和，虽世家宦族必败。”

因此，兄弟之间不能有妒忌和机心：“我去年曾与九弟闲谈，云为人子者，若使父母见得我好些，谓诸兄弟俱不及我，这便是不孝；若使族党称道我好些，谓诸兄弟俱不如我，这便是不弟。何也？盖使父母心中有贤愚之分，使族党口中有贤愚之分，则必其平日有讨好底意思，暗用机计，使自己得好名声，而使其兄弟得坏名声，必其后日之嫌隙由此而生也。”

曾国华去世之后，曾国藩在家书中说：“去年我兄弟意见不和，今遭温弟之大变。和气致祥，乖气致戾，果有明征。嗣后我兄弟当以去年为戒，力求和睦。”

第二是立志。“立志”或者说确立一个终生的奋斗目标，对一个人的精神成长是至关重要的，因为只有这样才能调动人的巨大潜力。

曾国藩对这一点体认极深。他曾说过，立志譬如打地基。“古者英雄立事，必有基业……如居室然，宏大则所宅者广，托庇者众。诚信则置址甚固，结构甚牢。”只有基础广阔、结实，才能在上面盖起宏伟的生命之殿。

曾国藩在京期间“概然思尽涤前日之污，以为更生之人，以为父母之肖子，以为诸弟之先导”，直接把目标锁定在了“圣人”“完人”。

他在给诸弟的信中说，不必占小便宜：“做个光明磊落神钦鬼服之人，名声既出，信义既著，随便答言，无事不成，不必爱此小便宜也。”也就是说，如果做成了光明磊落的伟人，人生日用、建功立业自然也就不在话下。

第三是勤。曾国藩说：“勤如天地之阳气，凡立身、居家、作官、治军，皆赖阳气鼓荡。勤则兴旺，惰则衰颓。”

曾国藩认为，不论是好人还是坏人，要在这个世界上站得住，首先要勤劳：“千古之圣贤豪杰，即奸雄欲有立于世者，不外一勤字。”

他认为勤劳可以磨炼精神，让人一天天强大精明。他说：“心常用则活，不用则窒；常用则细，不用则粗。”又说：“精神愈用则愈出，阳气愈提则愈盛”“勤可以补救愚拙，不知者将渐知，不能者将渐能”。

第四是恒。曾国藩曾说：“勤字工夫，第一贵早起，第二贵有恒。”

恒就是坚持、有规律。他说“人而无恒，终身一无所成”，“可见年无分老少，事无分难易，但行之有恒，自如种树畜养，日见其大而不觉耳”。

他说，每天只有踏踏实实做几件事，而不是虚度，才不会有愧于心：“每日临睡之时，默数本日劳心者几件，劳力者几件，则知宣勤王事之处无多，更竭诚以图之，此劳字工夫也。”

第五是诚。曾国藩有一句名言：“唯天下之至诚能胜天下之至伪，唯天下之至拙能胜天下之至巧。”在咸丰八年（1858年），曾国藩在老家写信给弟弟曾国荃说：

> 贤弟此刻在外，亦急须将笃实复还。万不可走入机巧一路，日趋日

> 下也。纵人以巧诈来，我仍以浑含应之，以诚愚应之；久之，则人之意也消。若钩心斗角，相迎相距，则报复无已时耳。

就是说，你在外边，千万不要走入机巧这一路，要是习惯了用机巧，那就会一天比一天堕落。纵使别人都对你使心眼，你也要坚持假装不知道，一直以笨拙、真诚来回应他，时间长了，他也不好意思和你耍心眼了。如果你也和他钩心斗角，进入恶性循环，那事情只能会越来越坏。

五

《曾国藩家书》的第四个特点是因人施教。

由孔子开创的中国教育传统就是“因材施教”。

曾国藩的诸弟当中，能力最强的是曾国荃。曾国藩对他全力培养，花费了极大心力。

对曾国荃，曾国藩常讲“强”与“弱”的关系。

曾国藩一生推崇“强”这个品质。他说：“吾家祖父教人，亦以‘懦弱无刚’四字为大耻，故男儿自立，必须有倔强之气。”

但是，强也分多种。一种是“自强”，也就是能战胜自己。“古语云：自胜之谓强。曰强制，曰强恕，曰强为善，皆自胜之义也。”“从古帝王将相，无人不由自立自强做出，即为圣贤者，亦各有自立自强之道，故能独立不惧，确乎不拔。”

另一种是“刚愎”，那是虚张声势的逞强，处处争强好胜，凡事都要占尖，“以客气胜人”。曾国藩说：“然强毅与刚愎有别……舍此而求以客气胜人，是刚愎而已矣。二者相似，而其流相去霄壤，不可不察，不可不谨。”

曾国藩的这段话当然有特指。曾国荃不患不好强，患在过于好强。他天性“霸蛮”，年轻气盛，一味好强。在湘军内部，处处争强好胜，因此和其他诸将相处得不好。他自己的说法是，当今之天下，乃“势利之天下，强凌弱之天下”。他还说：“在军办事日久，过于纯良，每为人所欺压，又行不动，不得不倔强于强者之前。”

曾国藩经常向他强调，凡事过犹不及，强也是这样：

近来见得天地之道，刚柔互用，不可偏废。太柔则靡，太刚则折。刚非暴虐之谓也，强矫而已；柔非卑弱之谓也，谦退而已。

曾国藩说，“强”这个品质，如果把握不好，可以成事，更可以败事。他说：“斗智斗力之‘强’，则有因‘强’而大兴，亦有因‘强’而大败。古来如李斯、曹操、董卓、杨素，其智力皆横绝一世，而其祸败亦迥异寻常。近世如陆、何、肃、陈亦皆予知自雄，而俱不保其终。”

曾国藩认为，曾国荃之强是匹夫之强，这种强固然可以取胜于一时，却很可能取败于长远。古往今来，很多人都因为逞强好勇而大败。

因此只有“自强”才是真正的强，“在自修处求强则可，在胜人处求强则不可”。处处皆强就是弱。如果处处都争强好胜，各种好处都想得到，很容易犯错误。做人当强，亦当弱。立身当强，待人当弱。做事当进，享受当退：

趋事赴公，则当强矫，争名逐利，则当谦退；开创家业，则当强矫，守成安乐，则当谦退；出与人物应接，则当强矫，入与妻孥享受，则当谦退。若一面建功立业，外享大名，一面求田问舍，内图厚实，二者皆有盈满之象，全无谦退之意，则断不能久。

另外，曾国藩还把强分为“蛮横”和“明强”两种。曾国藩认为，明是一切的基础。“能明而断谓之英断，不明而断谓之武断。”因此“强”由“明”出：

强字原是美德，余前寄信亦谓明强二字断不可少。第强字须从明字做出，然后始终不可屈挠。若全不明白，一味横蛮，待他人折之以至理，证之以后效，又复俯首输服，则前强而后弱，京师所谓瞎闹者也。余亦并非不要强之人，特以耳目太短，见事不能明透，故不肯轻于一发耳。又吾辈方鼎盛之时，委员在外，气焰熏灼，言语放肆，往往令人难近。吾辈若专尚强劲，不少敛抑，则委员仆从等不闹大祸不止。

只有明强才靠得住，只有明强才是真正的强，站得住的强。“担当大事，全在明强二字。”有此二字，必能成事。曾国藩就是这样，他一生有几次大胆顶住朝廷命令，比如在练兵期间多次拒绝咸丰皇帝让他仓促出兵援救湖北和安徽的命令，第二次鸦片战争中拒绝让鲍超北上勤王，任两江总督后拒绝按朝廷规划全面出兵江浙，表面上看起来都是为人所不敢为，实际上正是基于“明”的“强”，他“强”得有道理，“强”得有底气，因此也才能“强”得通。

六

曾国藩的另一个弟弟曾国潢性格和曾国荃很像，都是粗蛮强横。但是才力智商较曾国荃差了一大截。对他，曾国藩不多讲大道理，只提具体要求。

和大力提携其他三个兄弟不同，曾国藩给资质最差的曾国潢只安排了一个任务，让他在家专心管理家务。因为他吃得了苦，肯于付出。虽然能力平平，但是曾国潢以高官长兄为靠山，在地方上要风得风，要雨得雨，以“湘乡第一绅士”甚至“唯一绅士”自命，到处帮人办事，出入官场。

曾国藩主要是劝他少管地方事务，劝他生活俭省，劝阻他为自己买田起屋：

莫买田产，莫管公事。吾所嘱者，二语而已。盛时常作衰时想，上场当念下场时，富贵人家，不可不牢记此二语也。

吾家于本县父母官，不必力赞其贤，不可力诋其非，与之相处，宜在若远若近、不亲不疏之间。渠有庆吊，吾家必到；渠有公事，须绅士助力者，吾家不出头，亦不躲避。渠于前后任之交代，上司衙门之请托，则吾家丝毫不可与闻。

除了不干预公事外，要求他保持俭朴的劝谕更是稠稠叠叠。他反复说：

弟每用一钱，均须三思。

即如四轿（是指四人抬的轿子）一事，家中坐者太多，闻纪泽亦坐四轿，此断不可……即弟亦只可偶一坐之，常坐则不可。

莫怕寒村二字，莫怕悭吝二字，莫贪大方二字，莫贪豪爽二字。弟以为然否？

另一个弟弟曾国华，是几个弟弟当中最让曾国藩甚至是全家操心的。曾国华的文笔在几兄弟当中是最出色的，思路奇崛，情感丰富，所以曾国藩称他有“不羁之才”。然而文学天分好的人敏感、脆弱、偏激。曾国华正是这样。曾国藩经常批评他“牢骚太多，性情太懒”，不能承担起家族责任。

所以曾国藩一直致力于纠正他身上的缺点，让他化懒为勤，化偏僻为正大。曾国藩还针对他的性格特点，给他起了个字“温甫”，教他谦抑、平和。

曾国藩说，别人读书不成，可能是天赋不够，只有曾国华原因在于自身：“温弟所处，乃读书人中最顺之境，乃动则怨尤满腹，百不如意，实我之所不解。以后务宜力除此病……凡遇牢骚欲发之时，则反躬自思，‘吾果有何不足，而蓄此不平之气？’猛然内省，决然去之。本惟平心谦抑，可以早得科名，亦且养此和气，可以消减病患。万望温弟再三细想，勿以吾言为老生常谈，不直一哂也。”

在曾国藩的教导下，曾国华的性格也渐渐发生变化，“温弟少时性情高傲，未就温和，故吾以温甫字之。六年，在瑞州相见，则喜其性格之大变，相亲相友，欢欣和畅”。

最小的弟弟曾国葆性情谦退，是兄弟当中最听曾国藩话的，对曾国藩的每句话都奉之唯谨。曾国藩充分肯定曾国葆的“天性笃厚”，但又指出，过于谦退也不好，“季弟信亦谦虚可爱，然徒谦亦不好，总要努力前进”。

曾国藩经常告诫弟弟们不要过度执着于功名科考：“此中误人终身多矣。”他在家书中一贯主张，读书重在明理，要通过先贤文字，体会修身为人之道，领悟办事处世之方，才能有益于己，有益于世。他的科举观总结起来就是一句话：“勿以考卷误终身。”如果读书能明理，就算没有考中，也可以著书立说，或者做幕僚、做实事，总之不怕没饭吃；反之，如果没有真学问，即使侥幸考中了，一生也是失败的。他说：“盖人不读书则已，亦即自名曰读书人，则必从事于《大学》。《大学》之纲领有三：明德、新民、止至善，皆我分内之事也。若读书不能体贴到身上去，谓此三项与我身了不相涉，则读书何用？虽使能文能诗，博雅自诩，亦只算得识字之牧猪奴耳！岂得谓之明理有用之人也乎？”

曾国藩的科举观，深刻地影响了曾国葆。曾国葆的生平轨迹因曾国藩的这些主张而发生变化。他在中了秀才后写信给曾国藩说，以后的学习，将不再以举业为目的，而要多为有用之学，“从事于心身伦事之间，……不敢自暇自逸，以渐求其贯通，又必随时随事以求践其实。至于文艺，则参而习之。总之，一切尽人事以待天”。

曾国葆因此走上了经世致用之路，跟随哥哥一起带兵打仗。可惜未及成功，不幸病死在南京城下。

七

当然，深入阅读家书，我们也会发现，曾国藩不是天生的完人，他在处理家庭关系时也有缺点。

曾国藩是家中长子。一般来讲，长子面对弟弟，特别是年龄差距较大的弟弟们时，会不自觉地扮演起“准父亲”的角色。他们会尽心尽责地为弟弟们付出，同时也有着较强的支配欲，希望在弟弟们面前树立起自己的权威。而宗法制度在一定程度上也强化了这种心态。

在家书当中，曾国藩有时会不自觉地流露出居高临下、喜欢独断的“长子性格”。我们在读《曾国藩家书》的时候，肯定认为曾国藩的兄弟们对曾国藩如此苦心孤诣又如此高明正大的教导心悦诚服，为有这样一个哥哥感到幸运。事实却并非完全如此。曾国潢曾在家书中说曾国藩的这些教导是“老生常谈”，叫他不要“纠纠缠缠”总写又臭又长的家书回来。曾国荃从军后期，对长兄的教导几乎封封辩驳，搞得曾国藩恼火地说：“弟向来不肯认半个错字。”

在处理与女儿的关系上，曾国藩之失在于重“理”而轻“情”。他的女婿袁榆生浪荡胡为，导致曾国藩一怒之下和他断绝了翁婿关系，然而在那之后，曾国藩却不许女儿曾纪静住回湘乡老家，把她送到袁家去尽“妇道”，让她在袁家人的敌意与冷漠中度日。因为在理学家的世界观当中，只有这样做才是符合天理的。天地之间，人各有各的角色，各有各的义务，必须恪守本分，安于命运。即便命运如此冰冷，也要无条件地接受。

曾国藩是本着他的道德原则来处理这件事的。然而在今天看来，他秉持的这种道德当然是建立在最不道德的基础上的。曾纪静在回到袁家四年之后，抑郁而终，终年二十九岁。可以说，曾国藩涉嫌亲手杀死了自己的亲人，以“天理”为凶器。

八

十多年前，第一次读《曾国藩家书》的时候，我和大部分普通读者一样，有很多很多难解的疑惑。比如曾国荃在北京的时候，为什么和曾国藩夫妻闹矛盾？曾国藩的女儿们又为什么一个个命运都很悲苦？因为构思着要写一本比较全面的《曾国藩传》，我开始从家书出发，研究曾氏家族的内部关系，发现了很多以前没有想到的情节。曾氏家族内部的关系远比我们一开始想象的要复杂生动。比如曾国藩的三弟曾国华，开始因为在北京嫖妓，让曾国潢不得不装病骗他回湖南，后来又因为要娶妾，在家族内部掀起了轩然大波。如果不弄清这些事情的前因后果，我们很难真正读懂《曾国藩家书》，也很难真正读懂曾国藩的一生。我把以曾国藩为核心的曾氏家族内部关系梳理出来，形成了这本书。希望这本书能帮助读者对曾国藩个人、曾国藩家书、曾国藩家族以及曾氏家风进行更深入的了解。

第一部分

曾国藩和他的兄弟

第一章
“辜负教训，四十九年”：一生顶撞曾国藩的曾国荃

第一节 “陆云入洛正华年”：在京期间的兄弟关系

一、“茶水风波”

/ 一 /

道光二十一年（1841年）八月末的一天傍晚，北京绳匠胡同，十八岁（本书所提到的年龄，均按中国传统习惯以虚岁计）的曾国荃黑着脸一动不动地坐在自己的房间里，面前摆着一大碗冒尖的饭菜。那张长得酷像长兄曾国藩的脸上笼罩着一股倔强执拗之气。

在这套四合院的上房里，时任翰林院检讨的曾国藩正在紧张地质问夫人欧阳氏，到底哪里得罪了弟弟。原来，当天下午，曾国荃向他宣布，以后不到上房来和兄嫂一起吃饭了，兄弟各吃各的，过两天他就卷包袱回湖南。

上一年年底，曾国荃才从湖南千里迢迢来到北京，投奔长兄。

曾国藩有四个弟弟。曾国荃字子植，又字沅甫，比曾国藩小十三岁，在

曾氏兄弟中排行第四，在族中大排行则是第九，所以曾国藩在家书中常称他为“九弟”“植弟”“沅弟”。他从小书读得好，“读书颖异”[①]。人也懂事，特别好强。所以曾家上下对他一直比较看重。曾国藩曾有一句诗是评价他的：“屈指老沅真白眉。”[②]这句诗典出“马氏五常，白眉最良”[③]，指汉代马家兄弟五人，唯白眉马良最为出色。

曾国荃像

道光二十年（1840年）年初，曾国藩从湖南赴京为官。翰林院公务无多。所以安顿下来后，曾国藩就和父母商量，趁父亲护送他的妻儿来京的机会，带一个弟弟进京，随他读书。家里人商量半天，最后选择了曾国荃，期望通过翰林哥哥的亲自指授，曾国荃能够学业大进，早中进士，成为曾氏家族的另一根栋梁。

从《曾国藩日记》的记载中我们可以看到，曾国藩对父亲安排的这个任务是非常尽心尽责的。从偏僻的湖南乡下来到天子脚下，十七岁的少年曾国荃当然非常兴奋。曾国藩带着父亲和弟弟在北京城逛了几天，领略了上国风光，欢欢喜喜过了大年。道光二十一年新年刚过，正月初七那天晚上，曾国藩就正式开课，为曾国荃讲解诗文。我们查《曾国藩日记》，会看到自此之后，他几乎每天都会给弟弟上课。比如正月初十的日记记载，曾国藩这天夜里听曾国荃背诵名篇《哀江南赋》，并且为他讲解。

除了讲解文章，曾国藩还从古诗文中选编部分内容，指定曾国荃阅读（比如日记记载“夜阅二十四家诗文”，选给曾国荃读）。曾国藩还规定，每逢三八日是作文日，他来出题，曾国荃作文一篇。

① 熊治祁编：《湖南人物年谱》（第四册），湖南人民出版社，2013年，第195页。
② 《曾国藩全集·诗文》，岳麓书社，1994年，第84页。
③ 陈寿撰：《三国志》，中华书局，2011年，第818页。

曾国藩教导弟弟很讲究方式方法。比如正月二十三日，他给曾国荃出了一个题目，“予助苗长矣”。曾国荃交卷之后，曾国藩给他修改了一遍，一一讲解为什么要这样改。然后又找来前人方朴山、王如知所作的同题文章，讲给曾国荃听，让他看到自己的差距在哪里。

为了让弟弟能广益多师，曾国藩还经常带着弟弟拜访朋友，让他们向弟弟介绍作文之道。比如这一年二月初六，曾国藩携弟拜访钱振伦[①]。钱氏是曾国藩的同年，对八股文极有研究，并有时文选集出版，是一位“考试专家”，曾国藩希望他在八股文写作方面对曾国荃进行指导。

除了学习之外，曾国藩有时还带着父亲和弟弟游厂甸，逛西山，赴宴听戏。从这段时期的日记当中可以看到，曾家父子三人经常围着火炉，用湘乡土话“谈京城诸琐事”，“历言少时事”，其乐融融。[②]这一年春天[③]，曾麟书启程回家。不料父亲走后半年，兄弟关系出现了波折。

/ 二 /

曾麟书走后，兄弟两个的教与学仍如前状。这一年五月，曾国藩在家书中汇报曾国荃的学习成绩，说他作诗略有进步，文章则未进功。不过对作文“已有心得，大约手不从心”。[④]

然而到了八月底，曾国荃的表现突然出现异常：他提出要回老家，并且不肯在上房与兄嫂共同吃饭。

曾国藩非常诧异。中国传统文化对“兄弟”伦理非常重视。父子出于天性，不需过多劝谕，而兄弟关系则变数更多。因此兄弟关系处理得如何，就成为一个家族能否兴旺发达的关键。所以历代劝谕兄弟团结的诗歌特别多。比

---

① 钱振伦（1816—1879），近代骈文家，原名福元，字楞仙，浙江人，道光十八年（1838年）二甲进士，曾任国子监司业。

② 《曾国藩全集·日记》，岳麓书社，1994年，第58～59页。

③ 闰三月十四日。

④ 说曾国荃已经点完了九本《礼记》，《纲鉴》已经看到三国，《斯文精萃》中的诗与文各已读了半本。《曾国藩全集·家书》，岳麓书社，1994年，第5页。

如《诗经》的“棠棣之华，鄂不韡韡。凡今之人，莫如兄弟”[①]。另一个比喻兄弟的常用意象是鹡鸰，同样出自《诗·小雅·棠棣》：“脊令在原，兄弟急难。”[②]

曾国藩自己曾在家书中说过：“兄弟和，虽穷氓小户必兴；兄弟不和，虽世家宦族必败。”[③]他希望兄弟之间能“亿万年无纤芥之嫌”[④]。他百般询问弟弟到底发生了什么事，但曾国荃就是不说。从表面上看，曾国荃对待兄嫂态度如常，欧阳夫人也辩解说她并没有什么地方惹得弟弟不高兴。曾国藩于是只好把妻子留在上房，自己端着饭碗，来到曾国荃的房间陪他一起吃饭。想来想去，曾国藩又写了封家书来汇报此事。

翻开岳麓书社版《曾国藩全集》中厚厚的《家书》卷，这封家书就收在第九篇：

> 九弟体好如常，但不甚读书。前八月下旬迫切思归，男再四劝慰，询其何故。九弟终不明言，惟不读书，不肯在上房共饭。男因就弟房二人同食，男妇独在上房饭。九月一月皆如此。弟待男恭敬如常，待男妇和易如常，男夫妇相待亦如常，但不解其思归之故。[⑤]

曾国荃一切都好，就是拒绝读书，一定要回老家。曾国藩惴惴不安地说，这种情况已经整整一个月了，我也不明白九弟到底是为什么生气。

曾国藩为此“寝馈难安，展转思维”。[⑥]曾国荃既说并不是因为兄嫂的态度，曾国藩猜测也许是家中的哪个仆婢对曾国荃有所简慢，所以又把仆妇们叫到一起，专门训了她们一顿，但似乎仍然不得要领。

---

① 棠棣之花，每两朵三朵相依，所以以此来比喻兄弟。

② 这种鸟习惯群居，郑玄笺注：“水鸟，而今在原，失其常处，则飞则鸣，求其类，天性也。犹兄弟之于急难。”

③《曾国藩全集·家书》，岳麓书社，1994年，第59页。

④《曾国藩全集·家书》，岳麓书社，1994年，第53页。

⑤《曾国藩全集·家书》，岳麓书社，1994年，第15页。

⑥《曾国藩全集·家书》，岳麓书社，1994年，第14页。

曾国藩担心这样下去，会让“堂上大人”“疑兄弟或有嫌隙”[①]，所以心理压力极大，费尽了口舌。[②]近在咫尺，曾国藩还写了封两千字的信给曾国荃，“详言不可归之故”[③]。

之后曾国藩又写了一首长诗给曾国荃：[④]

松柏翳危岩，葛藟相钩带。
兄弟匪他人，患难亦相赖。
行酒烹肥羊，嘉宾填门外。
丧乱一以闻，寂寞何人会？
维鸟有鹣鹣，维兽有狼狈。
兄弟审无猜，外侮将予奈？
愿为同岑石，无为水下濑。
水急不可矶，石坚犹可磕。
谁谓百年长？仓皇已老大。
我迈而斯征，辛勤共粗粝。
来世安可期，今生勿玩愒！[⑤]

这首诗的主旨与《诗经》棠棣篇相似，强调人生在世，患难之时，只能依赖与自己同气连枝的兄弟：“兄弟匪他人，患难亦相赖。”得意之时，攀附者众多：“行酒烹肥羊，嘉宾填门外。”但一旦出事，别人都会离去：“丧乱一以闻，寂寞何人会？”只有兄弟团结，才能让家族永远立于不败之地：“兄弟

① 《曾国藩全集·家书》，岳麓书社，1994年，第30页。
② “男告弟云‘凡兄弟有不是处，必须明言，万不可蓄疑于心，如我有不是，弟当明争婉讽。我若不听，弟当写信禀告堂上。今欲一人独归，浪用途费，错过光阴，道路艰险，尔又年少无知，祖父母、父母闻之，必且食不甘味，寝不安枕，我又安能放心？是万万不可也’等语。”参见《曾国藩全集·家书》，岳麓书社，1994年，第15页。
③ 《曾国藩全集·家书》，岳麓书社，1994年，第15～16页。
④ 曾国藩不以诗名，但是他的忆弟之诗，情真意切，往往令人动容。《全集》中类似的诗还有很多。
⑤ 《曾国藩全集·家书》，岳麓书社，1994年，第16页。

审无猜，外侮将予奈？”在诗歌结尾，曾国藩还劝诫曾国荃，时光易逝，要抓紧努力：“谁谓百年长？仓皇已老大……来世安可期，今生勿玩愒！”

此外，他还请父亲专门写信一封，教训九弟。哥哥的话不听，父亲的教导你总要听吧？

看到曾国藩如此大动干戈，曾国荃不能不有动于心。冷战持续了一个多月后，十月十一日，曾国藩三十岁生日，曾国藩在家书中高兴地汇报：“十一日，男三十初度，弟具酒食、肃衣冠，为男祝贺。嗣是复在上房四人共饭，和好无猜。”[①]一切恢复原状。

/ 三 /

曾国荃为什么要打这场冷战，一直是《曾国藩家书》的读者们心头共同的谜团。我到现在为止，只找到一篇专门的解释，那就是曾国荃的曾孙曾宝荪的一篇文章。他在文章中说，是因为吃茶这样一件小事，曾国荃对嫂子有了意见：

> 又忠襄（曾国荃谥忠襄）在京忽有出京还家之想，文正（曾国藩谥文正）始终问不出理由，忠襄始终不出一言，历来关心曾氏者，每以此为问。家中先辈，从未作正面答复。笔者幼时，偶以此问之先慈，亦避而不言。至成人娶妻生子，始略透露。言九帅对长嫂欧阳太夫人有小误会，似为饮食问题。证之文正言忠襄不肯在上房吃饭，只好开饭在九弟房中吃，不无线索可寻。在台与家三姐二兄研讨，三姐始言九帅忍性极强，所以文正问不出。直至忠襄在湖北巡抚任，栗諴公夫人（伯祖母郭太夫人）在署中时，熊伯夫人始透露此一谜底。三姐所闻之于祖母郭太夫人的是：忠襄公少年时喜吃浓一点的茶，茶叶要放得多些，就是较多于常人，饭后必须另泡一杯新茶，原来饭前所泡一杯必须换去，如果就原来的一杯加开水的话，忠襄就不吃，此一习惯，固然不一定对，但亦不伤大雅。某次欧阳

---

① 《曾国藩全集·家书》，岳麓书社，1994年，第16页。

欧阳夫人像

太夫人以为忠襄杯中之茶尚浓，应该可以将就冲一点开水就吃。此举对忠襄来说，也并不是苛刻，谁知忠襄大不高兴，就此不到上房和长嫂一同进餐，并且要回家。忠襄在表面并不露一点痕迹，文正与欧阳夫人亦无法知道此一原由。①

原来，曾国荃一直喜喝浓茶，而且饭后一定要喝一杯新茶，杯里原来的茶叶要倒掉新换。有一次，欧阳氏饭后看曾国荃杯中的茶水还浓，所以就没给他换新茶，而是往茶杯中续了些开水端给了他。就因为这么一点小事，曾国荃心中大为不满。所以有了不和长嫂一起吃饭之举。

这件事反映出曾国荃少年时代的自尊敏感，也反映出他非同一般的倔强。一个人在少年时代往往自尊心过强，对很小的刺激也容易做出过强的反应，能做出很多成年后想来非常幼稚可笑的事情。曾宝荪对于先人，当然只能正面评价，说由此事见曾国荃的“忍性”，并引申到认为曾国荃后来能把南京围攻下来，靠的也是这种超乎常人的“忍性”云云。

但是这种“忍性”，确实给重视兄弟情谊的曾国藩带来了极大的困扰。此次冷战之缘由，曾国藩终生也不知道。“文正与欧阳夫人始终不知道。熊伯夫人也忍了二十余年，才说出来。笔者少时虽听到一些，但到去年才得闻其详，为时已两甲子矣。”②

---

① 唐河主编：《曾国藩通鉴》（第十一卷），内蒙古大学出版社，2001年，第948页。
② 同上。

二、长子心态

一

曾宝慈的解释得自家中秘传，当然是最权威的。不过，除了这个具体原因，我感觉这次矛盾与曾国藩本人应该也多少有点关系。曾国荃并非生性偏执狂悖之人，按常理，如果没有其他背景，仅仅吃茶一件小事，不足以引发如此严重的冲突。朱孔彰在《咸丰以来功臣别传》中说："（国荃）从文正读书，惮其严，不肯竟学，未几还湘乡。"此说当有所据。曾国藩过于严厉，应该是导致曾国荃"叛逆"的深层原因。

曾国藩官服像

曾国藩在兄弟当中不但顺序居长，而且年龄也大其他人很多[①]：大曾国潢[②]九岁，曾国华[③]十岁，曾国荃[④]十三岁，曾国葆[⑤]十七岁。

我国出台"单独二孩政策"之后，媒体报道过好几起头胎子女为阻止父母要二胎寻死觅活的新闻。但十岁那年，面对大弟曾国潢的降生，曾国藩的表现却完全不同。此时曾国藩已经开笔，所以曾麟书给他出了一个

① 曾氏兄弟五人，姊妹四人。最大的是姐姐。

② 曾国潢（1820—1886），原名国英，字澄侯，曾国藩二弟，族中大排行第四，故曾国藩家书中称他为四弟。

③ 曾国华（1821—1858），字温甫，曾国藩三弟，出抚给叔父曾骥云为子，族中大排行第六，故曾国藩家书中称六弟。

④ 曾国荃（1824—1890），字沅甫，号叔纯，又名子植，族中排行第九，故曾国藩家书中称他为九弟。

⑤ 曾国葆（1828—1862），字季洪，后更名贞干，号事恒。曾国藩最小的弟弟，季弟。

题目，就叫“兄弟怡怡”。作文交上来，曾麟书很高兴，说：“文中有至性语，必能以孝友承其家矣！”[①]由曾麟书的反应推测，曾国藩的这篇作文，内容应该是陈述敷衍“兄友弟恭”的大道理，表达自己“有弟”的欣喜。

这件事说明，曾国藩的兄弟之情，一开始就被传统伦理观念所塑造。在儒家伦理当中，兄弟之情被概括为“兄友弟恭”。长子在家庭中的地位是非常重要的，他是家族未来的领袖，“须要为子弟之表率”，是诸弟的先导和楷模。

传统时代的长子往往都有极强的责任感，在《家·春·秋》等小说中，我们看到，这种责任感有时甚至会使他们放弃应有的权利，为家族做出牺牲。

曾国藩身上就体现出典型的长子性格。

因为年龄差距，曾国藩从小和几个弟弟并不是玩伴。弟弟们能奔跑嬉闹时，他已经奔走在考秀才的路上了。他和弟弟之间，更多的是教与学的关系。一开始他是做私塾老师的父亲的助教，等到自己中了举人，教导诸弟的权威就从父亲那里转移到了他身上。

曾国藩对诸弟的学习和成长是非常尽责的。现存曾国藩家书中最早的一封致诸弟书，写于道光二十二年九月十八日。在这封信中，曾国藩说：

> 予生平于伦常中，惟兄弟一伦抱愧尤深。盖父亲以其所知者尽以教我，而我不能以吾所知者尽教诸弟，是不孝之大者也。[②]

这是曾国藩的自谦之语。事实上，我们看曾国藩青年时代的家书，以教导弟弟们的学习为主要内容。他要求弟弟们把作文定期寄京，不惮烦苦，亲加批阅。为弟弟、为家族，他从来都是乐于付出，不计代价。

但是，除了责任心强等正面因素之外，长子性格中也有一些负面因素。一般来讲，长子面对弟弟，会不自觉地扮演起“准父亲”的角色，有较强的支配欲。

---

① 黎庶昌：《曾国藩年谱》，岳麓书社，1986年，第2页。
② 《曾国藩全集·家书》，岳麓书社，1994年，第36页。

这一点在曾国藩身上表现得非常典型。因为是长子，又是科举上的“成功者”，曾国藩在家中享有比一般长子更大的权威。兄弟们习惯唯他马首是瞻。比如曾氏兄弟的名字，全是跟着他改的。曾国藩原名子城，字伯涵。其他兄弟想必名中也都有一个子字，字也应该是按伯仲叔季排序。比如曾国荃就曾号叔淳，曾国葆则字季洪（因曾国华出续为叔父之子，所以曾麟书名下四子）。但是曾国藩后来改字涤生后，曾氏兄弟除了曾国葆之外，也都改成了头一字水字边的格式：澄侯、温甫、沅甫。曾国藩二十八岁那年改名国藩后，曾氏兄弟也都改名为“国*”。

曾国藩的父亲曾麟书性格比较软弱，叔父更是仁柔有余，两人在家中家长威严都不太够，对诸兄弟约束不严。所以，曾国藩对兄弟要求比较严格，可能是基于想更好地承担起准父亲的职责。他在家书中曾说：

> 至于兄弟之际，吾亦惟爱之以德，不欲爱之以姑息。教之以勤俭，劝之以习劳守朴，爱兄弟以德也；丰衣美食，俯仰如意，爱兄弟以姑息也。姑息之爱，使兄弟惰肢体，长骄气，将来丧德亏行，是即我率兄弟以不孝也，吾不敢也。[①]

也就是说，我对弟弟们，原则是“爱之以德”，从来不肯姑息。教导你们勤俭，劝你们习劳，这就是“爱之以德”。给你们大量的钱，让你们鲜衣美食，优游度日，这是爱你们以姑息，这样只会助长你们的懒惰和骄气，这我决不会做。

曾国藩不但经常在家书当中对诸弟耳提面命，还公然要求弟弟们把他的教导保留起来，经常体会学习。道光二十二年九月十八日曾国藩在家书中说：

> 嗣后我写诸弟信，总用此格纸，弟宜存留，每年装订成册。其中好

---

① 《曾国藩全集·家书》，岳麓书社，1994年，第183~184页。

处，万不可忽略看过。诸弟写信寄我，亦须用一色格纸，以便装订。[1]

这封家书也因为这一要求而成为保留下来的第一封曾国藩致诸弟书。

/ 二 /

这种长子心态，不可避免地导致他和兄弟们经常会发生小的摩擦。

曾国藩自己曾经回忆，道光十七年，也就是曾国藩中进士的前一年，他曾经在家里亲自教授几位弟弟读书，但是由于态度过于严厉，总是摆出一副恨铁不成钢的样子，让弟弟们对他有所不满："丁酉在家教弟，威克厥爱，可怨一矣。"[2]

后来另一个弟弟曾国华曾经给曾国藩当面提意见，说他在兄弟们面前，脸色总是很严厉。曾国藩回忆说："曾记咸丰七年冬，余咎骆文［丈］、文、耆待我之薄，温甫则曰：'兄之面色，每予人以难堪。'"[3]可见曾国藩对兄弟们也经常"面沉似水"，让他们感觉很不舒服。

曾国藩在家书中经常表现得过于直率武断，因此得罪过弟弟。用曾国藩自己的话说，"余之行事，每自以为至诚可质天地，何妨直情径行"[4]。

比如道光二十九年（1849年）正月初十，曾国藩在致诸弟信中，说过这样一句："季洪诗文难于进功，须用心习字。将来即学叔父之规模，亦有功于家庭。"[5]

季洪是曾国藩幼弟曾国葆的字。曾国藩的意思是这个弟弟天资一般，可能功名路上走不远，不如好好练练字，将来在家里帮帮忙。就像他的叔叔曾骥云，虽然一辈子都是个老童生，但是在家里帮着管管家务，也算有功于家庭。

---

① 《曾国藩全集·家书》，岳麓书社，1994年，第36页。
② 《曾国藩全集·家书》，岳麓书社，1994年，第59页。
③ 《曾国藩全集·家书》，岳麓书社，1994年，第833页。
④ 后来他才明白，"家人天亲之地，亦有时须委曲以行之者"。参看《曾国藩全集·家书》，岳麓书社，1994年，第65页。
⑤ 《曾国藩全集·家书》，岳麓书社，1994年，第178页。

曾国藩自己没有意识到，这句话得罪了弟弟和叔叔两个人。二月二十三日，他的大弟曾国潢回信说：

> 兄正月之信中云季弟诗文难长进，发奋习字，将来如叔父一般，亦有功于家庭等语，下则藐视季弟，上则轻看上人。叔父却全无芥蒂，季弟则颇不以为然。前“有是谋”题目，其文做得甚好，顷要他封信中寄呈，决然不肯。然而到底年犹轻则如是。兄以后写信，竟不妨多奖也。①

接到这封信，老实懦弱的叔叔没表现出什么，幼弟国葆却受了刺激。以前他经常把作文寄给大哥批阅，这次却无论如何不肯了。

还有另外一个例子。道光二十六年（1846年），曾国藩托人在江西买得一部《皇清经解》，送到湖南，命曾国荃藏于家中。咸丰元年（1851年）九月，曾国荃给曾国藩写过这样一封家书。他说：“来书责我之言，弟深任咎，迩时写信仓率，笔墨未经检点，其实无他心耳。《皇清经解》一部，六兄在湘潭已面晤意城，云乡试时定教老三带来，后因筠仙兄弟遭大故，未来观光，故书亦未来。兹已有信去，今冬定可取回。缘此书之所以至筠仙手者，一非我卖也，二非渠借也，系我请渠翻阅一遍看错误耳。我即不肖，何至于卖书？何至于卖家中所无之书？又何至卖与筠仙，以自彰其鄙吝？既卖矣，又何不取筠仙一文钱？再四思维，不特我足以自信，谅兄亦当信我。来书云‘行同贩竖’，兄诬我也。”②

从前后文推测，显然是曾国荃在省城时把这部《皇清经解》送到曾国藩好友郭嵩焘处，让他看看有无印刷错误。后来郭嵩焘兄弟因为家里遭遇丧事，未来省城，所以这本书迟迟没有还回。曾国藩没有充分了解情况，以为曾国荃自作主张把书卖给了郭嵩焘，写信指责曾国荃卖掉藏书，“行同贩竖”。曾国藩的武断让曾国荃非常生气，所以写信详辩。

---

① 曾麟书等撰，王澧华等整理：《曾氏三代家书》，岳麓书社，2002年，第49～50页。
② 曾国荃撰，梁小进主编：《曾国荃集》（第五册），岳麓书社，2008年，第28页。

/ 三 /

除了以上原因外，发生“茶水风波”的道光二十一年，又是特殊的一年。

我们查《曾国藩日记》，这一年七月十一日，曾国藩动了“自新”之念，在大学者唐鉴的指导下，他买了一部《朱子全书》，开始精研朱子之学。这是曾国藩研究理学之始。从此他也不断调整自己的行为，力图“洗心革面，重新做人”。对自己日常一举一动，皆期符于圣贤，谈吐议论，也尽是正大高远一路。

我们看这一阶段的曾国藩写给弟弟们的家书，也写得气势饱满，高屋建瓴。比如道光二十二年（1842年），他的弟弟曾国潢在家书中提出，家中杂事太多，他静不下心来，所以想要到外边，找一个教私塾的工作，一边工作，一边学习。

曾国藩在复信中毫不客气地批评道：“必欲找馆出外，此何意也？不过谓家塾离家太近，容易耽搁，不如出外较清净耳。然出外从师，则无甚耽搁；若出外教书，其耽搁更甚于家塾矣。且苟能发奋自立，则家塾可读书，即旷野之地、热闹之场亦可读书，负薪牧豕，皆可读书；苟不能发奋自立，则家塾不宜读书，即清净之乡、神仙之境皆不能读书。何必择地？何必择时？但自问立志之真不真耳！”①

也就是说有志之人，无论何处，无论何地，皆能静心读书。比如王冕小时就是一边放牧，一边读书。曾国潢静不下心来，只是因为他立志不真，与环境没有任何关系。如果意志坚定，那么在热闹的集市当中，一样能静心读书。这番话直接泼了曾国潢一头冷水。

《曾国藩家书》现在成了普及的经典，想必大家在读《曾国藩家书》的时候，都会认为如果有这样的一个哥哥会是件多么幸福的事。但事实上，曾国藩的弟弟们并不总是这样认为。曾国藩式的居高临下的兄长之爱，也常有导致弟弟们“逆反”的时候。

---

①《曾国藩全集·家书》，岳麓书社，1994年，第38页。

接到曾国藩这封言辞堂皇、立意正大的家书，曾国潢却很不高兴。性格憨直的他认为曾国藩站着说话不腰疼，把他说得什么也不是，一气之下写了一封三页长的回信。他在信中指责曾国藩“待人不恕”，说他“月月书信徒以空言责弟辈，却又不能实有好消息，令堂上阅兄之书，疑弟辈粗俗庸碌，使弟辈无地可容云云”①。

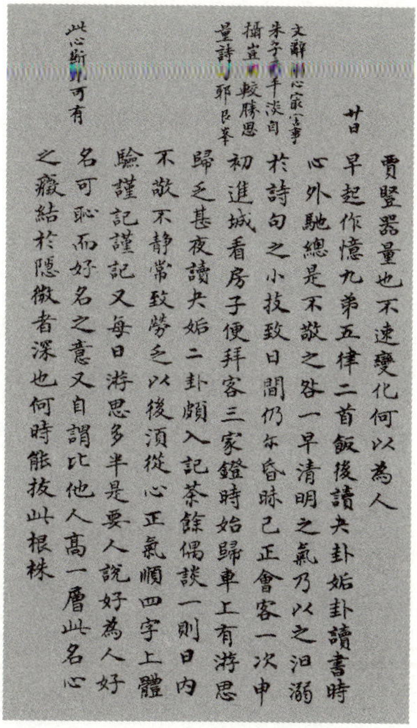
賈豎器量也不速變化何以為人
廿日
早起作憶九弟五律二首飯後讀夬卦姤卦讀書時
心外馳總是不敬之咎一早清明之氣乃以之汩溺
於詩句之小技致日間仍尓昏昧已正會客一次申
初進城看房子便拜客三家鐙時始歸車上有游思
歸乏甚夜讀夬姤二卦頗入記茶餘偶談一則日内
不敬不靜常致勞乏以後須從心正氣順四字上體
驗謹記謹記又每日游思多半是要人說好為人好
名可恥而好名之意又自謂比他人高一層此名心
之癥結於隱微者深也何時能拔此根株

曾国藩京官时期日记

也就是说，你月月来信，总把我们说得一无是处、一钱不值，你自己却也没什么升官进步的好消息。这些家书的作用，只是在父母面前，把我们显得碌碌不堪罢了。

显然，曾国藩那番峭拔的谈论，对于生活在湖南乡下日日以功名为务的弟弟来说，未免过于“不接地气”，导致曾国潢情绪反弹。

/ 四 /

从曾国藩和曾国潢的这次书信往来，我们可以看到，决心脱胎换骨后，曾国藩以圣人自期，也不切实际地以圣人标准要求诸弟。在持身陡然严峻之后，对曾国荃难免更加严厉了起来。

曾国荃正好在这个时期和兄嫂闹别扭，不但拒绝和大嫂一起吃饭，也拒绝跟着哥哥继续读书，应该不仅仅是巧合。

二十一年之后，同治二年（1863年），双双带兵作战的曾国荃和曾国藩因为军事上的事，又一次发生激烈冲突，人到中年的曾国荃曾写了这样一封信给

---

①《曾国藩全集·家书》，岳麓书社，1994年，第52页。

曾国藩：

> 兄若于公事上不体亮（谅）我一层，心中觉我事事不妥当、不如人，则辛丑、壬寅在都门少年习气又出来矣。[①]

如果你在公事上不体谅我，心中仍然觉得我事事处处不如别人，什么都做得不好，那么我可又要像当年在京那样，和你打冷战不和你联系了。

可见这次在京城的冲突，根本原因是曾国藩平日对曾国荃要求过于严格，认为他“事事不妥当、不如人”，严重挫伤了少年曾国荃的自尊心。

三、送弟出京一事上表现出的兄弟情谊

/ 一 /

和好之后，兄弟俩恢复了正常的教与学。曾国藩教学比以前更为尽心，事务繁忙之际，他宁可耽误自己读书学习，也绝不影响弟弟的学业。[②]曾宝慈在文章中说，有一段时间，“两岁的惠敏患伤风，到十四日仍不思饮食。而且在前一天的夜里，欧阳夫人受煤气大呕。欧阳夫人怀孕即将临盆……文正自己为此全未看书，可是在夜间，仍然为忠襄选文三本。文正连日受家人病痛之困扰，搁置自己日课，而尽心尽意为弟选文，友于之爱，真诚流露，读来不觉肃然起敬”[③]。

为处理好兄弟关系，曾国藩对一切细节都很注意。这一年十一月十九日，曾国藩从家乡带来的仆人王荆七“因事忤九弟”，曾国藩立刻“开销他去”[④]。

---

① 曾国荃撰，梁小进主编：《曾国荃集》（第五册），岳麓书社，2008年，第184页。

② 曾国藩说：“余体虽虚弱，此后自己工夫尚可抛弃，万不可不教弟读书也。”参看《曾国藩全集·日记》，岳麓书社，1994年，第110页。

③ 唐河主编：《曾国藩通鉴》（第十一卷），内蒙古大学出版社，2001年，第927～928页。

④ 《曾国藩全集·日记》，岳麓书社，1994年，第106页。

道光二十一年十二月十八日晚上，兄弟二人教读之时，曾国荃对自己前一段闹脾气荒废学业表示了后悔，含蓄地对自己的行为进行了道歉，兄弟二人关系完全恢复，曾国藩赶紧在家书中汇报："每日兄弟语笑欢娱，萧然自乐，而九弟似有进境。兹将昨日课文原稿呈上。"[①]

/ 二 /

曾国荃想要回家，与曾国藩夫妇不和是主因，此外还有一个因素，就是思念家乡。兄弟闹矛盾时，曾国藩就曾经猜测他也许是因为"年少无知，大抵厌常而喜新。未到京则想京，既到京则思家"[②]。确实，南人北上，离家千里，生活上也有种种不习惯，因此思家之情日深也自在情理之中。

到京之后第二年，即道光二十二年正月初八，曾国荃得了一次病，发热畏寒，周身骨节疼痛，"胁气疼痛，呻吟之声震屋瓦"[③]，可能是重度感冒。曾国藩非常着急，除了四处请医用药，还到处求神许愿。曾国荃在晚年回忆曾国藩当时焦急的情状说：

> ……兄既药之，傍徨我侧。百拜终宵，虔祝斗北，我病既痊，喜形于色。[④]

曾国藩请同乡郑小珊来看，郑小珊说是"时疫"，又兼"肝家有郁，由于思家情怀欠畅"。[⑤]也就是说与思家情重导致精神不畅有关。十天之后，曾国荃才渐渐复原。

此时正当鸦片战争期间。这一年六七月份，英人在东南沿海不断大胜，而且摆出北上进攻的态势，北京城中气氛日益不安。很多京官都开始送家眷

---

① 《曾国藩全集·家书》，岳麓书社，1994年，第18页。
② 《曾国藩全集·家书》，岳麓书社，1994年，第28页。
③ 《曾国藩全集·家书》，岳麓书社，1994年，第20页。
④ 曾国荃撰，梁小进主编：《曾国荃集》（第五册），岳麓书社，2008年，第215页。
⑤ 唐河主编：《曾国藩通鉴》（第十一卷），内蒙古大学出版社，2001年，第932页。

回乡。曾国藩也打算与另三位湖南官员一起安排家眷回湖南。虽然经请人扶乩，大仙说“不必轻举妄动”[1]，但是这番折腾早已牵引得曾国荃归兴大发。曾国荃表示，自己这次想回家是因为“远离膝下，思归尽服事之劳”[2]，急着在祖父母前尽孝。这番大道理令人无法反驳。再加上“逆夷滋扰，外间讹言可畏”[3]，因此曾国藩决定安排他回家。

/ 三 /

曾国藩之重于兄弟情谊，在安排曾国荃南返一事上表现得很充分。

晚清时代，治安不靖，出行不易。为了曾国荃回家一事，曾国藩操了很多心。首先，他得为曾国荃找到一个适合的旅伴，结伴同行。恰好湖南籍京官郑世任外放贵州兵备道，赴官将经过长沙。曾国藩把弟弟托付给他，商量多次出行细节，“初八九起议，十四日始决计”[4]，决定七月十六日出发。

陆路长途旅行，当时主要的交通方式是坐车。曾国藩给弟弟雇了一辆质量上乘的车，费用比普通车辆要贵近两成：“雇轿车一辆，价钱二十七千文。时价轿车本只要二十三千，孙见车店内有顶好官车一辆，牲口亦极好，其车较常车大二寸，深一尺，坐者最舒拂，故情愿多出大钱四千，恐九弟在道上受热生病。”[5]

十六日曾国藩送弟弟出门，本身经济很紧张的他还是给弟弟带了三十二两银子作为路费。此外，又封了十两银子，这是给家里老人们的钱，不过他嘱咐曾国荃，如果路费不够，也可取用：“外封银十两，敬奉堂上六位老人吃肉之资，孙对九弟云，万一少途费，即扯此银亦可，若到家后，断不可以他事借用此银。然途费亦断不至少也。”[6]

---

① 《曾国藩全集·家书》，岳麓书社，1994年，第27页。
② 《曾国藩全集·家书》，岳麓书社，1994年，第28页。
③ 同上。
④ 《曾国藩全集·家书》，岳麓书社，1994年，第29页。
⑤ 同上。
⑥ 同上。

路上仆从的选择也很关键，曾国藩雇了一个叫向泽的人，“雇底下人名向泽，其人新来，未知好歹。观其光景，似尚有良心者”[①]。（后来曾国荃“在任邱县寄信来京，云向泽伺候甚好”。）[②]

道光二十二年七月十六日，曾国藩送曾国荃返乡，兄弟二人“彼此恋恋，情深似海”[③]，曾国藩一直送出城外二十里，见到雨后道路仍有积水，怕有翻车之虞，心里有些后悔。但是事情已定，只能依依而别。“十六日未刻出京，孙送至城外二十里。见道上有积潦甚多，孙大不放心，恐路上有翻车陷车等事，深为懊悔。”[④]直到二十三日，接到弟弟在途中所发的信件，始稍放心。

/ 四 /

曾国荃道光二十年年底进京，道光二十二年七月十六日出京，在京一年半有余。曾国藩总结他的学业说，九弟总的表现不够用功。“读文作文全不用心，凡事无恒，屡责不改。此九弟之过也。”[⑤]不过曾国荃身上的优点也很突出，比如“待兄甚敬，待侄辈甚慈，循规蹈矩，一切匪彝慆淫之事毫不敢近，举止大方，性情挚厚。此弟之好处也”。[⑥]

总结这一年半的兄教弟学，应该说，曾国藩算得上尽心尽力。兄弟偶有不和，有他过于严厉的原因，但更主要原因是国荃年轻不懂事。但是对于九弟早

---

① 《曾国藩全集·家书》，岳麓书社，1994年，第29页。

② 同上。

③ 《曾国藩全集·家书》，岳麓书社，1994年，第59页。

④ 《曾国藩全集·家书》，岳麓书社，1994年，第29页。

⑤ “九弟自到京后，去年上半年用功甚好。六月因甲三（曾纪泽）病，耽搁半月余。九月弟欲归，不肯读书，耽搁两月。今春弟病耽搁两月。其余工夫，或作或辍，虽多间断，亦有长进。计此一年半之中，惟书法进功最大。外此则看《纲鉴》三十六本，读《礼记》四本，读《周礼》一本，读《斯文精萃》两本半（因《周礼》读不熟，故换读《精萃》），作文六十余篇，读文三十余首。”曾国藩总结说，曾麟书离京之后，他对九弟督责得不够严厉，有不尽心的地方，“未尝按期改文，未尝讲书，未能按期点诗文。此孙之过，无所逃罪者也”。参看《曾国藩全集·家书》，岳麓书社，1994年，第29～30页。

⑥ 不过他也有堪以自慰的地方，比如他“好与弟谈伦常、讲品行，使之扩见识、立远志，目前已颇识为学之次第，将来有路可循。此孙堪对祖父者也”。而九弟最大的问题，“有最坏之处，在于不知艰苦。年纪本轻，又未尝辛苦，宜其不知；再过几年，应该知道”。

归，曾国藩内心一直感觉有所失疚。这一年十二月二十六日，他在日记当中回忆这一年的事说："心摇摇如悬旌，又皇皇如有所失……以九弟之归，心常耿耿……昨两夜不能寐。"①

九弟南归之后，曾国藩思念不已，在家书中说"自九弟去后，思之尤切"。曾国荃走后三个月，曾国藩写了一首忆弟诗：

别汝经三月，音书何太难！夜长魂梦苦，人少屋庐寒。
骨肉成漂泊，云霄悔羽翰。朝朝乌鹊噪，物性固欺谩。②

兄弟走后，在北京的寒夜，他更感孤单，只能苦候家书，以慰思念。

/ 五 /

到底是年轻不成熟，在京之时，曾国荃闹着回家。但是回到家里不久，曾国荃又开始怀念在北京的时光，想要再次进京。

回到家里之后，曾国荃重新在父亲曾麟书的私塾"利见斋"中就读。老秀才曾麟书的教学方法远远不如曾国藩高明，道光二十三年（1843年）初，曾国荃与六哥曾国华商量，想一起再入京师，跟随曾国藩读书。

这一次，曾国藩明确表示反对。因为曾国荃这样忽来忽去，轻举妄动，家里大人显然不会同意，而且路费也难以解决。他在致诸弟家书中说："若九弟今年复来，则一岁之内忽去忽来，不特堂上诸大人不肯，即旁观亦且笑我兄弟轻举妄动。且两弟同来，途费需得八十金，此时实难措办。"③

后来曾国华与曾国荃在曾国藩的安排下到省城长沙读书，在罗泽南处附课。

在后来的通信当中，我们经常能看到曾国荃对自己在北京的表现表示后

---

①《曾国藩全集·日记》，岳麓书社，1994年，第144页。

②《曾国藩全集·诗文》，岳麓书社，1994年，第69页。

③ 所以他建议他们到长沙去读书，并且承诺"于二月间准付银二十两至金竺虔家，以为六弟、九弟省城读书之用"。参看《曾国藩全集·家书》，岳麓书社，1994年，第57页。

悔。比如道光二十八年（1848年）六月十四日信中，二十五岁的曾国荃说："弟深悔早岁留京未自伏案用功，任意使气，不听大兄之教诲。"①

咸丰元年十二月初八，曾国荃在家书中又说："意欲考优贡，如果能得，则可以来京，仍依函丈，岂非平生盛事？今日之老沅，似乎非当日之皮［脾］气也。若不得优，则心图上进，总要中举，来住京师，与吾老兄常相聚首耳。"②

可见时间越久，曾国荃回忆北京一年多的生活，越感到长兄对他的关爱与尽责，对自己当初的表现也越加后悔。

曾国藩后来写了这样一首诗，回忆九弟在京那段的时光：

阿弟光明者，爱兄心尚孩。良时无汝共，雅抱向谁开？难就陆云业，多惭许武才。皇都宁不美，舍去竟何哉？③

就是说，九弟心性光明直率，对待长兄，有时还像孩子一样。九弟有西晋陆云（陆云十六岁即被举荐，入洛成名）那样的才华，可惜他却不能像汉代许武那样（武每耕，令弟旁观。夜教读，不率教，即自跪家庙告罪）助弟少年成名。

二十二年之后，曾国藩又写过这样一首诗，回忆京师时光，表达了同样的意思：

陆云入洛正华年，访道寻师志颇坚。惭愧庭阶春意薄，无风吹汝上青天。④

---

① 曾国荃撰，梁小进主编：《曾国荃集》（第五册），岳麓书社，2008年，第5页。
② 曾国荃撰，梁小进主编：《曾国荃集》（第五册），岳麓书社，2008年，第30页。
③《曾国藩全集·诗文》，岳麓书社，1994年，第72页。
④《曾国藩全集·诗文》，岳麓书社，1994年，第96页。

第二节　“谁能终古老泥蟠”：提携弟弟建立军功

一、无微不至的指授

/ 一 /

离开北京之后，经过几年寒窗苦读，曾国荃终于在道光二十七年（1847年），也就是二十四岁这一年，以府试案首（也就是在府试中考取第一）入湘乡县学，成为秀才。[①]

咸丰二年（1852年），曾国藩因母亲去世回到老家，结束了十多年的京官生活。咸丰三年（1853年），他在长沙创立湘军，开始了自己的军事生涯。

曾国荃和其他几兄弟一起，到长沙帮过长兄一段时间忙，不过他并没有动过以军功博取出身的念头。在曾国藩的几个兄弟当中，曾国荃是想在科举道路上继续奋斗下去的意志最坚定的一个。咸丰四年（1854年）他又回到家乡，一边设馆授徒，一边攻习举业。次年又考取了优贡生。

清代的科举制度并不如我们大多数人理解的那样简单，只有秀才、举人、进士三大步。在秀才和举人之间，还有很多特殊的名目。比如各省每三年可以从秀才当中选拔几名优秀者，称为“优贡生”，优贡生虽然离举人还有距离，但是已经有资格入国子监学习并授低级官职。所以这也算是一件不大不小的喜事。曾国藩在家书中说：“兹幸沅弟得进一阶，母亲必含笑于九京。”[②]家里还为此专门举行了持匾仪式。

按清制规定，这种优贡生还要到北京去参加一次例行考试，才能获国家承

① 次年又因考试成绩出色被补为“廪膳生”，即秀才中的第一等。

② 《曾国藩全集·家书》，岳麓书社，1994年，第306页。这年七月，他听说兄弟们在家乡参与办团练带勇，写信回家说：“带兵之事，千难万难。澄弟带勇至衡阳，温弟带勇至新桥，幸托平安，嗣后总以不带勇为妙。吾阅历二年，知此中构怨之事、造孽之端不一而足，恨不得与诸弟当面一一缕述之也。诸弟在家侍奉父亲，和睦族党，尽其力之所能为。至于练团带勇，却不宜过于出头。”也就是说，带兵是一件极其困难的事，不但容易给自己惹麻烦，搞不好还会造孽于世间。所以希望兄弟们老老实实待在家里，不要出头。

认。咸丰六年（1856年），曾国荃兴致勃勃从家乡出发，赶赴北京。但是行至长沙，却发现进京道路已经被太平军阻断，不能成行，在长沙等了一段时间，道路仍然未通，只好捐报了一个同知衔（同知是知府的副职）了事。

这次道路受阻，让曾国荃意识到，如果太平天国迟迟不能平定，他可能很长时间内都无法按正常节奏继续走科举之路。

/ 二 /

湘军练成之后，幼弟曾国葆也曾追随曾国藩作战，企图以此谋取功名，但是他在岳阳一战临阵退缩，令人失望，被曾国藩在长沙整军时打发回了老家。

在那之后，曾国藩决心不让兄弟再参与军事。

咸丰五年（1855年）十月，他在家书中说："带勇之事，千难万难。任劳任怨，受苦受惊，一经出头，则一二三年不能离此苦恼。若似季弟吃苦数月便尔脱身，又不免为有识者所笑。余食禄有年，受国厚恩，自当尽心竭力办理军务，一息尚存，此志不懈。诸弟则当伏处山林，勤俭耕读，奉亲教子，切不宜干涉军政，恐无益于世，徒损于家。至嘱至嘱!"①

曾国藩的想法是，战场至危，曾家有他一个出山带兵为国尽忠就可以了，其他兄弟，特别是天赋较好的曾国荃和曾国华，还是要以读书举业为重。

然而人算不如天算。曾国藩的这个安排，很快被形势的变化打破。

咸丰六年，曾国藩所部湘军在江西被太平军团团围困，文报不通。曾国藩后来在文章中描写当时的危险情形说："凡江西土地，弃之贼中者为府八，为州若县若厅五十有奇，天动地岌，人心惶惶，讹言一夕数惊，或奔走夺门相践死。楚军困于江西，道闭不得通乡书，则募死士，蜡丸隐语，乞援于楚。贼亦益布金钱，购民间捕索楚人致密书者，杀而榜诸衢。前后死者百辈，无得脱免。"②

也就是说，江西八府五十多个州县都被太平军占领，处处人心惶惶，有时

---

①《曾国藩全集·家书》，岳麓书社，1994年，第309页。

②《曾国藩全集·诗文》，岳麓书社，1994年，第243页。

谣言一到，举城争逃，有人竟然在夺门而出时相互践踏而死。湘军被困，道路阻断，他重金招募了一批死士，用暗号隐语写成书信，藏在蜡丸中，前往湖南求援。但是这些都被太平军查获，前后死了一百多人，一封信也没能送达。

数月之间，曾国藩与家中不通信息，生死不明。曾家人非常焦急。先是曾国华赴湖北找胡林翼想办法去援救大哥，成为湘军统帅。之后不久又有一个叫黄冕的官员来找曾国荃。原来黄冕这一年被清廷任命为江西吉安知府，不过吉安已经被太平军占领，要想当上这个知府，先得收复吉安。黄冕想到了湘军大帅曾国藩的弟弟曾国荃，找他商量，表示希望由他出面组织一支军队，赴援江西。

此时曾国荃正因为赴北京考试受阻滞留长沙。此时他已经三十三岁了，连举人还没考取。而到了这一年，他认识的很多人都已经通过军功改变了自己的命运。比如他曾经拜为老师的罗泽南，短短五年，就从一个穷困潦倒的老秀才变身为加按察使衔的堂堂道员。看来，他也应该跳出科举出身的思维定式了。

恰在此时，有人主动把机会送上门来，而且还顶着“救援家兄”的名头，曾国荃迅速决断，一口答应下来。史载他“念兄国藩急，慨然曰：‘方吾兄战利，吾从未至营相视，今坐困一隅，义当往赴’”。①

我哥哥战事顺利的时候，我一次也没去过。现在他被困了，我自然应该前去援救。

曾国藩的弟弟这块招牌果然管用。这一年十月，曾国荃招募两千人，会合湘军老将周凤山部，进军吉安。此军名字就定为“吉字营”。曾国荃弃文从武，开始了带兵生涯。

/ 三 /

曾国荃在曾家兄弟当中，是一个“综合型人才”。曾家人之所以认为他最有可能走通科举之路，主要不是因为他文笔最优（单论文笔，还属老六曾国华

---

① 熊治祁编：《曾忠襄公年谱》，《湖南人物年谱》（第四册），湖南人民出版社，2013年，第199页。

最好），而是因为综合素质，特别是意志力最为突出。

科举之路是漫长而艰苦的，锲而不舍的精神和才华同样重要，有时甚至比才华还要重要。曾国荃是一个特别争强好胜且意志力特别强的人，用湖南话说，吃得苦、霸得蛮，做事一条道走到黑。

此外，曾国荃还颇有办事之才，头脑比较清楚，口才也出众。曾国藩曾在咸丰八年（1858年）十月二十七夜信中说："弟善说话。"[①]曾国藩刚刚办理团练时，曾国荃就为他"画治兵三十二策"，出了三十二条主意。据说"其后，国藩勇与提标兵哄，乃叹曰：'三十二策，惟一策未用，乃至此!'以是奇公"[②]。这个说法显然有点夸张了，不过曾国藩确实曾说过曾国荃"吏才"尤胜于其"将才"，可见他对曾国荃的办事能力、协调能力一直比较认可。

此外，曾国荃身上还有一股江湖气。他性格直爽，脾气火暴，乐于助人。赵烈文说他"为人笃厚无比，任事之勇，为事之敏，亦世希（稀）有"[③]。《中兴将帅别传》说他"性爽迈，不屑屑于小节。轻财好义，为人谋衣食常恐不足。推心置腹，任人不疑，故豪杰乐为之用"[④]。性格豪迈，不拘小节，轻财好义，给别人帮忙总是尽心尽力，非常热情。对人也是推心置腹，用人不疑，所以大家都愿意跟着他混。从这些描述来看，他颇有江湖大哥的素质。

这种才干和性格，是比较适合带兵的。

然而对于曾国荃从文转武，曾国藩一开始不是特别赞成。曾国藩经常劝另外两个弟弟曾国华、曾国葆不要一门心思吊死在科举这棵树上。但是这话他从来没有对曾国荃说过。曾国藩还是希望九弟能走正途出身。

听说曾国荃也开始带兵后，他写信给曾国荃说，吉安之战后，"无论战之胜败，城之克否，即可敬谢速行。或来章门与余相见，或归里门侍奉老亲，无为仆仆久淹于外也。此事登场甚易，收身甚难，锋镝至危，家庭至乐，何

---

① 《曾国藩全集·家书》，岳麓书社，1994年，第440页。

② 熊治祁编：《曾忠襄公年谱》，《湖南人物年谱》（第四册），湖南人民出版社，2013年，第198页。

③ 赵烈文：《能静居士日记》，《太平天国史料丛编简辑》（第三册），中华书局，1962年，第392页。

④ 朱孔彰撰，向新阳、朱英士标点：《中兴将帅别传》，岳麓书社，1989年，第114页。

曾国荃像

必与兵事为缘？”[1]劝他打完吉安最好还是回家读书。曾国藩说，不想让他带兵，是因为带兵打仗风险太大，并不如想象的那样易于建功[2]。

但曾国荃却不同意。他虽然初出茅庐，出师却极顺利，沿途攻破安福等几座太平军营垒，很快进逼到吉安城下。打了几个胜仗之后，曾国荃越发相信自己有带兵才能，铁下心来，要以军功作为出身之路。

在几次战役过后，曾国藩也放下心来，他发现曾国荃行军布阵颇有章法，对曾国荃的表现也越来越肯定。他在家书中这样汇报：“九弟治军严明，名望极振。吾得两弟为帮手，大局或有转机。”[3]

曾国藩判定这个弟弟在军事上会大有作为，因此开始了对曾国荃的着力培养。就像当初在家书中耐心教导他如何写文章一样，此时他又开始通过家书，详细指授曾国荃如何打仗。

他在家书中分析与曾国荃合作的湘军老将周凤山的为人特点，告诉国荃如何与周军相处。又教导他，在战场上最重要的是“澄心定虑”，事乱心不乱：

周梧冈一军同行，如有银钱，宜分多润寡，无令己肥而人独瘠。梧冈暗于大局，不能受风浪，若扎营放哨、巡更发探、开仗分枝，究系宿将，

---

① 《曾国藩全集·家书》，岳麓书社，1994年，第329页。

② 他举例说：“李次青上年发愤带勇，历尽千辛万苦，昨日抚州一败，身辱名裂，不特官绅啧有烦言，即其本邑平江之勇亦怨詈交加。兵犹火也，易于见过，难于见功。弟之才能不逮次青，而所处之位，尚不如次青得行其志，若顿兵吉安城下，久不自决，以小战小胜为功，以劝捐办团为能，内乖眷令之义，外成骑虎之势，私情公谊，两无所取。弟之自计不可不审。”也就是说，带兵一事，容易犯错招怨，不容易建功。李元度也是文人带兵，虽然历尽千辛万苦，还是没取得什么好成绩。你的才能资历都不如李元度，最好不要陷入军事当中来。

③ 《曾国藩全集·家书》，岳麓书社，1994年，第335页。

不可多得。……军事变幻无常，每当危疑震撼之际，愈当澄心定虑，不可发之太骤。至要至嘱。[1]

他告诉曾国荃，太平军的用兵特点，是习惯挟裹大量流民以壮声势，所以刚刚和他们交手的人，很容易被他们的阵势吓倒。当初曾国葆之所以失利，就是因为如此。另一个是太平军耐心极强，习惯和对手"揉来揉去"，慢慢等你露出破绽：

与此贼战有两难御者：一则以多人张虚声，红衣黄旗漫山弥谷，动辄二万三四万不等，季洪岳州之败，梧冈樟树之挫，皆为人多所震眩也；一则以久战伺暇隙，我进则彼退，我退则彼又进，顽钝诡诈，揉来揉去，若生手遇之，或有破绽可伺，则彼必乘隙而入，次青在抚州诸战是也。二者皆难于拒御。所幸多则不悍，悍则不多。盖贼多则中有裹胁之人，彼亦有生手，彼亦有破绽，吾转得乘隙而入矣。[2]

他教曾国荃如何围城："围城之法，扎营不宜太近。一则开仗之势太蹙，一则军事尚隐尚诡，不宜使敌人丝毫毕知也。"[3]

他教导弟弟，带兵也要有恒心，像读书一样，日夜专注于此，专攻一经，其他万事皆要置于脑后："现在带勇，即埋头尽力以求带勇之法，早夜孳孳，日所思，夜所梦，舍带勇以外则一概不管。不可又想读书，又想中举，又想作州县，纷纷扰扰，千头万绪，将来又蹈我之覆辙，百无一成，悔之晚矣。"[4]

我们看曾国藩与诸弟书中，写给曾国荃的信不但数量最多，而且质量最高，从用兵、为人到做事，无不层层分析、耐心指点。曾国荃在曾氏其他兄弟当中后来成就最大，与此关系至巨。

---

① 《曾国藩全集·家书》，岳麓书社，1994年，第333页。
② 《曾国藩全集·家书》，岳麓书社，1994年，第337页。
③ 《曾国藩全集·家书》，岳麓书社，1994年，第341页。
④ 《曾国藩全集·家书》，岳麓书社，1994年，第358～359页。

/ 四 /

曾国荃带兵后不久，咸丰七年（1857年），父亲曾麟书在家中去世，曾国藩委军奔丧乡居。

从咸丰七年九月到咸丰八年六月，这几个月期间，曾国藩给在前线的曾国荃写了很多长信，详细指教他用兵为政。这些信是现存《曾国藩家书》中的精品。一方面，曾国藩一生难得像这次这样享有大把无用的时光；另一方面这是曾国藩一生中最深入、最痛苦的反思时段。他向皇帝伸手要官不成，反被冷落解职，因此在家不停地反思自己为官带兵以来方方面面的得失，信中所言，都是自己一生经验教训的结晶。

他教曾国荃如何与绅士相处，告诉他不要一到什么地方，就批评当地绅士，而是要以表扬奖励为主：

> 用绅士不比用官，彼本无任事之责，又有避嫌之念，谁肯挺身出力以急公者？贵在奖之以好言，优之以廪给，见一善者则痛誉之，见一不善者则浑藏而不露一字。久久善者劝，而不善者亦潜移而默转矣。吾弟初出办事，而遂扬绅士之短……①

他教弟弟如何做人。强调待人不要用机心，要以“诚”以“愚”对人，时间长了，人家也就不和你钩心斗角了：

> 弟书自谓是笃实一路人，吾自信亦笃实人，只为阅历世途，饱更事变，略参些机权作用，把自家学坏了。实则作用万不如人，徒惹人笑，教人怀恨，何益之有？近日忧居猛省，一味向平实处用心，将自家笃实的本质还我真面、复我固有。贤弟此刻在外，亦急须将笃实复还，万不可走入机巧一路，日趋日下也。纵人以巧诈来，我仍以浑含应之，以诚愚应之；

① 《曾国藩全集·家书》，岳麓书社，1994年，第342页。

久之，则人之意也消。若钩心斗角，相迎相距，则报复无已时耳。[①]

他教弟弟如何在官场生存，告诫他不要动不动就发牢骚、发脾气：

至于与官场交接，吾兄弟患在略识世态而又怀一肚皮不合时宜，既不能硬，又不能软，所以到处寡合。迪安妙在全不识世态，其腹中虽也怀些不合时宜，却一味浑含，永不发露。我兄弟则时时发露，终非载福之道。雪琴与我兄弟最相似，亦所如寡合也。弟当以我为戒，一味浑厚，绝不发露。将来养得纯熟，身体也健王，子孙也受用，无惯习机械变诈，恐愈久而愈薄耳。[②]

他不停地反省自己以前居官的错误，要求弟弟不要重蹈他的覆辙，要勤通信，信中辞气要平和谦虚：

长沙官场，弟亦通信否？此等酬应自不可少，当力矫我之失而另立途辙。余生平制行有似萧望之、盖宽饶一流人，常恐终蹈祸机，故教弟辈制行，早蹈中和一路，勿效我之褊激也。[③]

各处写信自不可少，辞气须不亢不卑，平稳惬适。余生平以懒于写信开罪于人，故愿弟稍变途辙。[④]

我们看这一段曾国藩家书，似乎又回到了当初他在北京写信教导诸弟读书的情形，自己一有所见，就毫无保留地教给弟弟，不惮千言万语：

吉字中营尚易整顿否？古之成大事者，规模远大与综理密微二者阙

① 《曾国藩全集·家书》，岳麓书社，1994年，第363页。
② 《曾国藩全集·家书》，岳麓书社，1994年，第357页。
③ 《曾国藩全集·家书》，岳麓书社，1994年，第357～358页。
④ 《曾国藩全集·家书》，岳麓书社，1994年，第348页。

一不可。弟之综理密微精力较胜于我。军中器械其略精者，宜另立一簿，亲自记注，择人而授之。古人以铠仗鲜明为威敌之要务，恒以取胜。刘峙衡于火器亦勤于修整，刀矛则全不讲究。余曾派褚景昌赴河南采买白蜡杆子，又办腰刀分赏各将弁，人颇爱重。弟试留心此事，亦综理之一端也。至规模宜大，弟亦讲求及之。但讲阔大者，最易混入散漫一路。遇事颟顸，毫无条理，虽大亦奚足贵？等差不紊，行之可久。斯则器局宏大，无有流弊者耳！顷胡润芝中丞来书，赞弟有曰“才大器大”四字。余甚爱之。才根于器，良为知言。[①]

……

/ 五 /

在湘军诸部中，没有其他将领可以像曾国荃这样得到曾国藩呕心沥血的教导。曾国荃是站在曾国藩的肩膀上开始军事生涯的。

曾家人的做事风格有相似处，那就是都能耐得烦、吃得苦，善于做扎实刻苦的功课，这也许是在曾麟书私塾中熏陶出来的结果。曾国荃虽然年轻气盛，但是有一个好处，那就是处理具体事务能做到老老实实下功夫。在曾国藩的指授教导下，曾国荃部成为贯彻曾国藩战术思想最为坚定的一支部队。吉字营是湘军诸部中体现曾国藩“结硬寨、打死仗”风格最明显的部队。

湘军打仗风格，用一个字总结，就是“笨”。

曾国藩用兵，极为谨慎。他首重“自固”，就是先要保存自我，然后再争取胜利。所以他反复强调，不能浪战，要“以静制动、反客为主”。

湘军刚刚成军出战的时候，营地经常受到太平军的突然袭击，损失不小。曾国藩的应对之策就是“扎硬寨”，或者说是“站墙子”。也就是说，每天扎下营盘之后，不管军队多么劳累，都必须首先环绕营地挖出两道深沟，筑起两层高墙，把自己保护起来。壕沟的宽度深度和营墙的高度厚度都有明确要求：

---

① 《曾国藩全集·家书》，岳麓书社，1994年，第345～346页。

“作壕之法，外内重设，外壕广六尺，深八尺，内壕半之。”[①]就是说，外面的一条壕沟宽要达两米，深要近三米。里面的一条，尺寸减半。“作墙如城，其高七尺，子墙半之，墙厚六尺”[②]，营墙也是两层，外面的一层，高两米多，宽两米。里面的一道尺寸减半。[③]

修好之后，晚上再把军队分为三班，两班睡觉，一班轮流站岗。从此湘军就不再担心太平军偷袭营地了。

但是这种做法确实极为笨拙，因为修墙挖壕是极为费工费力的事。湘军行军作息表，是每天要花四小时行军，走三十里。到了一处，再花四小时挖沟修墙，“以昼四十六刻率之，行十六刻而三十里，其十六刻以筑营垒，余十二刻而后昏暮，则神暇形壮，可以待敌。故百里而趋利者蹶，此军家之大忌也”[④]。这样，湘军就从一支军队变成了“民工建筑队”，行起军来如同蜗牛爬行，每天行程不过三十里。

曾国荃初出茅庐，不知战争深浅，对长兄这些规定当然是严格遵照执行，但心中不免有所怀疑。但是时间长了，才发现长兄这个笨办法，是吃了多少亏，死了多少人之后才总结出来的，所以每天挖沟，从不马虎。后来咸丰九年（1859年），李鸿章奉曾国藩之命赴吉字营学习军事，见曾国荃军中天天不过是挖沟砌墙这一套，很不以为然，事后对人说：“吾以为湘军有异术也，今而知其术之无他，惟闻寇至而站墙子耳。”[⑤]殊不知，曾国藩做事的诀窍就是“不谈过高之理”[⑥]，把简单的事做好。

事实上，这套笨办法不但在一开始保证了曾国荃的安全，后来还成了曾国荃一生屡克名城、终成大功的法宝。

---

① 王闿运、郭振墉等：《湘军志　湘军志平议　续湘军志》，岳麓书社，1983年，第160页。

② 同上。

③ 曾国藩在《陆军得胜歌》中这样描述具体要求：“六尺墙脚八尺壕，壕要筑紧墙要牢。正墙高要七尺满，子墙只有一半高。”

④ 王闿运、郭振墉等：《湘军志　湘军志平议　续湘军志》，岳麓书社，1983年，第160页。

⑤ 刘体仁：《异辞录》，山西古籍出版社，1996年，第23页。

⑥ 《曾国藩全集·日记》，岳麓书社，1994年，第539页。

原来，太平军战争经验丰富，要攻下太平军把守的城池是一件非常难的事。坚城之下，如果强攻，则死亡率极高。如果缓攻，因为自身立足不稳，太平军与援军往往会寻找机会，里外夹击，导致攻城失败。

在曾国藩的指授下，曾国荃运用“挖沟法”来攻城。吉字营发挥自己“民工建筑队”的特长，在吉安城外，挖了两道长壕，把吉安城围困起来，里面的一道长壕，是为了断绝城中的粮草接济；外面的一道长壕，是为了抵抗外来援军的攻击。

这个策略很有效，唯一的成本是时间。咸丰六年底，曾国荃围困吉安，开始挖沟。直到咸丰八年八月，将近两年之后，围困才最终达到目的：城中粮草消耗净尽。曾国荃在家书中说：“日来吉郡情形，城贼穷蹙思窜……迭讯贼供，均称城内粮食将尽，看来中秋前后必可得手也。”[①]果然，八月中旬，曾国荃终于拿下了吉安。

曾国荃拿下吉安后，曾国藩写信给他，对他的能力充分肯定：

> 知吉安于中秋夜克复，欣慰之至。自弟从军以来，变故百出，危疑困乏，极难下手。弟内治军旅，外和官绅，应酬周密，条理精严，卒能致此成功。[②]

长壕围城从此成为曾国荃攻城的法宝[③]，长壕在他手中，不再仅仅是自固的手段，同时也是攻敌之利器，在后来的安庆、天京之战中，他的办法也都是挖沟围城，一围就是几年，围得城里没有吃的，最终将其攻陷。曾国荃因此得了一个著名的外号——“曾铁桶”。

吉安拿下之后，曾国荃因功被擢升为知府，取得功名远比国华、国葆顺

---

① 曾国荃撰，梁小进主编：《曾国荃集》（第五册），岳麓书社，2008年，第72页。

② 《曾国藩全集·家书》，岳麓书社，1994年，第421页。

③ 咸丰九年冬，曾国藩曾在给胡林翼的信中说，“前此武昌之围、九江之围、瑞州、吉安之围，其要在长濠，其妙亦在水师”。《曾国藩全集·书信》，岳麓书社，1994年，第1152页。

利，可见曾国荃确有军事才能，也可见曾国藩对他的指授提携非常有效。[①]

二、对九弟的破格关照

/一/

当然，曾国藩对曾国荃的帮助，不止于军事经验的指授。

“吉字营”在湘军中成军很晚，却建功极速。曾国荃以后起之辈的身份，很快取得了与鲍超、彭玉麟等湘军名将平起平坐的地位。这离不开曾国藩在扩军和供饷方面的“破格关照”。

同治元年（1862年）五月十五日，曾国藩在给曾国荃、曾国葆的信中说：

> 沅弟一次添招六千人……此在他统领所断做不到者。[②]

因为军饷供应困难，也因为坚持精兵战略，湘军对扩军控制很严。曾国藩规定，各军增募兵士必须事先经他批准，否则粮台拒绝供饷。但是曾国荃却贪多求快，每每擅自增募，曾国藩事后也只好承认，供饷如常。有一次，曾国荃居然还瞒着曾国藩，私自把降兵编成三营。这在湘军绝对是违反军纪的大事，所以一开始他没敢把此事告诉曾国藩，而是自己寻找财源，“暗贩”私盐，供给军饷，后来财源断绝，才不得不向曾国藩和盘托出。事见同治元年六七月份曾国荃致曾国藩信：

> 弟尚有三营勇粮先恃大通安全、官盐、官钱三局以为活者……[③]

> 弟之三营，惟东关所立选字营适值日夜驰剿之际，忘记肃函上陈。

---

① 咸丰九年阴历五月，太平军再次攻入江西，进驻景德镇。曾国荃率军进攻景德镇，三战三捷而夺之，使太平军损失及半，因功又升任道员。

② 《曾国藩全集·家书》，岳麓书社，1994年，第833页。

③ 曾国荃撰，梁小进主编：《曾国荃集》（第五册），岳麓书社，2008年，第137页。

若秣陵关收降之五百余人，大胜关、头关收降之五百余人，则皆于报捷之函、报仗之禀带叙此条矣。前承饬行批折旨内，亦有此语为证。来谕云并未之闻，或者公务太多，不尽记忆其细微也。弟昨因官盐、官钱两项之撤，该营等口粮无着，不得不早报呈。如不遇此事，则亦仍照录开字营之例，事竣乃报闻耳。此弟之疏处，亦弟之倔强处，求兄原谅之。[①]

曾国藩去信质疑，曾国荃还百般搅赖，说这三营，只有选字营建立之时，因为忙着打仗，忘了写信告诉你了。其他两营，我都在报捷信中顺便提过。你说你从来没听说过，可能是公务太多，记不住这些小事了。我是因为官盐、官钱两项都裁撤了，这三营口粮无着，不得不向你正式汇报这三营的成立。要不是遇到这样的事，我到现在还不会汇报呢。这是我的疏忽大意之处，也是我的倔强不求人之处，请你原谅。

此事正当曾国荃进攻南京之际，确实有扩军需要，曾国藩也只好事后承认了。

正是因为有了曾国藩不停地破格“通融”，曾国荃部才能迅速扩充到后来的五万人。

曾国藩治军，本以“公正严明”为本，对待诸将，大体能做到一碗水端平。但是对自己的弟弟，他却做不到这一点。通过曾国藩兄弟往来家书，我们可以看到，湘军粮饷的分配，几乎就是在他们兄弟私下商量之下决定的事情。

同治元年，曾国荃与彭玉麟水师合作，夺取了长江要塞金柱关，曾国藩打算在这里设置一个税关，抽取往来商人的厘金以供军队军饷之用。曾国藩打算把抽到的厘金分给自己的两个弟弟。曾国荃分十分之八，曾国葆分十分之二（曾国葆此时再次出山，带兵追随曾国荃）。

曾国藩对自家兄弟的偏心，让曾国荃都感觉有点不好意思。他写信给曾国藩说：

---

① 曾国荃撰，梁小进主编：《曾国荃集》（第五册），岳麓书社，2008年，第139页。

……来示所谓沅八成、季二成，弟意不如雪二成、季二成、沅军分六成，似更公道。盖水师亟攻此处，费力不小，而伤人亦多，且抽长江之厘全靠水师稽查也。[1]

也就是说，不如给雪琴（彭玉麟）也分二成，把我的降为六成，这样才公道。因为这次水师猛攻这个关口，代价不小，死伤也多。而且以后我们抽长江的厘金，全靠水师帮着稽查呢。

曾国藩收到曾国荃此信，才发觉自己居然把彭玉麟这一支忘得一干二净。这对彭玉麟未免太不公平。他于是回信说：

弟以金柱关之破，水师出力最多，厘卡当雪二季二，甚善甚善。兹定为沅五、雪三、季二，尤为惬当。[2]

由这些往来书信，我们可以清楚地看到曾国藩对待自己的两个亲弟弟和其他诸将时是如何“内外有别”。

/ 二 /

曾国藩一生，对待朝廷可称得上“忠”，对待他人可称得上“诚”，为人处事可称得上“无私”。但是有一点例外，凡涉及自己兄弟曾国荃之处，他却一再“特殊关照”。除了在军饷上的倾斜，在战略战术的具体安排上，曾国藩也往往偏向自己的兄弟。

咸丰八年，曾国藩再次出山，与胡林翼合军一处，准备进攻安徽。进攻安徽的重点是拿下重镇安庆。

关于安庆地理位置的重要，裴士锋曾经有过描写：

① 曾国荃撰，梁小进主编：《曾国荃集》（第五册），岳麓书社，2008年，第122~123页。
② 《曾国藩全集·家书》，岳麓书社，1994年，第829页。

安庆不是中国最大的省会，但是一座宏大的要塞，面积超过二点五平方公里，俯瞰长江和周遭乡间。从军事角度看，它位置绝佳。它坐落在一块高地上，高地四边皆往下斜，视野良好，具有地利。而且从陆路极难接近它……从战略上来看，安庆犹如一个杠杆支点。往东看，它扼守从长江北岸前往南京的各个要道，太平军往北与往西经安徽进入湖北的所有征战，也以安庆为基地。而且它无疑扼控紧邻其南边的长江。安庆段长江宽约八百米，但吃水较深的船所走的水道紧邻北岸，近到行经船只的船长可以看到城墙上对着他的火炮炮管内部。因此，清军即使越过安庆，攻进太平天国领土，其水上补给线仍逃不过安庆守军的截断。曾国藩得先拿下安庆，才能往南京推进。[①]

在曾国藩出山之前，胡林翼本来已经做好了进军计划，进攻安庆的主力将由湖北的湘军来承担。具体战术也已经确定，那就是“围城打援”之法。

在太平天国战争之中，双方战略战术均有可圈可点之处，太平军的得意之笔是围魏救赵、指东打西，用这个计策多次解了天京之围。而湘军在军事史上最大的贡献就是“围城打援”，这一战术在安庆之战中运用得淋漓尽致。所谓“围城打援”，是指围城的主要目的从拿下城池变成吸引援兵，然后通过打援消灭敌人有生力量。这就跳出了过去以一城一地得失为胜负标准的旧的战争观念。因此胡林翼打安庆，不光是为了收复这个旧省城，更是为了吸引太平军主力前来救援，以进行战略决战。所以他在给湖北湘军统帅多隆阿的信中说：“今天下之大局，不以得城为喜，而以破援贼为功。盖发逆自粤西起事以来，每以坚城坚垒牵缀我兵，而转于无兵及兵弱之处狡焉思逞。故贼日见其多，兵日见其少；贼处乎有余，而我转处于不足。善乎！李左车戒韩信之言，曰：‘顿兵城下，情见势绌’，实为古今不易之论。”故“用军之道，全军旅为上策，得土地次之；杀贼为上策，破援贼为大功，得城池次之”[②]。安庆之战不

---

① ［美］裴士锋著，黄中宪译：《天国之秋》，社会科学文献出版社，2014年，第207页。

② 胡林翼撰：《胡林翼集》（第二册），岳麓书社，1999年，第695～696页。

仅是要夺取安庆，打开进攻南京的大门，更要力求歼灭太平军主力陈玉成部，从而解决战争的胜负问题。

曾国藩加入收复安徽的决策过程之后，对胡林翼的这一计划双手赞成。他们一致同意将进攻安庆的湘军兵力一分为多，以一支围城，多支打援。

但问题是，谁来围城，谁来打援呢？

显而易见，大家更愿意承担围城任务。因为围城打援，任务最重、压力最大的是打援者。打援部队守在交通要路，需要通过一次又一次的硬仗来消灭有生力量，所处境地最危险，面临的战斗也最激烈，但是最后论功行赏的时候，人们记住的却往往是直接拿下城池的队伍。

在曾国藩再度出山之前，胡林翼准备以湖北湘军承担攻打安庆的主攻任务。但是曾国藩却提议，这一任务改由曾国荃的吉字营担任，湖北湘军的多隆阿部、李续宜部、鲍超部，将承担在外围阻挡援军的任务。

这一安排明显有利于曾国荃，而不利于湖北湘军。

曾国藩最早是借湖北湘军中与自己私交极好的李续宜之名，向胡林翼提出这个意见。他在复胡林翼的信中说："昨夕熟商进兵事宜，希庵之意，以敝部（实即曾国荃部）围怀宁，多公围桐城，希统各营暂扎青草塥，为怀、桐援应……"①

曾国藩提出这一建议，主要是让弟弟通过这一战成名。这当然很难获得胡林翼及其麾下多隆阿、鲍超等人的首肯。所以胡林翼迟迟没有回复。曾国藩又写了一封信来催促："进兵之略，鄙意仍守希庵前议，以朱、李（朱品隆、李榕，此二人皆曾国荃所率将领）进安庆，多公进桐城，希军扎青草塥，不知尊意有更改否？季公即日至英山，请其一决。"②

后来，还是与曾国荃私交极厚的左宗棠（左宗棠与曾国藩关系波折较多，但前期与曾国荃却一直关系不错，因为曾国荃肯恭维他）出面帮着曾家兄弟说话，这个提议才在胡林翼那里通过。《胡文忠公年谱》称："李公续宜至军。

---

① 《曾国藩全集·书信》，岳麓书社，1994年，第1284页。

② 《曾国藩全集·书信》，岳麓书社，1994年，第1299页。

曾公议三道规安庆，以其弟国荃率朱品隆、李榕进集贤关，多隆阿公进桐城，李公续宜为援兵助二军。就公议，久不决。适左公宗棠来英山视公，曾公为迎致宿松，其议乃定。”[①]

于是计议已定，直攻安庆任务由曾国荃负责。多隆阿则驻桐城挂车河，李续宜驻青草塥，鲍超的霆军驻扎机动位置，负责打援。

/ 三 /

曾国荃闻讯当然非常振奋。他以前虽然攻下过吉安和景德镇，但那毕竟只是中等城市，这次却是在整个太平天国战争中位置极为关键的名城、省城安庆。通过这一战，他的名字必将传扬天下。

于是他率军迅速扫清外围，进驻安庆城下，然后发扬“民工建筑队”的本色，开始修建双层壕墙，挖了两道足足七十里长的长壕，又沿壕修起长墙。这两道壕墙起了极为重要的作用。湘军居于内外壕墙之间，以逸待劳，以壕墙代兵，从而达到反客为主、以守为攻的目的。这一工事修得非常扎实，后来拿下安庆后巡视战场，曾国藩对壕沟的深与宽颇感惊讶。

但是，整个安庆战役中，战功最大的，其实是多隆阿。

多隆阿是一个旗人，乃是达斡尔族出身，隶属满洲正白旗，素来擅长指挥马队。1856年，他被湖广总督官文调至湖北，归胡林翼统领，按湘军营规带领马队，遂成为湘军中的一员。

由于出身特殊，多隆阿作风与其他湘军将领有所不同，官军习气严重，“意忌情深，忮心尤胜”[②]，谁都瞧不起。但是此人骄傲有其理由，确实多谋能战，故后来与湘军第一名将鲍超齐名，有“多龙鲍虎”之誉。他驻守挂车河，成了保护身后曾国荃部的一道有力屏障，打了多次硬仗。特别是咸丰十年（1860年）十月，素来有“用兵如神”之名的陈玉成提兵来攻，联营四十余

---

① 熊治祁编：《胡文忠公年谱》，《湖南人物年谱》（第三册），湖南人民出版社，2013年，第97~98页。

② 胡林翼撰：《胡林翼集》（第二册），岳麓书社，1999年，第394页。

座，在挂车河与湘军展开激战。陈玉成部包括陈玉成本人的家眷，大都在安庆城内，所以这次救援他们是出了死力，杀红了眼。然而多隆阿指挥有方，大获全胜，歼敌万余名，解散胁从一万多名，重创了太平军有生力量。第二年，陈玉成又联合洪秀全新派来救援安庆的大部队再次对挂车河发动猛攻。又赖多隆阿作战勇猛，用兵机智，以一当十，多次打退敌军，让陈玉成只能绕道而走。应该说，安庆之战中的大部分险战、恶战，都是多隆阿打的。

当然，曾国荃也不是吃素的。他在安庆一战中，也表现出非同一般的能力。

咸丰十年四月，曾国荃挖长壕开始围城，围困到咸丰十一年（1861年）七月，安庆城内终于断粮。太平军将士和城内百姓开始时每天喝粥，后来吃城里的猫和老鼠，再后来只能吃树叶草根。饿死的人越来越多，活着的人无力掩埋，只好堆在露天，白骨沿路，惨不忍睹。洪秀全见状，倾尽全力进行救援，派出洪仁玕、林绍璋、吴如孝以及黄文金等部，分别从天京、庐江、芜湖赶来，加入陈玉成的救援战斗，准备用尽全力，最后一搏，解救安庆。这一年七月，他们与多隆阿再次激战，仍然不能得手，只好安排一部分军队牵制住多隆阿，其他军队迂回三百多公里，绕道西北再转东南，分成十余路，直扑曾国荃部的长壕。同时安庆守将叶芸来也从城内出兵，攻打内壕。试图夹击之下，打破封锁。

决定安庆命运的决战开始了。太平军冲锋部队每人背上背着一大捆草冲向湘军的长壕，到了壕边就掷草填壕，填满后就越壕冲击。曾国荃命令部队开足火力，在壕前织起了一道猛烈的火力网，太平军尸如山积。但后续太平军完全不顾生死，将同伴尸体搬开一层，又复冒死冲突。

赵烈文描述战况说：

二十二日巳刻，大股扑西北长壕，人持束草，蜂拥而至，掷草填壕，顷刻即满。我开炮轰击，每炮决，血衢一道，贼进如故，前者僵仆，后者乘之。壕墙旧列之炮，装放不及，更密排轮放，增调抬、鸟枪八百杆，殷訇之声，如连珠不绝，贼死无算而进不已，积尸如山。路断，贼分股曳去

一层，复冒死冲突，直攻至二十三日寅刻，连扑一十二次……[1]

也就是说，湘军用大炮轰击太平军密集冲锋队伍，每一炮都会轰倒一片部队，轰出一片血泊。但是太平军毫不畏死，仍然连续突进。湘军八百杆抬枪鸟枪片刻不停，太平军一片片倒在阵前，以致后面的军队无法进攻。所以太平军专门派人抬开死尸，清出道路，继续进攻。

太平军连续猛攻十二次，苦战一日一夜，就是不能攻破湘军壕墙，付出的代价是一万余人的伤亡。“凡苦战一日一夜，贼死者万数千人，我军死者百余人，用火药十七万斤，铅子五十万斤。”[2]湘军方面，仅这一日一夜，就消耗火药十七万斤，铅子五十万斤，双方战斗之惨烈可见一斑。

湘军之所以能顶得住，除了双层壕墙之力外，还得益于主帅曾国荃性格之“坚忍”。曾国荃有一股异乎常人的蛮劲。无论形势多么危险，他都能咬牙坚持到底，绝不动摇。有他的坚定指挥，湘军才能死守壕墙，寸步不退。

在这次战役中，曾国荃甚至亲身参与战斗：

攻方急，一勇掷火包，线长未燃，被拾起回掷。时我濠（壕）内遍地火药包发，轰燃一二处，守者皆溃，奔退十余丈。贼过濠（壕）者已七八人，统领曾观察国荃见事急，亲下斫贼数人倒地。溃卒见统领自战，皆复返，枪炮复续，贼见不可攻，其逼胁为前队之众已尽，乃退。[3]

湘军向太平军扔的“火包”，类似后来的手榴弹，因为引线过长，落地未炸，被太平军又拾起扔回了壕内。恰好扔在壕内火药密集处，引燃火药，轰死不少守军。守军惊溃，退逃十余丈远。有七八名太平军抓住这个机会，冲过了

---

① 赵烈文：《能静居士日记》，《太平天国史料丛编简辑》（第三册），中华书局，1962年，第200页。

② 赵烈文：《能静居士日记》，《太平天国史料丛编简辑》（第三册），中华书局，1962年，第200～201页。

③ 赵烈文：《能静居士日记》，《太平天国史料丛编简辑》（第三册），中华书局，1962年，第200页。

壕沟。曾国荃一看军情紧急，亲自挥刀冲向太平军，斩倒数名敌人。向后奔逃的湘军看到主帅亲身冲锋，遂再度返身作战，这才堵住缺口。

在这一战中，双方已经将英勇这一品质发挥到了极限。陈玉成一看确实无法突破曾国荃的防线，只好引兵稍稍后退。

咸丰十一年八月初一日，湘军挖成地道，用火药轰塌数十丈城墙，像决堤的洪水般涌入城内。安庆城中的守兵已经多日没吃到任何东西，“饥极僵仆”①，一万余人皆被杀死，安庆城陷。城外的陈玉成等人在远处遥望安庆的满城大火，知道情势已无可挽回，只好相望长叹，率军退走。

安庆的战功，多隆阿与曾国荃贡献最多，多隆阿某种程度上作用更大。曾国荃通过这一战也对多隆阿非常佩服。咸丰十一年的九月，他在给曾国藩的信中说：“多公材智胆略冠绝群雄，实可将四五万人。”②但是在战后论功行赏之时，正如曾国藩所预计的那样，曾国荃所获却是更多，“道员曾国荃智勇兼施，着赏加布政使衔，以按察使记名遇缺题奏，并加恩赏穿黄马褂，以示优奖”③。不久又实授为江苏布政使。而多隆阿仅与杨载福等均“著加恩赏给云骑尉世职”④。这个奖赏连曾国藩都感觉太薄了。他在家书中说：“安庆克城，人人优奖，惟多公尚嫌其薄。”⑤

多隆阿自然非常生气，安庆之战结束后不久就离曾国藩而去。

---

① 赵烈文：《能静居士日记》，《太平天国史料丛编简辑》（第三册），中华书局，1962年，第188页。
② 曾国荃撰，梁小进主编：《曾国荃集》（第五册），岳麓书社，2008年，第106页。
③ 熊治祁编：《曾忠襄公年谱》，《湖南人物年谱》（第四册），湖南人民出版社，2013年，第206页。
④《达斡尔资料集》编辑委员会，全国少数民族古籍整理研究室编：《达斡尔资料集》（第七集），民族出版社，2007年，第285页。
⑤《曾国藩全集·家书》，岳麓书社，1994年，第787页。

第三节 “与阿兄间有不合”：曾国藩与曾国荃之间的多次争执

一、曾国藩罕见发飙

/ 一 /

曾国荃带兵后，曾国藩对他的表现总体上是相当满意的。[①]没做过一天官，没带过一天兵，初出茅庐，居然毫不露怯，做事有章有法，真不愧“白眉”之才。咸丰八年四月初九，曾国藩写信给吉安城下的曾国荃，表扬他说：

> 今年有得意之事两端。一则弟在吉安声名极好。两省大府及各营员弁、江省绅民交口称颂，不绝于吾之耳；各处寄弟书及弟与各处禀牍信缄俱详实妥善，犁然有当，不绝于吾之目。[②]

咸丰九年曾国荃进攻景德镇期间，曾国藩于六月初四家书中说：“沅弟在景镇，办事甚为稳靠，可爱之至。”[③]

但是，曾国荃身上的缺点也非常突出。

曾国藩和曾国荃两个人的阅历大不相同。曾国藩是科举出身，做过十多年京官，兼过五个部的侍郎，在地方上也带兵多年，和无数地方官员打过交道。虽然自称“一肚皮不合时宜”[④]，但是毕竟对朝廷、对地方、对军队，都非常了解。他人到中年，屡经挫折，久历风波，老成持重，往往事情一发端，他已经看到了结尾。

曾国荃则不过是一个湖南乡下土秀才，除了一趟北京，没出过远门，也没

---

① 咸丰八年三月二十四日，曾国藩在家书中说“弟在外数月，声望颇隆”。参看《曾国藩全集·家书》，岳麓书社，1994年，第378页。

② 《曾国藩全集·家书》，岳麓书社，1994年，第382页。

③ 《曾国藩全集·家书》，岳麓书社，1994年，第485页。

④ 《曾国藩全集·家书》，岳麓书社，1994年，第357页。

办过大事，毕竟年纪轻，见识窄，经验不足。

兄弟两人的性格也极不相同。

曾国藩晚年和秘书赵烈文聊天，谈到兄弟两人的性格差异。赵烈文说，你们两个人，一个特别谨慎，一个特别不谨慎，“沅帅性直而喜事，师举动谨慎”[①]。曾国藩凡事从风险角度考虑比较多，遇事做减法。而曾国荃总是无知者无畏，把事情看得过于简单，遇事做加法。曾国藩性格内向，喜怒不形于色，曾国荃则是炮筒子，有话藏不住，感情藏不住：“事机逼迫，不无矢口之言。揆之不藏怒、不宿怨之义，视色取行违，不可以道里计。”[②]也就是说，曾国荃紧急之时，经常口不择言。不过赵烈文说，这样的炮筒子性格也有好处，就是过后就忘，发完火第二天就好，比那些表面一套背后一套的人还是强。

因此兄弟两个做事，一迟一速。曾国藩做事迟缓，喜欢犹豫，必须深思熟虑之后才下决心。曾国荃则脾气火暴，拍板迅速，赵烈文说他“任事之勇，为事之敏，亦世希（稀）有”[③]。他则自云：“我性暴躁，间或不驯。”[④]这种性格缺点对带兵之人来说是非常危险的，因为军事上任何一个小小的错误，都有可能令人付出生命的代价。

/ 二 /

曾国荃还有一个缺点，就是过于争强好胜，因此和湘军其他诸将相处得也不好。

咸丰十年，胡林翼曾给李鸿章写信，告诫他在外做官，不能任用亲人，这样会造成很多问题。为了增强说服力，胡林翼还特别举了曾国荃为例：

> 既为地方官，则幕中可请友朋，不可以子姓昆季干预军旅。地方之

---

① 赵烈文：《能静居日记》（第二册），岳麓书社，2013年，第1110页。

② 同上。

③ 赵烈文：《能静居士日记》，《太平天国史料丛编简辑》（第三册），中华书局，1962年，第392页。

④ 曾国荃撰，梁小进主编：《曾国荃集》（第五册），岳麓书社，2008年，第383页。

事，即德亦怨，异日且必有冤不可言者，每年以养廉三分之一分惠宗戚，不可随营也。以涤帅之德之功，而人犹疑沅公，则阁下之族，必不可在皖南无疑。[1]

“以涤帅之德之功，而人犹疑沅公”，这显然是指曾国藩重用曾国荃，在湘军内部引起很大争议。

虽然曾国藩在招兵发饷诸方面都已经对曾国荃百般照顾，曾国荃还是感觉不满足，处处和其他将领争权夺利。同时，他又自恃大帅胞弟的身份，处处气焰嚣张。对曾国藩都敢动不动就顶撞，我们可以想见曾国荃当然更不把湘军其他将领放在眼里，甚至连曾国荃的亲兵仆从都“颇有气焰”。

曾国藩在家书中这样批评他：

弟等每次来信，索取帐棚子药等件，常多讥讽之词，不平之语，在兄处书函如此，则与别处书函更可知已。沅弟之仆从随员颇有气焰，面色言语，与人酬接时，吾未及见，而申夫曾述及往年对渠之词气，至今饮憾。[2]

/ 三 /

曾国荃的这些缺点，显然会严重影响他的事业。因此曾国藩经常在家书中对他提出批评和规劝。

曾国藩经常批评曾国荃的一点是他性子太急，容易激动。比如咸丰七年九月二十二日信说：

弟性褊激似余……幸息心忍耐为要。[3]

另一封信中又说：

---

① 胡林翼撰：《胡林翼集》（第二册），岳麓书社，1999年，第716~717页。
② 《曾国藩全集·家书》，岳麓书社，1994年，第834页。
③ 《曾国藩全集·家书》，岳麓书社，1994年，第344页。

弟性爽快，不宜发之太骤。[①]

经常批评他的第二点是见识不广，器小易盈，有了点小成绩就心浮气躁，扬扬自得。见咸丰十年九月十一日信：

吾深以弟之意矜气浮为虑。[②]

咸丰十年九月二十一日，曾国藩又说：

而弟与希庵皆有骄矜之气。[③]

咸丰十一年三月二十五日，在围攻安庆时，曾国藩还写信给他和另一个弟弟曾国葆，批评他们阅历不够，却又自诩聪明，轻下判断。凡事只能想到一个侧面，不能全面思考：

大凡人之自诩智识，多由阅历太少。如沅弟屡劝我移营东流，以为万全之策，而不知我在东流，若建德失陷，任贼窜入饶州、浮、景，我不能屏蔽面上太下不去，是一难也；我居高位，又窃虚名，夷目必加倍欺凌，是二难也。沅弟但知其利，不知其害。此自诩智识，由于阅历少也。季弟近日料徽州之必克，料左军之必败，不凭目击，但凭臆断，此自诩智识，由于阅历少也。[④]

---

① 《曾国藩全集·家书》，岳麓书社，1994年，第1006页。

② 《曾国藩全集·家书》，岳麓书社，1994年，第583页。

③ 《曾国藩全集·家书》，岳麓书社，1994年，第586页。

④ 《曾国藩全集·家书》，岳麓书社，1994年，第674页。接下来还有："沅弟服狗逆善于寻间而入，而不知城贼数万，命悬呼吸，日日将官兵营盘一一看透，毫发毕露，仅留菱湖中段为城贼一线生路；沅弟不知为城贼之蓄谋久计，而认为狗贼之突来急计，是亦阅历少也。季弟急于出濠（壕）搦战，但料贼党之未必真悍，而不知官军之大不可恃，是亦阅历少也。"

也就是说，很多人自觉比别人都聪明，其实是因为他经过、见过的事太少。你劝我从祁门移营东流，只看到了祁门地势危险这一面，但是没有看到我要是移营东流，饶州一带会陷入敌手这一面。曾国葆近日坚称徽州肯定会攻克，左宗棠肯定会失败，这两个肯定，也是因为阅历不够，轻下判断。

曾国荃在军中和许多人都发生过矛盾，每遇冲突，曾国藩就会提醒他多省己过，少责他人。他和严树森彼此不和，写信给曾国藩告状。曾国藩回信说，自古以来，共事之人，都难免相互倾轧争斗。在处理同事关系上，只能严于己而宽于人：

> 严公（严树森）长短，余所深知。媢嫉倾轧，从古以来共事者，皆所不免，吾辈当躬自厚而薄责于人耳。[①]

曾国荃和并肩作战的彭玉麟关系也不好。彭玉麟字雪琴，是湘军名将，曾国藩评价他为人是“光明伟俊”。他淡于名利，“素志雅不欲入官场”，《清史稿》说他“刚介绝俗，不通权贵”，最不屑的就是特权人物。看到曾国荃仗着哥哥的后台指手画脚，他心里很不舒服，对曾国荃也不假声色。所以两个人虽然并肩作战，但关系并不好。

同治元年五月十五日，曾国藩写信给曾国荃说，与彭玉麟处得不好，你要反思自己的原因，不要总说别人的不是。你总说彭玉麟脸色难看，其实你的脸色也是相当难看，只是你不自知而已：

> 雪琴与沅弟嫌隙已深，难遽期其水乳。沅弟所批雪信稿，有是处，亦有未当处。弟谓雪声色俱厉。凡目能见千里，而不能自见其睫，声音笑貌之拒人，每苦于不自见，苦于不自知。雪之厉，雪不自知；沅之声色，恐

---

① 《曾国藩全集·家书》，岳麓书社，1994年，第821页。

亦未始不厉，特不自知耳。[1]

曾国藩在家书中经常对曾国荃讲“强”与“弱”的关系。

曾国藩一生推崇“强”这个品质。他说：“吾家祖父教人，亦以‘懦弱无刚’四字为大耻，故男儿自立，必须有倔强之气。”

但是，“强”也分多种。一种是“自强”，也就是能战胜自己。“古语云：自胜之谓强。曰强制，曰强恕，曰强为善，皆自胜之义也。”

> 从古帝王将相，无人不由自立自强做出，即为圣贤者，亦各有自立自强之道，故能独立不惧，确乎不拔。[2]

另一种是“刚愎”，那是虚张声势的逞强，处处争强好胜，凡事都要占尖，“以客气胜人”。曾国藩说：“然强毅与刚愎有别……舍此而求以客气胜人，是刚愎而已矣。二者相似，而其流相去霄壤，不可不察，不可不谨。”

曾国藩还把“强”分为“蛮横”和“明强”两种。曾国藩认为，“明”是一切的基础。“能明而断谓之英断，不明而断谓之武断。”因此“强”由“明”出：

> 强字原是美德……第强字须从明字做出，然后始终不可屈挠。若全不明白，一味横蛮，待他人折之以至理，证之以后效，又复俯首输服，则前强而后弱，京师所谓瞎闹者也。余亦并非不要强之人，特以耳目太短，见事不能明透，故不肯轻于一发耳。又吾辈方鼎盛之时，委员在外，气焰熏灼，言语放肆，往往令人难近。吾辈若专尚强劲，不少敛抑，则委员仆从等不闹大祸不止。

① 《曾国藩全集·家书》，岳麓书社，1994年，第833页。
② 《曾国藩全集·家书》，岳麓书社，1994年，第837页。

只有“明强”才靠得住，只有“明强”才是真正的“强”，站得住的“强”。“担当大事，全在明强二字。”有此二字，必能成事。曾国藩就是这样，他一生有几次大胆顶住朝廷命令，比如在练兵期间多次拒绝咸丰皇帝让他仓促出兵援救湖北和安徽的命令，表面上看起来是为人所不敢为，实际上正是基于“明”的“强”，他“强”得有道理，“强”得有底气，因此也才能“强”得通。

/ 四 /

国荃一生功名，得益于兄长的指授安排居多。然而曾国荃从来只将功劳记到自己的头上。虽然兄长比他功名高、事业大、经验多，但是他对兄长一直不是特别地佩服。和左宗棠一样，做事明快敏捷的他总认为曾国藩做事过于磨叽迟缓，提出意见和建议时过于像“唐僧”。对曾国藩的批评，曾国荃虚心耐受的时候不多，在家书当中一一反驳的时候不少。曾国藩告诫他要遇事退让，不要处处争强好胜，要处理好与其他湘军将领的关系，他却说：

> 在军办事日久，过于纯良，每为人所欺压，又行不动，不得不倔强于强者之前。①

也就是说，人善被人欺，在军队里为人过于纯良是办不成事的。

又说：

> 惟在军办事，若不趋功利一路，有时多窒碍难辱。②

因此我们读《曾国藩家书》，会发现一个有趣的现象。在诸兄弟当中，曾国藩对曾国荃的提携教导是最花心血、最不遗余力的。但曾国荃却是几个弟

① 曾国荃撰，梁小进主编：《曾国荃集》（第三册），岳麓书社，2008年，第188页。
② 曾国荃撰，梁小进主编：《曾国荃集》（第三册），岳麓书社，2008年，第192页。

弟当中最爱和曾国藩顶嘴的。虽然曾国藩对他百般特殊关照，他还是觉得不满足。

比如我们来看下面这封信。

同治元年四月十一日，曾国藩写信给他说：

> 李世忠穷困如此，既呼吁于弟处，当有以应之。三千石米，五千斤火药，余即日设法分两次解弟处，由弟转交李世忠手。
>
> 此辈暴戾险诈，最难驯驭。投诚六年，官至一品，而其党众尚不脱盗贼行径。吾辈待之之法，有应宽者二，有应严者二。应宽者：一则银钱慷慨大方，绝不计较，当充裕时，则数十百万掷如粪土，当穷窘时，则解囊分润，自甘困苦；一则不与争功，遇有胜仗，以全功归之，遇有保案，以优奖笼之。应严者：一则礼文疏淡，往还宜稀，书牍宜简，话不可多，情不可密；一则剖明是非，凡渠部弁勇有与官姓争讼，而适在吾辈辖境，及来诉告者，必当剖决曲直，毫不假借，请其严加惩治。应宽者，利也，名也；应严者，礼也，义也。四者兼全，而手下又有强兵，则无不可相处之悍将矣。①

这封信是谈如何处理与李世忠的关系。

李世忠强盗出身，从捻军中率部降清，后又叛清投太平军，最后率所部四万再度降清，积功至江南提督。此人一贯横行不法，不脱强盗习气，因此极难相处。曾国藩写信给弟弟，教导他在与这类人相处时，在金钱和荣誉上多加推让，慷慨大方，不与计较。但是平时交往不要过密，不要建立私人感情，遇到原则问题，应该毫不退让。再加上自己手中握有强兵，不怕和他决裂，这样“则无不可相处之悍将矣”。

这番话是曾国藩一生的经验积累，有经有权，可谓高明之至。后世读者读这封信，大抵会认为曾国荃接到信后，一定会对长兄的话言听计从。然而事实

① 《曾国藩全集·家书》，岳麓书社，1994年，第824页。

并非如此。

曾国荃接到信后，回了这样一封：

> 李世忠部下虐民十倍于贼，欲为百姓作不平之鸣，须待与之相遇乃相事为之，然弟拟仍是忍他为正办。至于两妙诀，弟自度皆不能到，强兵如虎，非我力所能学者。挥金如土，从何处得金耶？[①]

也就是说，你授给我的两个“妙诀”，一个也办不到。第一个，你让我用强兵震慑他，我的兵是一天两天就能强起来的吗？第二个，你让我在金钱上不和他计较，“挥金如土”，我又哪儿来的钱呢？意思是说曾国藩平时对他供饷还不够充裕。

不知道曾国藩读了这封回信，是什么表情。

曾国藩对弟弟的顶嘴一般情况下都能优容忍让，不急不恼，一次不听，就好言好语地再说一次。但是咸丰十年九月，他却忍不住发了一次飙，狠狠骂了曾国荃一次。

/ 五 /

咸丰十年八月二十六日，正在祁门忙于平定太平军的曾国藩收到一封十万火急的寄谕。原来，第二次鸦片战争爆发之后，英法联军不断取胜，此时已经逼近北京，咸丰皇帝仓皇出逃承德，发文命各地迅速兴师勤王，其中命曾国藩火速派鲍超带三千人“兼程前进，克日赴京，交胜保调遣”。[②]

接到命令后，“忠义素著”的曾国藩陷入了烦恼之中。

为什么呢？

第一，现在正在围攻安庆的紧要关头。安庆之战是整个镇压太平天国战局的关键。要是调劲兵北上，安庆势必撤围，镇压太平天国的功业将功亏一篑。

---

① 曾国荃撰，梁小进主编：《曾国荃集》（第五册），岳麓书社，2008年，第123页。

② 《曾国藩全集·奏稿》，岳麓书社，1994年，第1239页。

第二，如果有损于镇压太平天国大局，但是能够救皇帝于水火，那当然也划算。但问题是他派鲍超北上其实也帮不了皇帝什么忙。第二次鸦片战争进行到此时，形势已经非常明朗，英法联军攻下北京是早晚的事，未来只有议和一途。派几千人北上，根本改变不了这个大局。所以曾国藩说：“此事无益于北，有损于南。”[1]

第三，他不愿意将湘军猛将鲍超交到满族将领胜保手中，因为这很可能导致这支劲旅有去无回，从此列入旗人帐下。

但是，“勤王”事关人臣大节，又不可讨价还价，曾国藩说：“余忝窃高位，又窃虚名，若不赴君父之难，则既贻后日之悔，复惧没世之讥，成败利钝，不敢计也。”[2]

想来想去，曾国藩决定采纳李鸿章的建议，用“拖”字诀，拖以待变。李鸿章说，如果拖上十多天再回复皇上，北京城很可能就已经被洋人攻占，双方自然会议和，那时也就不用湘军北上了。曾国藩认为此计可行，所以他八月二十六日接到上谕，九月初六日才回复了一道奏折。曾国藩在奏折中说，鲍超品级太低，不能胜任勤王之举，所以他请求朝廷在他和胡林翼二人中选一人带兵进京。

当时奏折一次往返，需要二三十天，李鸿章预计在二三十天内，肯定会大局已定。果然，英法联军不久攻入北京城，与恭亲王奕䜣达成和议。十月初四，曾国藩接到朝廷寄谕，称不必北上。这一拖字诀用得可谓非常高明。

不过，虽然用了此计，但是素来虑事周全的曾国藩也做了多手安排。因为万一皇帝真的指派他亲自带兵北上，他得考虑一下到底带哪些将领前去。九月初七日，拜发了奏折后，曾国藩又给曾国荃写了一封信：

> 不知皇上果派国藩北上，抑系派润帅北上？如系派我北上，沅弟愿同去否？为平世之官，则兄弟同省必须回避；为勤王之兵，则兄弟同行愈

---

① 《曾国藩全集·家书》，岳麓书社，1994年，第583页。

② 《曾国藩全集·家书》，岳麓书社，1994年，第583～584页。

觉体面。望沅弟即日定计，复书告我，无论或派我或派润帅，皆须带万人以行。皖北皖南两岸局势必大为抽动，请弟将如何抽法，如何布置开单见告。一切皆暗暗安排，胸有成竹，一经奉旨，旬日即可成行。①

也就是说，如果皇帝派我北上，你愿意和我一起去吗？兄弟一起勤王，倒也是体面之举。请你做一个预案，如果带兵北上，从你的部队中抽取哪些人，事先计划好，开个单子告诉我。如果皇帝真的再次下旨，我们马上就可以出发。

曾国藩知道，带兵北上是小概率事件，此举只是以防万一而已。没想到曾国荃一接到这封信，一下子炸了。

此时正是曾国荃围困安庆的紧要之时，正如同一只猎狗，全神贯注地咬住猎物。要让他撒开嘴，怎么可能？他才不管天下大局会怎么样，只有拿下安庆，才能保证他功成名就。

所以接到曾国藩的这封信，他一下子就慌神了。生怕大哥真的北上勤王，让自己的围城之功毁于一旦。于是他心急火燎地写了封信，不但坚决反对勤王，还对天下大局发了一通牢骚，把皇帝以下的政治人物都骂了一通。

曾国荃的这封信现已被销毁，但是从曾国藩的复信来看，应该是涉及了以下几方面的内容。

第一，绝不能撤安庆之围。不仅如此，曾国荃在信中应该还表示过类似“不怕大清亡国”之类的意见。在曾国荃看来，大清亡了，没了朝廷的瞎指挥，说不定能更快地平定太平天国。

第二，曾国荃认为恭亲王奕䜣之才，远在咸丰皇帝之上，如今咸丰跑了，恭亲王留在京中，处理中外事宜，不是坏事而是好事。如果皇帝死在承德，恭亲王当了皇帝，说不定更是好事。

第三，批评咸丰皇帝不会用人。曾国荃听说因为皇帝不重用僧格林沁，有意不使其建功，所以中国军队才在天津一败涂地。如果皇帝当初放手让僧格林沁去抵抗外夷，也许洋人本打不到北京。（赵烈文《能静居日记》咸丰十年九

① 《曾国藩全集·家书》，岳麓书社，1994年，第580页。

月二十二日记载他听到的传闻，说："言夷艘初至津门，朝议恐僧邸败和事，召之来京，夷兵遂登岸，破天津府城。朝中人恐，驾将东幸辽沈。僧邸自纠其蒙古兵八千人迎战，大破夷兵，京都始安云云。"[①]）所以咸丰北逃，是咎由自取。你皇帝北逃就北逃，还连累得他曾国荃放弃就要到手的战功，真是可恨！

我们可以想象曾国藩接到这封信是什么样的反应。

曾国藩是京官出身，对大清王朝的政治纪律非常了解。所以他读到曾国荃此信，"且惧且恶"[②]，冷汗直流。这个老九，也太不成熟了！如果这封信流传出去，不但曾国荃这一辈子的政治前途完了，他们曾氏一族人的命运都堪忧。

曾国藩马上把曾国荃的来信放在火上烧掉，然后在当晚，也就是咸丰十年九月初十日赶紧写了一封家书，对曾国荃严加训斥。口气之严厉，在曾国藩家书中可谓空前绝后。

曾国藩说：

> 初九夜所接弟信，满纸骄矜之气，且多悖谬之语。天下之事变多矣，义理亦深矣，人情难知，天道亦难测，而吾弟为此一手遮天之辞、狂妄无稽之语，不知果何所本？恭亲王之贤，吾亦屡见之而熟闻之。然其举止轻浮，聪明太露，多谋多改。若驻京太久，圣驾远离，恐日久亦难尽惬人心。僧王所带蒙古诸部在天津、通州各仗，盖已挟全力与逆夷死战，岂尚留其有余而不肯尽力耶？皇上又岂禁制之而故令其不尽力耶？力已尽而不胜，皇上与僧邸皆浩叹而莫可如何。而弟屡次信来，皆言宜重用僧邸，不知弟接何处消息，谓僧邸见疏见轻，敝处并未闻此耗也。
>
> 分兵北援以应诏，此乃臣子应尽之分。吾辈所以忝窃虚名，为众所附者，全凭忠义二字。不忘君，谓之忠；不失信于友，谓之义。今銮舆播迁，而臣子付之不闻不问，可谓忠乎？万一京城或有疏失，热河本无银米，从驾之兵难保其不哗溃。根本倘拔，则南服如江西、两湖三省又岂能

① 赵烈文：《能静居日记》，岳麓书社，2013年，第215页。
② 《曾国藩全集·家书》，岳麓书社，1994年，第583页。

支持不败？庶民岂肯完粮？商旅岂肯抽厘？州县将士岂肯听号令？与其不入援而同归于尽，先后不过数月之间，孰若入援而以正纲常以笃忠义？纵使百无一成，而死后不自悔于九泉，不诒讥于百世。弟谓切不可听书生议论，兄所见即书生迂腐之见也。[①]

曾国藩的复信，说了三层意思：

第一，曾国荃这样露骨地轻论国事，骄妄满纸，不慎不智，是从政的大忌。以后绝不能再这样做，即使在家书中也不行，搞不好会惹来满门灾祸。

第二，曾国荃听到的小道消息并不可靠。咸丰皇帝用人并不如他所说的不明，恭亲王和僧格林沁也未必靠得住。所以他的分析是荒唐之谈。

第三，不能放弃对清政权的忠诚。从道理上来说，忠诚是为臣之本。从现实来说，他曾国藩创建湘军，正是以忠义的旗帜号令天下。如果大清灭亡，天下大乱，国家前途就更不可测。

曾国藩在信尾还说："至安庆之围不可撤，兄与希庵之意皆是如此。弟只管安庆战守事宜，外间之事不可放言高论毫无忌惮。孔子曰'多闻阙疑，慎言其余'，弟之闻本不多，而疑则全不阙，言则尤不慎。捕风捉影，扣槃扪烛，遂欲硬断天下之事。天下事果如是之易了乎？大抵欲言兵事者，须默揣本军之人才，能坚守者几人，能陷阵者几人；欲言经济，须默揣天下之人才，可保为督抚者几人，可保为将帅者几人。试令弟开一保单，未必不窘也。弟如此骄矜，深恐援贼来扑或有疏失。此次复信，责弟甚切。嗣后弟若再有荒唐之信如初五者，兄即不复信耳！"[②]

"多闻阙疑，慎言其余，则寡尤"是孔子的话。意思是遇事要多听取意见，有怀疑则加以保留，知道的部分也要谨慎地说出来，这样才能减少自己犯错误的概率。这确实正说中了曾国荃的缺点。曾国藩为人的缺点是不够自信，而曾国荃则是过于自信。

---

① 《曾国藩全集·家书》，岳麓书社，1994年，第581～582页。

② 《曾国藩全集·家书》，岳麓书社，1994年，第582页。

其实在内心深处，曾国藩未必不认为曾国荃的说法有几分道理。但是他绝不能容许曾国荃把内心的想法形诸笔墨。如此一通声色俱厉的痛骂，就是要老九牢牢记住，不要再犯这样的错误。

因为曾国藩的这封信内容如此特殊，所以曾氏后人一直深藏不露，曾纪泽等人整理的各种曾国藩文集均无收录，直到20世纪80年代岳麓版的《曾国藩全集》才公开此信。[①]

接到这封信，曾国荃是什么反应呢？从曾国藩的下一封信，我们可以看到，这一次曾国荃被曾国藩这通罕见的怒火给吓住了，明白了自己的唐突之处，不再贸然顶嘴。他老实向长兄承认错误，表示以后再也不会这样了：

> 沅弟以我切责之缄，痛自引咎，惧蹈危机而思自进于谨言慎行之路，能如是，是弟终身载福之道，而吾家之幸也。[②]

曾国藩在复信中，再次要求曾国荃“总以除傲字为第一义”[③]：

> 唐虞之恶人曰丹朱，傲；曰象，傲；桀纣之无道，曰强足以拒谏，辨足以饰非，曰谓已有天命，谓敬不足行，皆傲也。吾自八年六月再出，即力戒惰字以儆无恒之弊。近来又力戒傲字。[④]

丹朱是尧的儿子，象是舜的弟弟，桀是夏朝最后一个王，纣是商代最后一位君主。他们都是三代的恶人，都有一个共同点：傲。曾国藩用这些例子，说明傲慢、傲气是一个人身上最可怕也最容易出现的毛病。

然而曾国荃的傲气和躁气岂是曾国藩的一封家书可以消除的。在那之后，

---

① 此段评述参考了朱东安：《晚清政治与传统文化》，百花文艺出版社，2012年，第219页。

② 《曾国藩全集·家书》，岳麓书社，1994年，第588页。

③ 同上。

④ 同上。

兄弟两人仍然不断地发生争执。

二、关于是否去上海的争执

在湘军当中，曾国藩最难指挥的将领，不是别人，正是自己的亲弟弟曾国荃。

兄弟之间带兵期间的又一次重要争执，是讨论曾国荃去不去上海。

攻下安庆之后，湘军准备进军南京，曾国藩仍然安排曾国荃担任主攻。南京城大难攻，所以曾国荃先回老家，增募兵士。

就在这时，咸丰十一年十月，太平军突然进攻上海，上海士绅奔赴安庆来找曾国藩求援。已经开埠的上海，富庶繁华，饷源充足。前来乞师的士绅为了劝曾国藩早日出师，提出每月可以接济湘军十万两银子，这对经常为军饷发愁的曾国藩来说非常有诱惑力。因此，虽然此事打乱了曾国藩的战略部署，但是犹豫之后，他还是答应派人救援。

一开始，他想把这个差事交给曾国荃。在曾国藩看来，让曾国荃改去上海是一个非常好的机会。第一，上海钱多，打仗不苦。曾国藩说："上海为苏、杭及外国财货所聚，每月可得厘捐六十万金，实为天下膏腴。"①

第二，长江下游上海苏杭一带当时大都已经沦陷，到了这里就相当于开辟了一片新战场，天地广阔，立功机会更多。

第三，当时曾国荃积功已经拥有了布政使的实职，如果再在上海立功，可以顺利升为江苏巡抚。

所以当年十月二十四日，曾国藩写信给曾国荃说，他打算调整战略布局，由曾国荃进攻上海、苏州、常州，至于南京，则交由多隆阿和鲍超去合攻：

> 上海富甲天下，现派人二次前来请兵，许每月以银十万济我……余必须设法保全上海，意欲沅弟率万人以去。已与请兵之官商订，定渠买洋人夹板船数号……即可将沅弟全部载去。目下专主防守上海一隅，待多破庐州、鲍

---

①《曾国藩全集·家书》，岳麓书社，1994年，第797页。

> 破宁国后，渠两军会攻金陵，沅弟即可由上海进攻苏、常。不知沅弟肯辛苦远行否？如慨然远征，务祈于正月内赶到安庆，迟则恐上海先陷。[①]

十一月十四日，曾国藩又写了一封信催促说：

> 望沅弟正月到皖，则余不甚失信。至要至要。[②]

然而曾国荃的全部注意力都被太平天国首都南京所吸引。要啃天下最难啃的硬骨头南京，建立首功，是他一直心心念念的事。他不理解曾国藩的良苦用心，回信说："松、沪财赋甲天下，筹饷易。然贼巢在金陵，急攻其巢，必以全力援救，而后苏、杭可图。愿任其难者。"[③]断然拒绝了老兄的这一建议。为了摆脱这一差事，他还拖延从家乡出发的日期，迟迟没有回到安庆。

曾国藩知道拗不过这个弟弟，只好回信说："弟不肯赴上海，亦系量力而行。余已别有位置。"[④]

曾国荃的这封回信，成就了另外一个晚清历史上的重要人物：李鸿章。

李鸿章此时已经入曾国藩幕做文案秘书多年，正苦于没有机会独立发展。曾国藩计划派曾国荃出征上海，原打算让李鸿章做曾国荃的助手。曾国荃拒绝之后，曾国藩又准备派另一位资历更老的将领陈士杰前往，陈士杰也比较犹豫。这个时候，李鸿章不失时机地主动向曾国藩申请前往，"坚请赴申"，表示自己有决心有能力完成任务。王闿运说："李（鸿章）在军中不见知，常发愤怏望，后以沅甫（曾国荃）俊臣（陈士杰）俱辞避，李乃自请行，非曾（国藩）意也。"[⑤]

从资历上看，李鸿章担当主帅稍稍有点勉强。但是别人都不积极，李鸿章

---

① 《曾国藩全集·家书》，岳麓书社，1994年，第793～794页。

② 《曾国藩全集·家书》，岳麓书社，1994年，第797页。

③ 王定安撰，朱纯点校：《湘军记》，岳麓书社，1983年，第83页。

④ 《曾国藩全集·家书》，岳麓书社，1994年，第801页。

⑤ 王闿运撰，马积高主编：《湖湘文库：湘绮楼诗文集》（二），岳麓书社，2008年，第34页。

李鸿章像

又表现出如此强烈的进取欲望，曾国藩遂派李鸿章创建淮军，前往上海。

事后证明，进攻上海是一个难得的建立功名的好机会。同治元年三月底李鸿章到了上海，在经济上，获得巨大财源；军事上，则通过这个口岸获得了大量西方先进武器；政治上，则经曾国藩密荐，奉旨署理江苏巡抚，不久就获得实授，地位越曾国荃而上之。特别是从此他与西方人密切接触，迅速了解了世界局势，眼界大开，开启了以后的洋务之路。

执着于“天京”首功而看不到上海的特殊战略意义，是曾国荃人生中的一大败笔。推掉了上海之行后，他还自以为得计，暗自窃喜。但是他后来以不足之兵，攻过大之城，历尽艰苦，结果足足三年才攻下南京。李鸿章则下上海后，又依靠西式武器很快拿下苏州、常州等名城，战功同样赫赫。曾国荃历尽艰苦，事后所得功名，不过与李鸿章相等，而一生事业基础，却已经完全不同。苏同炳说：“曾国荃不愿率湘军东援上海，帮助了李鸿章有机会崛起政坛；而李鸿章所统率的，则是他自行募练的淮军。湘淮代兴，于此见其端倪，而其变化契机，则只在曾国荃一念之间。”①

“白眉最良”的曾国荃在曾国藩其他兄弟当中资质非常突出。他的最大长处就是九个字：“霸得蛮，耐得烦，吃得苦。”他天性诚笃，做事认真吃苦，不畏艰险，肯用蛮力，不愿取巧。但是置身天下大局当中，和李鸿章左宗棠等当世一流人物相比，他的平庸之处就一览无余了。和胸中有沟壑的李鸿章比起来，曾国荃明显过于目光短浅，过于急于求成。他一生只会使笨劲，用蛮力，

① 苏同炳著：《中国近代史上的关键人物》，百花洲文艺出版社，2013年，第239页。

视野不够广阔，思维长度不够，这就决定了他和曾国藩、李鸿章在晚清史上的重要性不可同日而语。

三、关于持身的争论

| 一 |

除了因为行军作战问题争执之外，兄弟两个因为如何处理个人经济问题，在这一阶段也经常发生争论。

除了以前我们提到过的诸多缺点之外，曾国荃身上还有一个大毛病：贪财。

曾国藩在经济上一清如水，曾国荃却是一个贪婪之人。

咸丰八年八月十五日，曾国荃攻克吉安，这是他首次攻下一座大的城池。战后不久，曾国荃就差人送工资津贴什物回家。初出茅庐的曾国荃尚有些忸怩作态，生怕在家里管家的二哥曾国潢责备他，在九月初六日给曾国潢写信解释说：

> 惟数年应有之薪水杂款微有羡余，不得不携归，为家中应用之费，实愧对老亲与老兄平日之直节清名耳。祈兄宽看一层，勿哂责阿弟，是为至感！①

咸丰十一年曾国荃拿下安庆后，历史上首次留下了曾国荃部抢劫的详细记载。据《能静居士日记》咸丰十一年八月十三日载，两位刚从安徽来的朋友（日记中称为“泳如”和“梁溪王春帆”）向曾国藩的幕僚赵烈文描述了曾国荃部入安庆后大杀大掠之状。他们说，城破之后，城内“房屋贼俱未毁，金银衣物之富不可胜计”②。曾国荃的士兵在残酷杀害战俘的同时，展开了大规模的抢劫，“兵士有一人得赤金七百两者。城中凡可取之物扫地而尽，不可取

① 曾国荃撰，梁小进主编：《曾国荃集》（第五册），岳麓书社，2008年，第81页。

② 赵烈文：《能静居士日记》，《太平天国史料丛编简辑》（第三册），中华书局，1962年，第201页。

者皆毁之。坏垣斸地，至剖棺以求财物”[①]。唯英王府“备督帅行署，中尚存物十七，余皆悬磬矣”[②]。至于曾国荃所获多少，无可推测。当年十月二十八日，曾国荃又一次回到湘乡故里。

有了经济基础，咸丰八年，曾国荃托曾国潢代他买下荷叶大坪村雷家湾徐家宅第，作为自己的宅基地。咸丰九年冬，曾国荃开建这座“大夫第”。在那之后，几乎曾国荃每回家一次，“大夫第”就要扩建一次。曾纪芬说：

> 每克一名城，奏一凯战，必请假回家一次，颇以求田问舍自晦。[③]

也就是说，每下一城，他都会发一次财。因此“大夫第”修建总共历时八年，其规模气派可以想见。这座豪宅巍峨浩大，看上去犹如王宫帝府。曾纪芬在《自订年谱》中回忆道：“前有辕门，后仿公署之制，为门数重。乡人颇有浮议。”[④]那些嫉妒眼红曾老九的老乡则“讥之者以为似庙宇”[⑤]。王闿运甚至说：“新宅有城市之气。”[⑥]

/ 二 /

对于曾国荃修建这座大宅，曾国藩是不同意的。除了怕求田问舍影响曾氏兄弟的声望外，凡事谨慎小心的曾国藩还有另一重担忧：乱世之中，露富显财，实为不智之举。因此，在曾国荃修建“大夫第”的过程中，他一直劝诫不断。咸丰九年元旦，在看到曾国荃所画的房屋图样后，他写信说：

> ……此仅作住屋，则不宜太宏丽。盖……我家若太修造壮丽，则沅弟

① 赵烈文：《能静居士日记》，《太平天国史料丛编简辑》（第三册），中华书局，1962年，第201页。

② 同上。

③ 《曾宝荪回忆录·附崇德老人自订年谱》，岳麓书社，1986年，第17页。

④ 《曾宝荪回忆录·附崇德老人自订年谱》，岳麓书社，1986年，第8～9页。

⑤ 赵烈文：《能静居日记》，岳麓书社，2013年，第1107页。

⑥ 王闿运：《湘绮楼日记》，岳麓书社，1997年，第66页。

（曾国荃）必为众人所指摘，且乱世而居华屋广厦，尤非所宜。[①]

无奈曾国荃对这位提携了他一辈子的兄长的话，总是当作耳旁风，回信蛮横地说：

外间訾议，沅自任之。[②]

曾国藩已经习惯了弟弟的顶撞，不以为意，仍然“絮聒不休”：

如江西近岁凡富贵大屋无一不焚，可为殷鉴。吾乡僻陋，眼界甚浅，稍有修造，已骇听闻，若太闳丽，则传播尤远。苟为一方首屈一指，则乱世恐难幸免。[③]

后来又以林则徐的例子加以讽喻，希望沅弟效此大人先生之风：

沅老近来所办之事，无不惬当。银钱一事，取与均宜谨慎斟酌。今日闻林文忠（林则徐）三子分家，各得六千串。督抚二十年，真不可及。[④]

然而对这些话，正在兴头中的曾国荃一律听不进去。在曾国藩的不断批评下，这座大宅越修越豪华。曾国藩也无可奈何，内心却十分担忧。

咸丰十年九月廿八日日记中，曾国藩这样记道：

接胡宫保信，内有与陈作梅密信，因作梅已赴江西，余拆阅。中言沅甫乡里之评，如此大非乱世所宜，公可密告涤丈箴规之云云。余因作梅

① 《曾国藩全集·家书》，岳麓书社，1994年，第456页。
② 《曾国藩全集·家书》，岳麓书社，1994年，第462页。
③ 同上。
④ 《曾国藩全集·家书》，岳麓书社，1994年，第499页。

在此数月，并未提及一字，不知所指何事。因问少荃曾闻作梅说及我家事否。少荃言曾闻作梅说及沅甫乡评不好。余细叩何事，渠言洪家猫面脑葬地，未经说明，洪家甚为不服。洪秋浦有信寄余，其中言语憨直，因隐藏未经寄营。本县绅士亦多见此信稿者，并劝余设法改坟，消患无形等语。又言沅甫起新屋，规模壮丽，有似会馆。所伐人家坟山大木，多有未经说明者。又言家中子弟荡佚，习于吹弹歌唱之风云云。余闻之甚为忧惧……睡后，细思余德薄能鲜，忝窃高位，又窃虚名，已于造物之忌，而家中老少习于“骄、奢、佚”三字，实深悚惧。[①]

/ 三 /

虽然不要求曾国荃和自己一样清白如水，曾国藩也不能容忍这个弟弟彻底破坏曾氏家族的俭朴形象。同治元年，曾国荃以安庆归来之资完成“大夫第”第一次扩建，再次回到军营后，曾国藩对他的训诫批评明显增多，口气也更加严厉。

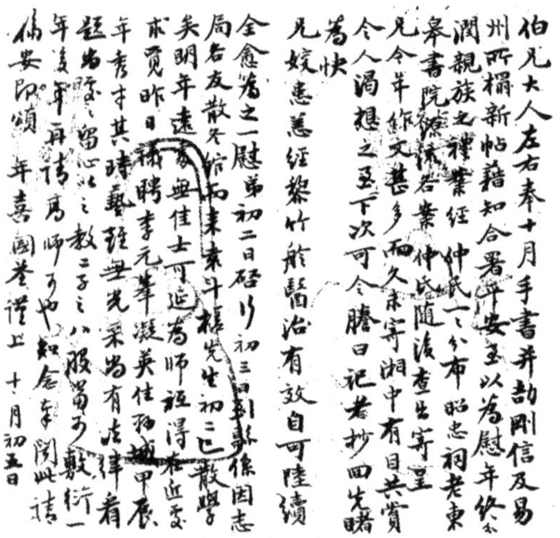
伯兄大人左右奉十月手书并劼刚信及易
州所搨新帖藉知合署平安至以为慰年终亦
润亲族之礼业经仲氏一一分布昭忠祠老东
皋书院[illegible]若业仲氏随后查出寄呈
兄今年作文甚多而久未寄湘中有目共赏
令人渴想之至下次可令誊日记者抄回先睹
为快
兄嫂患恙经梁竹舲医治有效自可陆续
全愈为之一慰弟初二日启行初三日到县系因志
局各友散馆而来求斗桓先生初二已散学
矣明年远[illegible]无佳士可延为师[illegible]得[illegible]近处
求觅昨日[illegible]聘李元华凝英[illegible]甲辰
年秀才其时艺虽无光采尚有法律看
起来[illegible]留心以之教二子之八股当可敷衍一
年后再请高师可也知念并闻此请
福安即颂年喜国荃谨上 十月初五日

曾国荃致曾国藩家书

五月十五日，曾国藩在给曾国荃的信中指出，曾国荃时有妄取之处，而对亲族之馈赠也经常过多，导致朋辈之讥议菲薄：

沅弟昔年于银钱取与之际不甚斟酌，朋辈之讥议菲薄，其根实在于此。去冬之买犁头嘴、栗子山，余亦大不谓然。以后宜不妄取分毫，不寄银回家，不多赠亲

① 范国华等主编：《曾国藩日记》（上），天津人民出版社，1995年，第749页。

族，此廉字工夫也。[1]

在这封信中，曾国藩还提醒曾国荃，家门气运太盛，要以此“自概”：

余家目下鼎盛之际，余忝窃将相，沅所统近二万人，季所统四五千人，近世似此者曾有几家？沅弟半年以来，七拜君恩，近世似弟者曾有几人？日中则昃，月盈则亏，吾家亦盈时矣。管子云：斗斛满则人概之，人满则天概之。余谓天之概无形，仍假手于人以概之。霍氏盈满，魏相概之，宣帝概之；诸葛恪盈满，孙峻概之，吴主概之。待他人之来概而后悔之，则已晚矣。吾家方丰盈之际，不待天之来概、人之来概，吾与诸弟当设法先自概之。[2]

然而曾国荃对这类絮絮念叨一直非常讨厌。收到这些信后，曾国荃在回信中说当今之天下，乃“势利之天下，强凌弱之天下”[3]，曾国藩的观念，已经落伍了。

曾国藩回复他说，做人当强，亦当弱。立身当强，待人当弱。做事当进，享受当退。如果处处都争强好胜，各种好处都想得到，很容易犯错误：

趋事赴公，则当强矫，争名逐利，则当谦退；开创家业，则当强矫，守成安乐，则当谦退；出与人物应接，则当强矫，入与妻孥享受，则当谦退。若一面建功立业，外享大名，一面求田问舍，内图厚实，二者皆有盈满之象，全无谦退之意，则断不能久。[4]

谨慎、忧惧是曾国藩性格的重要特点。然而曾国荃再次回信：“于人概天

---

① 《曾国藩全集·家书》，岳麓书社，1994年，第833页。
② 同上。
③ 转引自《曾国藩全集·家书》，岳麓书社，1994年，第837页。
④ 《曾国藩全集·家书》，岳麓书社，1994年，第837～838页。

概之说，不甚厝意。”[①]

曾国藩仍不生气。他又写信说，他之所以一再强调这些，是因为这关乎曾国荃在官场上的发展。一个人一生的发展，与名望关系很大。在官场上要注意细节，不能给人以口实。如果不拘小节，经常做出引起物议的事，则小事积累起来，有一天可能蓦然刮起舆论风暴，把一个人吹倒：

> 众口悠悠，初不知其所自起，亦不知其所由止。有才者忿疑谤之无因，而悍然不顾，则谤且日腾；有德者畏疑谤之无因，而抑然自修，则谤亦日熄。吾愿弟等之抑然，不愿弟等之悍然……
>
> 至阿兄忝窃高位，又窃虚名，时时有颠坠之虞。吾通阅古今人物，似此名位权势，能保全善终者极少。深恐吾全盛之时，不克庇荫弟等，吾颠坠之际，或致连累弟等，惟于无事时，常以危词苦语，互相劝诫，庶几免于大戾。[②]

他在信中还举金眉生其人为例：

> 去冬金眉生被数人参劾，后至钞（抄）没其家，妻孥中夜露立，岂果有万分罪恶哉？亦因名望所在，赏罚随之也。[③]

金眉生其人很有才华，曾入曾国藩幕，只是德行不修，人缘极差。所以曾国藩一想保举他，就会遭到弹劾。后来金眉生竟然被问罪抄家。其实此人也没有什么大奸大恶的形迹，只不过平时不注意细节，导致大家都讨厌他罢了。曾国藩以此为例，说明名声对一个人的重要性。

曾国藩连篇累牍的批评，让曾国荃终于忍不住了。他于同治元年六月激战之中写了一封长达二十二页的回信，对曾国藩的指责进行总清算，一一进行辩

---

① 《曾国藩全集·家书》，岳麓书社，1994年，第837页。
② 《曾国藩全集·家书》，岳麓书社，1994年，第843页。
③ 同上。

解，还说曾国藩数月以来，连续多次无理批评他，让他已经忍无可忍。

他说，金眉生到底是因为什么名声不好，他不清楚。不过至于他自己，三十年来一直做事脚踏实地，为人性根良好，兄长不应该把他和那个名声很差的金眉生相比：

> 至于名望关系是非赏罚一节，亦看所行之事，公私虚实何如。若金眉生者，吾不知其生平所为，果为公乎，为私乎，众论所诋之事果虚乎实乎，无从考究。然我自与彼所执之业不同，所处之境亦异，脚踏实地已三十年矣。性根已定，当不至学眉生耳……[①]

曾国荃指责曾国藩这一段时间只听他人谗言，不信自己的兄弟。甚至谁指责自己的兄弟，曾国藩就反而和谁交好：

> 渡江两月以来，所接兄信诰诫之词甚多，而体谅之情究少。曾母疑其子杀人于市，三告之后，信以为真，本亦人情，况诋论弟者，皆今日之理学名臣乎？在兄约束弟辈，不欲贻他人指摘之口实，隳坠家声，是不得不明责婉劝。而在弟见兄惯听浸润之言，凡摘吾短者，兄与之交结如故，且有时而加浓，或为之笃信于目前，或为之扬名于身后，人与我以难堪则略之，我与人偶有不顺则述其称屈。弟以为大儒而又出自门内，此论一定，所关终非细故。是不可以不辩。自知量褊识浅，莫此为甚，皆由学问未深、意气未化之所致也。冒昧之罪，夫何可辞！[②]

也就是说，人家和我作对，你不但不和他绝交，反而和他的交情更加深厚。我与别人冲突，你总替别人说话。你是名臣大儒，又是我的亲兄，你这样一说，就成了定论，为天下所信。那样我岂不就成了板上钉钉的恶人，以后再

---

① 曾国荃撰，梁小进主编：《曾国荃集》（第五册），岳麓书社，2008年，第134页。
② 曾国荃撰，梁小进主编：《曾国荃集》（第五册），岳麓书社，2008年，第135～136页。

也翻不过身来了。

最后，曾国荃说，以后你要批评我们，就直来直去地说，不要引述他人的诬妄之言：

以兄二十年以来，千磨百劫，无所不受，近年稍历亨衢，犹复深自裁抑、返躬弥厚，责人愈薄，此学养深纯之侯[候]，非我辈之所能及也。吾愿此后待弟辈中材之姿，寓诱掖奖劝于明责诰诫之中，庶不至以无稽之人言，致启无状之反唇耳。因来谕词意肫切，用敢倾吐胸臆。[①]

这封信对曾国藩的指责是很严厉的。

曾国藩接信后，深为忧惶，七月一日再次进行回复，解释自己为什么对这件事如此“絮聒不休”，同时也直接指出，因为曾国荃不注意持身细节，他的“良田美宅”已经引起了人们的指摘：

沅于二十五早大战之后，尚能写二十二叶之多，可谓强矫矣。所言俱能切中事理。

凡善将兵者，日日申诫将领，训练士卒。遇有战阵小挫，则于其将领责之戒之，甚者或杀之，或且泣且教，终日絮聒不休，正所以爱其部曲，保其本营之门面声名也。不善将兵者，不责本营之将弁，而妒他军之胜己，不求部下之自强，而但恭惟上司，应酬朋辈，以要求名誉，则计更左矣。余对两弟絮聒不休，亦犹对将领且责且戒，且泣且教也。良田美宅，来人指摘，弟当三思，不可自是。吾位固高，弟位亦实不卑；吾名固大，弟名亦实不小。而犹沾沾培坟墓以永富贵，谋田庐以贻子孙，岂非过计哉？[②]

也就是说，善于带兵的人，总是对部下苦言教诲。不善带兵的人，才会总

---

① 曾国荃撰，梁小进主编：《曾国荃集》（第五册），岳麓书社，2008年，第136页。

② 《曾国藩全集·家书》，岳麓书社，1994年，第847页。

护着自己的部下。你现在不像以前，名位已高，一举一动都引人注目。修宅院这个事，引起争议太多，你万万不可自是。

然而，对于曾国藩所指责的良田美宅，曾国荃虽不辩解，却仍然加力经营，并没有丝毫改过。曾国藩也只能叹息而已。然而正如曾国藩所预测的，曾国荃的贪婪后来终于引发了他一生最大的一次跌挫，这一点我们将在后文有所述及。

四、雨花台大战前后的争论

/ 一 /

拿下安庆之后，湘军的下一个目标自然就是太平天国的首都：南京。

曾国藩的如意算盘，是复制安庆之战，让曾国荃带着曾国葆围城，让多隆阿、鲍超、李续宜等其他人打援。所以他布下了四路用兵之策。第一路是曾国荃部直插南京城下，其他三路，西路一支由多隆阿先攻下庐州，再向南京方向合围；东路一支由鲍超先攻下宁国，再进兵金陵；北路一支是由已任安徽巡抚的李续宜突破阻碍攻向南京。

通过安庆之战，曾国荃名满天下。领到主攻金陵的任务后，他便雄心勃勃率领吉字营，和弟弟曾国葆的贞字营配合，循大江北岸一路摧城拔寨，斩将夺关，先后攻陷巢县、含山、和州（今和县）、太平府（今当涂）及金柱关、秣陵关、大胜关等地，一直攻到金陵城南门外雨花台。

然而，曾国荃用兵太锐，进军太速。其他三路援兵或者被阻，或者出现意外，没有一路能跟得上来，一时间形成了曾国荃一支孤军深入之势。

曾国藩大吃一惊。因为曾国荃所处态势和当年李续宾在三河镇的情形非常相似。如果洪秀全和李秀成判断出曾国荃这支部队是轻兵冒进，完全可以集中兵力把南京城下的吉字营合围起来吃掉。过去江南大营拥兵六七万之多，尚不能当太平军的雷霆一击，这次曾国荃的孤军才一万八千多人，被吃掉是完全可能的。

早在曾国荃一路杀向南京的时候，曾国藩就多次命令他先停下来，等等其他几路人马。同治元年四月二十八日，曾国藩在给弟弟的信中说：

目下弟与雪军、季军且坚守芜、太、金柱、南陵、黄池等处，休养锐气，不遽进兵。待鲍军扎围宁国，十分稳固，多军进至九洑洲，弟与雪、季再议前进。①

严令曾国荃停止前进，就地扎营坚守休整待命，等到鲍超围定宁国，多隆阿打到九洑洲之后，再挥师东进不迟。

但曾国荃却全不管这一套。他急于复制安庆的辉煌，违抗军令一路向前猛攻。曾国藩非常害怕。他在家书中说：

……此次弟不候多军至九洑洲，而孤军独进，余深为焦虑。②

……弟此次进兵太快，不特余不放心，外间亦人人代为危虑。③

又写信给国葆也说：

沅弟进兵，究嫌太速，余深以为虑。④

曾国荃完全不听长兄的命令。他认为曾国藩年纪已大，行军打仗没了早年的锐气。通过安庆这一战，他感觉自己的翅膀已经硬了，可以自作主张。所以他写回信说：“诸军士自应募起义，人人以攻金陵为志，今不乘势薄城下，还军待寇，旷日持久，非利也……逼城而屯，亦足以致寇，军势虽危，顾不可求万全。”⑤

---

①《曾国藩全集·家书》，岳麓书社，1994年，第829页。

②《曾国藩全集·家书》，岳麓书社，1994年，第830页。

③《曾国藩全集·家书》，岳麓书社，1994年，第836页。

④《曾国藩全集·家书》，岳麓书社，1994年，第831页。

⑤ 曾国荃著：《公牍·批牍文集·诗词联语·题铭附录》，《曾国荃全集》（第六册），岳麓书社，2006年，第11页。

于是他“随风直薄雨花台”[1]，在雨花台扎下大营，围绕营盘挖好壕沟修好长墙之后，他兴致勃勃地带着李臣典、萧孚泗等几员心腹大将，到南京城外巡视一番，领略一下这座江南名城的风采，估计一下要挖多长的沟才能把它围起来。

这一走才发现大势不好。

南京城墙不仅是中国第一大城墙，也是世界第一大城墙。当初明太祖修这道城墙，前后修了二十一年。它周长九十六里，高度厚度都是全国其他城墙不能比的：城墙基础宽十四米，最宽处达三十米，高十四至二十一米。城垣用巨大的条石砌基，用巨砖筑成，规模极其宏大。

曾国荃他们几个人在城外走了一整天，也没能周览金陵城墙的全貌。这一下曾国荃傻了眼。

修壕不能紧挨着城墙修，否则相当于给城里守兵当了活靶子。要远远地画一个大圈把城围起来。安庆城墙不过“九里十八步”，他们修了七十里的长壕和长墙来围困。南京城墙九十六里，还不得修七百里的长壕和高墙？那岂不是要和秦始皇一样修起一道长城？

他可没有秦始皇那样的人力。吉字营、贞字营合起来不过两万多人，撒在金陵城外，如同一把花椒面撒到锅里，根本看不到影，怎么可能像过去围吉安、围安庆一样包围南京？他这才明白老兄所说“金陵城大贼众，合围不易”[2]到底是什么意思。一向蛮横不肯认输的他开始后悔不该轻率进兵了。

他写信给曾国藩说：“两日登大、小牛头山俯视，金陵地脉之大，我兵到此，渺若沧海之一粟，盖与围吉安、景镇、安庆迥乎两样规模，大约非三万、四万人不能尽合围耳。”[3]

但事已至此，倔强自负的曾国荃也不肯轻易退兵，那岂不被天下军人耻笑？只有硬着头皮先挺下去，等着其他几路湘军到来。曾国荃于是命令将士加深壕沟，加高长墙，做自固计，围不住敌人，先把自己围结实了再说。

---

① 《曾国藩全集·诗文》，岳麓书社，1994年，第97页。
② 黎庶昌：《曾国藩年谱》，岳麓书社，1986年，第173页。
③ 曾国荃撰，梁小进主编：《曾国荃集》（第五册），岳麓书社，2008年，第126页。

哪知其他几路迟迟不能到来。

其他几路各有各的难处。安徽巡抚李续宜刚准备出师，忽然接到父丧之信，匆匆回家奔丧，这一路于是落空了。

鲍超则被太平军重兵阻于宁国，欲进不能。

至于多隆阿，在上次安庆之战之后，因为功高赏薄，已经心凉了。多隆阿是旗人，对汉人本来就看不起，又是文盲，“不识汉文，而亦恶儒吏”[①]，素来讨厌湘军中这些读书人出身的将领，这些人讲起道理来比谁都厉害，要起心眼来却毫不后人。特别是曾国荃，仗着哥哥的权势，飞扬跋扈，颇难相处。他之所以能为胡林翼所用，只是因为胡林翼笼络人的手段特别高明。不料在攻下安庆之后不久，胡林翼就重病去世。他再也不愿与曾国荃协同作战，因此攻下庐州之后，他按兵不动，迟迟不向南京进发，“不与曾国荃同处”[②]。恰好不久西北军事紧急，他私下里秘密联系官文，要求趁此机会调往陕西。曾国藩在家书中提到这件事，说：“多公阅历尚浅。四五月间自请援陕，与官公密商密奏，皆秘不使余知。”[③]

在按曾国藩命令启程攻向南京不几天，朝廷便命多隆阿为钦差大臣开赴陕西，多隆阿从此远走陕西，再也没有和曾国藩打过交道。终其一生，他对湘军一系深怀不满。到了陕西后，恰好曾国藩的好友刘蓉被任命为陕西巡抚，多隆阿作战受伤卧床，“刘蓉至省城往问疾。多隆阿方卧向外，闻巡抚至，强扶起回面向内，目不视，亦不言”[④]。可见他对曾国藩集团的人芥蒂之深。

西路也因此没有了。四路人马，其余三路都不能按期抵达，驻扎雨花台的吉字营，实际上成为孤军，形势一天比一天危险。

屋漏偏逢连夜雨，更为料想不到的是，一场严重的瘟疫又突然袭来。

咸丰、同治年间，世界范围内第三次和第四次霍乱大流行，霍乱病菌也随

---

① 王闿运、郭振墉等：《湘军志　湘军志平议　续湘军志》，岳麓书社，1983年，第62页。

② 同上。

③ 《曾国藩全集·家书》，岳麓书社，1994年，第858页。

④ 王闿运、郭振墉等：《湘军志　湘军志平议　续湘军志》，岳麓书社，1983年，第142页。

着外国船只悄悄地进入中国战区。从上海开始，在江南一带蔓延。

当时关于这场传染病的记载很多，比如《漏网喁鱼集》记："时疫流行，名子午痧，朝发夕死。上海极重。"《天国之秋》说："霍乱病例于一八六二年五月首度出现。这些病人先是出现痉挛，没有其他症状，然后开始呕吐。但接下来，来得又急又猛的腹泻危害最烈，使人拉得脸色苍白，全身虚脱，往往几小时后就身亡""疫情最烈时，租界里一天有多达三千人死于霍乱"。[①]

这场瘟疫从上海逆长江向内陆扩散，通过湘军水师的补给线，传到了曾国荃的大营，给雨花台畔的湘军带来巨大的灾难。一个营房里，只要有一人得了病，疾病便会立即传染开去，早上看着还是好好的士兵，晚上便僵卧不起。数年后，曾国藩在《金陵湘军陆师昭忠祠记》中回忆当时情景云："我军薄雨花台，未几疾疫大行，兄病而弟染，朝笑而夕僵，十幕而五不常爨；一夫暴毙，数人送葬，比其反而半殪于途。"[②]霍乱的流行是如此严重，以致病者无人侍药，甚至一棚之内，无人烧火做饭。王定安《湘军记》称："金陵围师亦苦疠疾。闰八月，疫犹未已，军士互传染，死者山积。"[③]事后统计，两万湘军中，约一万人得了传染病。

太平天国方面，自从打破江南大营以来，天京附近已经两年没见敌军。曾国荃突然进兵雨花台，令太平天国领导层十分惊心。正在上海作战的李秀成率军十余万，号称六十万，迅速回救天京。他们来到雨花台外，抓住曾国荃孤军暴露的机会，向曾国荃部发起了猛攻。

这场战役，看起来实在是凶多吉少：太平军人数占绝对优势，将曾国荃部围之数匝，阻隔了其与外援湘军的联系。湘军不但人数不足两万，且因疾病减员严重。太平军因为从上海附近回援，获得了大量西式武器，装备水平比湘军先进很多。曾国荃方面则是孤军冒进，不再像以前那样有围城之军与打援之军相配合，所以将领们都害怕重蹈江南江北大营的覆辙，建议突围。曾国藩更是极为担心，多次写信要求曾国荃马上撤军。"彭玉麟、杨岳斌水师，皆阻隔不

---

① ［美］裴士锋著，黄中宪译：《天国之秋》，社会科学文献出版社，2014年，第330~331页。

② 《曾国藩全集·诗文》，岳麓书社，1994年，第299页。

③ 王定安撰，朱纯点校：《湘军记》，岳麓书社，1983年，第123页。

相闻。诸将惩向荣、和春之失，谋溃围就水师，退保芜湖。国藩在安庆，忧之废寝食，飞檄令撤围。”①

但是曾国荃性格中有一种天不怕地不怕的霸蛮，此时蛮劲发作，谁的话也不听。“国荃令于众曰：‘贼以全力突围，是其故技，向公、和公正以退而致挫。今若蹈其覆辙，贼且长驱西上，大局倾覆，何芜湖之能保？夫贼虽众，皆乌合无纪律，且久据吴会，习于骄佚，未尝经大挫。吾正苦其散漫难遍击，今致之来，聚而创之，必狂走。吾乃得专力捣其巢，破之必矣。愿诸君共努力。’诸将诺服。”②

他凭借与太平军多次打交道的经验，说太平军向来人数虽多，但是战斗力不强。特别是他们在上海一带没遇到劲旅，没打过硬仗，属于骄兵。如果我们咬牙死守，能守得住。这段话确实道出了李秀成部太平军的弱点，说明曾国荃倒也并非一味蛮干，而是基于知己知彼做出的一种判断。他决定死扛到底，双方遂在雨花台一带展开了一场空前的大战。

太平军援军联营数百里，以西洋开花炮昼息夜攻，曾国荃把那些患病的湘军留下来守帐棚，能战的全部上前线，顽强死守，“留孱卒守棚，选健者日夜拒战，更代眠食，常以火球、大炮烧贼无算。贼乃抵死不退，军士伤亡颇众”③。想复制安庆守壕战的辉煌。无奈湘军毕竟疾病减员太多，敌我人数相差过于悬殊，形势非昔日可比。曾国荃在给曾国藩的信中汇报军情说：“此次贼之布阵比安庆大三倍，洋枪则十百倍。”④“目击枪炮打死之贼与火蛋烧死之贼极多，无如前者打死，后者继进，恃其洋枪、洋炮之多，且利负嵎之势，更番而来，我军已劳且惫矣。我军存者本不过七成，而病甚不能出力者尚有四成。只此三成略好之人，已昼夜劳苦半月，且守地段太长，又不能出濠（壕）猛打，竟是无可如何。”⑤

---

① 王定安撰，朱纯点校：《湘军记》，岳麓书社，1983年，第124页。
② 同上。
③ 熊治祁编：《曾忠襄公年谱》，《湖南人物年谱》（第四册），湖南人民出版社，2013年，第210页。
④ 曾国荃撰，梁小进主编：《曾国荃集》（第五册），岳麓书社，2008年，第149页。
⑤ 曾国荃撰，梁小进主编：《曾国荃集》（第五册），岳麓书社，2008年，第147页。

曾国藩也在家书中向老家亲人汇报说："沅弟金陵一军危险异常，伪忠王率悍贼十余万昼夜猛扑。"[①]李秀成部的洋枪洋炮杀伤力很强，曾国藩说："洋枪洋炮，子密如雨，兼有开花炸炮，打入营中。"[②]

到了这个时刻，曾国荃终于开口承认自己错了，不应该孤军深入。他请曾国藩原谅他，更请求兄长急调救兵。"倘再一个月无援兵来助我打，则此军竟有不堪设想者，务求老兄大人原亮（谅）弟从前之错，而拯救弟今日之亟。如能有大军从后打来更好，否则设法添五六千人由大胜关入长濠（壕）内，守剿兼施，亦必能分作两三仗打退也。此实确有把握之言，百叩求兄作主，迅赐厚援，以救危局，切勿视为无可如何而不之救也。"[③]

"务求、百叩、迅赐、切勿"，从这些词语可见曾国荃的焦急程度。

其实不待曾国荃请求，曾国藩已经四处发出调兵令。然而各路均军情紧急，无兵可调，曾国藩也没有任何办法，最后居然不顾自身安危，把自己的亲兵护卫四百人派了过来，但是这点人其实只能起到壮胆作用。

好在曾国荃过人的坚忍又一次发挥了关键作用。无兵来援，他只能依靠自己，拼命苦战。他"昼夜不眠至五十余日之久"[④]，日日亲到前线巡营，查看形势，调度军队。有一天，曾国荃正在前线巡视，突"受炮子伤"，子弹从曾国荃的左唇打入，从右边脸穿出，如果再偏几厘米，曾国荃就没命了。曾国荃找块布裹好伤口，仍然继续巡营。"二十九日，公左颊受枪伤，血渍重襟，犹裹创巡营。"[⑤]可见他确实是一个猛人。

曾国荃的壕沟与营墙建得也非常结实。后来李秀成在自述中还回忆："九帅节节严营，濠濠（壕壕）垒坚，木桥（木桩）叠叠层层，亦是用兵之利。"[⑥]

---

① 《曾国藩全集·家书》，岳麓书社，1994年，第863页。

② 《曾国藩全集·奏稿》，岳麓书社，1994年，第2642页。

③ 曾麟书等撰，王澧华等整理：《曾氏三代家书》，岳麓书社，2002年，第208页。

④ 《曾国藩全集·家书》，岳麓书社，1994年，第1188页。

⑤ 熊治祁编：《曾忠襄公年谱》，《湖南人物年谱》（第四册），湖南人民出版社，2013年，第210页。

⑥ 罗尔纲著：《忠王李秀成自述原稿注》。转引自谭伯牛著：《战天京：晚清军政传信录》，中国工人出版社，2004年，第94页。

李秀成大军围攻，整整十六天，居然始终不能攻破曾国荃的防线。洪秀全又调后来侍王李世贤助攻。“伪侍王初三四亦至，现在金陵之贼数近二十万。”[①]战斗更加激烈。

面对敌军的增加，曾国荃的应对办法就是挖沟挖沟再挖沟，他命令军队在自己的长壕内，又挖了一道沟，准备万一外壕失守，退回内壕继续作战。

这道沟发挥了关键作用。10月25日以后，太平军开始改变策略，表面上攻势缓了下来，实际上却加紧猛挖地道。11月3日，太平军挖好了两条地道，只听一声巨响，烟尘蔽天，湘军营墙被轰塌数十丈，太平军“万弩齐发，排炮雷轰，踊跃争先，呼声动地”[②]。数千人冲入外墙。幸好曾国荃已经挖好内壕，修了第二道墙。湘军一面守住内壕，一面组织反冲锋，打了一天，终于把冲进来的太平军又打了回去。曾国荃在家书中汇报说：“所幸先数日所做之内濠（壕）、内墙已成功，贼虽轰开头一层，我军尚克守住二层，而贼之人头一层者均已烧死，枪炮伤毙贼。自未正二刻起，已拼力堵住，至上灯时，贼乃退。我军并出一支在前濠（壕）外佯作包抄之势，贼乃大败。”[③]

/ 二 /

这场战斗是比三河战役还重要的、事关清方与太平天国谁兴谁亡的关键战斗。此时外围的鲍超等军也已经深受传染病之苦，战斗力大大下降。如果曾国荃战败，其他部队必然也随之而败，湘军多年之精锐尽失，则清王朝与太平天国谁兴谁亡还真不好说。

这场大战一共四十六天。这四十六天，不但是曾国荃一生中最凶险的日子，也是曾国藩生命中最焦灼的四十六天。曾国荃在南京日日焦灼，曾国藩在后方的焦苦一点也不比曾国荃少。

从大势上判断，曾国藩知道这次围攻不可能持续数月以上。他从人数上推

---

① 《曾国藩全集·家书》，岳麓书社，1994年，第872页。
② 《曾国藩全集·奏稿》，岳麓书社，1994年，第2780页。
③ 曾国荃撰，梁小进主编：《曾国荃集》（第五册），岳麓书社，2008年，第161页。

算李秀成的大军每天需要消耗六十吨的米，然而，长江被湘军水师牢牢控制，“根据最近在皖南的经验，曾国藩知道走陆路运送补给自多困难。即使叛军努力用南京城里的存粮补给李秀成大军，也将面临将大量谷物运出城门，绕行城墙数公里运送时暴露于敌人攻击范围的难题，而且这支大军每月将近两千吨谷物的需求，将很快就用光南京城里的存粮”[①]。所以曾国藩给曾国荃写信分析说：

> 贼数闻以十万计，每日须食米千石，若无大舟搬运，何能持久？吾在徽用兵二载，深知陆路运米之难，即在金陵城内运至谷里村一带，数十里之内，月运三万石，经理亦极不易。况城贼之米，未必肯多搬出耶。
>
> 弟守事既稳，以后余惟多办银米子药接济，弟可放心，断不缺乏。[②]

从这封信，我们可以看到曾国藩过人的战略眼光。

然而，曾国荃能否顶住这一个多月的进攻，曾国藩没有把握。曾国藩本人并不怕死，自带兵以来，曾国藩在战败后曾经数次试图自杀以谢天下，早已置生死于度外。但是他承受不起弟弟的死。曾国华已经死于三河，他生恐这个弟弟也死于战场。

曾国藩在前一年曾经做过一次奇怪的梦。他在咸丰十年十一月二十三日的日记中说：

> 睡后，噩梦，闻九弟恶（噩）耗，放声大哭。树堂惊起，来敲门唤醒，良久乃寤，尚惊悸不已，盖余近日体气亏弱之至耳。[③]

当时曾国荃正在安庆，形势并不危险，曾国藩自己倒是身在祁门险境之中，做这样一个梦，只能说明他平时就非常忧心九弟的安危，日有所思，积累

① ［美］裴士锋著，黄中宪译：《天国之秋》，社会科学文献出版社，2014年，第335页。
② 《曾国藩全集·家书》，岳麓书社，1994年，第862页。
③ 《曾国藩全集》（十七），岳麓书社，2011年，第103页。

成梦。

安庆之战时就已如此，雨花台大战，担心更是加倍。同治元年闰八月二十七日，曾国藩在日记当中说：

> 接沅甫弟信，知伪忠王大股援贼扑金陵营垒。廿日已扑一次，趋重季弟江边一路。粮道所关，新集之营恐难坚守，深以为忧，寸心如焚……焦灼不可言状。[①]

第二天又说：“粮道可危，寸心如割……旁皇（彷徨）绕屋，焦灼万状……竟夕不克成寐，四更末即披衣起坐。”[②]

他本来和曾国荃约定要每天通信。九月初五这一天，他没有接到曾国荃的来信，以为出了什么意外，一夜无眠，心急如焚。“本日午刻不接沅信，悬系之至……绕室旁皇（彷徨），莫知所以为计。不知沅弟所以无信来者，本身受伤乎？抑全军决裂乎？……晡时，忧灼万状……睡不能成寐，竟夜候沅弟廿九日信，竟无音耗，寸心如焚。”[③]

直到第二天上午，才接到曾国荃的信。头一天曾国藩担心沅弟是不是受了伤，这封信中果然汇报说，二十八日曾国荃在营中被流弹击伤，出血颇多。曾国藩在日记当中感叹：“足见天伦血脉感触，息息相通。”[④]

曾国藩松了一口气，在担心曾国荃生命安全的同时，他还拼命调兵遣将，保证后勤供应。他四处写信发文，先是求李鸿章和左宗棠派兵：“因函商少泉派程学启来助弟坚守；又函商季高派蒋芗泉防剿宁国，腾出鲍军，援救金陵。”[⑤]还写信给回家守父丧又患了重病的李续宜，哀求说：“鄙人心已用烂，胆已惊碎，实不堪再更大患。”[⑥]以“不情之请”，务求在家丁忧的李续

---

① 《曾国藩全集·日记》，岳麓书社，1994年，第795页。
② 《曾国藩全集·日记》，岳麓书社，1994年，第795～796页。
③ 《曾国藩全集·日记》，岳麓书社，1994年，第798页。
④ 同上。
⑤ 《曾国藩全集·日记》，岳麓书社，1994年，第797页。
⑥ 《曾国藩全集·书信》，岳麓书社，1994年，第3079页。

宜出山。他甚至一再奏请调多隆阿回兵，又多次写信给官文，让他叫回多隆阿。后来曾国藩又发文调自己一直根本不信任的降将李世忠部。事后回顾，他说自己这是“一时心绪过忙，枪法遂乱”[①]。

但是调兵遣将都没有成效。官文自然是不买他的账，多隆阿也根本不理睬曾国藩。李续宜此时患病已深，不久就去世了。而他一手提携起来的李鸿章，担心程学启一军调回给曾国荃就要不回来了，虽然战事并不算特别紧急，仍拒不放人，这让曾国藩郁愤不已。

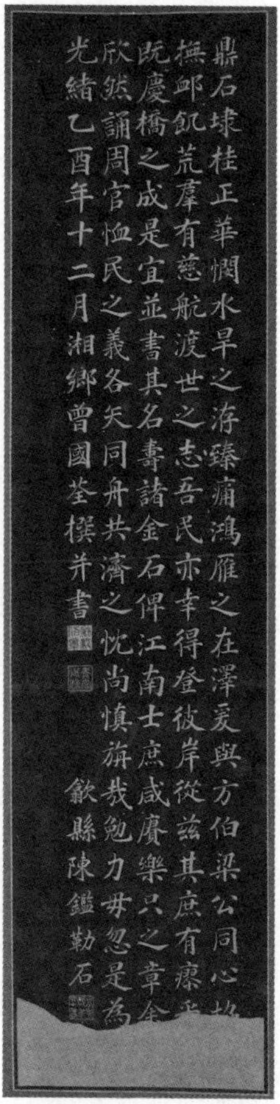

曾国荃书写的《重修江南九龙桥碑记》

/ 三 /

曾国藩只能全力保证供应粮饷弹药。这项工作，曾国藩事前就着手做了。这一年六月初八，曾国荃刚在金陵扎营不久，曾国藩就写信说：“银米子药等事，吾必设法多解，竭平日之力办之……此间能办之件，亦必先尽弟营也。”[②]

在供给曾国荃部的军饷及军械方面，曾国藩历来是特殊关照、尽力满足的。曾国荃仗着有曾国藩的尽力供应，行军打仗一直有浪费火药子弹的习惯。曾国藩说：“火药一事……弟不知撙节。”[③]八月二十一日，也就是雨花台大战开打前不到一个月（这一年闰八月），曾国藩曾写信提醒他说：“弟军之视鲍、张、朱、唐各军已极优矣，若再处处独优，则人必不服，余亦无词以告马方伯、隋粮台也。”[④]

---

① 《曾国藩全集·家书》，岳麓书社，1994年，第875页。
② 《曾国藩全集·家书》，岳麓书社，1994年，第839页。
③ 《曾国藩全集·家书》，岳麓书社，1994年，第1067页。
④ 《曾国藩全集·家书》，岳麓书社，1994年，第855页。

这自然是实话。

我们查曾国藩家书，总计雨花台一战，三十八天内，曾国藩在自己权力范围内，搜光净尽，拨给曾国荃军火药至少五批，十七万斤，银五批，十三万两。这个数目相比他军绝不为少，可以说确实竭尽全力。

除了供饷，曾国藩还负责给弟弟买零食吃。同治元年九月十五日，雨花台大战正在紧急之时，曾国荃向曾国藩撒娇，要东西吃：

> 此间无零星东西吃，夜深颇以为苦，想安庆尚容易买也，如牛皮糖、荔枝、桂元、杏仁、橘子之类，皆可一以肆饕餮，祈饬戈什哈各买少许，遇便寄来，簿上登数，可作祥五私分，支去炮竹三挂，呵呵![1]

曾国藩当然是马上送上。

然而不管曾国藩如何努力，都不能满足曾国荃的期待。雨花台战斗消耗武器弹药极多，曾国荃不断地向曾国藩索要供应，几乎函函苦催，还曾经多次大发脾气。比如九月初十，曾国荃写信给曾国藩抱怨说：

> 近日各营皆盼子药早到，乃顷接李少山一片，称仅解到各色子一批而无一两火药。正值攻剿万紧之时，此间与金柱关皆已早缺火药，刘咏予向水师粮台杨、彭二处已各借用万斤，又告罄矣。望眼欲穿，候昨日之一批到乃竟有子而无药，此何时耶？令人寒心。
>
> 水路往返千里，纵呼应灵动，亦须十天，况复风信无常，下水迟迟至旬外之久，他事尚可稍缓须臾，火药则断不可一刻缓也。顷各营向弟面问缘由，弟实无辞以对，惟有焦急而已。兄得此信，务乞飞速赐解，以安军心，切勿听性缓者流视为常谈，置之后图耳。百叩百叩!千万千万![2]

① 曾国荃撰，梁小进主编：《曾国荃集》（第五册），岳麓书社，2008年，第166～167页。
② 曾国荃撰，梁小进主编：《曾国荃集》（第五册），岳麓书社，2008年，第156页。

其实这是在批评曾国藩性缓。

曾国藩只好复信说："不必函函苦催。人约弟设身处地所能办到者，兄亦必能办到；兄所束手不能办者，虽弟设身处地，亦无如何也。"①十六日又说："火药实接济不上，江西省城全数搜括，不满四万斤。"②

曾国荃仍然函函催促，且表现得很不耐烦，曾国藩只好劝曾国荃尽力节省："火药实接济不上，弟当极力节省，子与银米，尚可敷衍。"③"……弟须时时存节省火药之心，庶十月以后，犹可敷衍。"④

但是小弟在大哥的庇护下，一直习惯了索取。特别是现在的特殊时刻，一有不满，就跳脚大闹。曾国荃接到曾国藩要求他节省的信，当即复函，指责曾国藩平日准备不够，计划不周：

> 办大事者，样样规模须画得大，如专求约旨卑思，则临警之时，下一层效力者将茫然不知所以为计矣。⑤

又详细申说自己从来没有浪费过火药：

> 弟八年克吉安后，带千余人抵建昌，尚有四万药以资部下各营操演之需，可见弟之陆续爱惜存积不浪费之意。又如此次用群子无数，得领诸兄处者，不过百分之六七分。其在安庆城、无为州城、泥汊口、神滕河、运漕、东关、巢县、铜城闸、雍家镇、裕溪口、西梁山、和州及大胜关、三汊河、头关各处贼垒内，所检得大炮大子群子竟得九十三四分。故此次吃警最久，而大炮子用之不尽，可见弟随处不肯疏慢专只图向上领取也。⑥

---

① 《曾国藩全集·家书》，岳麓书社，1994年，第870页。
② 《曾国藩全集·家书》，岳麓书社，1994年，第873页。
③ 同上。
④ 同上。
⑤ 曾国荃撰，梁小进主编：《曾国荃集》（第五册），岳麓书社，2008年，第172页。
⑥ 同上。

其实曾国藩早已经做出了最大努力，曾国藩这个两江总督，虽然管着三个省，但是两个省都因战乱难以收到赋税，“皖南及江宁各属，市人肉以相食，或数十里野无耕种，村无炊烟”[1]，因此筹饷极为困难，各军欠饷达十六七个月之多。

在三省之中，只有江西饷源还算稳定。不料就在雨花台大战期间，江西巡抚沈葆桢宣布因本省财政紧张，每月不再供给曾国藩军饷，这样曾国藩每个月就少了四万两银子。沈葆桢是曾国藩一手提拔起来的，却在这个关键时刻背叛师门，而且在奏折中公开与曾国藩的矛盾，指责曾国藩“广揽权利，贪得无厌”。此事对曾国藩刺激极大。我们查《曾国藩日记》，他一生很少有这样情绪激动的时刻。他说：“皆由平日于养气上欠工夫，故不能不动心。”[2]因为曾国荃信中提到江西事，“触余恚怒，又为郁郁久之，至于耳热心颤”。他也叹息：“甚矣，余之隘也！”[3]

在官场上处处不顺的同时，弟弟曾国荃又频频向曾国藩发火。曾国荃写给曾国藩的信，应该还有语气比这些更激烈的。特别是雨花台大战之后，我们查《曾国藩日记》，十一月十七日，接到曾国荃的一封信，“词旨戆激”。[4]十二月初一日，“接沅弟廿六日信，语太激厉，为之不怿”。[5]

但是这两封信都没有保留下来，可能因为其中骂他骂得太狠，当时就被曾国藩销毁了。面对弟弟接连不断的“戆激”之词，曾国藩无可奈何。对别人他尚且能忍耐，对胞弟更是抱一个忍字诀，不过多辩解，只有到处搜罗，全力供应。

这段时间是曾国藩一生最痛苦的时期之一。他要担心的不只是曾国荃的安全，鲍超在宁国也一样岌岌可危。白天他应对朝廷上与沈葆桢的笔仗，联系各方，全力保证供应，晚上经常到后院的小房间里去一趟，跪在蒲垫上默默地对

---

① 曾国藩撰：《湖湘文库：曾国藩全集》（七），岳麓书社，2011年，第84页。
② 《曾国藩全集·日记》，岳麓书社，1994年，第802页。
③ 《曾国藩全集·日记》，岳麓书社，1994年，第817页。
④ 《曾国藩全集·日记》，岳麓书社，1994年，第826页。
⑤ 《曾国藩全集·日记》，岳麓书社，1994年，第831页。

天祷告，求老天保佑各路军事顺利。

好在太平军一直没有湘军那样坚定的意志力。特别是李秀成部，远没有陈玉成部凶悍耐战。这一次战役双方相持到11月26日，天气已寒，太平军既无冬衣，正如曾国藩判断的那样，也不能持续补给粮食，只好撤退。曾国荃顶过来了。这场惊心动魄的战斗，整整持续了四十六天。

但是湘军付出的代价也非常惨重，湘军“伤亡五千，将士皮肉几尽，军兴来未有如此苦战也”[①]。郭嵩焘亦认为此“极古今之恶战”[②]。

同治元年十月十一月，曾国藩在家书中说：“余近来心绪忧灼，迥异往年……日夜愤郁，绝少欢悰。”[③]“余日内忧灼愤郁，寸心如焚，不复能细思大事。”[④]“吾两月忧怀万端。”[⑤]“余日内忧煎，有胜于祁门极困之时。”[⑥]

/ 四 /

除了火药供应导致的不快，在雨花台大战中，兄弟二人为了西式武器的问题，也发生过激烈争吵。

雨花台大战让曾国荃见识到了西式武器弹药的厉害，他在家书中这样发出感叹：“贼之火器精利于我者百倍之多，又无日不以开花大炮子打垒内，洋枪队多至二万杆，所以此次殒我精锐不少，伤我士卒不少，最堪悯恻。”[⑦]

他对曾国藩说，这次战役之所以如此困难，皆是因对方使用的洋枪杀伤力太大：“查忠酋等……倾苏、杭所得之西洋火器，会并于此一枝……刻下阵亡及受伤者千数百人，皆系洋枪之为害，此仇何可不报。”[⑧]

恰在同时，已经领军杀到上海的李鸿章也写信给曾国荃，向他介绍西方先

---

① 王定安撰，朱纯点校：《湘军记》，岳麓书社，1983年，第125页。
② 郭嵩焘撰，梁小进主编：《郭嵩焘全集》（第五册），岳麓书社，2012年，第512页。
③《曾国藩全集·家书》，岳麓书社，1994年，第891页。
④《曾国藩全集·家书》，岳麓书社，1994年，第888页。
⑤《曾国藩全集·家书》，岳麓书社，1994年，第898页。
⑥《曾国藩全集·家书》，岳麓书社，1994年，第899页。
⑦ 曾国荃撰，梁小进主编：《曾国荃集》（第三册），岳麓书社，2008年，第240页。
⑧ 曾国荃撰，梁小进主编：《曾国荃集》（第三册），岳麓书社，2008年，第169页。

进武器的威力。

李鸿章组建淮军后不久，就表现出很强的战斗力，不但在上海挡住了太平军，而且还在苏南迭克名城，震动天下。这其中的关键是淮军入沪未及一年“尽改旧制、更仿夷军”，全面引进洋枪洋炮、改进营制，陆续将抬枪队改为洋枪队，其火力双倍于前。

所以李鸿章在信中大力向曾国荃推荐西式武器。曾国荃九月二十三日把李鸿章的信转给曾国藩，并且说：

> 顷得少泉中丞信，抄呈慈阅。渠亦极言洋枪之有用，并求饬粤东厘局多为购办，行之鲍、张各营，借以平中国之贼。此论亦实有见也，祈采纳为荷。[①]

但是曾国藩却对洋枪洋炮有自己的见解。

曾国藩对洋炮的威力是认可的。当初他在创建湘军水师时，船上装的都是从广州购置的洋炮。他自己也说：“湘潭、岳州两次大胜，实赖洋炮之力。”[②]

但是对于洋枪，曾国藩并不特别认同。这一方面是因为他从来没有直接和西方军队交手的经验，另一方面是因为当时金属弹壳尚未开始广泛使用，此时进入中国的主要是前装滑膛枪，前装滑膛枪虽然命中精度与火力均优于鸟枪、抬枪，但由于其子弹火帽用纸或亚麻制成，装填相当复杂，射速没有很大提升，枪支可靠性也有问题，采购、维修都不甚方便，而且价格非常昂贵。同治元年五月，曾国藩给曾国荃送去“花大价钱买来”的一百支洋枪，写了一封信说：“余不甚喜此物，盖其机最易坏，不过打二三十枪即须修整。弟与各将弁试用一二十次，识破其短处，当以余言为然也。”[③]后来他又在信中说：“洋

---

① 曾国荃撰，梁小进主编：《曾国荃集》（第三册），岳麓书社，2008年，第173页。
② 《曾国藩全集·奏稿》，岳麓书社，1994年，第161页。
③ 《曾国藩全集·家书》，岳麓书社，1994年，第834页。

物机括太灵多不耐久，宜慎用之。”[①]

同时，作为理学家的他，又素来有“制胜在人不在器”的一贯思想。所以同治元年九月十一日，在发给了曾国荃一批西洋军火后，曾国藩又发了一通议论：“所需洋枪洋药铜帽等，即日当专长龙船解去。然制胜之道，实在人而不在器。鲍春霆并无洋枪洋药，然亦屡当大敌……和（春）、张（国梁）在金陵时，洋人军器最多，而无救于十年三月之败。弟若专从此等处用心，则风气所趋，恐部下将士，人人有务外取巧之习，无反己守拙之道……不可不深思，不可不猛省。真美人不甚争珠翠，真书家不甚争笔墨，然则将士之真善战者，岂必力争洋枪洋药乎？”[②]

他担心曾国荃过于注重武器，弱化了对湘军士气人心也就是人的主观力量的建设。所以他对曾国荃热心购置西洋军火，一直持不冷不热的态度。特别是同治二年正月，曾国荃托李鸿章从广东购得洋枪一千支，货到之后，曾国藩却截留了一半，只发了五百支给他。

曾国荃日夜盼着新式武器的到来，听说被大哥截留一半，大动肝火，于初三夜四更写了一封口气强硬的信责问曾国藩：

顷读兄札，从粤东解来洋枪，又被截留一半。此等处究宜还我分际。弟亦写多少信，说多少好话，求晏、李、蔡办来者，通共只用去粤厘数千两，亦何施而不可，而必欲行札留半解半乎？去年春，强欲分拨程学启千人归少泉部下，弟仰承德意，慨然允从。然每战阵之际，不能不记忆当日要分拨光景也。至于洋枪，乃兄所不十分信用之物。

弟方讲求自强、稳站前敌之时，欲作忿兵，尽心尽力，以报国杀贼，不欲为仇我者之所快。是以广求利器，乃望眼欲穿，将到之时，无端而截留一半，分与别军。兄何不多买数千杆，赏与别军，而截留此一半乎？

此信到日，仍求兄派人解来为要。弟亦不想做王三，却亦不甘为曾上

---

① 《曾国藩全集·家书》，岳麓书社，1994年，第838页。

② 《曾国藩全集·家书》，岳麓书社，1994年，第868～869页。

璋。早年事事想图体面，近年经百端忧患，间或想好，间或想决裂。兄若于公事上不体亮（谅）我一层，心中觉我事事不妥当、不如人，则辛丑、壬寅在都门少年习气又出来矣。戆直上呈，仍求亮（谅）之。即问勋安。[①]

这封信有两点需要解读。

第一是关于去年春强欲分拨程学启千人归少泉部下。

我们说过，当初曾国藩是想派曾国荃去上海，因为曾国荃拒绝，才改派李鸿章。李鸿章所部是新成立的淮军，都没经过阵仗。所以曾国藩从曾国荃部抽出程学启一军交给李鸿章。这一支军队后来成了李鸿章嫡系，帮了李鸿章大忙。

后来李鸿章建功迅速，地位不断蹿升，曾国荃却株守南京城下，迟迟不能攻下。每当此时，曾国荃内心后悔没抓住去上海的机会，却一再对曾国藩拿程学启部说事。意思是如果没有我这一部，李鸿章不可能那么快成功，我在南京城下也不可能这么受制于人。

第二条是所谓“辛丑、壬寅在都门少年习气”，即指道光二十一二年兄弟不共饭之事。此时旧事重提，即以决裂相威胁。可见兄弟二人在协力作战之间，曾国藩虽然竭力提携，脾气暴躁的曾国荃却已经积累了很多对长兄的不满，以至于不止一次动过想和长兄“决裂”的念头。

其实曾国藩之截留洋枪，还是和以前一样，只是恐其弟信之太过，专恃装备，不尽人力。接到这封火气极大的信，曾国藩倒是毫不生气。他已经习惯了乃弟的脾气。曾国藩于正月十一日回道：

洋枪自广东买来，半存此间。余亦并无他意，不过军需器械，前敌营盘宜稍少，粮台存贮宜稍多耳。计弟处所存者洋药洋帽当尚敷数月之用，今弟意欲全数取去亦无不可，近日当专委员解去。弟函词旨过涉戆直，非

---

① 曾国荃撰，梁小进主编：《曾国荃集》（第三册），岳麓书社，2008年，第184页。

老年兄弟所宜，以后慎之。①

接下来，曾国藩恐兄弟误会加深，特别是曾国荃提到“肝气不舒畅”，怕他因此生病，同治二年正月十八日又补一信：

若与阿兄间有不合，则尽可不必怫郁。弟有大功于家，有大功于国，余岂有不感激、不爱护之理？余待希、厚、雪、霆诸君，颇自觉仁让兼至，岂有待弟反薄之理？惟有时与弟意趣不合。弟之志事，颇近春夏发舒之气；余之志事，颇近秋冬收啬之气。弟意以发舒而生机乃王，余意以收啬而生机乃厚。平日最好昔人“花未全开月未圆”七字，以为惜福之道、保泰之法莫精于此。曾屡次以此七字教诫春霆，不知与弟道及否？星冈公昔年待人，无论贵贱老少，纯是一团和气，独对子孙诸侄则严肃异常，遇佳时令节，尤为凛不可犯。盖亦具一种收啬之气，不使家中欢乐过节，流于放肆也。余于弟营保举银钱军械等事，每每稍示节制，亦犹本“花未全开月未圆”之义。至危迫之际，则救焚拯溺，不复稍有所吝矣。弟意有不满处，皆在此等关头。故将余之襟怀揭出，俾弟释其疑而豁其郁。此关一破，则余兄弟丝毫皆合矣。②

也就是说，他们兄弟二人之所以屡屡发生冲突，与年纪有关。曾国藩已近老年，处事以收敛为主，九弟中年，正是奋发之时。但是收敛乃是长远之道。过去爷爷曾玉屏对邻里乡亲都很和气，对自己的子孙却很严厉。这就是为了使家里保持一股收敛之气，不让家里晚辈们过于放肆。他对曾国荃加以节制，也是此意。

曾国荃看到曾国藩提及星冈公“对子孙诸侄则严肃异常……亦具一种收啬之气”，来解释自己“余于弟营保举银钱军械等事，每每稍示节制”，③十分

① 《曾国藩全集·家书》，岳麓书社，1994年，第929页。

② 《曾国藩全集·家书》，岳麓书社，1994年，第933页。

③ 同上。

不悦，回复道：

> 今早接十八日手示，慈祥剀切，训慰甚周。……所论“春夏发舒之气，秋冬收啬之气”，与“花未全开月未圆”义，弟亦领略大旨，但均未能身体而力行之耳。
>
> 来函所云弟意有不满处，皆在银钱、军械、保举等事，稍示节制关头，究竟亦不尽然。亲亲之劝，在于同其好恶。近年以来，几以疏间矣。弟自问性情，亦当在平和一路，好恶颇得其正，而未见曲意以稍同，微有觖望，在所不免，然亦无甚不满意之处也。父之于子，兄之于弟，皆骨肉天亲。其相亲之间其亲同，而其尊则判然异焉。子弟之事，父兄尊尊之义既异，然则父兄之视子弟，不亦有恰当之情乎？[①]

《中庸》说：“尊其位，重其禄，同其好恶，所以劝亲亲也。”亲人之间，应该同其好恶。曾国荃自问所好所恶皆正当，而曾国藩却不能好其所好，恶其所恶，显然有背亲亲之义。而父子和兄弟，虽然都是骨肉天亲，但是父子之间和兄弟之间，毕竟不同。弟弟对待哥哥的态度和对待父亲的态度有不同要求。这是批评曾国藩自比为爷爷。你不能总让我们把你当爹当爷那样侍奉，那样有违尊尊之义。

针对曾国荃这封信，曾国藩于正月二十七日写了回信。信中说：“接弟……二十一日缄。”但是接下来只回复了曾国荃信中后文的两个具体问题，对曾国荃的这条“把自己当爹当爷”的严重指责，则一字未复，如同没看见一样。其原因也许是厌倦了和老九的这种争执，正如后来曾国藩常说的，对讨厌的事“如老僧不见不闻之法”。或者是感觉对老九的这种指责，难于做出任何回答。

这次武器之争，应该说曾国藩不尽占理。曾国藩对新鲜事物接受不够快，反应不够敏捷，在西式武器的效果已经非常明显的情况下，还试图限制弟弟更

---

① 曾国荃撰，梁小进主编：《曾国荃集》（第三册），岳麓书社，2008年，第191页。

新武器的速度，是造成二人冲突的主要原因。

/ 五 /

雨花台大战结束了，曾国荃部何去何从又成了问题。

经过这场惊吓，曾国藩胆子更小了，后悔当初没有逼着曾国荃把部队从南京撤回来，所以还在战争当中，当李秀成刚刚显露撤兵的迹象时，曾国藩就立即致书曾国荃，命令他等李秀成退兵时以追击为名，离开南京城下。曾国藩说，太平军“处心积虑以求逞于我，我轻心深入，以侥幸于不可得之城。弟之骤进，余之调度，皆轻敌而不能精审。此次经一番大惊恐，长一分大阅历。如忠、侍等酋解围而去，弟当趁势退兵，以病伤羸弱者循江滨退至金柱关，选精锐者整队追贼。追至大官圩，小丹阳一带，与鲍军互为声援，待新募之卒到后，认真整练，再行进兵。……弟以金柱为后路根本，鲍以芜湖为后路根本，处处联络，庶无全局瓦裂之患”[①]。

战斗结束后，曾国藩又多次写信给曾国荃，要求他迅速退兵。曾国藩分析说，曾国荃部驻在南京城外，因为人数过少，不能合围，进退皆失据：“若长扎雨花台，以二三万劲旅屯宿该处，援贼不来，则终岁清闲，全无一事；援贼再来，则归路全断，一蚁溃堤。此等最险之着，只可一试再试，岂可屡屡试之，以为兵家要诀乎？”[②]

曾国藩周围的幕僚和其他将领也纷纷进言，指责曾国荃孤军轻进，皆认为他并“非能克金陵之人”[③]。

然而，曾国荃蛮劲上来，竟然不为所动。雨花台大战中心胆俱碎的时刻已经过去，敌军退后，他胆气复壮。一是因为他听降卒称，南京城中“粮不足半年”，也许可以迅速拿下，二是“因众人藐视沅甫非能克金陵之人，发愤欲一雪其耻而伸其志”[④]，所以他坚扎雨花台，不肯稍退。只是“派得力哨官回湘

---

① 《曾国藩全集·家书》，岳麓书社，1994年，第876页。
② 《曾国藩全集·家书》，岳麓书社，1994年，第877页。
③ 《曾国藩全集·家书》，岳麓书社，1994年，第1188页。
④ 同上。

募勇”[①]，增加人力，以图合围金陵。

曾国藩见状，连连写信给他，一月之间几乎封封谈及撤兵之事，可谓苦口婆心。他要求曾国荃至少将军队一分为二，一部分为“呆兵”驻守雨花台，另一部分做“活兵”，四处游动，以免像当初江南大营那样被太平军吃掉：“前此向、和以重兵株守金陵，不早思变计，以图灭贼，吾尝讥其全无智略。今岂肯以向、和为师，而蹈其覆辙乎？”[②]他还批评曾国荃用兵过死：“弟在吉安、安庆，机局已不甚活，至金陵则更呆矣。”[③]

然而曾国荃毫不动摇。通过雨花台一战，他认定太平军已经是强弩之末，没有太大的战斗力了。所以他铁了一条心，要死扎在南京城下，一步不动。

曾国藩左劝不动，右劝不动，实在没办法，最后只好决定亲自到南京走一遭，亲眼视察一下形势再说。同治二年，也就是1863年3月18日，曾国藩从安庆动身，花了近一个月的时间，仔细视察了曾国荃的雨花台大营和滁县、和州，巢县、无为等地的湘军营地壕墙，于4月15日回到安庆。通过视察，曾国藩发现围城湘军营盘坚固严整，而且传染病流行已经过去，士气相当高涨，遂撤销退兵之议。

为了解决围困南京的兵力问题，曾国藩陆续增募新勇，使曾国荃所统部队很快增加到三万五千人。同时，曾国藩又将李续宜所部萧庆衍及韦俊等军一万五千人调至南京城下助攻，使围城湘军仅陆军人数即达五万人。

1863年6月，曾国藩又调鲍超率军攻占江浦，随后与水军联合攻陷太平军坚固设防的九洑洲。这样，南京与下游联系的唯一通道和粮食供应线即被切断，仅余天堡城下一线山间小路与外界相通。曾国藩为弟弟获得这一首功，做好了一切准备。

---

① 曾国荃撰，梁小进主编：《曾国荃集》（第三册），岳麓书社，2008年，第180页。

② 《曾国藩全集·家书》，岳麓书社，1994年，第898页。

③ 《曾国藩全集·家书》，岳麓书社，1994年，第877页。

五、不许单衔奏事的小插曲

/ 一 /

同治二年三月，正在南京城下忙于攻城的曾国荃接到喜讯："升授浙江巡抚。"由于战事正急，谕旨命令曾国荃专心作战，民事由已经升任闽浙总督的左宗棠代管，所以这实际上只是一个空头奖励。①

不过曾国荃仍然非常激动。谁意一个优贡生，从戎不到七年，就封疆开府，成了一方诸侯？而且从三品到二品是官场上的一个重要关口，二品以上大员有单衔奏事权，因此成为二品，才算是真正进入权力高层。很多人比如《道咸宦海见闻录》的作者张集馨做了一辈子官，就卡在这个口上过不去。所以升为二品就意味着曾国荃以后有什么事就可以直接和皇太后、皇帝沟通，不必通过曾国藩转寄了。

和真龙天子直接打交道当然是一件很令人兴奋的事。曾国荃是个急性子，收到任命后就琢磨着先上个奏折，汇报点什么，对朝廷大政方针发表点什么见解。

曾国藩了解弟弟的性格，马上写信告诉他，上首封奏折一定要稳重，不要仓促行事，因为这往往决定中枢对他的第一印象。曾国藩说，当初左宗棠获得单独奏事的权力后，过了三个月才上奏第一封奏折。彭玉麟升为二品后，除了上了两道辞谢疏外，至今还一封正式奏折也没上过。所以除非重大事件，曾国荃不必急于上奏。平时小事，仍然可由他代为汇报，这才算得体："弟应奏之事暂不必忙。左季帅奉专衔奏事之旨，厥后三个月始行拜疏。雪琴得巡抚及侍郎后，除疏辞复奏二次后，至今未另奏事。弟非有要紧事件，不必专衔另奏，寻常报仗，仍由余办可也。"②

曾国藩又告诉他，上了首道奏折后，平常小事也不必多奏，奏折越少越好。"弟奏事不必限定一月一次（余逢十二、二十七奏事，半月一次。左则不

---

① 李鸿章分析这道谕旨透露出来的消息，认为太平天国平定后，朝廷可能会给曾国荃一个两广总督或者四川总督之类的实职。

② 《曾国藩全集·家书》，岳麓书社，1994年，第973页。

过一月一次），有所陈则多奏，无所陈则少奏。遇有陈言之时，将军情顺便一说。其平日零星报仗及请恤请奖，弟均不必出奏，咨至余处转奏可也。”[①]这样就避免让朝廷感觉这个人不稳重、不论大事小事都喜欢上奏。

当然，如果攻下了南京，要迅速将捷报奏闻，然后再报告湖广总督官文和曾国藩主持奏报详情。“平日千仗万仗不奏，届时奏此一仗，方为恰好”[②]，这样才能给朝廷留下一个深刻的印象。

曾国藩还耐心教导弟弟如何写奏折：

> 秋凉务闲之时试作二三篇，眼界不必太高，自谦不必太甚。上次惠甫、次卿二稿，只须改润一二十字，尽可去得。目下外间咨来之折，惟浙沪湘三处较优，左、李、郭本素称好手也。此外如官、骆、沈、严、僧、吴、都、冯之折，弟稍一留心即优为之。以后凡有咨送折稿到弟处者，弟皆视如学生之文，圈点批抹。每折看二次，一次看其办事之主意、大局之结构，一次看其造句下字之稳否。……[③]

曾国藩告诉老弟，现在各地咨送来的折稿，是浙、沪、湘三处最好。浙江自然是刚升任闽浙总督的左宗棠，沪指江苏巡抚李鸿章，湘则是湖南巡抚的幕僚、郭嵩焘的弟弟郭崑焘，这几个地方都是湘系人马。曾国藩说，对这些地方所上的折稿，要留心看一看，每个折子须看两遍，第一遍看其主旨和整体结构布局；第二遍推敲其遣词造句的功夫。每天看一两篇奏折，一个月以后，对当下官场宦术工拙就能做到心中有底了。

曾国荃于是兴兴头头地开始学习写奏折，写完之后寄给曾国藩批阅。经过几次的学习，大有进步，“折稿皆轩爽条畅，尽可去得”[④]。曾国荃于是眼巴巴等着出现什么机会，给皇太后去封奏折，过过与闻天下大政的瘾。

---

① 《曾国藩全集·家书》，岳麓书社，1994年，第1012页。
② 同上。
③ 《曾国藩全集·家书》，岳麓书社，1994年，第1005～1006页。
④ 《曾国藩全集·家书》，岳麓书社，1994年，第1017页。

/ 二 /

机会很快出现了。

咸丰十一年，清王朝制订了一个重大的军事计划。以恭亲王奕䜣为首的总理衙门决定向西方国家购买数艘新式军舰，组成一支舰队。当前可用于平定太平天国，日后则可以成为“帝国海军”。

这件事，总理衙门具体委托给代理中国海关总税务司的李泰国去办理。李泰国是一个长期混迹于中国的英国人，资深外资官。此人办事效率很高，很快从欧洲采购了数条军舰，驶抵中国。

然而令奕䜣等人吃惊的是，来到的不仅是军舰，还有军舰上一批金发碧眼的洋人。总理衙门当初和李泰国商量的是派中国人做舰队统帅，邀请英国人出任副手，同时挑选中国军人上船学习作战。这样可以让中方迅速掌握海军军事技术。然而总理衙门所托非人。李泰国虽然是一个“中国通”，但向来在中国人面前飞扬跋扈惯了，一贯以中国政府的太上皇自居。他在英国居然擅自代表清政府聘请了一个叫阿思本的英国军官做这支舰队的司令，由阿思本挑选了一批军官和海员组成军队，并且规定船上只用洋人，不用中国人。他说这样才能保证舰队的战斗力。

消息传来，天下大哗。要是这样，这支舰队还能叫大清海军吗？总理衙门当然表示反对。但是李泰国极其强硬，称如果中国方面不接受他的条件，他就立刻将这支舰队解散。这样一来，不但中国建立海军的计划夭折，而且变卖军舰肯定要损失折价，清方还要付给李泰国雇来的众多外国军人遣散费，里里外外一算，一百七十万两的船价，至少要损失七十万两。

总理衙门一下子没了主意。事已至此，到底怎么办？是让外国人主掌中国海军，还是认倒霉退回军舰？尴尬之中的奕䜣等人只好致函在战斗一线的曾国藩、李鸿章、曾国荃等湘军大员，征求他们的意见。

曾国藩的态度十分鲜明。在对外交往中，他一贯主张小事可以放松，但是原则大事不能退让。舰队是中国花钱买的，且订有合同在先，那么就必须按中国人的主张办。如果实在谈不妥，不如退回这支舰队，损失点钱是小事，国家主权不能受侵犯。何况从现在的战争局势看，没有这支外国舰队，湘军也可以完成镇压太平天国的任务。所以他回复了一句很坚决的话："以中国之大，区区一百七十万之船价，每年九十万之用款，视之直轻如秋毫，了不介意，或竟将此船分赏各国，不索原价，亦足使李泰国失其所恃而折其骄气也。"

曾国荃也接到了朝廷上谕。朝廷首次让他就国家大事发言，他当然非常激动，精心构思，写作了一道奏折。按理第一次与中枢通话，他应该先请老兄把把关，但是他并不愿这样做，写好之后，自己欣赏几遍，就直接送上去了。

曾国荃自然也不愿外国人前来分他攻占南京之功，他说，现在平定太平天国的战争进展顺利，南京已经指日可下，并不需要轮船助攻："江边仅金陵一城未复，长江水师帆樯如林，与陆军通力合作，定可克期扫荡，实不借轮船战攻之力。"①

这个意见和曾国藩相似，没有任何问题。但是曾国荃怕这样说，显得自己太在意独自拿下南京这个"首功"，胸怀不够开阔。所以接下来又自作聪明，说了一段不应该说的话。他说，如果这个船就这样退掉，浪费巨款，实属可惜，不妨以这些轮船来巡逻海上，缉捕海盗。不过现在国家财政紧张，养着这样一批精良的军舰用来巡海盗其实也是大材小用，浪费甚巨，所以他又替朝廷思考如何填补这个窟窿："轮船所需经费甚巨，请裁沿海水师，节省饷需，以资酌济。"②也就是说可以裁撤掉现有的沿海水师，以节省经费。

曾国荃自以为忠心谋国，替朝廷尽心竭智，中枢一定会称赞他的忠荩。他哪里知道，这句话可犯了大忌。

李泰国舰队一事，让当时的外交事务最高领导恭亲王奕䜣大丢面子。奕䜣等人托人有误，导致事情办得如此难堪，显然负有不可推卸的重大责任。在清王朝财政紧张之际损失如此巨款，尤其贻人口实。

但是曾国藩、李鸿章在回复之时，绝口不提总理衙门办理失宜这一明显事实，对浪费巨资一事，更是大事化小。曾国藩在奏折中甚至说："区区

① 《曾国藩全集·奏稿》，岳麓书社，1994年，第3588页。
② 同上。

一百七十万之船价……视之直轻如秋毫，了不介意，或竟将此船分赏各国，不索原价，亦足使李泰国失其所恃而折其骄气也。”一百七十万并非一个大数，还拍什么卖？直接把几条船赏给西洋各国，折折他们的骄气。之所以将这么大一个数字如此轻描淡写，其实就是在为奕䜣开脱责任。正如谭伯牛所说，“他的回信体用兼备，词义俱赡，最能抚慰总署诸公悔疚惭恨的心。所以，奕䜣复函曾国藩，极佩其说”[①]。确实，曾国藩是天下疆臣领袖，他此时有一言九鼎的影响力，定下的这个基调有效维护了奕䜣的面子。所以曾国藩在家书中告诉曾国荃说，奕䜣为此专门给他写过一封信，表示很佩服他的这一番高明的见解：“恭邸有信寄余，极佩余八月十二日一函之说。”[②]

曾国荃哪里懂得这些奥妙。他一门心思替朝廷心疼这笔钱，但是在刚刚犯下错误的总理衙门诸公看来，这显然是在指责他们决策失误、浪费巨资。李鸿章后来看到曾国荃的奏折，一眼就看出了问题所在。他在写给曾国荃的信中说：“大疏请派轮船捕海盗，是李泰国七船结穴处。”[③]后来李鸿章又明确地说：“调停轮船一疏，此乃总理诸老疚心之事，不免变恼成怒，公然言之，致触忌讳”[④]

曾国藩事后才看到曾国荃的奏折稿件，也大为叫苦，连说曾国荃奏折“首秀”不成功。他在给曾国荃的信中说：“弟十九日疏陈轮船不必入江而以巡海盗为辞，殊可不必。弟意系恐李泰国来金陵搅局攘功，何不以实情剀切入告？……凡心中本为此事，而疏中故托言彼事以耸听者，此道光末年督抚之陋习，欺蒙宣宗，逮文宗朝已不能欺，今则更不宜欺矣。七船之事，余曾奏过三次，函咨两次，即不许李泰国助剿金陵、苏州。李少荃亦曾上书恭邸二次，计恭邸亦必内疚于心。特以发贼未灭，不欲再树大敌，故隐忍而出此耳。”[⑤]

也就是说，你可以直说不想让外国人来分功，何必又牵连出巡海盗等

---

① 谭伯牛：《晚清军政传信录》，中国工人出版社，2004年，第123页。
② 《曾国藩全集·家书》，岳麓书社，1994年，第1050页。
③ 《李鸿章全集》，时代文艺出版社，1998年，第3181页。
④ 《李鸿章全集》，时代文艺出版社，1998年，第3184页。
⑤ 《曾国藩全集·家书》，岳麓书社，1994年，第1031页。

话？说出巡海盗这一段话，显然是想掩盖你独占首功的心思。其实你不想让别人争功的这点心思，不说大家也门清。现在恭亲王正内疚，你这段话刚好触在他的隐痛上，搞不好会给自己惹麻烦。曾国藩要求曾国荃“以后此等折奏望先行函商一次”[①]。再写奏折，一定要让我给你把把关。

曾国荃接到老兄的信，居然还不明白自己的错误之处，对曾国藩的批评十分生气，回信说曾国藩没理解他的本意。曾国荃说，我的出发点确实是怕这些轮船浪费，建议用它们巡海盗也是出于公心。你这样说我，实在是把我的好心当成了驴肝肺。

曾国荃说得这样委屈，曾国藩只好又去信道歉抚慰：

> 初五夜接初一夜来缄，知弟以余议十九日之疏不谅弟之本意，责备太过。余所虑者，恐弟学道光末年督抚之陋习耳。若弟之意实见得轮船该用以巡海盗，则余前缄之所责为过矣。今日解银七万，慰弟之意，是近来罕见之事。譬之儿时兄打而弟哭，则又以糖食糕饼抚慰阿弟也。[②]

直到接到朝廷的批复，曾国荃才傻眼了。他冒昧上奏的结果，是接到这样一句批谕：

> 曾某（曾国荃）未到浙江巡抚之任，嗣后军务与杨某（杨岳斌）、彭某（彭玉麟）一律咨由曾某（曾国藩）奏报，毋庸单衔具奏……[③]

---

① 《曾国藩全集·家书》，岳麓书社，1994年，第1032页。

② 《曾国藩全集·家书》，岳麓书社，1994年，第1036页。曾国荃还说，你在家书中总是这样那样地批评我，你要知道这些家书是会流传下去的，那样你让后世之人怎么看我？对于曾国荃担心家书留下惹后世讥评，曾国藩说：“至此间家信稿本，除誊信之李子真（极慎密）外，并无一人得见。弟常疑余之日记、家信或传播于后世，此弟之拙见过虑，亦视阿兄太高之故。”不过后来的事实证明，曾国荃的这个顾虑倒是并不多余，这些家书后来确实留存下来，让我们更清楚地了解了兄弟二人争执的是非曲直。

③ 赵烈文：《能静居士日记》，《太平天国史料丛编简辑》（第三册），中华书局，1962年，第297页。

也就是说，你既然这么不会说话，此后不必单独奏事，还是让你哥替你上奏吧！

直接抽了曾国荃一个大大的耳光。

好面子的曾国荃如何愤懑可想而知。曾国藩一看，知道老九肯定又要上火，马上就安排自己的幕僚赵烈文前去安慰："命余速至金陵，盖恐沅帅郁抑。"[①]又于同治二年九月十一日去信安慰：

> 旋又接十九日所发折片之批谕，饬无庸单衔奏事，不必咨别处，正与七年四月胡润帅所奉之批旨相同。但彼系由官帅主稿会奏，饬令胡林翼无庸单衔具奏军事，未禁其陈奏地方事件，与此次略有不同耳。弟性褊激，于此等难免怫郁，然君父之命，只宜加倍畏慎。余自经咸丰八年一番磨炼，始知畏天命、畏人言、畏君父之训诫，始知自己本领平常之至。昔年之倔强，不免客气用事。近岁思于畏慎二字之中养出一种刚气来，惜或作或辍，均做不到。然自信此六年工夫，较之咸丰七年以前已大进矣。不知弟意中见得何如？弟经此番裁抑磨炼，亦宜从畏慎二字痛下功夫。畏天命，则于金陵之克复付诸可必不可必之数，不敢丝毫代天主张。且常觉我兄弟菲材薄德，不配成此大功。畏人言，则不敢稍拂舆论。畏训诫，则转以小惩为进德之基。余不能与弟相见，托黄南翁面语一切，冀弟毋动肝气。至嘱至嘱。[②]

也就是说，胡林翼也接到过这样不许单独奏事的命令。这不是什么大事。你脾气急，当然会生气，然而君父之命，又有什么话说？只好以后多加谨慎而已。我经过咸丰八年居家守制那一次磨炼，才知道敬畏君父之言，才知道自己没什么本事。我这六年办事，比咸丰七年以前，已经有很大进步。所以这也是你痛自反省磨炼的一个好机会。以后要更加敬畏小心，不要为此事生气。

---

① 赵烈文：《能静居士日记》，《太平天国史料丛编简辑》（第三册），中华书局，1962年，第297页。

② 《曾国藩全集·家书》，岳麓书社，1994年，第1037页。

十三日，曾国藩怕曾国荃还是不明白此事的关键，于是又给老九写了一封信，点明这事是因为恭亲王心情不好而引起的。曾国藩说："盖此七船乃恭邸数年苦心经营之事，近则既经怄气，又复抱歉，正在十分不自得之际（将来回我十二日一信亦必有微词），疑弟折意含讥讽，故触其怒，而一为发舒（抒），非皇太后另有所咎于弟也。"[①]也许接到了这封信，曾国荃才彻底明白自己错在哪儿了。

第四节　"漫天箕口复纵横"：大功不赏之际的兄弟应对

一、孤城难下

/ 一 /

四十六天防御战之后，曾国荃步步为营，反客为主，在水师的配合下，接连拿下了南京城外的多个战略要地。他认为一两年内拿下南京应该没有问题。一是因为他当初听说城内粮食只能吃半年，二是因为太平天国其他诸军正和李鸿章、左宗棠等在江浙其他城市角逐，无法赴援南京，他可以从容地吃掉这座大城。

不过正如曾国藩说过的"洪逆非诸贼可比，金陵非他城可比"[②]，南京"城池过大，墉堞高峻，至低之处犹及七丈以外"[③]；在防御上又经营多年。太平军捍卫首都的决心非常坚定，他们"复工于设守，梯冲百具，无所用之，

① 《曾国藩全集·家书》，岳麓书社，1994年，第1038页。
② 《曾国藩全集·家书》，岳麓书社，1994年，第1107页。
③ 赵烈文：《能静居士日记》，《太平天国史料丛编简辑》（第三册），中华书局，1962年，第322页。

止可严守长围，绝其接济，以待其自毙之一策”[①]。

曾国荃百计尽施，攻坚战、偷城战、地道战、间谍战皆不成功。他长年围着南京城转，查看敌人漏洞，常常策马日行百里，筋疲力尽，刚满四十岁，头发居然白了一半，连曾国藩听了都大为惊讶。眼看着三年快要过去了，李鸿章、左宗棠等人在江浙各地进展都非常顺利，陆续拿下了苏州、杭州、常州等重要城市。现在，各地战事陆续平息，天下的目光都聚焦到了南京。相比李鸿章用开花大炮几个月就攻下一座坚城，曾国荃的铁桶战法显得太“原始”、太“笨”了。人们议论纷纷，讥讽曾国荃无能，各种“不入耳之言语纷至迭乘”[②]，还有人“作《老妇行》，以讽金陵战事”[③]。

曾国荃当然比任何人都急。就在这个时候，粮饷供应上又出现了问题，江西等省大幅减少供给湘军的军饷，曾国荃部一度只能发四成饷，军士连日食粥。围城本来是想饿死敌人，没想到“贼赍未尽，我食先匮”[④]。种种不顺，让曾国荃的心理已经到了崩溃的边缘，患上了“肝疾”。曾国藩说他“肝病已深，痼疾已成，逢人辄怒，遇事辄忧”[⑤]，动不动就大发脾气。

/ 二 /

曾国藩在这段时间，压力一点也不比曾国荃小，因为供饷的任务是他的。江西巡抚沈葆桢和他争饷，不停地在太后面前打笔仗。朝廷则为了日后能制衡湘军起见，明显袒护沈葆桢。曾国藩在日记中说：“因户部奏江西厘务半归本省，心中郁闷殊甚”，“心中因饷事十分懊恼，而又念兵事之无休无了，己身

① 赵烈文：《能静居士日记》，《太平天国史料丛编简辑》（第三册），中华书局，1962年，第322页。

② 《曾国藩全集·家书》，岳麓书社，1994年，第1110页。

③ 赵烈文：《能静居士日记》，《太平天国史料丛编简辑》（第三册），中华书局，1962年，第310页。

④ 赵烈文：《能静居士日记》，《太平天国史料丛编简辑》（第三册），中华书局，1962年，第322页。

⑤ 《曾国藩全集·家书》，岳麓书社，1994年，第1109页。

之力小任重，抑抑不自得，久不成寐”，[①]以致他也一度“愠郁成疾”。

但是面对胞弟，曾国藩从来不露焦急郁怒之态。曾国荃情绪常常失控，书信中常有“词气戆激”，下一封又赶紧去信道歉，曾国藩表示毫不为意。他说：“近来外侮纷至迭乘，余日夜战兢恐惧，若有大祸即临眉睫者。即兄弟同心御侮，尚恐众推墙倒，岂肯微生芥蒂？又岂肯因弟词气稍戆藏诸胸臆？又岂肯受他人千言万怄遂不容胞弟片语乎？老弟千万放心，千万保养。此时之兄弟，实患难风波之兄弟，惟有互劝互勖互恭惟（维）而已。”[②]还夸曾国荃这段时间索要粮饷火药，不再像以前那样经常出言不逊，可见心性修养已经大有进步：“近两月信于请饷请药毫无激迫之辞……可喜可敬。”[③]

曾国藩一封又一封地写信劝慰曾国荃，要求他放宽心胸，不要把得失看得那样重。曾国藩说，天下气运，自有天意做主，像攻下南京城这样的重要的历史节点，时间掌握在上天手里，而不是他们兄弟手里。因此，只要尽了人事，就可以心境坦然。

曾国藩用科举考试来打比方。他说，你文章写得好，不见得这一科就中。能否取中，要看天意。所以我们能做的，只能是埋头磨炼文笔，而不能寄希望于打小抄、请枪手：“凡办大事，以识为主，以才为辅；凡成大事，人谋居半，天意居半。往年攻安庆时，余告弟不必代天作主张。墙濠（壕）之坚，军心之固，严断接济，痛剿援贼，此可以人谋主张者也。克城之迟速，杀贼之多寡，我军士卒之病否，良将之有无损折，或添他军来助围师，或减围师分援他处，或功隳于垂成，或无心而奏捷，此皆由天意主张者也。譬之场屋考试，文有理法才气，诗不错平仄抬头，此人谋主张者也。主司之取舍，科名之迟早，此天意主张者也。若恐天意难凭，而必广许神愿，行贿请枪；若恐人谋未臧，而更多方设法，或作板绫衣以抄夹带，或蒸高丽参以磨墨。合是皆无识者之所为。弟现急求克城，颇有代天主张之意。若令丁道在营铸炮，则尤近于无识

① 《曾国藩全集·日记》，岳麓书社，1994年，第998页。还说：“日内郁郁不自得，愁肠九回者，一则以饷项太绌……一则以用事太久，恐中外疑我擅权专利。”

② 《曾国藩全集·家书》，岳麓书社，1994年，第1104页。

③ 《曾国藩全集·家书》，岳麓书社，1994年，第1082页。

矣。愿弟常存畏天之念，而慎静以缓图之，则善耳。”[1]

曾国藩知道曾国荃是个听不进劝的人，对他的信只知一味反驳，不知用心体会，所以在信后又补充了这样一段：

> 弟于吾劝诫之信，每不肯虚心体验，动辄辩论，此最不可。吾辈居此高位，万目所瞻。凡督抚是己非人，自满自足者，千人一律。君子大过人处，只在虚心而已。不特吾之言当细心寻绎，凡外间有逆耳之言，皆当平心考究一番。逆耳之言随时随事皆有，如说弟必克金陵便是顺耳，说金陵恐非沅甫所能克便是逆耳。故古人以居上位而不骄为极难。兄又及。[2]

这也确实是曾氏兄弟的另一个重要区别。曾国藩是一个愿闻己过的人，一直鼓励身边的人给他提意见，指出他的不足。而曾国荃一遇批评，第一反应总是反驳。

除了这封重要的信之外，曾国藩还稠稠叠叠，讲过很多劝诫的话。比如“古来大战争，大事业，人谋仅占十分之三，天意恒居十分之七。往往积劳之人非即成名之人，成名之人非即享福之人”[3]。最后被历史记住的人，不一定是那些功劳最大的人。而那些最终得了福报的人，也不见得是最有名的人。“富贵功名皆人世浮荣，惟胸次浩大是真正受用。”[4]“功不必自己出，名不必自己成，总以保全身体，莫生肝病为要。”[5]心态最重要，健康最重要。

同治三年（1864年）四月十三日，曾国藩看到曾国荃来信中说自己“肝病已深”后，非常焦虑，写信给他说，和健康比起来，功业是第二位的，一定要把万事看空些：

---

① 《曾国藩全集·家书》，岳麓书社，1994年，第1016页。
② 《曾国藩全集·家书》，岳麓书社，1994年，第1016~1017页。
③ 《曾国藩全集·家书》，岳麓书社，1994年，第1057页。
④ 《曾国藩全集·家书》，岳麓书社，1994年，第1082页。
⑤ 《曾国藩全集·家书》，岳麓书社，1994年，第1112页。

> 今年以来，苏浙克城甚多，独金陵迟迟尚无把握，又饷项奇绌，不如意之事机、不入耳之言语纷至迭乘。余尚愠郁成疾，况弟之劳苦过甚百倍阿兄，心血久亏数倍于阿兄乎？余自春来，常恐弟发肝病，而弟信每含糊言之，此四句乃露实情。此病非药饵所能为力，必须将万事看空，毋恼毋怒，乃可渐渐减轻。蝮蛇螫手，则壮士断其手，所以全生也。吾兄弟欲全其生，亦当视恼怒如蝮蛇，去之不可不勇。至嘱至嘱。[①]

曾国藩、曾国荃自然有充分的耐心和太平天国熬下去，但是朝廷却等不了了。其他地方战火都已经陆续熄灭，总不能让众将都无事可做，袖手旁观"曾铁桶"围城。朝廷于是命令李鸿章来南京会攻。曾国藩也赞同此策，一是因为李鸿章部的"开花大炮"可以轰倒城墙，强于曾国荃一味死挖地道；二是早一天攻下南京，可以让曾国荃少受一天精神折磨，保全身体，不生大病。曾国藩多次写信说："余千思万想，皆为恐弟肝病日深起见"，"究以保重身体为大"，"弟之声名，即余之声名也；弟之性命，即余之性命也"[②]，"夜来又细思，少荃（李鸿章）会剿金陵，好处甚多，其不好处不过分占美名而已……金陵一城沅（甫）与泉（少荃）各克其半而已。此亦非甚坏之名也。何必全克而后为美名哉？人又何必占天下之第一美名哉？如弟必不求助于人，迁延日久，肝愈燥，脾愈弱，必成内伤，兄弟二人皆将后悔，不如及今决计，不着痕迹"[③]。

让李鸿章来会攻，唯一的坏处是让他分去一半美名。你又何必执着于天下第一这个美名呢？万一身体出了大问题，那时后悔可来不及了。

但是曾国藩怎么劝也没用，曾国荃是一个比花岗岩还要顽固的人，一门心思要独占头功，"以城破可计日待，耻借力于人"[④]而拒绝援军。曾国藩也无可奈何。

---

① 《曾国藩全集·家书》，岳麓书社，1994年，第1110页。
② 《曾国藩全集·家书》，岳麓书社，1994年，第1123页。
③ 《曾国藩全集·家书》，岳麓书社，1994年，第1124页。
④ 王定安撰，朱纯点校：《湘军记》，岳麓书社，1983年，第131页。

二、大功不赏

/ 一 /

最后拿下城池的手段，还是靠的老一套：挖地道，轰城墙。进入同治三年以来，湘军已经挖了三十三处地道。不过，太平军对付地道也有非常丰富的经验。李秀成登城遥望，只观察地面野草的颜色，就可以知道下面是否有地道。因为挖了地道的地方，草色会由于缺水而不够鲜艳。太平军以地道治地道，提前进行破坏，所以湘军挖了几十条地道，炸药费去十数万，工兵死了一两千，都难以奏效。

曾国荃做事，就是有一股不到南墙不回头的倔劲。九十九条地道不成，我再挖第一百条。

终于，同治三年六月十六日，湘军所挖地道有一条侥幸穿到南京城下。第二天中午，曾国荃下令点火，埋在地道内的数万斤火药爆炸，声如巨雷，城墙崩塌二十余丈。湘军蜂拥而入，南京外城终于陷落。

曾国荃仰天长叹。多年的辛苦，这次终于到了头了！两年多以来，曾国荃精神上无时无刻不处于紧绷之中，如今眼见湘军已攻进城中，终于松了一口气。他已经三天三夜没睡觉了，所以没有继续指挥战斗，而是回到大营。幕僚们见他穿短衣，光着脚，由于激动，汗水和泪水顺着脸颊一齐流下。[①]此刻他只想马上躺到床上，好好睡上一觉。

但是睡觉前还有一件事必须做，那就是给皇帝和皇太后写封奏折，汇报这一天大的喜讯。虽然上一年朝廷不让他单折奏事，但是这样重要的消息，怎么可以不第一时间上报?

正像曾国藩当初嘱咐他的一样，奏折写得很简短，主要内容如下：

> 臣国荃合围金陵……十五日，李臣典地道告成。十六日午刻发火，冲开二十余丈……臣国荃至太平门倒口进，登龙山督阵，见攻克省城大势已

---

① 赵烈文描述：“中丞衣短布衣，跣足乱发，汗泪交流，甚倦惫也。”

定，遂赶回老营，将大略情形一面具报，一面饬官军环城内外扎定，兼扼各路要隘。计自十六日午时起至日暮，歼毙悍贼数万，攻毁伪府数十处。惟首逆洪酋等所居，筑有伪城甚大，死党不下万人，经官军四面环攻，尚未破入，大约一二日内即能剿洗净尽……其详细战状、各逆酋下落及应奖应恤人员，查明咨请督臣曾国藩具奏。[①]

这封奏折的意思，是朝廷日夜盼望捷音，所以城下之日，立刻回营写折子，简要汇报一下，以慰主上焦急之心，让主上早一日高兴宽心。写好了这封奏折，以八百里加急的速度送往北京，然后疲倦已极的曾国荃再也支撑不住，倒头便睡，任由将士们在城内厮杀。

/ 二 /

曾国荃满心以为，立下这天字第一号的大功，朝廷会立加颁赏。不料六月二十六日，朝廷发下谕旨，曾国荃等来的不是表扬，而是严厉指责。上谕说：

该逆死党尚有万余，曾国荃于攻克大城时，即应一鼓作气，将伪城尽力攻拔，生擒首逆。乃因大势粗定，遽回老营，恐将士等贪取财物，因而懈弛万一。该逆委弃辎重，饵我军士，而潜出别道，乘我不备，冀图一逞，或伺间奔窜，冲出重围，均不可不虑。着曾国藩饬令曾国荃督率将士，迅将伪城克日攻拔，歼擒首逆，以竟一篑之功，同膺懋赏。倘曾国荃骤胜而骄，令垂成之功或有中变，致稽时日，必惟曾国荃是问。[②]

通篇没有一句表扬，而是严厉批评曾国荃不应在攻破外城之后就马上返回老营。意思是说南京城外城之中，还有内城，他应该一鼓作气，将全城攻下，生擒太平天国首领，然后再上奏不迟。先头部队刚刚冲进城里，你不忙着指挥

---

① 曾国荃撰，梁小进主编：《曾国荃集》（第一册），岳麓书社，2008年，第20页。
② 曾国藩撰：《湖湘文库：曾国藩全集》（七），岳麓书社，2011年，第293页。

战斗，忙着回营写奏折干什么！为什么这么急着表功？

这道上谕，语气非常不客气，字里行间显露出对曾国荃的厌恶，简直是一记闷棍，打得曾国荃晕头转向。

这还不算完。

七月十一日，朝廷又给曾国藩发下一道廷寄，追问南京财富下落。上谕说南京城下之前，人人都说城中财富如山，现在怎么没听你们兄弟提起？如果南京真有巨款，自然应该交给国家，作为军饷赈灾之用。但是，这道上谕的重点还不在这里，而是其中借题发挥的几句话："曾国藩以儒臣从戎，历年最久，战功最多，自能慎终如始，永葆勋名。惟所部诸将，自曾国荃以下，均应由该大臣随时申儆，勿使骤胜而骄，庶可长承恩眷。"[①]

这是旁敲侧击，训斥曾国荃，而且语气相当不祥，意思是曾国荃要是这样下去，可能承受不了几天皇恩，就被拿下。

连续挨了这两记闷棍，曾国荃获胜的喜悦云消雾散。他不禁纳闷这到底是怎么回事？

/ 三 /

原因有两个。

一个是朝廷的猜忌。

湘军攻陷南京不久，朝廷论功行赏。曾国藩官封太子太保，授爵一等侯，世袭罔替；曾国荃"加太子少保，封一等伯爵，赐名威毅，赐双眼花翎"[②]。

表面上看，曾氏二人声望达到最高点。但实际上，却也步入一个危险的转折点。因为狡兔已死，走狗当烹。曾国藩手握重兵，他直接指挥的部队，包括曾国荃的五万嫡系，一共达十二万人。太平军一灭，这支汉人队伍就成了清王朝最大的威胁。所以慈禧对湘军疑惧之心大增。8月19日，江宁将军富明阿来南京，托言是查看南京原驻八旗兵的旗城情形，实际是僧格林沁写信让他来查

---

① 曾国藩撰：《湖湘文库：曾国藩全集》（七），岳麓书社，2011年，第353～354页。
② 刘铁铭著：《湘军与湘乡》，岳麓书社，2006年，第189页。

访擒获李秀成的真伪及曾氏兄弟的虚实。[①]为了制衡曾国藩，清廷采取了两方面的措施：一方面迅速提拔和积极扶植其他湘军将领，特别是那些与曾国藩关系不好的人，比如左宗棠、沈葆桢等，造成湘军分裂；另一方面则大力打击曾国藩的嫡系曾国荃。

另一个原因，则是朝廷对曾国荃的贪婪素来厌恶，南京城下之后湘军的大抢劫大屠杀更令他进一步臭名昭著。

曾国荃带的部队有两个特点，一个是贪财能抢，另一个是残酷好杀。

《清稗类钞·忠荩类》记载，光绪十年，左宗棠问两江总督曾国荃："老九一生得力何处？"曾说："挥金如土，杀人如麻。"左宗棠听了，大笑说："吾固谓老九才气胜乃兄。"

这虽然是一则野史，不过也透露了一点真实。那就是曾国荃虽然也是秀才出身，但是他做事直截了当，没有曾国藩那么多道理可讲。他讲究的只有两条，在战场上，谁敢后退，杀；打了胜仗，抢。这就是他所说的"赏罚严明"。吉字营过去在吉安、景德镇、安庆都是这样干的，这就是曾国荃兵法中所谓的"用贪用憨"。

湘军初起，军纪还算得上严明。即使是曾国荃部，其杀和抢也都在主帅的控制之下。然自安庆之战后，天下大局已定，湘军锐气日减，约束不断放松，纪律开始一天天坏起来。曾国荃进围南京之后，因欠饷过多，士兵连日喝粥，更是经常以抢劫为生。江北农民渡江耕种时，甚至连做饭的锅铲都给夺走。奸掠妇女的事情也日益增多。湘军合围之后，太平天国为了应对南京城内的粮荒，曾将大批妇女儿童放出，令其自谋生路。不料一出江东桥，就遭到陈湜部

---

① 曾国藩的幕僚赵烈文在同治三年四月八日日记中写道，拿下南京之后，曾国藩在朝中马上不如以前吃香了。最早朝廷把两江总督大权给他，是迫于形势，没有办法。现在太平天国既灭，很多人也上就看他不顺眼了："中堂（指曾国藩）近岁主眷日衰，外侮交至，无他，不得内主奥援耳……同治改元至今，东南大局，日有起色，泄沓之流以为已安已治，故态复萌，以私乱公，爱憎是非，风起泉涌，辄修往日之文法，以济其予夺之权。数期之间，朝政一变。于是天下识时俊杰之士，皆结故旧，驰竿椟，揣摹迎合，以固权势，而便兴作。外之风气亦一变。"又说："大难既稍夷矣，事功见不鲜矣，袖手之计改而争先，忌惮之心变为慢易，则疑谤渐生，事多牵制，必然之势，初不因权重之故也。"赵烈文：《能静居士日记》，《太平天国史料丛编简辑》（第三册），中华书局，1962年，第346页。

湘军的拦截，多数被扣留营中，特别是年轻妇女无一幸免。

面对这种情况，曾国藩兄弟的对策是睁一只眼闭一只眼。曾国藩最担心的不是军纪败坏，而是军队哗变，让整个大局功亏一篑：“我军欠饷十六七个月，比值米价昂贵，营中多有食粥度日者。时时以乏食为虞，以哗溃为虑，深惧不能竟此一篑之功”。[①]同治三年三月，萧庆衍部果然发生闹饷事件，“曾国荃忧惶无计”，急忙向其兄长请示对策。曾国藩“函嘱”曾国荃，因“其欠饷太久，不可过绳以法，只宜多方抚慰，蒇此一篑之功”。[②]从此曾国荃对部下更加放任自流，听任他们去抢吃抢喝，吉字营的作风也就越来越像土匪了。[③]

曾国荃部之所以能喝着粥坚持下来，其实主要只靠一个信念：如果拿下南京，大家都发财。太平天国经营多年的“天京”，金银如山，财货似海。这是攻城前所有人的预期。这是湘军最大也是最后的一次发财机会，百战艰辛，都为了这一刻，军官们渴望再暴富一次，士兵们则渴望捞足一生的资本。“但愿多得金，还乡愿已足。”[④]湘军上上下下都做好了充分的心理准备。曾国荃对将士们的这种心态当然心知肚明。他是一个极重乡情的人，正想以此作为对这些追随自己的老乡的最后报偿。

在这种情况下，南京城一攻下，城里会发生什么事，也就可以想见了。夺占南京后，湘军焚掠屠杀，大火七天不熄。

常州人赵烈文是曾国藩晚年幕府的重要秘书之一。此人虽然年轻，但是明

---

① 《曾国藩全集·书信》，岳麓书社，1994年，第4417页。

② 《曾国藩全集》（七），岳麓书社，2011年，第118页。

③ 赵烈文对曾国荃部的纪律混乱实在看不下去。有一次，他因为陈湜部扣留城内放出妇女一事去找曾国荃，要求曾国荃出面制止。曾国荃不提如何处理陈湜，只对他诉苦，说：“欠饷过多，勇丁多食糜粥，各统领营官俱愧见之，无颜更绳以法。目下食米将罄，采办无地，更一月不破城，必成瓦解之势。又言夜梦高登山至顶，顾视无返路，进退不可，疑非吉兆。言次神色忧沮”。纪律问题没有解决，反而勾起了曾国荃的满腹忧伤，能言善辩的赵烈文也感到“无言可以慰解”。赵烈文：《能静居士日记》，《太平天国史料丛编简辑》（第三册），中华书局，1962年，第321页。

④ 孙文川：《读雪斋诗集·兵官谣》，《太平天国史料丛编简辑》（第六册），第405页。转引自陆草：《代价与补偿》，《周口师范高等专科学校学报》，2001年第6期，第23页。

敏有远见，深得曾国藩器重。同治二年，曾国藩派他到曾国荃身边，希望多谋能断的他在大事上能替九弟把把关。7月26日，赵烈文在日记中写道：

计破城后，精壮长毛，除抗拒时被斩杀外，其余死者寥寥，大半为兵勇扛抬什物出城，或引各勇挖窖，得后即行纵放，城上四面缒下老广贼匪，不知若干。其老弱本地人民不能挑担，又无窖可挖者，尽情杀死。沿街死尸，十之九皆老者，其幼孩未满二三岁者，亦斫戮以为戏，匍匐道上。妇女四十岁以下者，一人俱无，老者无不负伤，或十余刀，数十刀，哀号之声，达于四远，其乱如此，可为发指。[1]

赵烈文是江苏人，不忍见故乡遭此劫难，找到曾国荃，要求他马上制止抢劫。曾国荃却不以为然。当赵烈文劝他整顿纪律时，他居然发了脾气：

傍晚闻各军入城后，贪掠夺，颇乱伍。余又见中军各勇留营者皆去搜括，甚至各棚厮役皆去，担负相属于道。余恐事中变，劝中丞再出镇压。中丞时乏甚，闻言意颇忤。张目曰，君欲余何往？余曰，闻缺口甚大，恐当亲往堵御，中丞摇首不答。[2]

经过一个多月的大烧大杀大抢，每个无名小卒都发了横财。他们不仅将城内的金银财物洗劫一空，甚至连建筑物上的木料也拆下来，从城墙上吊出，用船运回湖南。“泊船水西门，见城上吊出木料、器具纷纷。”[3]顿时整个长江中千船百舸，联樯而上，满载从南京抢来的财物、妇女，日夜不停地向湖南行

---

① 赵烈文：《能静居士日记》，《太平天国史料丛编简辑》（第三册），中华书局，1961年，第376页。

② 赵烈文：《能静居士日记》，《太平天国史料丛编简辑》（第三册），中华书局，1961年，第370页。

③ 陈乃乾：《阳湖赵越惠甫先生年谱》，《近代中国史料丛刊续辑》（985），文海出版社，1983年，第47页。

驶。经过这场大劫掠，“江宁镃货尽入军中”[1]，太平天国惨淡经营十余年，转移到天京的大量财富，大多都成了湘军的囊中之物。而曾国荃“老饕”之名从此满天下。有野史说：

闻忠襄于此中获资数千万。除报效若干外，其余悉辇于家。[2]

/ 四 /

曾国藩曾对曾国荃说过，一个人的名声，对他的发展影响极大。

南京之战，曾国荃一战成名，不过所成的贪名恶名大于功名美名。以前安庆等抢劫，知闻者尚局限于当地和湘军内部。对曾国荃“良田美宅”的评品指摘，则多来自其湘乡老家。这一次不同了。湘军由南京运输战利品回湖南这一情景，距离既远，时间又长，数量又是如此巨大，为长江上下诸省人民所共见。富明阿来暗访，泊船水西门，恰好见到湘军纷纷从城上吊出木料、器具。湘军的行径，一时哄传遍及全国，直至上达“天听”。慈禧和恭亲王本寄希望于用南京城中的巨额财富来缓解当前的财政困难，没想到被曾国荃部抢得一毫不剩，岂能不恼怒异常。南京附近的普通百姓对曾国荃更是恨之入骨。李鸿章说：“沅翁百战艰苦而得此地，乃至妇孺怨诅。”[3]

不光是外人，就连湘军内部，很多人对曾国荃也是忌恨交加，“群言益谨，争指目曾国荃”，“诸宿将如多隆阿、杨岳斌、彭玉麟、鲍超等欲告去，人辄疑与国荃不和，且言江宁镃货尽入军中”[4]。

曾国荃的老战友彭玉麟甚至写信要求曾国藩杀掉曾国荃。

《曾国藩全集》中保留着一封同治三年曾国藩写给彭玉麟的信，其中有这样一句：

---

① 王闿运、郭振墉等：《湘军志　湘军志平议　续湘军志》，岳麓书社，1983年，第70页。
② 李伯元：《南亭笔记》（卷八），山西古籍出版社，1999年，第174页。
③ 《李鸿章全集》（1～12册），时代文艺出版社，1998年，第3278页。
④ 王闿运、郭振墉等：《湘军志　湘军志平议　续湘军志》，岳麓书社，1983年，第70页。

> 阁下于十一年冬间及此次皆劝鄙人大义灭亲，舍弟并无管、蔡叛逆之迹，不知何以应诛？不知舍弟何处开罪阁下，恨之若是？[①]

也就是说，你在咸丰十一年和同治三年，两次劝我杀掉曾国荃。但是我弟弟并没什么滔天大罪，不知道你为什么要让我杀他？他到底哪里得罪了你，让你这样仇恨他？

由此可见，彭玉麟至少两次建议曾国藩杀掉亲弟弟。

彭玉麟痛恨曾国荃，一是因为曾国荃的贪财。彭玉麟持身清峻，最瞧不起的是带兵之后回家起屋之人。当时民间有一个传说，说是曾国荃建“大夫第”的时候，建得犹如王宫帝府一样气派。朝廷闻讯，派彭玉麟前往视察，彭玉麟发现果然处处僭越，于是面见曾国荃，冷冰冰地对他说：“我留给你一句话，把浮桥拆掉，然后屋也减三尺。”[②]说罢扬长而去。曾国荃知道彭玉麟来头不小，赶紧命人修改，最终“大夫第”总算没有僭越，曾国荃也因此得以保住身家性命。

传说当然只是传说，但是彭玉麟对曾国荃的反感是货真价实的。

除了贪财之外，彭玉麟更痛恨的是曾国荃好杀。

所谓一将功成万骨枯。攻破安庆后，曾国荃一次诱杀弃械投降的太平军将士万人之多。咸丰十一年，彭玉麟建议曾国藩杀掉曾国荃，可能就是因为这件事。这次南京城下杀戮无辜更是让彭玉麟恨之入骨，做出了再次要求曾国藩杀掉曾国荃的惊人之举。彭玉麟平时对曾国藩师事甚严，每信皆称夫子，自称受业。能写出这样一封信，可见内心深处对曾国荃是痛恨到了极点。

/ 五 /

正如曾国藩所说，影响之来，无声无迹。很多时候，报应不是因为专门某

---

① 《曾国藩全集·书信》，岳麓书社，1994年，第4803页。

② 廖正华：《晚清强人雪帅彭玉麟》，华中科技大学出版社，2014年，第234页。

事，而是各种因素综合作用的结果。

曾国藩提醒曾国荃注意名誉的那些规劝，此时看来成了先见之明。曾国荃长期以来不恤人言，多年积累的不佳名声，此时放大成“漫天箕口复纵横”[①]。在此之前，虽然名声不佳，但是朝廷毕竟需要这员猛将冲锋陷阵，有什么不满只能忍着。现在，仗已经打完了，曾国荃积累的恶名，终于遭到了报应，收到了那道声色俱厉的上谕。

对于曾国荃在南京的表现，曾国藩自然深为不满。他之所以派赵烈文前去，就是要让心思细密的赵烈文约束粗豪的曾国荃。怎么想到，曾国荃根本不听赵烈文的话。

几年后的同治六年（1867年）六月十七日，曾国藩与赵烈文又一次谈到攻占南京之事。曾国藩说：“本地人尚知感激，若非各营官统领猎取无厌，岂非万全美事。”[②]赵烈文说，曾国荃的问题，在于不听别人劝，“在彼年余，尚无闲言。惟收城之日，因争先遣马队断路，及劝沅师重赴缺口弹压，十九日李秀成生禽（擒），烈请缓其刑诛数事，颇怫意，旋亦释然”[③]。我在他那儿待了一年多，别的地方没发生冲突，只有攻下南京之时，我建议他亲自赴城墙缺口防止太平军残部逃出，还有李秀成被捉后不要马上杀掉这两件最重要的事，他对我颇不满意。但是事后证明，我的建议都是正确的。

曾国藩则说，曾国荃用人只用老乡，而且是离家不出十里的老乡，过于重乡情是他做事不尽得法的原因之一：“沅甫不独尽用湘乡人，且尽用屋门口周围十余里内之人，事体安得不糟，见闻安得不陋。”[④]赵烈文说曾国荃听不进意见，曾国藩回应说：“舍弟岂容直言，左右皆彭椿年之徒，欲治得乎？今闻

---

① 《曾国藩全集·诗文》，岳麓书社，1994年，第96页。

② 赵烈文：《能静居日记》（第二册），岳麓书社，2013年，第1066页。

③ 赵烈文：《能静居士日记》，《太平天国史料丛编简辑》（第三册），中华书局，1961年，第426页。

④ 赵烈文：《能静居士日记》，《太平天国史料丛编简辑》（第三册），中华书局，1961年，第410页。

又用冯邦栋，吾深恶其人。”①

曾国藩说得当然有道理，但是仔细分析起来，曾国荃的贪婪残酷，与曾国藩也有着直接的关系。曾国荃的贪财，是曾国藩有意放纵的结果。在曾国荃出山之初，曾国藩对曾国荃的约束是比较严格的。但是在经过咸丰七年到八年间居家期间的“大悔大悟”之后，曾国藩不仅在个人居官风格上发生突变，对弟弟曾国荃在金钱方面的要求也开始放松了。咸丰八年五月初五日，他写信给曾国荃说：

> 弟之取与，与塔、罗、杨、彭、二李诸公相仿，有其不及，无或过也；尽可如此办理，不必多疑。②

李续宾带兵六年，积金数万两。这封信，意味着曾国藩允许曾国荃“适当”捞钱。原来曾国藩一直在外当官领兵，每年寄回家里的银子极少。父丧家居时期他才了解到他领兵在外时，曾家经济上非常困难，父亲曾麟书支撑这个家非常不容易。他在写给曾国荃的信中多次流露出自己的痛悔心情：

> 余在外未付银寄家，实因初出之时，默立此誓；又于发州县信中以“不要钱不怕死”六字自明。不欲自欺其志，而令老父在家受尽窘迫、百计经营，至今以为深痛。③

曾国藩的态度转变卸去了曾国荃的羁绳，让他在发财之路上任意驰骋。曾国荃抢劫发财，不只是为了自己，也是为了整个湘乡曾氏家族。曾国荃性格豪爽大方，在自肥的同时，又源源不断地大手笔资助同族以及亲友。长久以来，曾国藩都对家族怀有深深的愧疚。因为曾国藩对他们的关照，与他们的期望相

---

① 赵烈文：《能静居士日记》，《太平天国史料丛编简辑》（第三册），中华书局，1961年，第426页。

② 《曾国藩全集·家书》，岳麓书社，1994年，第388页。

③ 同上。

比，实在是杯水车薪。比如曾国藩的大姐王曾氏，出嫁后不久丈夫就患疯痰之症，大姐支撑着整个家，“备历艰苦，贫穷抑郁”。曾国藩也没法给她太多帮助。直到曾国荃发了财，“沅弟稍周济之，困而渐亨”，才享了几年福。[①]这就替曾国藩弥补了一个重大的遗憾。因此他对曾国荃替他“照顾家族”的“功劳”是肯定的。曾国藩晚年曾对赵烈文说过这样的私房话：

> （曾家）亲族贫窘者甚多，虽始终未一钱寄妻子，顾身膺朊仕，心中不免缺陷。复得九舍弟手笔宽博，将我分内应做之事，一概做完，渠得贪名而偿我素愿，皆意想所不到。[②]

曾国荃的好杀，也受到过曾国藩的鼓励。曾国藩在镇压太平军期间，一直要求曾国荃在城破之日，不论太平军骨干降否，一律杀掉。[③]

比如安庆攻下之后，曾国藩写信给曾国荃交代说：“克城以多杀为妥，不可假仁慈而误大事。”[④]结果城中两万太平军，无一得脱，全被杀死。杀完之后，曾国荃心里也有些不安。曾国藩却写信安慰他说：“既已带兵，自以杀贼为志，何必以多杀人为悔？此贼之多掳多杀，流毒南纪；天父天兄之教，天燕天豫之官，虽使周孔生今，断无不力谋诛灭之理。既谋诛灭，断无以多杀为悔之理。”[⑤]

曾国藩还写信给家乡弟弟曾国潢说：

---

① 《曾国藩全集·日记》，岳麓书社，1994年，第857页。

② 赵烈文：《能静居士日记》，《太平天国史料丛编简辑》（第三册），中华书局，1961年，第422~423页。

③ 曾国荃在拿下第一个城市吉安后，就曾经大杀过一回俘虏。他在家书中说：“十一早，弟营纳千余人。……弟先与各军商定，原只赦其妇女小孩，仍杀其强壮能为贼者（弟营杀四百余人，赦七百余人）。”这其实是贯彻曾国藩“于投诚之贼，凶悍者一概杀之”的要求。（清）曾国荃撰，梁小进主编：《曾国荃集》（第五册），岳麓书社，2008年，第71页。

④ 《曾国藩全集·家书》，岳麓书社，1994年，第726页。

⑤ 《曾国藩全集·家书》，岳麓书社，1994年，第737页。

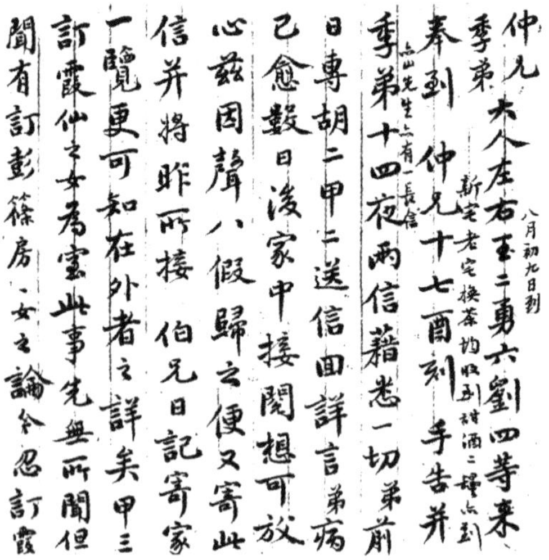
仲兄
季弟 大人左右：二十六劉四等來
奉到仲兄十七酉刻手告并 新宅老宅換茶均收到甜酒二罈亦到 八月初九日到
季弟十四夜兩信藉悉一切弟前 南山先生亦有一長信
日專胡二甲二送信回詳言弟病
已愈數日後家中接閱想可放
心茲因聾八假歸之便又寄此
信并將昨所接伯兄日記寄家
一覽更可知在外者之詳矣甲三
訂霞仙之女為室此事先無所聞但
聞有訂彭篠房之女之論今忽訂霞

曾国荃致曾国潢、曾国葆家书

安庆克复，城贼诛戮殆尽，并无一名漏网，差快人心。[①]

在南京围攻战的紧张时刻，太平天国因粮食紧张，从城内放出大批妇孺，一开始，曾国荃并没有阻止其部下。如前所述，他的部下陈湜等部“收留”了大量的年轻妇女。

然而，曾国藩反对这样做，并不是因为这样会导致军纪败坏，而是因为不利于军事进展。三月二十日，他在家书中说了这样一段让人毛骨悚然的话：

城内放出之妇幼，迪庵前在九江一概不收，仍送进城内。一则城内饥饿者多可致内乱，二则恐贼之眷口从此得生也。望弟参酌。[②]

由此可见，曾国藩的残忍，比他弟弟有过之而无不及。只不过，曾国藩的残忍是出于理智的计算，是为了早日结束战争考虑。曾国荃部的残忍，则是因为约束不力。

/ 六 /

在攻下南京之前，曾国荃因为战争压力患病已深，身上大面积长癣，多日连续失眠。拿下南京，立了首功，人逢喜事，他的病本来已经好了七八分。曾

① 《曾国藩全集·家书》，岳麓书社，1994年，第769页。
② 《曾国藩全集·家书》，岳麓书社，1994年，第1101页。

国藩七月十四日给曾国潢的家书说：

> 沅弟五六月来辛苦迥异寻常，近日湿毒十愈其七，初十、十一、十二等日戏酒宴客，每日百余席，沅应酬周到，不以为苦。谚称“人逢喜事精神爽”，其信然欤[①]！

不过这是六月二十六日上谕（七月五日发出，六百里加急）还未到达时曾国荃的精神状态。严词斥责的上谕一到达，曾国荃的精神状态一下子变了，病情一下加重了，“肝气不能平伏”，卧床不起。

曾国藩非常着急，七月二十九日给曾国荃写信进行开导：

> ……弟肝气不能平伏，深为可虑。究之弟何必郁郁？从古有大勋劳者，不过本身得一爵耳！弟则本身既挣一爵，又赠送阿兄一爵。弟之赠送此礼，人或忽而不察，弟或谦而不居，而余深知之。顷已详告妻子知之，将来必遍告家人宗族知之。吾弟于国事家事，可谓有志必成，有谋必就，何郁郁之有？千万自玉自重。顺问近好。[②]

八月初四，曾国藩在致曾国潢的信中也这样说：

> 自安庆以至金陵，沿江六百里大小城隘皆沅弟所攻取。余之幸得大名高爵，皆沅弟之所赠送也，皆高曾祖父之所留贻也。[③]

应该说，曾国荃的功名，七分是长兄扶助的结果，三分是自己的努力。但是曾国藩却说，自己的侯爵是弟弟送他的，自己的功名，一半是弟弟所送，一半是祖宗所遗。这固然是谦虚客气之辞，不过也体现了曾国藩一贯把功劳归于

① 《曾国藩全集·家书》，岳麓书社，1994年，第1150～1151页。
② 《曾国藩全集·家书》，岳麓书社，1994年，第1157页。
③ 《曾国藩全集·家书》，岳麓书社，1994年，第1158～1159页。

外界和他人的思维方式。

曾国藩接下来又连写几封信，不断做曾国荃的思想工作。

八月初五的信中说，要多看自己所得，少看自己所失，来日方长：

弟中怀抑郁，余所深知。究竟弟所成就者，业已卓然不朽。古人称立德、立功、立言为三不朽。立德最难，而亦最空，故自周、汉以后，罕见以德传者。立功如萧、曹、房、杜、郭、李、韩、岳，立言如马、班、韩、欧、李、杜、苏、黄，古今曾有几人？吾辈所可勉者，但求尽吾心力之所能及，而不必遽希千古万难攀跻之人。弟每取立言中之万难攀跻者，而将立功中之稍次者一概抹杀，是孟子钩金舆羽、食重礼轻之说也。乌乎可哉？不若就现有之功，而加之以读书养气，小心大度，以求德亦日进，言亦日醇。譬如筑室，弟之立功已有绝大基址，绝好结构，以后但加装修工夫。何必汲汲皇皇，茫若无主乎？[①]

八月初九又说，因为生别人的气而损害自己的身体，是最愚蠢的事：

弟肝气未痊，全靠自己以心医之。弟若不知自爱，懊怒不已，剥丧元气，则真太愚矣。[②]

曾国荃复信，仍然全是牢骚之语。此信虽已无存，但在曾国藩复信中可见一句："谓立功非弟今世所能希冀，尤为可怪！古今立大功者，有几人过于弟耶？"[③]

曾国藩在八月十四日致澄弟的信中也分析说，曾国荃得病，是因为"心太高"：

① 《曾国藩全集·家书》，岳麓书社，1994年，第1159～1160页。
② 《曾国藩全集·家书》，岳麓书社，1994年，第1161页。
③ 《曾国藩全集·家书》，岳麓书社，1994年，第1163页。

沅弟湿毒与肝郁二者总未痊愈。湿毒因太劳之故，肝疾则沅心太高之故。立此大功，成此大名，而犹怀郁郁，天下何一乃为快意之事！何年乃是快意之时哉？①

三、曾国藩的应对

/一/

曾国藩深知，慈禧那道声色俱厉的上谕虽然是下达给曾国荃的，但实际上也是为了敲打他。

对于朝廷的猜忌，曾国藩早就有心理准备。他熟读史书，更精通易理。《易传》中说：“日中则昃，月盈则亏。”当一个人的地位、权势、声望达到顶点的时候，也就是要走下坡路的时候。稍微处理不慎，就会带来无法预计的危险。因此，越是辉煌的时候，越应该努力保持清醒的头脑，趋福避祸。

怎么趋福避祸呢？关键是处理好权和利两个字。

早在1863年2月24日，曾国藩就在给曾国荃的信中说：“然处大位大权而兼享大名，自古曾有几人能善其末路者？总须设法将权位二字推让少许，减去几成，则晚节渐渐可以收场耳。”②

他知道兄弟二人权势已达巅峰，现在最需要做的，是自剪羽翼。他的应对，一是主动裁撤湘军，另一个是奏请曾国荃辞职返乡。

清廷对曾国藩最不放心的，是他手里的军队。七月十三日，距离湘军攻占金陵还不到一个月，曾国藩就下令裁撤曾国荃直接指挥的湘军两万五千人。

光裁撤湘军是不够的，曾氏两兄弟同居高位，势力太大，要让清廷放心，兄弟两人须有一人暂时离职，韬光养晦。就目前情形看，因为朝廷最不放心也最厌恶的是曾国荃，不妨让他先回家避避风头。等到时过境迁，清廷的猜疑之心解除之后，自然还会想起曾国荃来，大用的机会还很多。现在外间虽有闲

---

①《曾国藩全集·家书》，岳麓书社，1994年，第1162页。

②《曾国藩全集·家书》，岳麓书社，1994年，第926页。

话，但随着老九的隐退，也必然会慢慢消解。曾国藩劝解老九说：“弟少耐数月以待之，而后知吾言之不谬也。”[1]

让曾国荃暂时离职（当时叫“开缺”）的理由，自然是身体欠佳，“万难再当大任”。曾国藩代曾国荃正式奏请“开缺回籍调理”，也就是回乡调理。不过他在奏折中也点明，此举也是“求所为善聚不如善散，善始不如善终之道”[2]，说明了曾氏兄弟希望与朝廷有始有终的愿望。

按传统时代政治惯例，朝廷在这种情况下应该适当挽留一下，所以曾国藩的第一道奏折没有得到批准。曾国藩遂于八月二十七日上了第二道奏折。这一次朝廷反应奇快，九月初四即发下上谕批准，其间仅仅隔了七天。可见慈禧和恭亲王是多么迫切地希望曾国荃从他们眼前消失。

/ 二 /

曾国藩的韬晦之计，今天看起来非常高明。但是曾国荃哪能理解长兄的苦心。他满心愤怒、委屈、不平。就在曾国藩把两江总督署搬回南京，大会宾客的那天，曾国荃当着满堂宾客的面，大发脾气，大发怨言，讥讽朝廷，大失高级官员的体统，致使曾国藩狼狈万状，无地自容。后来，曾国藩回忆当时的情景说：

> 三年秋，吾进此城行署之日，舍弟甫解浙抚任。不平见于辞色。时会者盈庭，吾直无地置面目。[3]

在这种情况下，曾国藩也不好说什么，只能听之任之。

这一年八月二十日，是曾国荃四十一岁生日。为了安慰弟弟，曾国藩特意苦心孤诣，写了十二首七绝为他祝寿：

---

① 《曾国藩全集·家书》，岳麓书社，1994年，第1158页。

② 曾国藩撰：《湖湘文库：曾国藩全集》（七），岳麓书社，2011年，第346页。

③ 赵烈文：《能静居士日记》，《太平天国史料丛编简辑》（第三册），中华书局，1961年，第426页。

> 今日乃弟四十一大庆，吾未得在金陵举樽相祝，遂在皖作寿诗，将写小屏幅带至金陵，以将微意……东坡有寿子由诗三首，吾当过之耳。[①]

你的生日，我不能在南京给你举杯庆祝，所以在安徽作几首寿诗，写到小屏幅上送到南京，表达我的微意。当初苏东坡给弟弟过生日，写过三首寿诗，我则在数量上四倍于他。

这十二首诗是曾国藩诗文集中写得最好的一组诗。全诗如下：

> 九载艰难下百城，漫天箕口复纵横。
> 今朝一酌黄花酒，始与阿连庆更生。[②]

起首一首点明写作这组诗歌的主旨，一为庆祝生日，一为安慰受了“委屈”的弟弟。老弟九载艰难，攻下近百城池，立下赫赫战功，然而现在却漫天箕口纵横，无怪乎他郁愤难平。

> 陆云入洛正华年，访道寻师志颇坚。
> 惭愧庭阶春意薄，无风吹汝上青天。[③]

这首是回忆九弟当年进京随他读书的情景，曾国藩谦虚地说，可惜我当年没有能力，没能让你迅速在科举之路上平步青云。

> 几年橐笔逐辛酸，科第尼人寸寸难。
> 一剑须臾龙变化，谁能终古老泥蟠？[④]

---

① 《曾国藩全集·家书》，岳麓书社，1994年，第1165页。
② 《曾国藩全集·诗文》，岳麓书社，1994年，第96页。
③ 同上。
④ 同上。

这一首是写曾国荃历经科举艰难后由文转武的关键决定。

庐陵（指吉安）城下总雄师，主将赤心万马知。
佳节中秋平剧寇，书生初试大功时。

楚尾吴头暗战尘，江干无土著生民。
多君龛定同安郡（安庆），上感三光下百神！①

这两首是写曾国荃拿下吉安、安庆的功劳。

濡须已过历阳来，无数金汤一翦开。
提挈湖湘良子弟，随风直薄雨花台。

邂逅三才发杀机，王寻百万合重围。
昆阳一捷天人悦，谁识中军血染衣！②

这两首是写雨花台大战中曾国荃表现出的英勇卓绝，负伤后仍然坚持在一线指挥。

平吴捷奏入甘泉，正赋周宣六月篇。
生缚名王归夜半，秦淮月畔有非烟。

河山策命冠时髦，鲁卫同封异数叨，
刮骨箭瘢天鉴否？可怜叔子独贤劳。③

---

① 《曾国藩全集·诗文》，岳麓书社，1994年，第96页。
② 《曾国藩全集·诗文》，岳麓书社，1994年，第97页。
③ 同上。

这两首是说曾国荃攻下南京，立下大功，让他们兄弟二人同时封爵受赏。曾国藩把这一功劳都记在曾国荃头上，再一次说自己的爵位是兄弟送的。

左列钟铭右谤书，人间随处有乘除。
低头一拜屠羊说，万事浮云过太虚。[1]

屠羊说典出《庄子》的《让王篇》。此人是楚昭王时的一个屠夫，在楚昭王复国的过程之中立了大功。昭王问屠羊说想做什么官，屠羊说答复道，楚王失去了故国，我也跟着失去了卖羊肉的摊位，现在楚王恢复了国土，我也恢复了我的羊肉摊，这就已经足够了，还要什么赏赐呢？[2]这首是劝曾国荃放宽视野，看得更开些，不要计较小小得失。

已寿斯民复寿身，拂衣归钓五湖春。
丹诚磨炼堪千劫，不借良金更铸人。[3]

这首是说曾国荃虽然功成身退，但是立下的大功已经永载史册，不会磨灭。

黄河余润沾三族，白下饥民活万家。
千里亲疏齐颂祷，使君眉寿总无涯。[4]

这一首是称颂曾国荃对南京一带百姓的恩德和贡献，称受恩者都会为他举杯祝贺。

---

① 《曾国藩全集·诗文》，岳麓书社，1994年，第97页。
② 此段参考唐浩明：《唐浩明评点曾国藩家书》（下），山东人民出版社，2014年，第578页。
③ 同上。
④ 同上。

童稚温温无险巇，酒人浩浩少猜疑。

与君同讲长生诀，且学婴儿中酒时。[①]

这一首则劝曾国荃要难得糊涂，不如学婴儿的天真和酒人的浩荡，摒去烦忧，以利长生。

曾国藩写这些诗，确实动用了心力，充满了感情，写得情深义重。当曾国荃读至“刮骨箭瘢天鉴否？可怜叔子独贤劳”一句时，竟放声大哭。可见长兄的这些话戳到了他的痛处。

十月初，曾国荃带着满腹委屈和怨愤返回湖南，曾国藩送他百里，直到采石矶边：“十月初一日，沅弟起程旋湘，吾送百里至采石矶。初四早，兄弟分手。”[②]曾经多次和曾国荃发生争执的赵烈文也前往相送。赵烈文记载，分手之日，曾国荃异常憔悴，“沅帅患湿疾，医者治之不中理，形状狼狈……分手之际，怅然无已。帅言阁下相爱，无异骨肉，当佩君言，他日总有面目相见云云，各洒泪而别”[③]。

赵烈文在当天的日记中留下了他对曾国荃的总体评价：“沅帅为人笃厚无比，任事之勇，为事之敏，亦世希（稀）有。惜举动失之稍轻，遂增瑕累。然君子之过，人皆见之，固不能与消沮闭藏者同日语也。”[④]

也就是说，曾国荃的长处是待人诚笃厚道，做事进取迅速。但是有时过于轻率，所以常犯错误。但是他毕竟还是一个坦率的君子，不是那些遮遮掩掩的小人能比的。

---

① 《曾国藩全集·诗文》，岳麓书社，1994年，第97～98页。

② 《曾国藩全集·家书》，岳麓书社，1994年，第1172页。

③ 赵烈文：《能静居士日记》，《太平天国史料丛编简辑》（第三册），中华书局，1961年，第392页。

④ 同上。

第五节 "一再试世，重踣而颠"：曾国荃的归隐和复出

一

同治三年十月，曾国荃拖着沉重的病体，心情抑郁地从南京启程返乡，十一月十六日抵达老家。[①]

事实证明，曾国藩的判断是非常准确的。你成天在中枢面前积极表现自己，表功请功，他们看着你反而心烦。你知趣地离开权力中心，不久他们就会想起你的好处来。

曾国藩兄弟自剪羽翼，朝廷自然是松了一口气。第二年，朝廷就感觉到离开曾氏兄弟还是不行。太平天国被镇压之后，大清并没有马上天下太平。特别是同治四年（1865年），北方捻军势力死灰复燃，"名王"僧格林沁迟迟不能平定。朝廷深感乏人之患，这一年年初降旨，令曾国荃"来京陛见"。还说"朝廷以该抚功绩昭著，且年力盛强，正可借资倚任。着曾国藩传知曾国荃，如病已就痊，即行来京陛见。现当勤求治理、需才孔亟之时，该抚慎勿遽萌功成身退之志"[②]。

曾国藩却一再嘱咐曾国荃不要轻易出山。他知道曾国荃是个喜动不喜静的人，怕他急于以立功来洗刷自己，一诏即起，更显得这个人不沉稳，于是他在同治四年三月家书中说："有识之士与相爱之友多劝弟暂缓出山。余意亦欲弟久养病躯，闭户三年，再行出膺艰巨。"[③]五月信中又一次说："不必轻于一出。"[④]

曾国藩在家书中替曾国荃安排如何打发时光。一是修身养性，不要干预

① 参考王云五主编：《新编中国名人年谱集成·清曾忠襄公国荃年谱》，台湾"商务印书馆"，1978年，第65页。
② 《曾国藩全集》（八），岳麓书社，2011年，第260页。
③ 《曾国藩全集·家书》，岳麓书社，1994年，第1189页。
④ 《曾国藩全集·家书》，岳麓书社，1994年，第1193页。

湖南地方事务："弟素性喜抱公愤，又待友甚厚，此时告病在家，切不可干预丝毫。"[①]二是趁休闲之际攻补文章之学，提高奏折写作水平："弟以不能文为此生缺憾，宜趁此家居时苦学二三年，不可抛荒片刻也。"[②]他还如同在京之时一样，在家书中与弟弟约定，曾国荃每月作文三篇，其中千字以上一篇，千字以下两篇，寄给曾国藩批阅。曾国藩鼓励他说："弟此时讲求奏议尚不为迟，不必过于懊悔……弟此时用功不求太猛，但求有恒。"[③]"弟以不能文为深耻……目下用力于奏议文章，亦当稍存昔年拼命之意。"[④]

曾国荃也铁下心来要好好端端架子，替自己找回些体面。这一年朝廷四次命他出山，他都以有病为由拒绝出行。连朝廷诏他出任山西巡抚，他也坚辞不受。他一面"料理山中种竹、塘内蓄鱼"[⑤]，一面又领导捐修湘乡县城的城隍庙和褚公祠，行善乡里，造福百姓，日子过得倒也有滋有味。

慈禧太后是个情商很高的人，当然知道曾国荃心中的委屈。同治五年（1866年）二月，朝廷又一次发下诏书，任命曾国荃为湖北巡抚，并帮办剿捻军务。

曾国藩认为时机已经成熟，于是转而力促曾国荃出而任事。盖前一年四月，僧格林沁命丧捻军之手，朝廷命曾国藩出师剿捻。湖北是捻军活动的重要省份，令曾国荃任湖北巡抚，也是让他配合长兄，一起完成剿捻事业之意。所以曾国藩说："朝廷为地择人，亦即为人择地。圣恩优渥，无以复加。而余办捻事，正苦鄂中血脉不能贯通。今得弟抚鄂，则三江两湖均可合为一家，联为一气。"[⑥]

除了这一原因外，湖北巡抚一职地位本身就非常重要，想当初曾国藩多年渴望这一职位，咸丰就是不给，后来胡林翼正是在这个职务上做出了一番事业。以此职相饷，可见朝廷起用曾国荃之意非常诚恳，面子已经给足。所以曾

---

① 《曾国藩全集·家书》，岳麓书社，1994年，第1182页。
② 同上。
③ 《曾国藩全集·家书》，岳麓书社，1994年，第1186页。
④ 《曾国藩全集·家书》，岳麓书社，1994年，第1188～1189页。
⑤ 曾国荃撰，梁小进主编：《曾国荃集》（第五册），岳麓书社，2008年，第263页。
⑥ 《曾国藩全集·家书》，岳麓书社，1994年，第1239～1240页。

国藩说："惟决计出山，则不可再请续假，恐人讥为自装身分太重也。余此信已为定论，下次不再商矣"[1]，"君恩过厚，无令外人疑为装腔做势也"[2]。

曾国荃于是再度出山。

二

同治五年四月，曾国荃自长沙启程，踌躇满志地赶赴湖北。以前他虽然任过浙江巡抚，但因在战争期间，未履其实，所以他还没有尝过做地方官的滋味。这次，可是实打实地做封疆大吏了，而且还是湖北这样重要省份的长官。他发誓要一鸣惊人，做出些成绩来让朝廷看看。

当然，在家里待了一年多，他也不是没有反思和总结。他终于意识到自己上一次跌挫和自己的"贪名"之间的关系，决定吸取教训，做一个清官。在和曾国藩的通信中，他表示在巡抚任上要"谢绝陋习，慎重公事，严密以防门内"[3]。事实证明他践行了这一诺言，曾国藩后来说他"自任鄂抚，不名一钱，整顿吏治，外间知者甚多"[4]，通过清廉之行一定程度上改善了自己的形象。

当然，朝廷起用他做湖北巡抚，重点不是治民，而是让他配合曾国藩剿捻。因此一到湖北，他就抓紧时间裁汰湖北冗军，训练新湘军，准备重施故技，再立军功。

然而，做湖北巡抚可不是那么容易的。曾国荃最大的敌人，不是作乱的捻军，而是湖广总督官文。

清代政治中有一个术语，叫"督抚同城"，这是地方政治上的一大阑尾，动不动就犯炎症。盖因清代总督和巡抚地位相仿，职责分割不清，本容易出现争权夺利现象，更何况同处一城，日日交接。徐一士说："然一城之中，主大

① 《曾国藩全集·家书》，岳麓书社，1994年，第1236页。
② 《曾国藩全集·家书》，岳麓书社，1994年，第1240页。
③ 《曾国藩全集·家书》，岳麓书社，1994年，第1253页。
④ 《曾国藩全集·家书》，岳麓书社，1994年，第1331页。

政者二人。志不齐，权不一，其势不得不出于争……若督抚皆贤……然或意见不同，性情不同，因而不能相安者，虽贤者不免。”[①]

湖北武昌是一个典型的督抚同城的城市，湖广总督和湖北巡抚这两位大员都驻扎于此。与曾国荃同城的官文又不是个一般人物。

由于湖北位居长江上游，军事上具有特殊的战略地位，所以朝廷一直坚持湖广总督这个职务必须握在旗人手里，以震慑两湖。官文[②]出身内务府汉军旗人，为人既庸且贪，日常政事皆由门子幕客打理，本人只长于维护京中和上层的人脉。曾国藩评价说：“虽为身旁小人所愚弄，然心术亦欠光明，惟最善联络京官，牢笼乡绅，鄂人官京师者津津乐道。”[③]朝廷把他放在这里，主要就是为了牵制湘军。因此官文虽然才干平庸，但这个官一直做得很稳当。他自咸丰五年起出任湖广总督，此后十多年间，巡抚换了六个，总督却一直是他一人，可谓“流水的巡抚，铁打的总督”。

当初胡林翼出任湖北巡抚时，因为无法忍受官文的庸劣作风，准备上折子弹劾。但是他的属下阎敬铭却劝他不要这样做。“阎公对曰：‘公误矣！夫本朝二百年中，不轻以汉人专司兵柄……湖北居天下冲，为劲兵良将所萃，朝廷岂肯不以亲信大臣临之？夫督、抚相劾，无论未必能胜，就使能胜，能保后来者必胜前人耶？而公能复劾之耶？’”[④]也就是说，清朝一贯不让汉人掌握军事大权。湖北是天下要冲，向来派驻重兵，朝廷肯定要派最放心的人在这里当总督，也就是说总督之职不可能给汉人。即便你把官文赶走了，就能保证下一任旗人总督不昏庸、好相处吗？如果下一任更差，你还能再弹劾吗？

胡林翼认为阎敬铭分析得有理，从此对官文曲意奉迎、倾心结交、大笔送钱，办成了什么大事都归功于他，终于令官文诚心感佩，言听计从。“由

① 徐一士：《亦佳庐小品》，中华书局，2009年，第268页。郭嵩焘则说：“巡抚例归总督节制，督抚同城，巡抚无敢自专者。于是一切大政，悉听总督主持……参差杌陧之意常多。”郭嵩焘撰，梁小进主编：《郭嵩焘全集》（第四册），岳麓书社，2012年，第742页。

② 本姓王，是内务府汉军旗人，后来因军功抬入满洲正白旗。

③ 《曾国藩全集·家书》，岳麓书社，1994年，第1248页。

④ 萧一山编：《清代通史》（三），华东师范大学出版社，2006年，第131页。

是益与文恭交欢无间言。文恭亦敬服之终身。”[①]从而达到了独操一省大权的目的。

曾国藩在处理与官文关系时也是小心翼翼。在曾国荃出山之前，曾国藩在家书中这样对他说：

> 湖北军政多出于阍人、仆隶及委员之嗜利者，奏牍则一味欺蒙，深为可叹。[②]

可见他非常厌恶官文其人。但是曾国藩带兵打仗，凡有战功，皆推于官文，凡上表功奏折，必与官文会衔。因为曾国藩深知，朝廷器重官文，实际上是为了维护旗人脸面，把功劳推让给官文，就是推让给全体旗人。因此平定太平天国后，官文虽然没出什么力，也借曾国藩的光捞到了一个伯爵。

但是曾国荃并无胡林翼和曾国藩的心机和本事。

官文当初只是出于私谊才信任胡林翼这个人，他对曾国藩集团的其他成员并没有什么好感。相反，此人机心极深，一有机会，就忍不住出手相害。当初李续宾在安徽三河全军覆没，左宗棠因樊燮案几陷大狱，多隆阿离开曾国藩帐下，皆与官文在背后使坏有关。

胡林翼刚刚去世，官文就派人将巡抚衙门的全部文书档案取走，从此独掌全省军政大权。继任的湖北巡抚比如严树森等，都成了官文的“灶下婢”，处处受官文的欺侮挟制。同治元年曾国藩在一封奏折中说：“官文……昔之待胡林翼，事无大小，推贤让能，多由抚署主政。今之待严树森，资有浅深，军政吏治多由督署主政。”[③]也就是说，胡林翼当巡抚时，湖北的事，基本都是由巡抚做主。严树森接任巡抚之后，湖北的事，则都由总督决定了。

因此对曾国荃能否做好这个湖北巡抚，曾国藩是有点担心的。他在同治五年三月二十六日信中说：

---

① 萧一山编：《清代通史》（三），华东师范大学出版社，2006年，第131页。
② 《曾国藩全集·家书》，岳麓书社，1994年，第1235页。
③ 《曾国藩全集·奏稿》，岳麓书社，1994年，第2593页。

督抚本不易做，近则多事之秋……沅弟爱博而面软，向来用人失之于率，失之于冗。以后宜慎选贤员，以救率字之弊；少用数员，以救冗字之弊。位高而资浅，貌贵温恭，心贵谦下。天下之事理人才，为吾辈所不深知、不及料者多矣，切弗存一自是之见。用人不率冗，存心不自满，二者本末俱到，必可免于咎戾，不坠令名。至嘱至嘱，幸勿以为泛常之语而忽视之。[①]

这封信指出曾国荃居官的两大缺点：一个是用人过于轻率，选用人员过多；另一个是办事易存自是之见，听不进不同意见。他叮嘱曾国荃要改掉这些毛病。同时还特意嘱咐他“推诚以待制府（总督）”[②]，也就是要和官文搞好关系。

然而曾国荃这样的粗莽性格，注定他一到武昌，就与官文展开了权力之争。曾国荃启程前，官文的亲信、湖北布政使唐际盛就派人到湖南，私下散布官文不欢迎曾国荃到来的消息，希望曾国荃知难而退，不要到武昌来，而直接上前线带兵。也就是专管军事，不插手民事。曾国荃大怒，“不肯接印者旬日”[③]，到了武昌十多天不接印，故意给官文难堪。官文一看怕事情闹大，只好派人做曾国荃的工作，曾国荃这才接印视事。

接下来，官文的幕僚再给他出主意，“奏放沅为帮办”，也就是建议朝廷给曾国荃一个“帮办军务”的头衔，让他率军去鄂北“剿捻”，离开武昌，驻兵襄阳。官文依计而行，朝廷遂下旨：

官文等奏，捻踪逼近鄂境，曾国荃择期出省；并官文奏；请饬抚臣帮办军务各一折。已明降谕旨，令曾国荃帮办湖北军务矣。[④]

---

① 《曾国藩全集·家书》，岳麓书社，1994年，第1250页。
② 《曾国藩全集·家书》，岳麓书社，1994年，第1253页。
③ 赵烈文：《能静居士日记》，《太平天国史料丛编简辑》（第三册），中华书局，1961年，第404页。
④ 《曾国藩全集·奏稿》，岳麓书社，1994年，第5399页。

曾国荃一开始非常高兴，以为这个“帮办军务”是个很大的头衔，为此还专门写信问曾国藩是不是需要专折谢恩。

曾国藩一眼就看穿了官文的用意，他给曾国荃写信说：帮办军务不过是毫无实权的虚职，好几个人是以道员而得帮办，甚至很多降将都得过这个头衔：“帮办……本属极不足珍之目。”[1]因此不必谢恩，但也不可因此而辞掉这个头衔，特别是不可因此而生官文等人的气，和官文闹矛盾，“疏忽则可，不平则不可也”[2]。

曾国荃哪里做得到这样，从此对官文更加怀恨在心。他率新湘军战于德安府，急需军饷，但官文又拖沓迟延。种种不快，让两人的矛盾很快达到白热化程度，曾国荃遂决意上折弹劾官文，搬掉头上这座大山。

三

曾国藩听说曾国荃这一计划，马上去信表示坚决反对。在同治五年八月二十四日信中，他嘱咐曾国荃说：“顺斋排行（代指官文）一节，亦请暂置缓图。”[3]

曾国藩阻挠此事的理由有三。第一，朝廷并非不知道官文庸劣，但还是执意把官文放在这里，这是因为旗人中实在无人可用。官文是旗人亲贵的代表，攻倒了他，就得罪了朝中的满族亲贵，伤了朝廷的面子。

第二，官文劣迹实多，上折弹劾，一时可能会胜，但是此人根基深厚，党羽众多，因此日后一定会遭到报复。他说：“此等事幸而获胜，而众人眈眈环伺，必欲寻隙一泄其忿。彼不能报复，而众人若皆思代彼报复者。吾阅世最久，见此甚明。”[4]做到督抚高位，时时处于风险之中，行事当以和平为主，

---

① 《曾国藩全集·家书》，岳麓书社，1994年，第1276页。
② 同上。
③ 《曾国藩全集·家书》，岳麓书社，1994年，第1281页。
④ 同上。

尽量不要行危险之事："吾兄弟位高功高，名望亦高，中外指目为第一家。楼高易倒，树高易折，吾与弟时时有可危之机。专讲宽平谦巽，庶几高而不危。弟谋为此举，则人指为恃武功，恃圣眷，恃门第，而巍巍招风之象见矣，请缓图之。"[①]

曾国藩还说，当初祖父星冈公常常教导他们，做一件事，不光要想到开头，更要想到如何结尾："星冈公教人常言：'晓得下塘，须要晓得上岸。'又云：'怕临老打扫脚棍。'兄衰年多病，位高名重，深虑打扫脚棍，蹈陆、叶、何、黄之复辙。"[②]既然官文还没到天人共愤的程度，弹劾他火候就还未到，不如再耐心等候："火候未到，所谓燕有可伐之罪，齐非伐燕之人也。以弟而陈顺斋排行，亦是火候未到，代渠思报复者必群起矣。苟公事不十分掣肘，何必下此辣手？"[③]

第三，也是最重要的一点，弹劾官文不仅仅是曾国荃自己的事，即便曾国荃一意孤行，世人也定认为这是兄弟二人商量的结果。"此等大事，人人皆疑为兄弟熟商而行，不关乎会晤与否。譬如筱泉劾官，谓少泉全不知情，少泉劾余，谓筱泉全不知情，弟肯信乎？天下人皆肯信乎？"[④]这样，不仅曾国荃和官文成了敌人，曾国藩也会被牵连进去。官文在朝中根脉深广，如果曾国荃上疏弹劾，则他与官文系的人马也很难相处。曾国藩剿捻以来，进展并不顺利，他改变了僧格林沁时代一味穷追的打法，大力建设河防，决心利用地形建设防线，慢慢困死捻军，但是朝廷却没有这个耐心，连续多次下旨批评他"专事防守，任贼纵横"。催促他亲临前线，"视贼所向，尽力穷击"。[⑤]朝中那些只会纸上谈兵的清议之徒，也多次上奏折弹劾曾国藩"糜饷劳师"，在朝廷上下掀起一股攻击曾国藩的舆论大潮，曾国藩处境非常微妙。所以他此时亟须搞好与中枢的关系，不希望再横生波澜。他对曾国荃说，如果你非要做这件事，

---

① 《曾国藩全集·家书》，岳麓书社，1994年，第1281页。
② 同上。
③ 同上。
④ 《曾国藩全集·家书》，岳麓书社，1994年，第1282页。
⑤ 《曾国藩全集·奏稿》，岳麓书社，1994年，第5337页。

也等过一两年，等他完成平捻大事以后再行动手："弟若直陈顺斋排行，则人皆疑兄弟熟商而行。百喙无以自解，而兄愈不能轻轻引退矣。望弟平平和和作一二年，送阿兄上岸后，再行轰轰烈烈做去。"[①]

曾国藩知道老弟经常把他的话当耳旁风，又一次强调："顺斋一案，接余函后能否中辍？悬系之至。"[②]。

但是和以前一样，曾国荃根本不听曾国藩的话。他认为曾国藩现在胆子越来越小，暮气越来越重，根本办不成大事。他要在湖北大有作为，就不能听长兄的老一套。

他决然上疏，写了一道洋洋洒洒三千多字的奏折，把自己平日的积怨抒发净尽，弹劾了官文七条罪状：

一是滥支军饷。官文发饷时总是拖延，"屡于各营月饷措不发足"，但是自己私用及交结应酬等事，动不动就向粮台提取。二是冒保私人。朝廷明文规定，没有到前敌去的幕僚及随带家丁，"例不准保"。但官文以"保举为私惠"，所保举之人，"把持要路"，致使"在事出力文武员弁，莫不灰心"。三是公行贿赂。两湖绿营大小各缺官员名额，不是因缺择人，而是为人择缺，买官卖官，皆有定价，"指缺定价，各有等差"。四是"添受漏规"。官文家人收取"节寿门包"，乃人所共知。五是"弥缝要路"，"巴结京使"。凡是过往大小京官及本省、外省起复回京的官吏，视其职位尊卑，"莫不厚为馈送"。多者千余金，小者数百金。这些银钱大都取自于粮台。六是"习尚骄矜"之气，不学无术，不知谨遵礼仪，目中无人，我行我素，"每于君威国典，悍然罔顾，实非表率群僚之道"。七是庇护贪官污吏。一旦自己的亲信被人参劾或受到上司的惩处，官文往往尽力予以庇护，致使正气不伸，邪气横行。[③]

他还剑指中枢，顺带弹劾了与官文相亲密的军机大臣胡家玉，说他出差湖北时，收了官文四千两银子。这样一来，就把军机大臣们也都得罪了。

① 《曾国藩全集·家书》，岳麓书社，1994年，第1282页。
② 同上。
③ 曾国荃著：《曾国荃全集》（第一册），岳麓书社，2006年，第66～68页。

四

把奏折发出之后，曾国荃才给曾国藩寄了一份底稿。

曾国藩一见，十分恼怒忧惧。但是除了一声长长的叹息，他又能做什么？在给曾国荃的信中，他说："目下军势方盛，主眷方隆。"朝廷用你正在关键时候，因此"官司可赢"。但是后患无穷："余所虑者，严谴顺斋讼太胜，则后患方深。"[①]

他说：

> 顺斋一事业已奏出，但望内召不甚着迹，换替者不甚掣肘，即为至幸。弟谓命运作主，余素所深信；谓自强者每胜一筹，则余不甚深信。凡国之强，必须多得贤臣工；家之强，必须多出贤子弟。此亦关乎天命，不尽由于人谋。至一身之强，则不外乎北宫黝、孟施舍、曾子三种。孟子之集义而慊，即曾子之自反而缩也。惟曾、孟与孔子告仲由之强，略为可久可常。此外斗智斗力之强，则有因强而大兴，亦有因强而大败。古来如李斯、曹操、董卓、杨素，其智力皆横绝一世，而其祸败亦迥异寻常。近世如陆、何、肃、陈亦皆予知自雄，而俱不保其终。故吾辈在自修处求强则可，在胜人处求强则不可。福益外家若专在胜人处求强，其能强到底与否尚未可知。即使终身强横安稳，亦君子所不屑道也。[②]

这封信是批评曾国荃过于孟浪。关于何者为"强"，曾国藩此前家书中已经多次和他讨论过。曾国藩说过，处处皆强就是弱。如果处处都争强好胜，各种好处都想得到，就很容易犯错误：

> 近来见得天地之道，刚柔互用，不可偏废，太柔则靡，太刚则折。刚

① 《曾国藩全集·家书》，岳麓书社，1994年，第1286页。
② 《曾国藩全集·家书》，岳麓书社，1994年，第1285页。

非暴虐之谓也，强矫而已；柔非卑弱之谓也，谦退而已。[①]

这次曾国藩又列举了三种不同的“强”。第一种是北宫黝之强，孟子与公孙丑谈到培养勇气的办法，说北宫黝其人，皮肤被刺不退缩，眼睛被戳不眨眼，但在大庭广众下却不能忍受一丝屈辱。有人骂他，他一定回骂，无论对方是一国君主，还是市井小民。第二种是孟施舍之强。孟施舍与人交战，从不考虑对方的实力，只是凭借着胆气往前冲。第三种是曾子之强。至于先贤曾子奉行的原则，则是倘若是自己没理，即便对方非常卑贱，也不欺侮；倘若道理在自己手上，即便对方是千军万马，也要勇往直前。孔子也论过何者为强。“孔子告仲由之强”见于《论语·述而篇》。孔子告诉弟子仲由，不能做暴虎冯河的莽撞勇者，而是要做临事而惧、好谋而成的有头脑的勇者。

显然，曾国藩认为，曾国荃之强是匹夫之强，这种强固然可以取胜于一时，却很可能取败于长远。古往今来，很多人都因为逞强好勇而大败。古代有李斯、曹操、董卓、杨素等前车之鉴，有清一朝则有陆建瀛、何桂清、肃顺、陈孚恩等例子近在眼前。曾做过两江总督的陆建瀛，咸丰三年死于太平军手中；陆之后的两江总督何桂清，咸丰十年被朝廷斩首；肃顺被慈禧杀头；陈孚恩做过军机大臣、尚书，后被抄家，发配新疆。

曾国藩为此事担心不已，“焦灼弥月”，“兄实悬悬，已屡次占卦矣”[②]。他的剿捻方略此时在朝中和地方都遇到很多阻力，朝中已经隐隐对他流露出不耐烦之意，曾国荃此举给他平添了许多不确定因素，很可能导致他剿捻一事半途而废。在十一月初二给曾国荃的信中，曾国藩再次批评他弹劾官文的错误。曾国藩叹息说，即使像左宗棠这样强横的人物，都不会去做弹劾官文之事，你为何偏偏要出这个头呢：

七月二日星变，既有此占，吾辈当儆省，何可乘机劾人？弟平日居

① 《曾国藩全集·家书》，岳麓书社，1994年，第837页。
② 《曾国藩全集·家书》，岳麓书社，1994年，第1288页。

心似不如此二次，或失言耳……左帅虽横行一世，尚未弹劾如官、胡之贵显者。[①]

五

曾国荃却对老兄的批评始终不以为然。由于他奏折中所指，条条证据确实，清政府迅速将官文革职。表面上看，曾国荃获得了这场官场斗争的胜利。曾国荃非常得意，觉得老兄实在是过虑了。

但是事实上并非如此。朝廷虽将官文革职，但是仍“留大学士衔回京”，回到北京仍然官居高位。这显然是告诉天下人，曾国荃的弹劾之所以取胜，只是朝廷为了解决督抚同城的矛盾，以利曾国荃施展拳脚剿捻，并不说明曾国荃有理。所以曾国藩认为朝廷对官文的“处分极轻”，“公道全泯”，分析“圣意必留此公，为旗人稍存体面”。

曾国藩还在给儿子曾纪泽的信中说，曾国荃的折子上了之后，他所听到的京中舆论，都是责备曾国荃、袒护官文，看来这道折子得罪了众多旗人：“闻京师物论亦深责沅叔而共恕官相，八旗颇有恨者。”

果然，在此之后不久，曾国荃就因领兵剿捻作战不利，接二连三受到朝廷“严行申饬”。当年十二月初一和十二月初九两道上谕，朝廷都严厉训斥曾国荃，指责他调度无方，“不知所司何事”：

贼踪窜绕后路，震动省垣，该抚毫无布置，且近省各军俱已调拨赴营，致令后路空虚，实属调度无方，倘掉以轻心，不能速筹防剿，就地殄除，致令窜出本境，坐失机会，恐不能当此重咎也，懔之。[②]

……云梦等处，相继失守。曾国荃驻扎德安，统领兵勇不少，调度无方，致令该逆（如）入无人之境，不知所司何事！着传旨严行申饬……曾

---

① 《曾国藩全集·家书》，岳麓书社，1994年，第1296～1297页。
② 《曾国藩全集·奏稿》，岳麓书社，1994年，第5471页。

国荃身临前敌，责有专司，尤不得稍涉推诿，致干重咎。[①]

也就是说，捻军窜到曾国荃军队的后路，威胁省城，曾国荃却毫无布置，实在调动无方。如果你再掉以轻心，不能把捻军就地消灭，让捻军窜出本省，朝廷可就不再原谅你了。又说，云梦等处失守，是因为曾国荃调度无方。不知道你一天到晚带着重兵在那忙什么事情！曾国荃不得推卸自己的责任，小心朝廷重重追究！

这些上谕，对曾国荃的语气非常不客气、不耐烦，毫不掩饰地反映出中枢诸人对他的厌恶。

随着曾国荃败仗增多，朝廷对他的批责也愈来愈严厉，有时甚至到了蛮不讲理的地步，如同治六年初，曾国荃在奏报军情时请朝廷“指示机宜”，这本属将帅上奏时的惯例和套语，朝廷却在上谕中斥责说：

军情变幻无常，朝廷不为遥制，正以专其事权，所请指示机宜，实属意存诿卸，曾国荃责任统率，何至不晓事体如此！[②]

这显然是欲加之罪，何患无辞了。

因此曾国藩在给曾国潢的信中说：

沅弟近日迭奉谕旨，谴责严切，令人难堪。固由劾官、胡二人激动众怒，亦因军务毫无起色，授人以口实；而沅所作奏章，有难免于讪笑者。计沅近日郁抑之怀，如坐针毡之上。[③]

是啊，你要做强人也不是不行，但前提是要有非常强大的力量。如果你攻

① 《曾国藩全集·奏稿》，岳麓书社，1994年，第5478页。

② 《穆宗实录》（卷一九七）。转引自谢世诚：《晚清道光咸丰同治朝吏治研究》，南京师范大学出版社，1999年，第303页。

③ 《曾国藩全集·家书》，岳麓书社，1994年，第1324页。

倒官文和胡家玉后，马上能打几场胜仗，那么哪怕你再强横，对手们也不敢说你什么。现在你得罪了一圈人之后，军事上表现却如此之差，那遭到报复岂不正是题中应有之义吗？

曾国荃现在才知道自己错了，日日如坐针毡，心情非常抑郁。曾国藩怕他再次忧郁成疾，只好又多次去信，以自己的经历为例子，百般安慰鼓励：

> 弟当此百端拂逆之时……亦只有逆来顺受之法……[①]

> 此时须将劾官相之案、圣眷之隆替、言路之弹劾一概不管。袁了凡所谓从前种种譬如昨日死，从后（以后）种种譬如今日生，另起炉灶，重开世界，安知此两番之大败，非天之磨炼英雄，使弟大有长进乎？谚云吃一堑长一智，吾生平长进全在受挫受辱之时。务须咬牙厉志，蓄其气而长其智，切不可苶然自馁也。[②]

和以前不一样的是，曾国荃收到曾国藩的信后，不再直通通地顶撞了。他终于开始佩服长兄的远见，明白了自己的失误。他在回信中恭顺地说：

> 敬承一切。所以训迪弟者极为切当，“咬牙厉志，蓄其气而长其智，不可苶然自馁”与“悔”字、“硬”字等诀，皆弟目下对病之药，不知能否做到？即如此，亦须命运助之，乃可望有后效。弟以前错误太多，违背圣贤之精意与先代俭约守分安命之成规，负乘致寇，殃及军民，此中实难自解。[③]

曾国荃承认，曾国藩所说的“悔”字、“硬”字诀，正是目前的对症良药。他说，我以前犯的错误太多，确实不合圣贤道理，也违背了我们曾家祖上

---

① 《曾国藩全集·家书》，岳麓书社，1994年，第1329页。
② 《曾国藩全集·家书》，岳麓书社，1994年，第1328页。
③ 曾国荃撰，梁小进主编：《曾国荃集》（第五册），岳麓书社，2008年，第241页。

一贯的安分守命的传统。信中所谓的“负乘致寇”，典出《易经》，本意是卑贱者背着他人的财物，又坐在高车上显耀，招致强盗来抢。此处则指居非其位，才不称职，招致祸患。

曾国藩同治六年三月十二日又写信给他，以自己的经历鼓励安慰说：

> 弟今所吃之堑，与余甲寅岳州、靖港败后相等，虽难处各有不同，被人指摘称快则一也，弟力守悔字硬字两诀，以求挽回。弟自任鄂抚，不名一钱，整顿吏治，外间知者甚多，并非全无公道。从此反求诸己，切实做去，安知大堑之后无大伸之日耶？①

就是说你的这次挫折，和我当初靖港之败差不多。特别是败后别人都拍手称快，如出一辙。当初我就是以悔字、硬字两诀挽回了败局。你任湖北巡抚之后，非常清廉，又大力整顿吏治，这些大家也都看在眼里，舆论也并非全无公道。你从此专从自己身上找原因，切切实实地做，大挫折之后应该还有大顺利在等着你。

六

然而，曾国荃不是曾国藩，大堑之后，难以大伸。他指挥作战，仍然处处不顺。朝廷又连续多次对曾国荃严加申斥：

> 鲍超一军迭次谕令入秦，该抚复令在鄂会剿，实属毫无主见，徒令该督跋涉道途，迄未遇贼一击，老师糜饷，莫此为甚！……曾国荃屡托空言，殊无把握，何以副朝廷委任之重！着即督饬各军认真扼剿，设法擒渠，迅图殄灭。若仅以奏报铺张敷衍搪塞为得计，该抚自问当得何罪？②

---

① 《曾国藩全集·家书》，岳麓书社，1994年，第1331页。

② 《曾国藩全集·奏稿》，岳麓书社，1994年，第5536页。

……曾国荃办理鄂省军务，数月以来，竟未能就地歼除，今又纵令窜入豫境，自问将何以对朝廷？[①]

同治六年五月，又因捻军进入河南，清廷将其摘去顶戴，交部议处：

此次贼入鄂境，曾国荃谓可痛歼于山颠水隈之际，卒任该逆东西奔窜，仍复逸出豫疆，办理毫无把握，该抚自请议处，实属咎有应得。曾国荃着交部议处，以示薄惩。[②]

正如曾国藩所分析的那样，朝廷对他如此不耐烦，“固由劾官、胡二人激动众怒，亦因军务毫无起色，授人以口实”[③]。朝廷的意思分明是说，你当初弹劾官文，说他奏报不实，你现在不也是这样吗？你说官文碍事，耽误你打仗，我们就把他调走了，你不是还打不了胜仗吗？一道道上谕，骂得曾国荃狗血喷头。

同治六年夏天，御史佛尔国春又上章弹劾曾国荃，说他参官文疏中，有“贿通肃顺”一句，是不实之词，例应反坐。还说曾国荃以前路过湖北时，也收用过官文银三千两，此款也是从湖北竹木商捐项下支付，也应治以受贿之罪。

针对佛尔国春的弹章，慈禧这样批复：“官文受文宗显皇帝特达之知，十数年来历著勋绩，谅不至辜恩昧良、肆行贪罔……曾国荃以影响之事胪列入奏，本属不谙大体。”[④]

也就是说，官文是咸丰皇帝一直信任的人，多年来功绩显著，应该不会辜负皇恩大肆贪污。曾国荃当初以道听途说之辞入奏，本来是不识大体之举。

---

① 《曾国藩全集·奏稿》，岳麓书社，1994年，第5549页。
② 《曾国藩全集·奏稿》，岳麓书社，1994年，第5551页。
③ 《曾国藩全集·家书》，岳麓书社，1994年，第1324页。
④ 《穆宗实录》（卷二〇二）。转引自谢世诚：《晚清道光咸丰同治朝吏治研究》，南京师范大学出版社，1999年，第303页。

几句话，给官文平了反。

曾国荃没有乃兄的韧劲和涎功。看到这道批复，他知道自己在巡抚的位子上已经待不下去了，于是主动申请离职。十月十七日，朝廷准其开缺回籍养病，名义上是让他回家乡养病，实际上是罢了他的官。这时离官文解职还不到一年。

七

曾国荃个人被解职还是小事，关键是曾国藩和其他湘系人物也都受到了连累。

朝中将曾国荃弹劾官文认定是兄弟二人甚至湘系的共谋。同治五年十一月初，就在曾国荃弹劾官文的奏章送上去之后不过数月，朝廷就干脆利落地解除了曾国藩的剿捻统帅权，让他回到两江总督本任，剿捻的事，交给了李鸿章。曾国藩恳请留在军中以散员身份效力，与军事相始终，但根本未受理睬。

这就让曾国藩的剿捻事业半途而废，令他极为难堪。应该说，导致朝廷解除曾国藩剿捻任务的原因有很多，比如朝廷的用兵思路与曾国藩不合，曾国荃弹劾官文一事并不是最主要的原因，却是压垮骆驼的最后一根稻草。

这还不算完。更有大批湘籍高官，如陕甘总督杨岳斌、陕西巡抚刘蓉、广东巡抚郭嵩焘、直隶总督刘长佑等，接下来纷纷被以各种原因开缺回籍，这显然是弹劾官文的反弹。其中以刘长佑的调动最为典型。

刘长佑在同治二年被任命为直隶总督，同治六年十一月，就是曾国荃离职后不久，朝廷以他攻剿“枭匪”不力为由，将他革职并“交官文差遣委用”[①]，官文遂于同一天就任直隶总督，这时离曾国荃被解职不过半个多月。官文痛痛快快地“报了仇”。

曾国藩对此非常忧虑，在同治七年（1868年）六月二十三日给郭崑焘的信

① 《穆宗实录》（卷二一五）。转引自谢世诚：《晚清道光咸丰同治朝吏治研究》，南京师范大学出版社，1999年，第304页。

中说："官相顷有署直隶之信，不知印渠何故开缺？近日厚、霞、筠、沅次第去位，而印复继之。吾乡极盛，固难久耶？思之悚惕。"[①]经过朝廷这样一番调整，湘系势力大衰，曾国藩认为太平天国被镇压之后湘军一系的极盛局面已经结束。他还说："去年年终考察，吾密保及劾者皆未动，知圣眷已差，惧不能始终，奈何？"[②]去年年底，曾国藩在考察属下官员时，认为那些应该解职的官员，朝廷一个没动。可见慈禧对他的圣眷已经大减，不知道能不能在官场上做到有始有终。

曾国藩的告诫果然一一应验了，曾国荃这才发现大事不好，自己闯了大祸。我们阅读曾国荃家书，可以明显发现，在这次事件之后，他给曾国藩的信件，从文字到精神，都恭顺了许多。比如曾国藩十一月初七批评他说：

> "天道忌巧，天道忌盈，天道忌贰"，若甫在向用之际，而遽萌前却之见，是贰也。即与他人交际，亦须略省己之不是。弟向来不肯认半个错字，望力改之。[③]

同治五年十一月十一日他在回曾国藩信中说："承示引退之念宜熄，天道忌贰宜儆，不肯认错宜改，自当切记儆省。"[④]

也就是说，您说的这些都是对的，我从此要牢牢记住这些话，小心自省。

十二月二十七日又说："弟德凉福薄，谬列高位，又不量力而参劾秀相，本系取祸之道。今值此内讧外侮之交，□灾生意外，惟有益自儆惕，不敢稍涉怨尤也。当求随时训示申儆为叩。"[⑤]

就是说，我弹劾官文，现在看确实是错误的，自取祸端。如今处处不顺，只有越加小心，不敢抱怨任何人，请求您随时教导我。

---

① 李瀚章、李鸿章编纂：《曾国藩全集·书札（1）》，中国华侨出版社，2003年，第429页。
② 赵烈文：《能静居日记》，岳麓书社，2013年，第1198页。
③《曾国藩全集·家书》，岳麓书社，1994年，第1299页。
④ 曾麟书等撰，王澧华等整理：《曾氏三代家书》，岳麓书社，2002年，第278页。
⑤ 曾麟书等撰，王澧华等整理：《曾氏三代家书》，岳麓书社，2002年，第281页。

同治六年正月初九又说：“前日奉初二日手示，训诲肫详。‘悔’字一诀，吉之所由生也。能站得住之谓立，能行得通之谓达，切实浅近，令人易于玩味。兄去年信内，随时指点一二语，弟犹漫然不甚介意。今于忧患之后，一经提醒，始知一字一珠，均早诰诫于事端未发之先也。”①

也就是说，接到您的来信，信中对我的教诲恳切周详。您说悔才能生吉，又说能站得住才叫“立”，能行得通才叫“达”。您的这些教导，既切实又浅显，令我容易领会。您去年在家书之中，经常用这样的话对我进行指点，我却漫然不省，不以为意。如今在挫折之后，才发现您的话每一个字都如同珠玑，在我的灾祸未来之前您已经全部预见到了。

同治六年正月初十致曾国藩的信中，曾国荃大谈黄老，竟是一副乃兄口吻：“近观世事，即色即空，旋生旋灭。老氏祸倚于福，福伏于祸之说，与圣人悔吝吉凶之理，互相发明，争竞之心稍平。而自强之焰亦渐减矣。进境乎，抑弥退乎？不自得而主，亦不得而知也。仍求兄随时策励为叩。”②

也就是说，最近我观察世事，玩味老庄之理，发现其旨趣与周易之道相通。所以不再像以前那样争强好胜了。不知道我是进步了，还是退步了？仍然恳求您继续随时教导鞭策我。

同治六年三月初七，他接曾国藩一信，读后回复说：“训示恳切、周详，应将妄念、杂念芟除，一味忧悔谦谨，自省过错，此不易之理……弟以无根底、无学问之人，遇此创深痛巨，悔不可言。”③

也就是说，以后要戒除妄贪和杂念，一心悔过自省。我是一个没有根底、没有学问的人，遭此重大打击，后悔之意，无可言表。

同治六年五月十九日信中又说：“弟……以为本领甚足，今乃知全是运气，毫无本事。昔也嫌官小不能报国，今乃知官愈大，而报国之道愈多亏欠。又环顾中外，积习太重，趋向不端，非吾辈蠢人所能相与维持周旋于

① 曾麟书等撰，王澧华等整理：《曾氏三代家书》，岳麓书社，2002年，第286页。
② 曾麟书等撰，王澧华等整理：《曾氏三代家书》，岳麓书社，2002年，第288页。
③ 曾麟书等撰，王澧华等整理：《曾氏三代家书》，岳麓书社，2002年，第293页。

其间。”①

我以为我过去本领很大，今天才知道那些成绩全是靠运气取得的，我有什么本事！过去总嫌官小不能报国，今天才知道，官越大，想报国越不容易。环顾朝廷上下，官场积习严重，风气不正，像我这样的蠢人，哪里有本事和他们周旋。

至此，曾国荃才头一次真正认识到了自己的不足。

八

天京之战后黯然回乡之际，曾国荃还没有真正意识到长兄比他的高明。直到这一次挫折，曾国荃才头一次明白了乃兄的苦心和远见。

这次退职是曾国荃官场上受到的最为严重的打击，他回到湘乡后，在老家一气待了七年。落寞居乡之时，他反复思考自己这一生的得失，越想越发现，在所有大事上，兄长的判断几乎都是对的，自己的判断几乎都是错的。兄长所说的话，听起来是老生常谈，但是事后几乎字字都能应验。自己自诩高明，看不上兄长的“笨拙”，结果是一再被打脸。

他没事在家，就把曾国藩寄回家中的奏折底稿找出来读，越读越感觉佩服。多年之后他这样评价曾国藩的奏折功夫：

> 盖才者天所赋也，识者练而精者也。人之聪明材力不甚相远，天下事变之来，往往出于智慧思虑之所不及，惟历事久者能守义理之常，以待时势之变。故公之奏疏不为大喜过美之词，亦不为忧怵无聊之语。其论贼势兴衰、中外大局，一切将然未然之事，若烛照龟卜，不失毫发，而谦谦冲挹，若不敢决其必然，而其后卒无不然，岂非识之加人一等哉!②

才华出众是上天赋予的，见识深刻则是可以通过磨炼获得的。其实天下

① 曾国荃撰，梁小进主编：《曾国荃集》（第五册），岳麓书社，2008年，第245～246页。
② 曾国荃撰，梁小进主编：《曾国荃集》（第五册），岳麓书社，2008年，第218页。

人的聪明才智相差并不太远。决定天下大局走向的因素过于复杂，往往不是凭人类智慧能够预知的，只有那些饱经事变之人，才能够坚守心中正道，坦然应对不可测的未来。所以我哥哥的这些奏折，从来没有溢美夸张的言辞，也从来不做无聊的一惊一乍之语。你看他当初论太平军军势的兴衰，分析中外大局，对局势的分析都非常准确，但是他的话却说得非常谦虚克制，从来不说必然二字，但是事后无不应验。这岂非识见过人吗？

直到这时他才彻底明白，自己和大哥不在一个水平线上。这一生的功名，其实并非自己奋斗得来，都是兄长送的。

九

他和远在南京的长兄时有书信往还，汇报自己乡居的情状。从这些书信看，曾国荃的心态与以前已经大不相同。他在家乡，只专注研究风水，不再关心其他。他在家书中说："（近来）名心极淡，不喜誉，不畏毁，故心无所系。偶或登山看地，尚能行十余里……此次又蒙以理学语相勖，弟又漫听而漫应之，其实弟践履专尚不理之理，不学之学，日日以闲要快活为务，俟兄七十归田之日，始知此为真乐矣。"①

可见他基本上已经放下了名利。

当然，曾国藩不会放松对他的要求，仍然要他与自己"互相切磋，以勤俭自持，以忠恕教子，要令后辈洗净骄惰之气，各敦恭谨之风，庶几不坠家声耳"②。在家里不能过于消沉，要做子侄们的榜样。曾国荃在大哥的督促下，又捡起了书本。同治十年（1871年）十月，曾国荃写信，请老兄继续为他选编文章，编成《鸣原堂论文》，供他学习之用。

曾国藩晚年身体不好，做官做得非常辛苦，因此一直计划着要辞官返乡，为此在家里修建了一座富厚堂。这座宅院所占之地就是曾国荃让给长兄的。

---

① 曾麟书等撰，王澧华等整理：《曾氏三代家书》，岳麓书社，2002年，第293页。

② 《曾国藩全集·家书》，岳麓书社，1994年，第1402页。

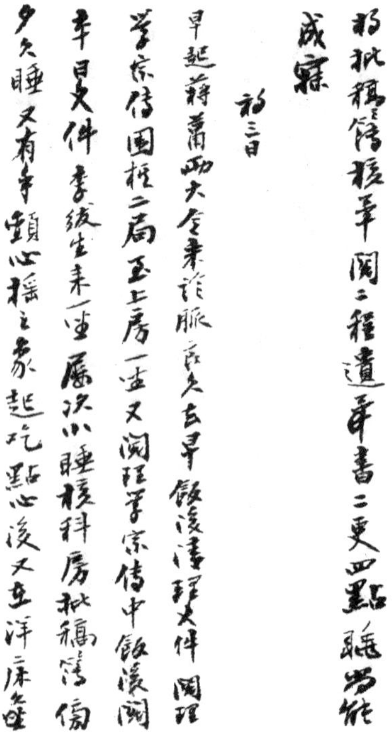

曾国藩最后一天日记

曾国荃也期待着兄弟二人徜徉林下之日。同治十年年底，他在给“伯兄大人”的信中说：

> 前日得劼侄安信，知在镇瞻觐慈颜，极为健康。[①]

他认为长兄应该能够长寿，兄弟二人会有一天共同登山临水，纵论天下英雄，笑谈人间百态。岂料转过年来不久，噩耗就传来了，同治十一年（1872年）二月初四，曾国藩在南京总督署内因突发脑出血去世，终年才六十二岁。

曾国荃闻讯非常悲痛。他们的父母都活到年近七十，而长兄在生活和医疗条件都远远优于父母的情况下只活到六十出头，显然是劳瘁所至。

长兄一生给了他无数帮助，他不能为曾国藩做别的事，只能为他寻一块“万年吉壤”，让劳累一生的他死后灵魂得到一个安稳的寄托之所。当初父母改葬都是他一手操办的，因此曾国荃颇以自己的相地本领自诩，接到讣闻不久后就由省城回到湘乡，准备“尽一两月之力”为曾国藩找一处风水上好的坟地。他对曾纪泽说：“以汝考在天之灵，为本朝第一完人，即当为二百年来第一福人，得地固其宜也。”[②]

他不惧艰苦，以半百之身，花了数个月的时间，几乎登遍了周围的山，蹚

① 曾国荃撰，梁小进主编：《曾国荃集》（第五册），岳麓书社，2008年，第349页。
② 曾国荃撰，梁小进主编：《曾国荃集》（第五册），岳麓书社，2008年，第354页。

遍了各处的水，最后在“衡阳、衡山、湘乡各寻一处”，又在湘潭、长沙“看得一相宜者”，一共找了五处风水宝地，让曾纪泽、曾纪鸿兄弟选择。[1]

忙完了老兄的丧事后，他反思四十九年的兄弟关系，越想越觉得自己辜负兄长之处太多。他在写给哥哥的祭文中这样说：

> 生弗能事，友恭道阙……何兄友于，而弟不悌？……辜负教训，四十九年。[2]

您活着的时候，我没能好好侍奉。您对我尽到了为兄之道，我对您却没有尽到“悌”字。整整四十九年，辜负了您的教训。

他回忆起兄弟间的种种矛盾和冲突，表示深切悔悟：

> 昔我乘气，自谓无前，兄裁以义，翻不谓然。一再试世，重踣而颠。弟以刚折，兄以曲全，迄我知德，兄没九泉。谁与论道，口不复宣，望灵垂涕，鸣原百篇。[3]

过去我乘着一股初生牛犊不怕虎的莽撞之气，一往无前。老兄不断地以义理约束我，我却一直不以为然。结果一试再试，我这条小船一次次倾翻。我因为过于刚强遭遇挫折，您却因为善于退让获得保全。如今我终于能领会您的高明之处和关爱之心，您却已经没入九泉。以后谁还那么苦口婆心地教导我？谁还能和我一起谈论天道人间？望着您的灵位我潸然泪下，又想起您在生命的最后一段时光里还在忙着给我编辑《鸣原堂论文》一百篇。

在给曾纪泽的信中，曾国荃评价曾国藩说：“生荣死哀，北斗以南，一人而已。”[4]

---

① 曾国荃撰，梁小进主编：《曾国荃集》（第五册），岳麓书社，2008年，第367页。
② 曾国荃撰，梁小进主编：《曾国荃集》（第五册），岳麓书社，2008年，第214～215页。
③ 同上。
④ 曾国荃撰，梁小进主编：《曾国荃集》（第五册），岳麓书社，2008年，第357页。

同治十一年三月十六日，在读到时任江苏巡抚何璟为曾国藩写的《查明事实疏》后，他写信给曾纪泽说：

> 小宋制府之疏，令人感激涕零。在文正公永矢贞正，苦心报国，原无求白于天下后世之念，然得此疏宣付史馆，亦使亿万年之欲为纯儒纯臣者，有效法之型，且可以愧厉当时之纯用权术而居高位者。此文之补于人心世道岂浅鲜哉！……文正公以武乡侯之心迹，驾李、郭、韩、范之勋业而上之，以韩、欧之文章，负司马温公之重望，有道之士未有不亟欲读其书者。[1]

何璟的这篇奏折写得确实好，令我们感激涕零。文正公一心报国，本来不求天下后世记住。但是能有这样一篇文章，写出文正公的心，让后世那些想做纯臣大儒的人有一个榜样，让当世这些纯用权术登上高位的人也能有所反省。因此有益于世道人心。

曾国荃在这封信中还把曾国藩比作诸葛亮，认为他的功业超过了李光弼、郭子仪、韩琦、范仲淹、司马光诸人。他认为，曾国藩年轻时发誓做圣人，回顾这一生，他确实做到了。

十

曾国藩死后，本来就已呈现多头状态的湘系人员更为分散。同治十三年（1874年），闲散了八年的曾国荃终于被朝廷重新起用，出任河东河道总督，后任山西巡抚。

这次再出山，曾国荃终于成熟老到了。经过数次重大挫折，曾国荃为人处事风格发生了一大变化，这一变化颇类曾国藩的中年变法。他的办事风格，越来越像已故的老兄曾国藩。他一方面做事仍然认认真真、勤勤恳恳，另一方面

---

① 曾国荃撰，梁小进主编：《曾国荃集》（第五册），岳麓书社，2008年，第364页。

在官场上则注意圆融退让，不再锋芒毕露。

然而毕竟兄弟二人修养功夫相去太远，所以他之学曾国藩，只能说学到局部，而学不到全体。曾国藩之变，是由纯阳至刚成为刚柔相济，以刚为主，如同好钢淬过火，变得更加锋利。而曾国荃却是由鲁莽、操切一变而为圆滑、退缩，从当初那个闯进瓷器店的公牛，变成一个不思进取、明哲保身的老官僚。他晚岁任两江总督，以清静无为为旨，对外自称“卧治”，人称“国荃晚任江督，软滑不治事，诚无足称”①。

《中兴将帅别传》则说他晚年的做事风格是：

> 其督两江，常病足，卧阁无为，兼用黄老术，务清静化民，大江南北伏莽潜消。为治，责大指，不苛细，晚年尤纯乎仁爱。金陵为公百战所克，出民水火，故感人弥深，百姓先建怀德祠祝长生，及公薨后尤讴思不忘云。②

就是说他做两江总督的时候，因为腿脚不好，所以常常躺着不办事，以黄老之术治民。治理地方只求大面上过得去，不苛求细节。越到晚年越以仁爱为心。

不过这种作风显然很适合晚清的政治环境，翁同龢就对晚年的曾国荃评价极高，他在《日记》中称曾国荃“其学有根柢，再见而益信畏友也。吾弗如远甚”。他认为曾国荃所宗乃是老庄“沅圃之学，老庄也。然依于孔孟，其言曰‘抱一守中’，又曰‘止念息心’。又曰：‘收视反听，是为聪明。’其养生曰：‘神水华池，时时致念。’其为政曰‘顺民心’，其处世曰‘恕’，其临事曰‘简’，其用兵皆依乎此而已”，“其人似偏于柔，其学则贯澈汉、宋，侪辈中无此人也”。③早年过于粗豪刚硬的曾国荃，到了晚年，在翁同龢的眼中，已经成了“偏于柔”的大学问家、大哲学家了。

---

① 李春光撰：《清代名人轶事辑览》（三），中国社会科学出版社，2004年，第1341页。
② 朱孔彰撰，向新阳、朱英士标点：《中兴将帅别传》，岳麓书社，1989年，第114页。
③ 《翁同龢日记》，中华书局，1992年，第1806页。

曾国荃晚年写信给侄子曾纪泽，也认为是兄长的教导使自己找到了与官场相安的途径：

余昔日自作聪明，间或背文正公之教训而私智自逞，往往不能妥叶。今稍符于众议者，实皆恪守懿训而弗爽也。①

不仅做官方式越来越像曾国藩，居家之际，曾国荃对晚辈说话，口气也酷似曾国藩。我们看他晚年写给曾纪泽、曾纪鸿的这封信：

吾与贤昆弟皆承家庭极盛之后，全赖心中有持盈保泰之道，方可以继渊源，不特一举一动不可丝毫错误，即一话一言亦要想量周到。至于骨肉兄弟之间，尤宜相亲相爱，相忍相让，方不至为旁人之言所惑。子犹侄也，侄犹子也，同是父母同气连枝而来也，不必有区别之见耳。②

光绪元年（1861年）六月二十二日，他在家书中说：

近日心中亦能想宽，知凡百事件皆由前定，非可以人力强谋而求全行如我之意，一味安分守己，听天由命，反觉心境泰然。③

这些家书和曾国藩家书放到一起，如果隐去人名，已经混然难辨。

十一

晚年的改弦易辙，让曾国荃越来越得到下至百官、上至朝廷的肯定，也与各处相处融洽。当然，曾国荃的最大长处也就是办事尽心尽力，一直未改。他

① 曾麟书等撰，王澧华等整理：《曾氏三代家书》，岳麓书社，2002年，第424页。
② 曾国荃撰，梁小进主编：《曾国荃集》（第五册），岳麓书社，2008年，第377页。
③ 曾国荃撰，梁小进主编：《曾国荃集》（第五册），岳麓书社，2008年，第393页。

任山西巡抚时，遇到百年不遇的大旱灾，史称“丁丑奇荒”。他全力救灾，政绩显著，朝廷在上谕中表扬他说：“曾国荃向来办事认真，山西迭被旱灾，该抚筹办赈抚善后诸务，尤能不遗余力，俾地方得以乂安。”①

曾国荃晚年像

曾国藩时代的老人一个个凋零，像曾国荃这样有硕望、能服众的人越来越少，越到后来，朝廷对他越倚重。1880年，中俄关系紧张，朝廷派他督办京东军务，驻节山海关。1882年，中法关系紧张，朝廷派他署理两广总督。1884年又继左宗棠出任两江总督兼南洋大臣，继承了乃兄当初的职位，达到了个人权位的顶峰。中法战争中，朝廷以曾国荃“老于军事，专倚之”。1885年左宗棠去世后，曾国荃更是成为湘军集团最后的领军人物。

虽然晚年的他到处只求安静，建树无多，不过1890年他去世之后，朝廷对他的评价仍然很高：

> 两江总督曾国荃秉性沉毅，莅事公忠，韬略闳深，经猷远大……朕御极后，优加倚任，迭畀封圻，均能尽职。其在山西巡抚任内，救灾恤民，政绩尤著……简任两江总督，到任后整顿地方营伍，抚绥镇摄，卓著声威。②

在曾国藩的数十年提携淬化之下，曾国荃终于在晚年渐入佳境，掌握了官场生存术，最终得以在死后和长兄携手跨入晚清名臣行列。

---

① 曾国荃撰，梁小进主编：《曾国荃集》（第五册），岳麓书社，2008年，第39页。

② 曾国荃著：《曾国荃全集 第六册 公牍·批牍文集·诗词联语·题铭附录》，岳麓书社，2006年，第365页。

第二章
“每揽镜自照，面目增秽”：不让人放心的曾国华

第一节 “辰君平正午君奇”：曾国华在京的颓废生活

一

曾国藩到北京为官之后多次嘱咐弟弟们，让他们勤写家书，多说说家长里短、鸡毛蒜皮，以慰远人在外的思家之情。但是每次拆开信封，里面通常只有父亲和两个幼弟的信，四弟曾国潢和六弟曾国华却极少写信给他。

曾国藩对原因心知肚明。道光二十三年二月十九日，曾国藩在写给父母的家书中说，四弟国潢与六弟国华对他有怨气，所以以前“从不写信与男”[①]。

为什么对他有这么大的怨气呢？

---

① 《曾国藩全集·家书》，岳麓书社，1994年，第59页。

曾国藩说，原因有五。

第一，如前所述，道光十七年，也就是曾国藩中进士的前一年，在家教授几位弟弟读书，态度过于严厉。“丁酉在家教弟，威克厥爱，可怨一矣。”[①]

第二，“己亥在家未尝教弟一字，可怨二矣”[②]。道光十八年中进士后，他回家待了将近一年，但是大多数时间或者忙于四处拜客敛财，或者在家中打牌读小说以消积年之累，没拿出时间教弟弟们读书，弟弟们对他有所不满。

第三，“临进京不肯带六弟，可怨三矣”[③]。进京为官的时候，六弟曾国华很想跟着他进京观光开开眼界，但是曾国藩“因散馆去留未定，故比时未许”[④]。曾国藩那时还没参加翰林院散馆考试，不知道自己的去留（散馆后有外放知县等可能），所以当时没有同意。曾国华对此心有不满。后来曾麟书进京，带了曾国荃而没带曾国华，国华心中更是大为不满。

第四，“不为弟另择外傅，仅延丹阁叔教之，拂厥本意，可怨四矣”[⑤]。国潢和国华比较年长，正是进学的关键时候，但是曾国藩并没有按他们的要求，请父亲给他们从外面请来高明的老师，只请学问平平的同族丹阁叔来教他们，让他们大失所望。

第五，“明知两弟不愿家居，而屡次信回，劝弟寂守家塾，可怨五矣”[⑥]。两位弟弟不愿意在家塾读书，他却总是劝他们守在家里。这是第五个让他们生怨之处。

二

曾国藩的这两个弟弟，性格很有特点。

大弟曾国潢，字澄侯，大排行第四。他在几兄弟当中读书天分最差，但是

① 《曾国藩全集·家书》，岳麓书社，1994年，第59页。
② 同上。
③ 同上。
④ 《曾国藩全集·家书》，岳麓书社，1994年，第58页。
⑤ 《曾国藩全集·家书》，岳麓书社，1994年，第59页。
⑥ 同上。

有一个优点，就是为人实在，做事勤勤恳恳，为家族甘于付出。曾国藩入京之后，他就成了家中的长男，承担起管家办事的责任。

第二个弟弟曾国华，字温甫，大排行第六，在曾国藩兄弟当中，是比较特殊的一个。首先是他的身份比较特殊，他虽然是曾国藩的亲弟弟，但已出抚为叔父曾骥云之子。其次，曾国华的文笔在几兄弟当中是最出色的，思路奇崛，情感丰富，所以曾国藩称他有“不羁之才”①。在家书中常说他“天分本高”“天分较诸弟更高”②。

但是曾国华也有致命的弱点。一般来讲，文学天分高的人敏感、脆弱、偏激。曾国华正是这样。他为人感性，意志力差，缺乏耐性。上文我们提到，曾国藩评价曾国荃“屈指老沅真白眉”，这句诗的上一句是“辰君平正午君奇”③。曾国藩自注曰：“辰君谓弟澄侯，生庚辰岁。午君谓温甫，生壬午岁。”④国潢为人坦直平凡，所以叫“辰君平正”。“午君奇”，则既是指曾国华身负奇才，又是指他性格发展的不平衡。曾国华自许颇高，但是科举之路却非常艰难，考秀才、考举人都是屡试不第。他抗挫折能力远不及曾国藩，每次考试失利都要大发牢骚，“自怨数奇”⑤。

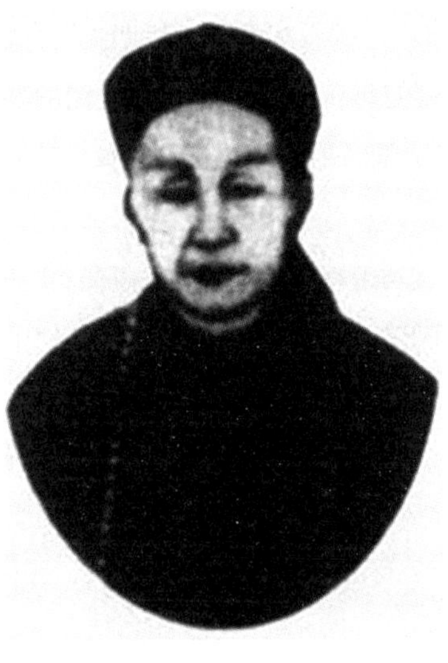

曾国华像

道光二十二年下半年，两位弟弟秀才考试双双失利，才一起写了封信给曾国藩。四弟国潢说家中杂事太多，想要到外边找一个教私塾的工作，一边工作一边学

① 《曾国藩全集·家书》，岳麓书社，1994年，第51页。
② 《曾国藩全集·家书》，岳麓书社，1994年，第92页。
③ 《曾国藩全集·诗文》，岳麓书社，1994年，第84页。
④ 《曾国藩全集·诗文》，岳麓书社，1994年，第245页。
⑤ 《曾国藩全集·家书》，岳麓书社，1994年，第39页。

习。而六弟国华则又一次因考试失利而大发牢骚，嬉笑怒骂，抱怨自己命运多舛。

虽然两弟之信久盼才来，曾国藩却在复信中毫不客气地给了他们一顿劈头盖脸的批评。

他在回复曾国潢的部分说，国潢静不下心来，只是因为他立志不真，与环境没有任何关系。如果心能静，哪里都是读书之境。

曾国华在信中抱怨自己命运多舛，曾国藩报以轻轻一笑："屈于小试辄发牢骚，吾窃笑其志之小，而所忧之不大也。君子之立志也，有民胞物与之量，有内圣外王之业，而后不忝于父母之生，不愧为天地之完人。故其为忧也，以不如舜不如周公为忧也，以德不修学不讲为忧也……若夫一身之屈伸，一家之饥饱，世俗之荣辱得失、贵贱毁誉，君子固不暇忧及此也。六弟屈于小试，自称数奇，余窃笑其所忧之不大也。"①

就是说大丈夫要忧则忧天下，忧自己没有成为圣人。因为一个小小的秀才没考上而忧心忡忡，何其气量之小也。

他还说："盖人不读书则已，亦即自名曰读书人，则必从事于《大学》。《大学》之纲领有三：明德、新民、止至善，皆我分内事也。若读书不能体贴到身上去，谓此三项与我身了不相涉，则读书何用？虽使能文能诗，博雅自诩，亦只算得识字之牧猪奴耳！"②

意思是说曾国华没明白读书的真义。读书并非为了功名，而是为了进德修身，日常应用。

这番话说得更是豪迈高远，让普通人难附骥尾。

这封家书之所以如此峭拔，有一个特殊的背景，那就是曾国藩从这一年开始正式立志，要"学做圣人"，变一个人。他从这一年十月一日起，开始写修身日记，心态与举止皆与以前截然不同。在家书中高屋建瓴长篇大论地讲了半天道理之后，曾国藩又开始介绍自己的经验与进步：

---

① 《曾国藩全集·家书》，岳麓书社，1994年，第39页。

② 同上。

倭艮峰先生则诚意工夫极严，每日有日课册，一日之中一念之差、一事之失、一言一默皆笔之于书。书皆楷字，三月则订一本……余自十月初一日起亦照艮峰样，每日一念一事，皆写之于册，以便触目克治，亦写楷书。[①]

三

接到曾国藩这封言辞堂皇、立意正大的家书，曾国潢很不高兴，在回信中指责曾国藩“待人不恕”[②]，站着说话不腰疼。

六弟国华在家书中则直截了当地说，他们想外出读书，不只是因为家里环境嘈杂，更是因为父亲设立的家塾纪律散漫，父亲教学方法也不怎么高明，“荒芜已久，甚无纪律”[③]。在家里读书收获不大，徒耗时日。

头一次遭到两个弟弟直接的顶撞，曾国藩受到的触动很大。他在回信中说，读了弟弟们的指责，他“不觉汗下”[④]。也许弟弟们触到了他平素自视甚高而视兄弟甚低的痛处，所以他急忙解释说自己绝没有这样的主观动机。他说，我去年和九弟在京曾经专门谈过，做儿子的，在父母和亲族面前，绝不能有讨好卖乖、只显我的好而显得其他兄弟不好的动机；如果有这个动机，那就是不孝。“我去年曾与九弟闲谈，云为人子者，若使父母见得我好些，谓诸兄弟俱不及我，这便是不孝；若使族党称道我好些，谓诸兄弟俱不如我，这便是不弟。何也？盖使父母心中有贤愚之分，使族党口中有贤愚之分，则必其平日有讨好底意思，暗用机计，使自己得好名声，而使其兄弟得坏名声，必其后日之嫌隙由此而生也。”[⑤]

同时，他也意识到自己上一封信在语气上确实存在“不恕”之处，只讲

① 《曾国藩全集·家书》，岳麓书社，1994年，第40页。
② 《曾国藩全集·家书》，岳麓书社，1994年，第52页。
③ 《曾国藩全集·家书》，岳麓书社，1994年，第54页。
④ 《曾国藩全集·家书》，岳麓书社，1994年，第52页。
⑤ 《曾国藩全集·家书》，岳麓书社，1994年，第52～53页。

大道理，却没有充分设身处地站在弟弟们的角度考虑他们的难处。他对父亲的教学水平当然非常了解，自己当年考秀才失败六次，与父亲的教育方法不当不无关系。所以他在回信中表示，国潢所说的“甚为切当”。不过他还是不同意国潢出去教馆，因为教馆需要耗费很大精力，同样影响读书：“教馆之荒功误事，较之家塾为尤甚。”[①]

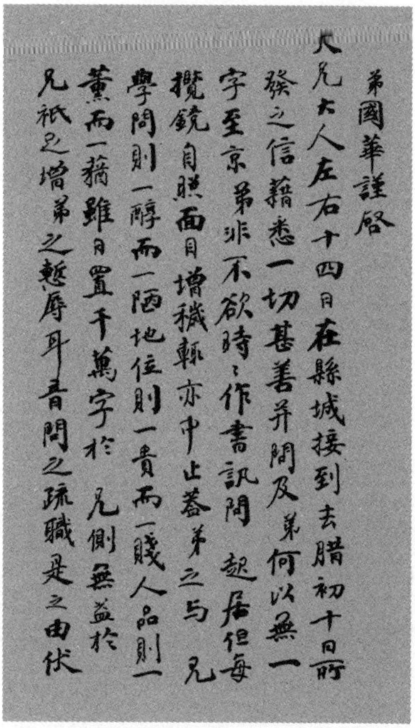
弟國華謹啓
大兄大人左右十四日在縣城接到去腊初十日所
發之信藉悉一切甚善并問及弟何以無一
字至京弟非不欲時時作書訊問起居但每
攬鏡自照面目增穢輙亦中止蓋弟之与兄
學問則一醇而一陋地位則一貴而一賤人品則一
薰而一蕕雖日置千萬字於兄側無益於
兄祇之增弟之慙辱耳音問之疏職是之由伏

曾国华致曾国藩家书其一

因此他决定让曾国潢带着幼弟曾国葆出外择拜明师。

针对国华的抱怨，曾国藩在回信当中首先少有地花了很多笔墨肯定弟弟的长处。他说：“六弟之信，乃一篇绝妙古文。排奡似昌黎，拗很似半山……不知六弟乃生成有此一枝妙笔。往时见弟文，亦无大奇特者。今观此信，然后知吾弟真不羁才也。欢喜无极，欢喜无极！凡兄所有志而力不能为者，吾弟皆可为之矣。”[②]

在几兄弟当中，曾国华是最好新求变、对外面的世界最为向往的人。随着年龄的增长，曾国华越来越急切地想要走出偏僻的白杨坪，见识大千世界，因此心志不专，成绩也急剧下降。这次他写信给曾国藩，表示想与曾国荃一起到省城长沙的城南书院读书，并且在信中直言指责父亲曾麟书教导无方。今天儿子批评父亲很常见，但是在传统时代，绝少有晚辈敢于这样直言指责长辈。

作为长子，曾国藩对曾国华这种“违反纲常”的行为当然得提出批评。所以在肯定完弟弟的才华后，他严肃指出，曾国华直言指责父亲，大错特错。他

① 《曾国藩全集·家书》，岳麓书社，1994年，第52～53页。
② 《曾国藩全集·家书》，岳麓书社，1994年，第54页。

说："臣子与君亲，但当称扬善美，不可道及过错；但当谕亲于道，不可疵议细节。"还要求他接到这封信后，"立即至父亲前磕头"，赔礼道歉。[1]

但另一方面，他也认为六弟所说的事实有一定道理，同意他入省读书，为此承诺他会专门写信给父亲劝说他同意。

四

果然，在回复两弟这封家书的同时，曾国藩给父亲曾麟书也写了一封信，他说"诸弟在家不听教训，不甚发奋"，原因是"大人又不能常在家教之；近地又无良友，考试又不利"，所以"总不愿在家塾读书"。如果让他们"年年株守家园，时有耽阁"，可能会误了前程。所以要求他同意两个弟弟外出拜明师。他说，如果不听从诸弟意见，"惧男再拂弟意，将伤和气矣……故禀堂上各位大人俯从男等兄弟之情，男之意实以和睦兄弟为第一"[2]。

从这件事我们可以看出，曾国藩在诸弟的学业上，是有相当大的发言权甚至决策权的。其实在请求父亲同意之前，他已经做出了明确的安排，他要曾国潢"接到此信，立即率厚二（曾国葆的乳名）到觉庵师处受业"，并承诺承担他们的束脩："今年谨具钱十挂。兄于八月准付回，不至累及家中。"[3]同时同意六弟国华和九弟国荃到省城读书："弟接到此信，立即下省肄业。"并且指定他们去拜丁叙忠为师，承诺"二月间准付银二十两至金竺虔家，以为六弟、九弟省城读书之用"[4]。

五

曾国华到省城学习之后，曾国藩对他期望很高。他写了《温甫读书城南寄示二首》给六弟：

---

① 《曾国藩全集·家书》，岳麓书社，1994年，第54页。
② 《曾国藩全集·家书》，岳麓书社，1994年，第58～59页。
③ 《曾国藩全集·家书》，岳麓书社，1994年，第53页。
④ 《曾国藩全集·家书》，岳麓书社，1994年，第57页。

十年长隐南山雾，今日始为出岫云。事业真如移马磨[1]，羽毛何得避鸡群。求珠采玉从吾好，秋菊春兰各自芬。嗟我蹉跎无一用，尘埃车马日纷纷。

岳麓东环湘水回，长沙风物信佳哉！妙高峰上携谁步？爱晚亭边醉几回。夏后功名余片石，汉王钟鼓拨寒灰。知君此日沉吟地，是我当年眺览来。[2]

曾国藩回忆自己当初在岳麓书院求学的情景，鼓励弟弟在此“求珠采玉”。他认为，曾国华天分本高，到了省城，开了眼界，有了良师益友，肯定会学业大进，功名顺遂。

然而曾国华的表现，远远不如他的期望。看到曾国华寄到北京的文章，他感觉没什么进步：“六弟笔气爽利，近亦渐就范围。然词意平庸，无才气峥嵘之处，非吾意中之温甫也。如六弟之天姿不凡，此时作文，当求议论纵横，才气奔放，作为如火如荼之文，将来庶有成就。”[3]所作文章过于规矩平庸，没有发挥出自身文笔的特点。

他在家书中严厉告诫曾国华，“年过二十，不为少矣”，应该摒却万物、专意发愤了，而且不能把眼光仅仅局限于科举。如果这次仍然中不了秀才，不如放弃这种专读应试教材的学法，“当尽弃前功，壹志从事于先辈大家之文”。不要拘泥于科第之学，一边准备应考，一边也要学点有用的东西。“若再扶墙摩壁，役役于考卷截搭小题之中，将来时过而业仍不精，必有悔恨于失计者，不可不早图也。”万一将来科举之路走不通，又没学到什么真才实学，这一辈子将如何安

① 用马拉磨，谓辛苦劳作。《三国志·许靖传》：“少与从弟劭俱知名，并有人伦臧否之称，而私情不协。劭为郡功曹，排摈靖不得齿叙，以马磨自给。”陆游《明日自和》：“二顷元知未易求，不如马磨学文休。”清赵翼《遣兴》诗之三：“始知马磨卑栖处，少踏人间险几重。”

② 《曾国藩全集·诗文》，岳麓书社，1994年，第80页。

③ 《曾国藩全集·家书》，岳麓书社，1994年，第87页。

排呢？[1]

曾国华到省城读书两年之后，曾国藩在给诸弟家书中针对他们怨天尤人的习惯批评说："吾人为学最要虚心。尝见朋友中有美材者，往往恃才傲物，动谓人不如己，见乡墨则骂乡墨不通，见会墨则骂会墨不通，既骂房官，又骂主考，未入学者则骂学院。平心而论，己之所为诗文，实亦无胜人之处；不特无胜人之处，而且有不堪对人之处。只为不肯反求诸己，便都见得人家不是，既骂考官，又骂同考而先得者。傲气既长，终不进功，所以潦倒一生而无寸进也。"[2]自己考不上，还嫉妒别人。看到别人取中的试卷，破口大骂为不通。骂完了取中者，又骂考官。我们很容易看出，这封信虽然没有专指，但主要是写给曾国华的。

道光二十五年（1845年）又是考试秀才之年。曾国藩在家书中表示，四个弟弟今年考秀才万一皆不中，心情抑郁，则年长的四弟、六弟、九弟当中有谁愿意来京城，"不妨来京一游"，可以"广耳目、豁心胸"，也可以"叙兄弟之乐"。[3]话是这么说，但因为九弟已经来过，所以实际上重点是请四弟、六弟来京，以满足他们"观国之光"的心愿。这个邀请对曾国藩来说，并不是那么容易做出的，因为他作为一介穷翰林，在北京是日日借债，一文钱要掰成两半花。两个弟弟入都的费用对他来讲是一个很大的负担。他的主要考虑，还是希望曾国华能够通过进京学习，在功名上有所突破。

四位弟兄这科考试果然一个未中。所以曾麟书接信之后，就安排国华和国潢携手进京，两人终于满足了观光上国之愿。

六

这一年九月二十三日，曾国潢、曾国华二人抵达北京。曾国藩带着他们浏览了几处名胜，领略了上国风光之后，就像当初督教曾国荃一样，开始亲自教

① 《曾国藩全集·家书》，岳麓书社，1994年，第87页。
② 《曾国藩全集·家书》，岳麓书社，1994年，第96页。
③ 《曾国藩全集·家书》，岳麓书社，1994年，第116页。

授他们读书。

眼界大开，夙愿已遂，曾国华心情舒畅，读书颇为用功，学业也有所长进。曾国藩在道光二十六年二月给父母的家书中说：“六弟近日文思大进，每月作四书文六首、经文三首，同人无不击节称赏。”①他在给曾国荃、曾国葆的家书中也说：“温弟时文已才华横溢，长安诸友多称赏之。”②

因为急于功名，所以在征得曾国藩的同意后，曾国华于道光二十六年五月花钱报捐了国子监监生，这样就可以跃过秀才一级，直接获得参加举人考试的资格。因为在北京举行的顺天乡试允许监生参加考试③，而且顺天乡试的录取率高于其他各省乡试。

这个钱，当然是曾国藩给他出的。四个月后，他踌躇满志，在北京参加了顺天乡试。曾家所有人都对这次考试期望很高。以前屡试不中，也许是省里的考官不能欣赏曾国华的特殊之才。这次到了天子脚下，也许能脱颖而出了吧？

然而和以前一样，曾国华又一次名落孙山。

曾国华再次借酒浇愁，大发牢骚，曾国藩后来在《母弟温甫哀词》中曾形象刻画过曾国华落第后的表现：“吾诗有云：‘午君最奇。’挟艺干人，百不一售。彼粗秽者，乃居吾右。抑塞不伸，发狂大叫；杂以嘲诙，万花齐笑。世不吾与，吾不世许。自谓吾虎，世弃如鼠。相舛相背，逝将去女。”④

至于曾国潢，则在京读书进步也不大。经过这次亲自教授，曾国藩再次确认，曾国潢非科举中人，读书没有前途，只有书法一途，还算稍有成绩。他在家书中对曾国华和曾国潢二人的优劣做了评述：“论文则温高于澄，澄难为兄；论书则澄高于温，温难为弟。”⑤所以这年十一月，曾国藩安排他携带皇帝给曾家的封诰文书南归，曾国华则仍留在京读书。在曾国潢南回之前，曾国

---

① 《曾国藩全集·家书》，岳麓书社，1994年，第129页。

② 《曾国藩全集·家书》，岳麓书社，1994年，第131页。

③ 顺治十四年（1657年）的顺天乡试中，与试生员四千人，贡监生有一千七百余人，比例高达近百分之五十。

④ 《曾国藩全集·诗文》，岳麓书社，1994年，第245页。在家书中，曾国藩则这样安慰父母说：“六弟初次下场，年纪尚轻，尤不必挂心也。”

⑤ 《曾国藩全集·家书》，岳麓书社，1994年，第131页。

藩也花钱给他捐了个国子监生，算是有了个功名，并且嘱咐他以后就专心管理家务，不要再去应试了。“男以此打发四弟，四弟亦欣然感谢，且言愿在家中帮堂上大人照料家事，不愿再应小考。”[①]

七

曾国藩把曾国华留下，为的是让他再接再厉，准备下一次考试。

然而经过这次乡试的挫折，曾国华心气大衰。曾国华的性格特点是容易大起大落，振作起来非常用功，但是一旦心气衰落，则万难鼓舞。考试之后，曾国华在北京待了两年多时间。这两年里，他成天提不起精神，晚睡晚起，无所事事，只是打牌（见曾国潢家书中句：“今年头一封信，即写六弟如何不听话等语”，“兄始则说六弟打牌，如何不好”[②]）。曾国藩说：“温弟自去岁以来，时存牢骚抑郁之意。太史公所谓‘居则忽忽若有所亡，出则不知其所往者’，温弟颇有此象，故举业工夫大为抛荒。间或思一振备，而兴致不能鼓舞，余因是深以为虑。每劝其痛着祖鞭，并心一往。”[③]他每天都心神不定，不管曾国藩怎么威逼利诱，就是不肯读书作文，“两年未作文”[④]。

如果不能用心学习，能帮曾国藩处理处理家务也好，但是曾国华连这点也做不到。曾国藩居京时期，应酬极多，家务繁杂。曾国潢在京那几个月里，不但能充当曾纪泽的老师，还能替曾国藩料理家庭细务，让曾国藩省心不少。然而曾国华在京中，每天只负责吃喝，其他万事不管。“前四弟在京能为我料理一切琐事，六弟则毫不能管。”[⑤]道光二十七年七月十八日，曾国藩写信给在老家的三个弟弟说：“六弟近来气性极和平，今年以来未曾动气”，就是懒得很，“六弟无事而亦懒，是我不甚满意处”[⑥]。

---

① 《曾国藩全集·家书》，岳麓书社，1994年，第137页。
② 曾麟书等撰，王澧华等整理：《曾氏三代家书》，岳麓书社，2002年，第33页。
③ 《曾国藩全集·家书》，岳麓书社，1994年，第163页。
④ 《曾国藩全集·家书》，岳麓书社，1994年，第171页。
⑤ 同上。
⑥ 《曾国藩全集·家书》，岳麓书社，1994年，第155页。

所以和当初苦留曾国荃在京用功不同，曾国藩开始打算让曾国华回家。他对曾国华说，让你回家，是出于以下数层考虑。一是只有在长辈的约束下，你才能开始读书，我是管不了你了，“必在家中父亲、叔父严责方可用功”[①]。二是曾国华之妻在家乡生病，同时叔父曾骥云“抱孙之念甚切”[②]。此外，第三个原因，曾国藩身为二品，有可能简放明年的顺天主考，那样曾国华就需要回避，无法参加顺天乡试。所以你与其这样在北京混日子，不如早日回家。

但是曾国华却不同意。他并不像其他兄弟那样，在曾国藩面前唯命是从。他提出了自己的想法：要在北京找一个教职，可以借机管束自己，起码生活上能有规律，能够渐渐开始用功。“温弟辄言思得一馆，使身有所管束，庶心有所维系……坐馆以羁束身心，自是最好之事。”[③]

曾国藩劝不动他，只好帮他寻找馆地。道光二十八年正月二十一日，曾国藩在写给老家的三个弟弟的信中说，曾国华已经决定到老乡、礼部郎官黄正斋家当塾师，每月可以得银五两。不过曾国藩不能保证是否长久，“然正斋家之馆，澄弟所深知者，万一太不合式，温弟亦难久坐”[④]。

通过曾国藩这句话，我们可以看出黄正斋不是一个容易相处的东家。曾国华更不是一个善于与人相处的人。所以半年之后，不出曾国藩所料，宾东不惬，曾国华即告出馆，仍然回到了曾国藩家里。

曾国藩再次要求曾国华归里。然而曾国华对大哥的命令仍然置之不理，哥哥劝他，他只是闷头不说话。家中曾麟书、曾骥云和曾国荃都写信劝归，曾国华也不搭理。曾国藩也无法可想，只有郁闷而已。

如果曾国华所作所为仅此而止，曾国藩还可忍受，顶多再出一个人的生活费罢了。他万万没想到，曾国华不久之后，居然做出了一件令他气急败坏而又不敢声张的“荒唐之事”来。

---

① 《曾国藩全集·家书》，岳麓书社，1994年，第171页。
② 《曾国藩全集·家书》，岳麓书社，1994年，第163页。
③ 《曾国藩全集·家书》，岳麓书社，1994年，第163~164页。
④ 《曾国藩全集·家书》，岳麓书社，1994年，第164页。

此事内容到底如何，在今天能看到的曾氏往来家书中并没有明确记载，具体详述其事的家信可能已经销毁，我们只能从只言片语中推测一二。曾国潢家书中有“温弟坏行”“前事已行过了，除兄弟外，绝不使人知，总以诚感他”之句。[①]曾国华以已婚之身在北京独守空房，再联想到他后来在湖南省城的行径（详见下文），很可能是做出了嫖妓之类的荒唐行径。

这种行为在一直规规矩矩的曾氏家族中绝对是骇人听闻、惊天动地的。曾国藩不得不马上写信回家进行汇报，并请示父亲和叔父如何处理。

八

曾家接到此信，马上召开紧急会议。曾国潢想出一个计策，他决定诈称自己突患重病，朝不保夕，以骗国华回家。他要求大家统一口径：“皆答应证实弟之病。”[②]叔父还嘱咐六弟媳妇：“尔必证实潢伯病是真的。”[③]同时还通知了曾家几个女儿也如此统一口径。计议已定，曾国潢给曾国藩写了一封家书，称盼望六弟早日回家一见。

如此大动干戈，可见曾国华的“坏行”，确实把曾家人吓坏了。

曾国华信以为真，仓皇出京。

经过长途跋涉，曾国华到了湖北，眼看家乡在望，突然接到曾国潢寄来的又一封家书。曾国潢称，经过医家调治，自己“病已愈”。

聪明的曾国华当然知道自己上当受骗了。想想家里为什么要骗他回家，再回想自己在京三年，英气消沉，行为荒唐，不免也悔愧不已。他在给曾国藩的信中说：“此会留京三年，所得果安在？出门时，父母属望，私心期许，岂如此耶？至鲇鱼坝肉店，必须买一猪肚蒙面，然后可进里门也。兄今冬接四兄病信，三日后接信而病已愈，明年榜后接弟病信，不知三日后复有转信否也。一笑。”[④]

---

① 曾麟书等撰，王澧华等整理：《曾氏三代家书》，岳麓书社，2002年，第43～44页。
② 曾麟书等撰，王澧华等整理：《曾氏三代家书》，岳麓书社，2002年，第44页。
③ 同上。
④ 曾麟书等撰，王澧华等整理：《曾氏三代家书》，岳麓书社，2002年，第118页。

这真是无可奈何、自我解嘲的一笑。

九

曾国藩担心，曾国华发现受骗后，会发怒发狂，脾气变得更加古怪。不料事态的发展完全不同于他们的想象。回到家后，曾国华像变了一个人似的，绝口不提受骗上当之事，只是尽心操持家事，尽力伺候祖父的病体。

曾国藩的祖父曾玉屏几年前患了半身不遂之症，瘫痪在床，曾家大小轮流伺候，极为辛苦。这次回家之后，曾国华不再像以前那样逃避护理责任，而是主动担当，勤勤恳恳。曾国潢描述说：

> 兄所逆料者（未免过虑），未料到一点……温云若于四兄毫有怪意，则指天誓日。况乎无庸指示，于言语行事间，即可见十之九矣。自本月初六以后，总是弟与温在祖父房中睡，或两人同睡，或随便一人率刘一睡。而温较弟犹觉津津有味，盖温更易得醒来也。甚至通夜全不能落心睡，次日止晏起，毫不提及。而父、叔总于卯正即来接手（数年如此），伺候穿衣洗面、发烟、换小衣等事。每一言及，总云某某夜间吃了亏，以好而且多之饮食劝之。倘四、六子同睡，则家庭之细，以及天地民物之大，无不谈论不舍，温于弟可想而得之矣。[①]

曾国华与曾国潢或同时或轮流晚上陪伴祖父。国华睡眠不好，所以祖父有什么举动，他更容易醒，更迅速地接应。有时候一夜不能安眠，但是第二天一句也不抱怨。两人同时伴宿时，谈天说地，无所不言，感情没有受到任何影响。

曾国潢接下来还说了一句：

---

① 曾麟书等撰，王澧华等整理：《曾氏三代家书》，岳麓书社，2002年，第50页。

而温于兄虽无怨语，却总不见得佩服。以后写信切不必再将温归之事提及，止结实用功，并使温亦俯伏在地，则一家万全矣。[①]

也就是说，曾国华回来后，对曾国藩虽然没有出过什么怨语，但是内心并不佩服。所以曾国潢希望曾国藩以后不要在家书中提到被骗归家这件事，也不必再写信教训曾国华。曾国藩只需要以后自己“结实用功”，做出点踏踏实实的成绩来，让曾国华心里真正佩服，这样才能做到一家万全。

何以曾国华在京三年，承曾国藩教训供养，还对曾国藩心有不满，并不佩服呢？

显然兄弟二人这三年相处并不愉快。其详情我们在家书当中找不到踪迹，推测起来不外乎曾国藩对兄弟的教导方式过于像唐僧，要求过于严格，让曾国华感觉不受尊重。曾国藩后来有一次回忆说：“曾记咸丰七年冬，余咎骆文（丈）、文、耆待我之薄，温甫则曰：‘兄之面色，每予人以难堪。’”[②]由这件事我们可以推测，曾国华对曾国藩的“面沉似水”久已感觉不舒服。

曾国藩对弟弟们经常是恨铁不成钢，六弟曾国华的懒惰，更是曾国藩的主要箭靶子。批评得多了，性格褊狭的曾国华不免记恨，对曾国藩“不见得佩服”。所以曾国潢写信提醒曾国藩：“以后写信切不必再将温归之事提及，止结实用功。”

十

曾国藩接到这封信后，并没有从善如流。他认为曾国华对他不满，还是因为兄弟之间有所误会，曾国华对自己“不佩服”，是不理解自己的苦心。所以他专门给曾国华写了封信，对自己的“初衷”，长篇大论详细申说：

现在澄弟书来，言温弟鼎力办事，甚至一夜不寐，又不辞劳，又耐

① 曾麟书等撰，王澧华等整理：《曾氏三代家书》，岳麓书社，2002年，第50页。
② 《曾国藩全集·家书》，岳麓书社，1994年，第833页。

得烦云云。我闻之欢喜之至，感激之至。温弟天分本高，若能改去荡佚一路，归入勤俭一边，则兄弟之幸也，合家之福也。

我待温弟似乎近于严刻，然我自问此心，尚觉无愧于兄弟者，盖有说焉。大凡做官的人，往往厚于妻子而薄于兄弟，私肥于一家而刻薄于亲戚族党。予自三十岁以来，即以做官发财为可耻，以官[宦]囊积金遗子孙为可羞可恨，故私心立誓，总不靠做官发财以遗后人。神明鉴临，予不食言。此时侍奉高堂，每年仅寄些须，以为甘旨之佐。族戚中之穷者，亦即每年各分少许，以尽吾区区之意。盖即多寄家中，而堂上所食所衣亦不能因而加丰，与其独肥一家，使戚族因怨我而并恨堂上，何如分润戚族，使戚族戴我堂上之德而更加一番钦敬乎？将来若作外官，禄入较丰，自誓除廉俸之外，不取一钱。廉俸若日多，则周济亲戚族党者日广，断不畜积银钱为儿子衣食之需。盖儿子若贤，则不靠宦囊，亦能自觅衣饭；儿子若不肖，则多积一钱，渠将多造一孽，后来淫佚作恶，必且大玷家声。故立定此志，决不肯以做官发财，决不肯留银钱与后人。若禄入较丰，除堂上甘旨之外，尽以周济亲戚族党之穷者。此我之素志也。

至于兄弟之际，吾亦惟爱之以德，不欲爱之以姑息。教之以勤俭，劝之以习劳守朴，爱兄弟以德也；丰衣美食，俯仰如意，爱兄弟以姑息也。姑息之爱，使兄弟惰肢体，长骄气，将来丧德亏行。是即我率兄弟以不孝也，吾不敢也。我仕宦十余年，现在京寓所有惟书籍、衣服二者。衣服则当差者必不可少，书籍则我生平嗜好在此，是以二物略多。将来我罢官归家，我夫妇所有之衣服，则与五兄弟拈阄均分。我所办之书籍，则存贮利见斋中，兄弟及后辈皆不得私取一本。除此二者，予断不别存一物以为宦囊，一丝一粟不以自私。此又我待兄弟之素志也。恐温弟不能深谅我之心，故将我终身大规模告与诸弟，惟诸弟体察而深思焉。[①]

这封家书是曾国藩家书中非常著名的一篇，很多选本都曾选用。他在读者

① 《曾国藩全集·家书》，岳麓书社，1994年，第183～184页。

心目中的形象也因为这封家书而更高大。特别是不靠做官发财一语，更是成为后人心中的名言箴句。但是亲人眼中无伟人，曾国华读完这封信后，不但没有表示感佩，反而非常生气。因为曾国藩如此详细说明，申抒己志，更反衬得曾国华“识见卑下”“不懂事”“不识大体”，所以他干脆连信都没回。就连曾国潢读了这封信，也非常不满。

道光二十九年四月二十六日，曾国潢写来一封家书，少见地对长兄提出了极为直接的批评。

曾国潢说：

> 弟等在家，或和睦，或吵闹，或打（顶）[点]为人，做出一乡未有人家来，或也如乡愚无知，随便而行，皆是看弟等自己立志何如。兄此后万不必纠纠缠缠写信回来。弟看处骨肉，止（闻）[问]一心之诚不诚，其他不必管。兄与六弟颇不十分融惬，而写信愈多，将来愈著形相。夫以兄之名高爵贵，弟想大度包含极好。如弟辈之凡庸，要想在伦常内用功，务必吃得暗里亏，忍得暗地气，或者可以万一，不然，终一顽躯而已，何所取也。[①]

就是说，我们几个在家，发展得如何，你且看我们的造化。无论如何，都是我们的自主选择，不必你承担责任。你今后，不必再“纠纠缠缠”写这样的家信，非要人家对你表示佩服而后止。特别是你和国华本不和睦，你们两个都非常自以为是，所以写信越多，两个人感情越不和。所以你还是大度些好，以包容为务。

曾国潢这封无比直率的家书，对曾国藩刺激很大。我们看曾国藩此前的家书，经常是长篇大论，讲的全是为学做人的大道理。但是从道光二十九年五月曾国藩接到这封家书之后，果然就不再“纠纠缠缠”写“又臭又长”的家信了。此后相当长一段时间，曾国藩写信，简短了很多，内容也主要是汇报自己在京的情况，对诸弟不怎么提具体要求了。

---

① 曾麟书等撰，王澧华等整理：《曾氏三代家书》，岳麓书社，2002年，第55～56页。

十一

此次矛盾之后，曾国华很长时间没有给曾国藩写信。曾国藩感觉不安，遂在家书中问他“何以无一字至京”，曾国华隐忍多日，方在咸丰元年正月二十三日悻悻回敬道：

> 弟非不欲时时作书，讯问起居，但每揽镜自照，面目增秽，辄亦中止。盖弟之与兄，学问则一醇而一陋，地位则一贵而一贱，人品则一薰而一莸，虽日置千万字于兄侧，无益于兄，只足增弟之惭辱耳。音问之疏，职是之由，伏惟原宥。①

也就是说，我并非不想经常写信给你，只不过我们两个人，学问一好一坏，地位一贵一贱，人品一高一低，你是高官，我是乡下人，所以我写多少信，对你也没什么益处。我每揽镜一照，就感觉自己面目可憎，不配当你这个侍郎的弟弟，只好什么都不写了。

从此文的嬉笑怒骂，可见曾国华为人性格之疏狂怪僻。不知道曾国藩读了这番主动讨来的讥嘲是何感想，也许只能苦笑而已。

在这封信中，曾国华还有一段奇谈怪论：

> 本朝定鼎带砺之誓，士人必阃威如虎，然后可得甲科。内子柔懦，无威可畏，弟坐是沉沦二十年。今拟增置一妾，秋风桂子，庶其有望乎！然此亦无聊之极思也。②

也就是说，我看我大清朝的历史，士人一定要娶一个厉害的老婆，才能科场得志。如今我老婆性格太柔懦，难怪我沉沦二十年。所以我打算娶一个妾。

---

① 曾麟书等撰，王澧华等整理：《曾氏三代家书》，岳麓书社，2002年，第120页。
② 同上。

从在京的放荡经历来看，曾国华对女人的兴趣本来就很大，现在厄于场屋，沉沦下潦，英气消磨，更是醉心于醇酒妇人，所以想出这样一段奇怪的说辞。科举之害人由此可见。

第二节 “讨小以消积年之遣”：曾国华的娶妾风波

一

曾国藩接到六弟那封充满奇谈怪论的信，还以为他不过是在开玩笑，哪知他真的起了买妾之心。

曾国华做事总是好一段坏一段，他在家里兴致高昂、全力尽孝的良好表现并没能一直持续下去。

咸丰元年春天，曾国华携幼弟曾国葆来到省城书院读书，准备迎接这一年的乡试。这已经是他第三次参加乡试。这一年曾国华已经满三十周岁，大家都认为他三十而立，心性已定，此次赴省，必当全力做最后一搏。

然而谁也没想到，曾国华走后没几个月，这一年五月二十二日夜二更，曾家人都已经就寝，外面忽然传来敲门声。打开门一看，原来是曾国华派家人赵四持一封信回到曾宅，信中说，他要在省城买一个丫头做妾。

这封信惊动可不小，曾氏一族自从衡阳迁居湘乡以来，还没有过置妾的先例。即便在祖母大祖父七岁、母亲大父亲五岁、叔父叔母没有子嗣的情况下，也都是一夫一妻厮守终生。所以，曾国华想要买妾，可谓是“破天荒”的事情。

曾国华的理由当然是为了子嗣起见，因为他到现在还没有儿子。但是他年方三十，身体强壮，已经生有两个女儿，并不见得以后生不出儿子。更何况他事先并未和家里熟商，突然在乡试在即之时提出要在省城置妾，显然近于荒唐。所以曾国潢在向曾国藩汇报这一新闻时说：“持信一看，是如此奇奇怪怪，此我家之大不幸也，将如之何？”①

全家再次连夜紧急开会，最后决定由曾国华的养父曾骥云去省城劝阻他。第二天一大早，曾骥云便起程赴省。

但是曾国华对嗣父的劝阻并不以为然，虽然没有当场直接顶撞，过后却对身边的弟弟曾国葆扬言，家里如果不答应他的请求，“归家必大闹一场”。弟弟曾国葆见此情景，只好从旁劝说叔父不如稍作妥协。曾骥云“性本和柔”，再加上本来也想早日得孙，遂不得不后退一步，称以后可以同意曾国华置妾，但是不能现在就在省城“买丫头作妾”，因为娶个丫头，“即生子亦是丫头之子，名不好听”。几经周旋，最后议定“今冬必在乡间觅就”。曾国华虽嫌乡下女子土气，对曾国葆表示过“乡间的他不喜”，但家里既已退步，他也只好表示遵命。②

曾骥云走前，叮嘱曾国葆留意曾国华的行踪，想弄明白他为什么突然起了置妾之心。这一年六月初九，曾国葆找到曾国华经常来往的朋友，细细查问，这一问不要紧，问出一件大事来。原来曾国华在省城的荒唐之举并非仅仅表现为考前纳妾，而且“已为嫖客”，还为此欠了债。因为“在姑娘家吃酒打牌……须钱贰拾千，遍向各朋友支钱”。③

曾国葆没想当面批评哥哥，于是写了一封两千余字的信交给他，在信中数落他买妾、打牌、嫖妓及以前在家“许多事情，如何不善处置，父子伤恩，兄弟伤和”，劝他从今以后“讲究为人”。④

面对弟弟的数落，曾国华并未发怒，只是托朋友对曾国葆说，那些均是从前不善之事，自从叔父到此之后，已有悔意，不会再犯。

八月初八，曾国华、曾国荃、曾国葆兄弟三人参加了当年的乡试，但均名落孙山。再一次落第的曾国华，心情更加抑郁，“日夜思维，惟欲讨小

① 曾麟书等撰，王澧华等整理：《曾氏三代家书》，岳麓书社，2002年，第85页。
② 曾麟书等撰，王澧华等整理：《曾氏三代家书》，岳麓书社，2002年，第484～487页。
③ 曾麟书等撰，王澧华等整理：《曾氏三代家书》，岳麓书社，2002年，第486页。
④ 同上。

而已”[①]。

咸丰二年初，曾家终于开始为曾国华置妾，他们左挑右选，为他择定永丰欧阳氏女。因为是娶妾，所以排场不大，当日仅有两席，第二天早上又有四席。至此，这场持续将近一年的纳妾风波最终尘埃落定。

在勤俭持家的曾氏家族中，曾国华纳妾之举最终能如愿，与他“过继子”的特殊身份直接相关。尽管生父曾麟书并不赞同曾国华纳妾，但因为他名分上已经不是自己的儿子，所以此事只能推曾骥云做主。曾骥云则个性软弱，扛不住这个脾气乖戾的继子的压力。在家中管家的曾国潢虽然对曾国华此举不以为然，但作为小辈，不便阻挠，而且还要避免“爱惜银两”之嫌。曾国潢在咸丰元年六月十二日写给曾国华的信中谈到纳妾的花费时，还要表示大方：“至若银钱细事，兄自当料理，更不劳弟系念。”[②]在几方面因素的综合作用之下，才成就了曾国华的纳妾之举。

曾国华娶的这个欧阳氏，据曾国葆向曾国藩汇报，“面目好，性情好”，长得挺漂亮，性格也还和顺，所以家里“大小亦相安”。[③]曾国华心满意足，性情比以前平和了许多。他在给曾国藩的信中自我解嘲说：“堂上尊人为弟订欧阳氏女为妾，亦于本月廿日成事。昔人所谓‘有用之岁月，半销磨于妻子仕宦’，弟今尚幸无仕宦之溷我，则天之于我厚矣。”[④]

二

在曾国潢要他不再纠纠缠缠写信后，曾国藩很久没有对曾国华进行过任何批评。对娶妾一事，他也没有发表过任何意见。但是咸丰元年九月曾国华又一次乡试落第后，曾国藩终于忍不住自己的失望之情，在家书中又一次直言批评六弟。他说，他一直盼着弟弟当中“有继起者”，能在京中分他之劳。这个继

① 曾麟书等撰，王澧华等整理：《曾氏三代家书》，岳麓书社，2002年，第494页。
② 曾麟书等撰，王澧华等整理：《曾氏三代家书》，岳麓书社，2002年，第86页。
③ 曾麟书等撰，王澧华等整理：《曾氏三代家书》，岳麓书社，2002年，第503页。
④ 曾麟书等撰，王澧华等整理：《曾氏三代家书》，岳麓书社，2002年，第121页。

起者，他认为本来最有可能的是文章“典丽裔皇”“天分本甲于诸弟”的曾国华。可惜他“牢骚太多，性情太懒”，不能承担起家族责任。[①]

曾国藩说，别人读书不成，可能是天赋不够，只有曾国华，原因在于自身：“吾家之无人继起，诸弟犹可稍宽其责，温弟则实自弃，不得尽诿其咎于命运”，“温弟所处，乃读书人中最顺之境，乃动则怨尤满腹，百不如意，实我之所不解。以后务宜力除此病……凡遇牢骚欲发之时，则反躬自思：‘吾果有何不足，而蓄此不平之气？’猛然内省，决然去之。本惟平心谦抑，可以早得科名，亦且养此和气，可以消减病患。万望温弟再三细想，勿以吾言为老生常谈，不直一哂也”。[②]如果说别人科举不成，是因为命运，曾国华则不能做这样的推诿。你富于天赋，又处于顺境，家里全力供你读书，包括我也百般为你创造条件。但是你不但不努力，反而动不动就牢骚满腹。

曾国藩劝他以后痛自反省，不要再抱怨命运不公，要多从自己身上找原因。这是道光二十九年五月以后曾国藩罕见的又一次对曾国华的激烈批评。这次批评和以前一样，当然是没有效果。

第三节 “患难亦相赖”：曾国华带兵期间的兄弟关系

一

娶妾之后，曾国华心境平和下来。这也许与他年过三十、气血稍定有关。咸丰四年五月，曾国藩曾在家书中说：“温弟在此住旬余，心平气和，论事有识，以后可保家中兄弟无纷争之事，余在外大可放心。”[③]可见其气质已发生

① 《曾国藩全集·家书》，岳麓书社，1994年，第222～223页。
② 同上。
③ 《曾国藩全集·家书》，岳麓书社，1994年，第258页。

了变化。

咸丰五年十一月，此妾终于给他生了一个儿子，曾国华心情又更为宽慰。

不过他一生的出处，仍然悬而未定。对于科举，他已经丧失了信心。除此之外，想要获得功名，不外乎捐官、军功两种出路。曾国藩咸丰四年开始带兵作战后，要求兄弟们在家读书尽孝，不得与闻军务。曾家财政上又非常紧张，不可能给他捐官。因此他的人生看起来前途相当迷茫。

就在这时，在外带兵的曾国藩陷入了危急之中。咸丰六年，曾国藩所部湘军在江西被太平军团团围困，文报不通。数月之间，曾国藩与家中不通信息，生死不明。曾家人非常焦急。在曾家兄弟中，一贯有主见的曾国华敢为人先，提出要赴湖北找胡林翼想办法去援救大哥。

救援长兄是兄弟们义不容辞的责任，生父和嗣父没法不同意。从他这一时期留下的几封家书来看，曾国华的性格和见识较以前确有一定进步，为人稍为沉潜，几年间没再闹出什么“新闻”，所以曾麟书、曾骥云多少也能放心。曾国华“间关”抵达武昌，向胡林翼主动请缨。胡林翼对曾国藩胞弟的到来非常重视，命刘腾鸿、吴坤修、普承尧等湘军将领率五千人进兵江西，而以毫无带兵经验的曾国华为统领。当然，实际的主师是宿将刘腾鸿。

曾国华挺身而出，援救兄长，主要出发点当然是兄弟之情，同时也是不甘平庸的他为自己创造的一个改变命运的机会。

咸丰六年三四月间，曾国华与湘军宿将们一起，先后攻陷咸宁、蒲圻、崇阳、通城、新昌、上高等地，打通了江西与两湖的通道。是年七月，曾国华部湘军与太平军在瑞州城外展开激战，“大破之”，曾国华部遂进抵瑞州城下。曾国藩特意“遣亲军四千人往会师”，助曾国华成功。虽然此地“贼势浩大”，一时难以攻克，但是江西其他地方战事因为曾国华一军的牵动，已经有了起色，江西之围稍解，七月十六日曾国华乘船赴湘军大营所在地南昌，与长兄见面。曾国藩后来回忆说当时“兄弟相见，深夜愔愔，喜极而悲，涕泣如雨”①。

① 《曾国藩全集·诗文》，岳麓书社，1994年，第244页。

二

曾国藩后来对咸丰说："追思昔年，若无国华援救，臣无以至今日，臣军无以图幸全，即江西亦无以转危为安。"[①]这种说法固然有所夸张，但这一系列战斗进展确实给困境中的曾国藩很大帮助，起码在心理上提供了巨大依靠。想必曾国藩听到六弟率兵前来的消息，马上会想起一句俗语："打虎亲兄弟，上阵父子兵。"

不过，听说亲兄弟从军，曾国藩的第一反应是担心弟弟的人身安全。曾国华盛暑行军，劳累过甚，刚到江西就患了病。因为爱弟心切，曾国藩把他接到南昌，留他在南昌养病整整两个月。曾国华病症一度非常沉重，"治之多方不效"，曾国藩用了辽参才见效，后来他在家书中说："万篪轩顷送辽参壹两……温弟在江西病时，竟系此物之功。"[②]曾国华病情好转之后，曾国藩亲自去了一趟瑞州，一是看看驻兵瑞州是否有危险，二是看看与曾国华一起作战的这些将领靠不靠得住，能不能保障曾国华的安全。他在家书中说："余于（九月）初三日自省起程，初五日至瑞州。见刘峙衡营务整肃，治全军如治一家，每日皆饭毕始近黎明，深堪佩服。普承尧宝勇营亦队伍整齐。吴竹庄彪勇现已分出进省，另剿东路广信之贼。省兵五营在瑞者，亦尚有规矩。"[③]

他在瑞州驻留数日，感觉曾国华的这些同事都非常得力，足以保障弟弟的安全，这才回到南昌，让曾国华归营。可见曾国藩对曾国华的安全之重视。

三

曾国华初出带兵，成绩看起来相当不错。湘军来到瑞州城下后不久就扼住了太平军守军的咽喉，形势看起来非常顺利。

初出带兵，进展就如此顺遂，看来曾国华确实有军事天才?

---

① 《曾国藩全集·奏稿》，岳麓书社，1994年，第938页。
② 《曾国藩全集·家书》，岳麓书社，1994年，第899页。
③ 《曾国藩全集·家书》，岳麓书社，1994年，第322页。

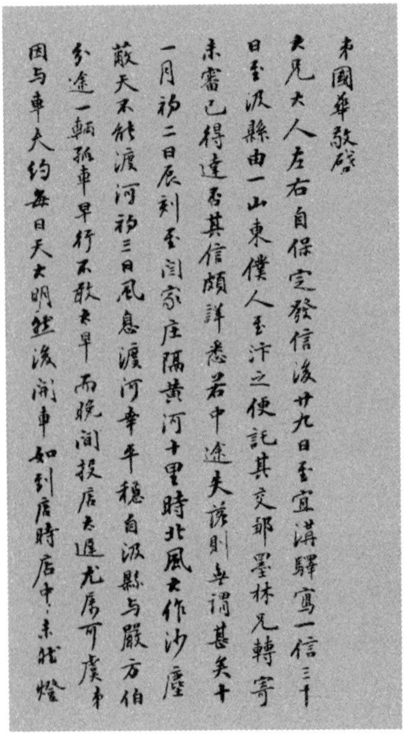

弟國華敬啟

大兄大人左右：自保定發信後，廿九日至宜溝驛寓一信，三十日至汲縣由一山東僕人至汴之便，託其交鄧墨林兄轉寄，未審已得達否？其信頗詳悉，若中途失落則無謂甚矣。十一月初二日辰刻至閻家莊，隔黄河十里，時北風大作，沙塵蔽天，不能渡河。初三日風息，渡河幸平穩。自汲縣與嚴方伯分途，一輛孤車，早行不敢太早，而晚間投店太遲，尤屬可虞。本因與車夫約，每日天大明然後開車，如到店時店中未然燈

曾国华致曾国藩家书其二

事实并非如此。后来，曾氏兄弟在讨论是否应该呈请皇帝批准，在三省为曾国华建立祠堂的时候，曾国藩说了这样一番话：

至建祠则尽可不必。湘鄂皖三省，温弟毫无战功，何祠之有？瑞州略有战功，亦远不如峙衡。初到瑞州，风浪极大之时，温弟正在病中，七月十六赴省养病，九月十八回营，则风波大定矣。次年二月十六奔丧，七月十三始克瑞城，峙衡之劳过于温，峙仅立祠瑞州，而温立祠省城亦不平允。[①]

从这一段话中我们可以看出，曾国华一军成立之初的战功，基本都应该归于宿将刘腾鸿名下。曾国华名为主帅，其实主要还是处于军事学习阶段。其实最考验曾国华的，是如何处理与名义上归自己统领的这几员湘军老将的关系。毕竟，他以一介书生之身，曾无寸功，却跃居诸将之上，统数千百战之兵。湘军老将们对他肯定不会一开始就顺利接纳，老老实实听他调遣。这个协调关系、处理矛盾的过程，对他是一个巨大的挑战。这一年五月，弟弟曾国荃曾经给他出主意，教他如何与诸将相处：

（若兄）循总统率散营之例。吾恐刘、吴、普诸君心中未必协然悦服……弟意欲兄格外谦抑，凡待此三人者，必自忌其总统之势，而并去其

① 《曾国藩全集·家书》，岳麓书社，1994年，第686页。

总统之号。每有禀报，四衔平列；每发谕单，四人共商。[1]

对自己性格中的弱点，曾国华心知肚明，所以他也力求完善自己，脱胎换骨。在军中曾国华怕家中担心，写信向父亲汇报说："近年骄躁颇平，于同事诸公，必能相安。伏求大人放心。"[2]

曾国华的努力确有成效。曾国藩和他此次瑞州相见，发现他的性格缺陷确实不再像青年时代那样突出了。曾国藩后来在家书中回忆此次见面的印象说，曾国华此时已经"性格大变"，不再是从前那个焦躁褊狭的温甫，说话随和，待人亲切，"温弟少时性情高傲，未就温和，故吾以温甫字之。六年，在瑞州相见，则喜其性格之大变，相亲相友，欢欣和畅"。[3]虽然曾国华军的一系列胜利主要是在湘军老将的指挥下取得的，但是国华作为统领，在协调指挥上也不可能毫无贡献。

四

曾国藩不想让弟弟们带兵，主要是因为战场太危险。但是曾国华已经弃文从军，他也只能接受现实。毕竟对曾国华来说，凭军功获得功名比靠科举更为现实。

咸丰七年，曾国藩又亲率吴坤修部助曾国华围城，挖成三十里长壕，眼看着拿下此城指日可待。城下之日，名为瑞州城外最高指挥官的曾国华肯定会加官晋爵，起码也能弄个知府当当。所以曾国华"大喜：'吾攻此城，久不举。今兹事其集乎！'"[4]

但是曾国华的命运似乎有定数，就在瑞州马上就要得手之时，他的生父曾麟书突然去世了。曾家兄弟全体委军回籍奔丧。在曾国华回家五个月后，瑞州

① 曾国荃撰，梁小进主编：《曾国荃集》（第五册），岳麓书社，2008年，第60页。
② 曾麟书等撰，王澧华等整理：《曾氏三代家书》，岳麓书社，2002年，第123页。
③ 《曾国藩全集·家书》，岳麓书社，1994年，第442页。
④ 《曾国藩全集·诗文》，岳麓书社，1994年，第244页。

城破，曾国华却已经没有资格论功领赏。

曾国藩在此次居家之时，上奏向皇帝讨要巡抚一职，被皇帝拒绝，咸丰皇帝还顺水推舟让他在家守制，实际上是剥夺了他的兵权。因此曾国藩在家这一段时间脾气很坏，常常因为“芝麻细故”（曾国藩咸丰九年二月十三日家书中语）迁怒诸弟，一年之中和曾国荃、曾国华、曾国葆都有过口角。其他兄弟知道曾国藩心情不好，都让着他，唯曾国华因为瑞城之功未得，心情也很不好，寸步不让，经常因为鸡毛蒜皮的小事与曾国藩吵得很厉害，“争辩不休”。好在因他已出嗣叔父曾骥云，不用服满三年之丧，所以他在咸丰八年初率先离家复出，逃离了情绪恶劣的长兄。

这次复出，曾国藩把他安排在大将李续宾手下，让他做李续宾的助手，进军安徽。曾国藩知道曾国华初出茅庐，性格中偏激固执的缺点没有完全改掉，独当一面风险太大。而李续宾是湘军最负盛名的将领，以谨慎能战著称，“先后克复四十余城，大小六百战，所向无前，一时诸将中无与伦比”①，此时刚刚攻下九江，名望如日中天。况且他又与曾国华结成了儿女亲家，所以曾国藩认为这是万全的安排。曾国藩后来回忆说：“迪庵一军，所向无前，立于不败之地。不特余以为然，即数省官绅军民，人人皆以为然。”跟着他当然是最安全的，他认为曾国华这次“所依得人，必得名位俱进”②。跟着李续宾打几次胜仗，先获得起码的功名再说。

然而江山易改，本性难移。曾国华的性格终于决定了他特殊的命运。

曾国华与李续宾一开始合作得确实不错，李续宾为人老成，又看在曾国藩的面子上，对曾国华格外尊重，所以俩人“益相与讲求戎政，晨夕咨议”③。李续宾部用兵安徽之初，一路攻城拔寨，进展比较顺利。曾国藩感觉曾国华跟着李续宾这一段长进很大，“吾喜温弟之言论风旨洞达时势，综括机要……八九月后，屡次来信，亦皆和平稳惬，无躁无矜”④。多打几个胜仗，多得几

① 熊治祁编：《湖南人物年谱》（第三册），湖南人民出版社，2013年，第826页。
② 《曾国藩全集·家书》，岳麓书社，1994年，第443页。
③ 《曾国藩全集·诗文》，岳麓书社，1994年，第244页。
④ 《曾国藩全集·家书》，岳麓书社，1994年，第443页。

次保举，曾国华迅速积功升到知府甚至道员，都很有可能。

不料这时候，咸丰帝的瞎指挥又一次坏了大局。原来太平军青年将领李秀成、陈玉成突然攻占了重镇庐州，也就是今天的合肥。庐州本是江北重镇，太平军攻占安庆后，这里就成了安徽的省会，地位非常重要。咸丰皇帝非常着急，命令湘军名将李续宾改变原来的作战计划，立即夺回庐州。

李续宾部此时只有八千人，并且正当连续作战多日之后，极为疲乏，应该休息一段时间。让他们在这种情况下奔袭数百里，破太平军重重防线，再攻下庐州，是一个几乎不可能完成的任务。但是咸丰十天之内七下严命，并且词旨严厉，李续宾也只能尽力而为，向庐州进发，在二十天内连陷太湖、潜山、桐城、舒城。

李续宾孤军深入，每克一城，都要分兵把守，到了舒城之后只剩下不到五千人。再继续深入重围，必犯兵家大忌。所以李续宾开了一次阵前会议，与营中诸将讨论行止。诸将大多建议不如退守桐城，在此休整一段，等待湖北援兵到来，再继续进兵。

这自然是万全之策，只是有违旨之嫌。不过“将在外，君命有所不受”，也是自古用兵之常理。然而，在这个关键时刻，曾国华却挺身而出，力主继续进军。

虽然他是曾国藩的亲弟弟，但曾国华在李续宾部待得并不舒服。虽然李续宾对他格外尊重，但是其他将领对曾国华这样资历浅薄的上级，很难从心底里看得起。况且处理人际关系一直是曾国华的短板。曾国华这些年虽然性格已经有了很大完善，但是底色岂是那么容易洗掉的。曾国藩在咸丰八年三月六日写信给他说：

古来言凶德致败者约有二端：曰长傲，曰多言。丹朱之不肖，曰傲曰嚚讼，即多言也。历观名公巨卿，多以此二端败家丧生。余生平颇病执拗，德之傲也；不甚多言，而笔下亦略近乎嚚讼。静中默省愆尤，我之处处获戾，其源不外此二者。温弟性格略与我相似，而发言尤为尖刻。凡傲之凌物，不必定以言语加人，有以神气凌之者矣，有以面色凌之者矣。温弟之神气稍有英发之姿，面色间有蛮很之象，最易凌人。凡中心不可有所恃，心有所恃则达于面貌。以门地言，我之物望大减，方且恐为子弟之累；以才识言，近今军中炼出人才颇多，弟等亦无过人之处。皆不可恃。只宜抑然自下，一味言忠信行笃敬，庶几可以遮护旧失、整顿新气。否则，人皆厌薄之矣。沅弟持躬涉世，差为妥叶。温弟则谈笑讥讽，要强充老手，犹不免有旧习，不可不猛省！不可不痛改！闻在县有随意嘲讽之事，有怪人差帖之意，急宜惩之。余在军多年，岂无一节可取？只因傲之一字，百无一成，故谆谆教诸弟以为戒也。[①]

从这封信中我们可以看出，曾国华中年之后，仍然经常说话尖刻，盛气凌人。特别是“谈笑讥讽，要强充老手”，自然很容易引起其他将领的反感。

咸丰八年六月，胡林翼在致李续宾、李续宜的信中也谈到曾国华。胡林翼说：

温公之心求节操，卓然可法，然私心亦颇有所虑，恐其高，恐其异，恐其偏。未知愚兄尚有道着处否，如有一二道着处，则望迪庵先生随事匡益，则温公异日必感之矣。[②]

可见胡林翼对曾国华的性格是相当了解的。

所以在军中除了李续宾之外，曾国华与其他人处得应该不是很愉快，常受排挤，甚至受人挟制。虽然没有发现任何具体事例，但是我们从曾国荃的一封家书中可以探得一点信息。曾国荃后来在给曾国藩的信中曾说：“试忆愍烈公存日，岂非雄才大雅之俦乎？在省、在都、在乡、在鄂、在江之时，究无不可堪之举动，然而世之排挤者何尝须臾遗余力哉？……又尝推求其（曾国华）所以被人挟制之故，初则自用之意气太重，继而将世俗之荣华看得珍重。其未得

① 《曾国藩全集·家书》，岳麓书社，1994年，第376页。
② 胡林翼撰，胡渐逵、胡遂、邓立勋校点：《胡林翼集》（二），岳麓书社，2008年，第179页。

也，不免有求而欲得之意；其既得也，又不免计较升阶。不骤之心，所以孜孜皇皇，委曲徇人，人且得而侮之。夫事至求人，其气便馁，便予人以排挤轻视之路，知命之君子所弗为也。”①

虽然李续宾对他的庇护不遗余力，曾国华在李续宾军中并没有遇到大的风波，但是性格敏感的他肯定会感受到其他人的敌意。这更激起了他的争强好胜之心，不放过任何一个表现自己的机会。所以其他诸将纷纷求退之时，曾国华却认为，用兵之道，在于乘胜而上。他说：“贼胆已丧，岂敢复至。”坚决主战。曾国藩后来在奏折中说：

> 十月初九日，犹以家书寄臣，称援贼麇至，各营意欲退保，国华与主帅坚持不退。二人谋合，必不为众说所摇等语。岂料其发信之次日，即为效命之秋；而其坚持不摇之计，即为全军并殉之机也。②

曾国华性格中先天的偏激顽固又一次战胜了后天培养起来的理性平和。他的激情和豪迈如果喷薄在文章当中，会化为绚烂的文采，但是不合时宜地发露在战场上，却只能收获浓黑的噩运。

李续宾不善言辞，曾国华又是曾国藩的弟弟，相当于“监军”，说话很有分量。此外，李续宾正当九江骤胜之后、名满天下之时，本来心中就升起一股虚骄之气，被曾国华一激，头脑失去冷静，遂决定孤军锐进，进扎庐州城南七十里的三河镇。

十月初，陈玉成率兵赶到庐州城南，先分兵一支切断李续宾的后路，然后会合随之赶到的李秀成军，将三河镇的湘军严密包围，发动猛攻。湘军久战之后，士气已竭。十月九日，陈玉成部天未明时即乘大雾逼攻李续宾、曾国华大营，双方展开决战，湘军大溃乱。十月十日，曾国华与李续宾“并命同殉”，死在乱军之中，曾国华年仅三十七岁。

---

① 曾国荃撰，梁小进主编：《曾国荃集》（第五册），岳麓书社，2008年，第135页。

② 《曾国藩全集·奏稿》，岳麓书社，1994年，第937页。

曾国华到底是怎么死的，史上说法不一。曾国藩与胡林翼在奏折中统一口径，说二人皆看已无生理，遂冲敌而死：“是夜二更，李续宾怒马赴敌，死之。臣弟曾国华……义不可以独生，亦冲骑赴贼中，死之。”[①]这种壮烈的死法，其实只是后来的猜测之辞。李秀成自述中明确说李续宾见逃生无望，自缢而死。至于曾国华的死法则没有留下记载。

五

李续宾部的覆没，对于曾国藩是个极为沉重的打击。李续宾是湘军柱石，这部湘军是曾国藩的命根子，此部一丧，湘军“元气丧尽”（胡林翼语）。

曾国华的死，对曾国藩的心理冲击更大。曾国华从军之最初动机，毕竟是为了援救他，如今壮年丧命，也可以说是因他而死。

十月二十四日，曾国藩刚刚听到三河兵败的消息时，还不知道曾国华已经死于军中。当时的传闻是李续宾和曾国华都已经逃出了重围，曾国华逃到了桐城。曾国藩赶紧派人去桐城寻找。当时他还很乐观，认为李续宾、曾国华既然逃出，湘军败而复振，当不成问题。

到了二十八日，多方寻找无果，他这才感觉大事不妙，开始慌乱忧戚。这一天日记记载：“夜与朱副将论三河事，心甚慌乱……六弟与迪庵尚无下落，其必同殉难无疑，公愤私戚，万感交集。三更睡，彻夜不寐……云物黑暗，天容惨淡，如助愁绪。”[②]

第二天，也就是十月二十九日，他判断曾国华应该已经丧命，遂“不见客，不吃晕（荤）”。[③]

到了十一月初一，他在日记中说：“三日（以来）因闻温弟信，国事家故，忧郁填膺，不能办一事。夜不成寐。”在这之后数日，仍然心绪极恶，“不能治

① 《曾国藩全集·奏稿》，岳麓书社，1994年，第936页。
② 《曾国藩全集·日记》，岳麓书社，1994年，第322页。
③ 同上。

一事”，“读书都不能入”。[①]曾国藩在给儿子的信中说，我已经功成名就，死了也不可惜，可惜国华一生不得志，现在功名还没有成就，最高官职只不过是一个“候选同知”，这个遗憾已经永远没法弥补：“余官至二品，诰命三代，封妻荫子，受恩深重，久已置死生于度外，且常恐无以对同事诸君于地下。温叔受恩尚浅，早岁不获一第，近年在军，亦不甚得志，设有不测，赍憾有穷期耶？”[②]

咸丰八年十一月十二日，曾国藩在致诸弟书中回忆往事说：“温弟少时性情高傲，未就温和，故吾以温甫字之……自去冬今春以来，吾喜温弟之言论风旨洞达时势，综括机要。出门以后，至兰溪相见，相亲相友，和畅如在江西瑞州之时。八九月后，屡次来信，亦皆和平稳惬，无躁无矜。方意渠与迪庵相处，所依得人，必得各位俱进，不料遭祸如是之惨！迪庵一军，所向无前，立于不败之地。不特余以为然，即数省官绅军民，人人皆以为然。此次大变，迪庵与温弟皆不得收葬遗骨，伤心曷极!”[③]

曾国藩回忆起兄弟之间的一幕幕，特别是咸丰七年兄弟几人都在家中为曾麟书办理丧事的那一年，他与国华吵的那几架。曾国藩陷入深深的自责，因为他和温弟最后的相处，是非常不愉快的。在这封家书中，曾国藩写道：“去年在家，因小事而生嫌衅，实吾度量不宏，辞气不平，有以致之，实有愧于为长兄之道。千愧万悔，夫复何言！……去年我兄弟意见不和，今遭温弟之大变。和气致祥，乖气致戾，果有明征。”[④]咸丰八年十二月初三日，他在家书中又提到：“吾去年在家，以小事争竞，所言皆锱铢细故。洎今思之，不值一笑。负我温弟，既愧对我祖我父，悔恨何极！当竭力作文数首，以赎余愆，求沅弟写石刻碑……亦足少摅我心中抑郁愧悔之怀。”[⑤]十二月十三日又说：“去年在家，兄弟为小事争竞，今日温弟永不得相见矣。回首前非，悔之何及！”[⑥]

温弟的生死，数十日缠绕心中，折磨着曾国藩。曾国华遇难已经是确定之

---

① 《曾国藩全集·日记》，岳麓书社，1994年，第323～325页。
② 《曾国藩全集·家书》，岳麓书社，1994年，第442页。
③ 《曾国藩全集·家书》，岳麓书社，1994年，第442～443页。
④ 同上。
⑤ 《曾国藩全集·家书》，岳麓书社，1994年，第446页。
⑥ 《曾国藩全集·家书》，岳麓书社，1994年，第448页。

事，但是遗骸却一直没有寻获，曾国藩派出很多人次全力搜寻。曾国华死于战场，已经是他对不住曾氏先祖，如果再找不到遗骸，“吾何面目见祖考妣及考妣于地下哉”[①]。咸丰九年正月，曾国藩派出的人终于在三河找到了一具无头尸体，经辨认被确定为曾国华。

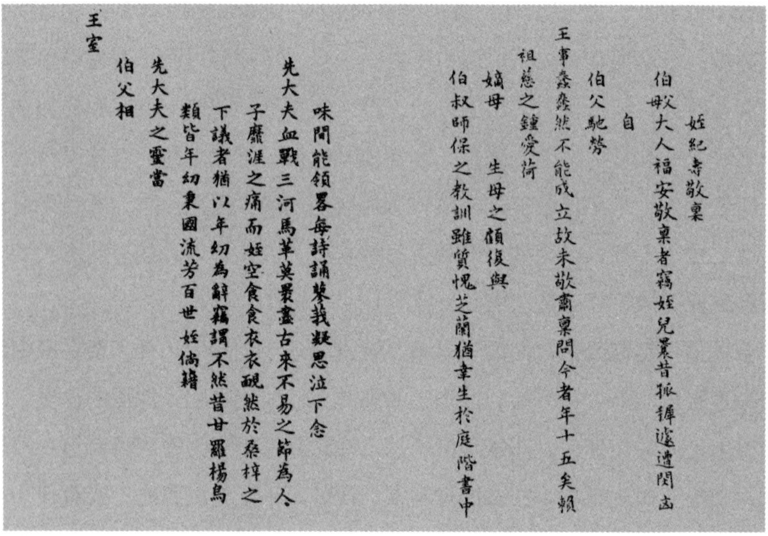
姪紀壽敬稟
伯父大人福安敬稟者竊姪兒曩昔振揮遽遭閔凶
自
伯父馳勞
王事矗矗然不能成立故未敬肅稟問今者年十五矣頓
祖慈之鍾愛荷
嫡母 生母之顧復與
伯叔師保之教訓雖質愧芝蘭猶幸生於庭階書中
味間能領畧每詩誦蓼莪輒思泣下念
先大夫血戰三河馬革莫褁盡古來不易之節為人
子靡涯之痛而姪空食衣衣靦然於桑梓之
下議者猶以年幼為辭竊謂不然昔甘羅楊烏
類皆年幼表國流芳百世姪倘藉
先大夫之靈當
伯父相
王室

曾国华之子曾纪寿禀曾国藩书

到这个时候，曾国藩唯一能为曾国华做的，是争取身后哀荣。

曾国藩给皇帝上了奏折，汇报了弟弟的功绩，说：“国华性好读史，颇怀大志。于古人艰危之境，反复推究其得失。平昔持论过高，臣恒诫之。近日议论军事，渐归于精细稳实，与李续宾兄弟意见多合……追思昔年，若无国华援救，臣无以至今日，臣军无以图幸全，即江西亦无以转危为安。悯念微劳，不忍不渎陈于圣主之前。”[②]乞求荣封之意显然。胡林翼也上了奏折，从旁帮助乞恩，他评价曾国华说：“该员孝弟忠信，廉隅自守，专精史学，论议奇特，

① 《曾国藩全集·家书》，岳麓书社，1994年，第451页。
② 《曾国藩全集·奏稿》，岳麓书社，1994年，第937～938页。

不为庸俗之词，讲求经世大政，忠荩之性本于天性。”[①]

半个月后，朝廷发来上谕，追赠曾国华为道员，从优议恤，谥“愍烈”，加恩赏给其父曾骥云从二品封典，咸丰帝还亲书“一门忠义”四字，以示格外褒奖。曾国华的一生，终于有了一个还算像样的结尾。

曾国藩为曾国华隆重地办理了丧事，亲自为曾国华作了哀辞、墓志、家传等文。

在祭文结尾，曾国藩写道：

> 覆我湘人，君子六千。命耶数耶？何事于天！我奉简书，驰驱岭峤。江北江南，梦魂环绕。卯恸抵昏，酉悲达晓。莽莽舒庐，群凶所窟。积骸成岳，孰辨弟骨。骨不可收，魂不可招。峥嵘废垒，雪渍风飘。生也何雄，死也何苦！我实负弟，茹恨终古。[②]

对于曾国华的死，曾国藩感到特别遗憾和痛心。不仅仅因为曾国华死得惨烈，更重要的是曾国华“生前于科名之途太蹇，死后又有阙憾”[③]。身后哀荣毕竟只是对活人的慰藉，曾国藩在为曾国华写的挽联中说：“归去来兮，夜月楼台花萼影；行不得也，楚天风雨鹧鸪声。”[④]从咸丰八年十月到咸丰九年三月，曾国藩写了三十几封家书，几乎封封都谈到曾国华之事，都有关于曾国华身后之事的安排。从墓地选择到碑文写作再到指定曾国荃书写，从寻找尸身到叔父封赠再到侄子纪寿的引荐，林林总总，可见曾国藩对此事的重视程度。

曾国藩还嘱告家族之人：一要安慰叔父及六弟妇嫡庶二人之心，命纪泽、纪梁、纪鸿、纪渠、纪瑞（子侄们）轮流到老屋久住。二要改葬二亲之坟，“如温弟之变果与二坟相关，则改葬可以禳凶而迪吉；若温弟事不与二坟相关，亦宜改葬，以符温弟生平之议论，以慰渠九泉之孝思”。三要勤俭，“享

---

① 胡林翼撰：《胡林翼集》（第一册），岳麓书社，1999年，第537页。

② 《曾国藩全集·诗文》，岳麓书社，1994年，第245页。

③ 《曾国藩全集·家书》，岳麓书社，1994年，第465页。

④ 《曾国藩全集·诗文》，岳麓书社，1994年，第127页。

福太早，将来恐难到老”。并且说：“纪寿侄（温弟曾国华之子）目清眉耸，忠义之后，当有出息，全家皆宜另目看之，至嘱至嘱。”[①]

咸丰九年，曾国藩作《感怀述事》十六首，其中有几首是关于曾国华的：

猿鹤沙虫道并消，谁分粪壤与芳椒？昨来皖水三河变，堪痛阿房一炬焦。勾践池边醪易醉，田横墓上酒难浇。同袍才俊雕零尽，苟活人间只自嘲。[②]

这是说三河之变，挽曾国华，也挽那些战死在战场上的其他湘军将领。

还有这一首，咏叹的是曾国华畸零的命运：

鸰原横霣（同陨）第三人，鹤唳华亭不复春。先轸归元（先轸，春秋时期晋国名将，因采邑在原，故又称原轸。与狄人的战争中，先轸脱下头盔铠甲，冲进狄军中战死。狄人将先轸的首级送还给了晋国，其面色如同活人一般。）何日是？虞翻相骨本来贫（虞翻，汉末东吴名臣，直言获罪，被贬岭南十八年，幽愤愁郁，云：“自恨疏节，骨体不媚，犯上获罪。”虞翻精于占卜、医术等，自谓“自恨疏节，骨体不媚”，乃指自己因骨骼连接处不细密为恨，骨相不好）。科名久滞青云路，身手难扶赤日轮。十二万年（佛经云十二万年为一小劫）香不灭，从渠捣麝作灰尘。[③]

六

曾国华的人生以这样的方式结局，从理智层面说，是因为他气质变化不够彻底，没有真正做到脱胎换骨，虽然有曾国藩这样不懈提携教导的哥哥，仍然

① 《曾国藩全集·家书》，岳麓书社，1994年，第443～444页。
② 《曾国藩全集·诗文》，岳麓书社，1994年，第90页。
③ 《曾国藩全集·诗文》，岳麓书社，1994年，第91页。

无济于事。从非理性层面说，则似乎有什么特殊的定数一直笼罩着他。

因为曾国华之死，曾国藩生命中出现了一次“灵异事件”。

咸丰八年四月，曾国藩家居湘乡，终日无事，听说曾国荃妻子请人来扶乩，也步行赶去凑热闹：“闻老九宅中有乩仙降，步往观之。”[①]

扶乩和算卦一样，是旧时人们卜问吉凶的常用方式。其法是扶乩之人自称神灵附体，拿着一支笔，根据人们的提问，在沙盘上画字，据说画出的字句就是神灵的指示。

当时在胡林翼指挥下，湘军刚刚攻下九江，军机颇顺，曾国藩原以为可以顺流东下，迅速消灭太平天国。不料扶乩的结果却十分不吉利。

> 乩初到，即判曰：“赋得偃武修文，得闲字（字谜败字）。”余方讶败字不知何指，乩判曰：“为九江言之也，不可喜也。”余又讶九江初克，气机正盛，不知何所为而云。然乩又判曰：“为天下，即为曾宅言之。”[②]

扶乩得到了一个非常不吉利的“败”字。曾国藩大惊，以为刚刚取得九江大胜，怎么会出来一个“败”字？乩又判说，这个“败”字与九江之胜有关。曾国藩问，九江初克，运气正好，“败”字何指？乩又判说，这个“败”字不但关系到天下大局，也关系到曾家自己的家运。

当时曾国藩听了之后，虽然“凛然神悚”，然终不解其故，也就只好对神仙的预言半信半疑。

直到曾国华丧后，曾国藩才恍然大悟，认为此“败”字指的是三河之败。

这件事使曾国藩相信，冥冥之中，“风水”之上，有更神秘、更有力的“天命”存在。咸丰八年十一月二十三日，曾国藩写家书说：

① 赵烈文：《能静居日记》（第二册），岳麓书社，2013年，第1081页。
② 《曾国藩全集·家书》，岳麓书社，1994年，第445页。

由今观之，三河之挫，六弟之变，正与“不可喜也”四字相应，岂非数皆前定耶？[①]

但是，曾国藩认为，不可一切归于命数，人力也可以挽回：

然祸福由天主之，善恶由人主之，由天主者，无可如何，只得听之；由人主者，尽得一分算一分，撑得一日算一日。吾兄弟断不可不洗心涤虑，以求力挽家运。第一，贵兄弟和睦。去年兄弟不和，以致今冬三河之变。嗣后兄弟当以去年为戒。凡吾有过失，澄、沅、洪三弟各进箴规之言，余必力为惩改；三弟有过，亦当互相箴规而惩改之。第二，贵体孝道。推祖父母之爱以爱叔父，推父母之爱以爱温弟之妻妾儿女及兰、蕙二家。又，父母坟域必须改葬。请沅弟作主，澄弟不必过执。第三，要实行勤俭二字。内间妯娌不可多写铺帐。后辈诸儿须走路，不可坐轿骑马。诸女莫太懒，宜学烧茶煮菜。书、蔬、鱼、猪，一家之生气；少睡多做，一人之生气。勤者生动之气，俭者收敛之气。有此二字，家运断无不兴之理。余去年在家，未将此二字切实做工夫，至今愧恨，是以谆谆言之。[②]

这一年十一月二十七日，曾骥云因为受不了嗣子去世的打击患了病，“有似中风之象”[③]。曾国藩忧心忡忡，在家书中从头回顾了曾氏家族三十多年来的兴衰历史，总结出家运中的这样一个规律，即咸丰年之后，每当大得意之后，必有大失意相随：

吾家自道光元年即处顺境，历三十余年均极平安。自咸丰年来，每遇得意之时，即有失意之事相随而至。壬子科，余典试江西，请假归省，即闻先太夫人之讣。甲寅冬，余克武汉田家镇，声名鼎盛，腊月二十五甫奉

① 《曾国藩全集·家书》，岳麓书社，1994年，第445页。
② 同上。
③ 《曾国藩全集·家书》，岳麓书社，1994年，第449页。

黄马褂之赏，是夜即大败，衣服、文卷荡然无存；六年之冬、七年之春，兄弟三人督师于外，瑞州合围之时，气象甚好，旋即遭先大夫之丧。今年九弟克复吉安，誉望极隆，十月初七接到知府道衔谕旨，初十即有温弟三河之变。①

也就是说，道光年间，曾氏家运一直蒸蒸日上，而自从咸丰皇帝即位以来，曾氏家运之规律变为大喜与大悲交错：曾国藩好不容易盼到江西主考的差事，就遇到了母亲之丧；他刚攻克武汉田家镇，湘军声望达于顶峰，紧接着就遇到水师大败；咸丰六七年间，湘军转危为安，军事进展顺利，不料父亲突然去世；今年曾国荃攻克吉安，声名大振，不料马上遇到了六弟之祸。“此四事者，皆吉凶同域，忧喜并时，殊不可解。”②

事隔多年后，他还在日记里说：

偶思咸丰八年四月葛罣山扶乩，即已预知有是年十月三河之败、温甫之变。天下万事皆有前定，丝毫不能以人力强求，纷纷思虑，亦何补耶？③

“天命”之说，从此在曾国藩心中投下了浓重的阴影。

---

①《曾国藩全集·家书》，岳麓书社，1994年，第449页。
② 同上。
③《曾国藩全集·日记》，岳麓书社，1994年，第1663页。

第三章

“想发财则是平生愿力”：湘乡第一绅士曾国潢

一

曾国藩的大弟曾国潢比他小九岁。如前所述，他在几兄弟当中头脑最笨，读书天分最差。所以曾国藩直言他是“中等之姿”，不是六弟、九弟那样的“上等之姿”。曾国潢也自知在科举上没有出路，在家书中曾开玩笑地说：“可见读书是聪明人的事。”[①]道光二十六年（1846年），曾国藩花钱给二十七岁的曾国潢捐了个监生，算是有了个功名，然后嘱咐他以后专心管理家务，不要再去应试了。

这是曾国藩通盘考虑后所做的安排。虽然读书不行，但是曾国潢有一个优点，就是实在、勤快，同时他性格外向，爱出头，好揽事。赵烈文在《能静居日记》中说，曾家兄弟当中曾国潢与曾国荃性格最相似，因此他操持家事，确实强于木讷笨拙的曾麟书。

---

① 曾麟书等撰，王澧华等整理：《曾氏三代家书》，岳麓书社，2002年，第46页。

曾国潢像

曾国藩对曾国潢说，管家也是大事，同样也可以贯彻圣人之道，不负所学："绝大学问即在家庭日用之间。于孝弟两字上尽一分便是一分学，尽十分便是十分学。今人读书皆为科名起见，于孝弟伦纪之大，反似与书不相关。殊不知书上所载的，作文时所代圣贤说的，无非要明白这个道理。若果事事做得，即笔下说不出何妨！若事事不能做，并有亏于伦纪之大，即文章说得好，亦只算个名教中之罪人。贤弟性情真挚，而短于诗文，何不日日在孝弟两字上用功？《曲礼》《内则》所说的，句句依他做出，务使祖父母、父母、叔父母无一时不安乐，无一时不顺适；下而兄弟妻子皆蔼然有恩，秩然有序，此真大学问也。若诗文不好，此小事，不足计；即好极，亦不值一钱。"①

曾国藩指示曾国潢，治家要以《五种遗规》为法。道光二十七年七月他在信中对四弟说：

> 家中《五种遗规》，四弟须日日看之，句句学之。我所望于四弟者，惟此而已……现在我不在家，一切望四弟作主。兄弟不和，四弟之罪也；妯娌不睦，四弟之罪也；后辈骄恣不法，四弟之罪也。②

所谓《五种遗规》，是乾隆年间名臣陈宏谋所编。他采录前人关于养性、

---

① 《曾国藩全集·家书》，岳麓书社，1994年，第67页。

② 《曾国藩全集·家书》，岳麓书社，1994年，第154～155页。

修身、治家、为官、处世、教育等方面的著述事迹，分门别类辑为《养正遗规》《教女遗规》《从政遗规》《学仕遗规》《在官法戒录》，总称《五种遗规》。后来风行于世，成为著名的家训教材。

事实证明曾国藩安排曾国潢管家是正确的。曾国潢不但治家思路能听从曾国藩指示，很多具体的事情也向千里之外的曾国藩请示。比如“兄二月六日之信，云想派一人管宅内杂务。父亲意似以为可，但不知兄是要何人，务必详指一名，乃好商量”[①]。

曾国潢管家极为勤恳。“凡百事情，俱系澄老官料理。”[②]（曾国荃语）他上要照顾得了半身不遂的祖父以及年事渐高的父母、叔父母，下要照顾几个都已经娶妻生子的弟弟，每天忙得脚打后脑勺：“弟在家，较兄趋公，犹觉劳苦也，盖以无一定章程也。”[③]每天早上七点起来，一直要忙到晚上九点，“早起总要辰初乃起来，一起则要亥初乃歇手”[④]。

道光二十八年，曾国荃、曾国葆再一次到省城赴考。曾国潢给身在省城的他们写信，提醒他们入场需准备之项。从这封信可以看出他替弟弟们考虑得多么仔细：

> 伏望沅弟凡进场一切，或考或引见，此等考试，人物才子也是要紧，务必到宦家之相契者借极讲究的袍褂、衬衣、京式纬帽、京靴、好扣带，天晴落雨的衣服皆要借来。逢进场之先日，望老季约陈牧兄同送考，多一人则更斟酌也。沅弟胆量素大，或借一时辰表佩到身上亦可。凡进场，临到学院门口，总坐到轿子内，莫出来，一则可以静养片瞬；一则锋芒不使先露，免旁人生忌心。送考者，打探要点名，呼之即上往，最为妥当。不请帮手，沅弟前信早已言及，兄甚放心。[⑤]

---

① 曾麟书等撰，王澧华等整理：《曾氏三代家书》，岳麓书社，2002年，第52页。
② 曾国荃撰，梁小进主编：《曾国荃集》（第五册），岳麓书社，2008年，第17页。
③ 曾麟书等撰，王澧华等整理：《曾氏三代家书》，岳麓书社，2002年，第54页。
④ 曾麟书等撰，王澧华等整理：《曾氏三代家书》，岳麓书社，2002年，第35页。
⑤ 曾麟书等撰，王澧华等整理：《曾氏三代家书》，岳麓书社，2002年，第40页。

信末又补充：

短烟袋、火镰、火纸、火石、锭子烟一套，插在靴桶子内者，可以借出，场中最便益。搜检若甚严，则不必佩时辰表。[①]

可见曾国潢心思之细，以及料理琐事之能，曾国荃读后非常感动，特意把这封信转寄给曾国藩看。

二

曾国潢的另一个优点是坦率，敢对大哥说实话。其他兄弟对曾国藩有什么不满，只要不涉及自己，通常不会直说，只有曾国潢是炮筒子脾气，说话从来不客气。

曾国藩在处理与家人关系时经常过于直率，在家书当中有的时候不注意说话的分寸，容易得罪人。这一点，曾国潢经常向他指出。

比如曾国潢在道光二十八年六月十二日的家书中说："叔父去冬起公屋"，备极劳苦，已经在家书中详告了你，而你"信亦未提及半字"，而且还说叔父花钱，"未免有过用处"。曾国潢说："叔岂曾私用去乎？"而且叔父计划要买鸡缸之地，曾国藩却在信中"竟言如何如何不好"，"以上数事，皆叔父所述者，未免甚怒"。曾国潢就此事发表议论说："处家庭间，此等处最宜小心谨慎。即以老弟之愚而无用，亦生怕上辈人说不听话，不成器。况兄身膺高官，随便下笔，检点一番，则团聚家庭者不少。何至上辈人信来，而全不提及也。以后望细心，细心！"[②]

曾国藩接信，倒也从善如流，马上又给叔父写了封信，进行弥补。信中说："闻叔父去年起公屋，劳心劳力，备极经营。外面极堂皇，工作极坚固，

① 曾麟书等撰，王澧华等整理：《曾氏三代家书》，岳麓书社，2002年，第40页。
② 曾麟书等撰，王澧华等整理：《曾氏三代家书》，岳麓书社，2002年，第33页。

费钱不过百千，而见者拟为三百千规模。焦劳太过，后至吐血，旋又以祖父复病，勤劬弥甚……”[①]

曾国华从北京回到湖南乡下后，曾国潢曾写信说：

> 而温于兄虽无怨语，却总不见得佩服。以后写信切不必再将温归之事提及，止结实用功，并使温亦俯伏在地。则一家万全矣。[②]

也就是说，曾国华回来后，对曾国藩虽然没有出过什么怨语，但是内心并不佩服。所以曾国潢希望曾国藩以后不要在家书中提到被骗归家这件事，也不必再写信教训曾国华。

曾国藩接到这封信后，并没有像以前那样，对曾国潢从善如流。而是又专门给曾国华写了封信，对自己的“初衷”，长篇大论详细申说。曾国华读完这封信后，不但没有表示感佩，反而非常生气。曾国潢读了这封信，也非常不满。

道光二十九年四月二十六日，曾国潢写来一封家书，少见地对长兄提出了直接的批评。

曾国潢说：

> 弟等在家，或和睦，或吵闹，或打（顶）[点]为人，做出一乡未有人家来，或也如乡愚无知，随便而行，皆是看弟等自己立志何如。兄此后万不必纠纠缠缠写信回来。弟看处骨肉，止（闻）[问]一心之诚不诚，其他不必管。兄与六弟颇不十分融惬，而写信愈多，将来愈著形相。夫以兄之名高爵贵，弟想大度包含极好。如弟辈之凡庸，要想在伦常内用功，务必吃得暗里亏，忍得暗地气，或者可以万一，不然，终一顽躯而已，何所取也。[③]

---

① 《曾国藩全集·家书》，岳麓书社，1994年，第171页。

② 同上。

③ 曾麟书等撰，王澧华等整理：《曾氏三代家书》，岳麓书社，2002年，第55~56页。

就是说，我们几个在家，发展得如何，你且看我们的造化。无论如何，都是我们的自主选择，不必你承担责任。你今后，不必再“纠纠缠缠”写这样的家信，非要人家对你表示佩服而后止。特别是你和国华本不和睦，你们两个都非常自以为是，所以写信越多，两个人感情越不和。所以你还是大度些好，以包容为务。

曾国藩接到这封家书之后，果然就不再“纠纠缠缠”写“又臭又长”的家信了。此后相当长一段时间，曾国藩写信简短了很多，内容也主要是汇报自己在京的情况，对诸弟不怎么提具体要求了。

三

管理家务的一项主要内容是管钱。因为社会交往水平迅速提升，曾国藩做官之初，湘乡曾氏在经济上一度非常紧张，欠下数百两债务。在巨大的经济压力下，曾国潢充分发挥他的“绅士功能”，将一个乡绅的敛财能力发挥到了极致。

曾国藩虽然成功入仕，但作为一个穷京官，对家里在经济上的帮助微乎其微。他曾在家信中对祖父这样表达自己的惭愧之意：“孙等在京别无生计，大约冬初即须借帐，不能备仰事之资寄回，不胜愧悚。”[①]

但到道光二十八年，曾国潢接过家里经济大权后不几年，曾家经济就彻底翻身了。这一年，曾国潢在家信中说，这一年家中年收入已达五百两，不但负债全部还清，还频频买地。所费之多，甚至引起了曾国藩的不满。曾国藩在道光二十九年正月初十致诸弟家信中说：

> 既买竹山湾，又买庙台上，银钱一空，似非所宜，以后望家中无买田，须略积钱，以备不时之需。[②]

---

① 《曾国藩全集·家书》，岳麓书社，1994年，第7页。
② 《曾国藩全集·家书》，岳麓书社，1994年，第178页。

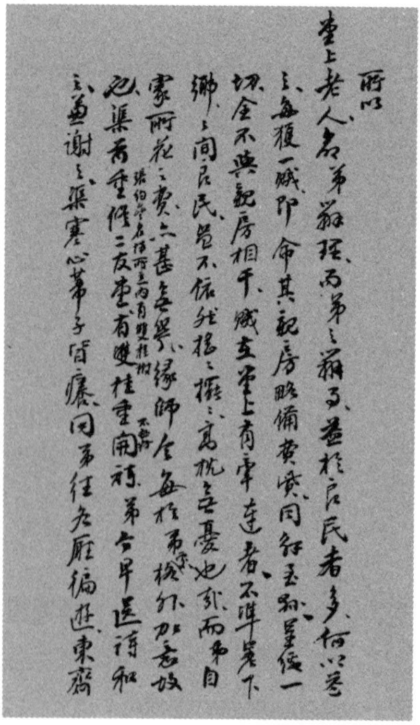

曾国潢致曾国藩家书

经济状况改善如此迅速，主要是由于曾国潢“生财有道”。

读过《曾国藩家书》的人，一般都会对曾国藩批评其弟曾国潢干预公事的内容印象深刻。曾国藩做京官期间自顾不暇，曾国潢大肆包揽词讼，成了“武断乡曲”的典型。通过曾国潢这一个例，我们对清代乡绅的收入渠道可以有更为直观具体的了解。

因为经济压力，曾国潢想方设法寻找各种收入来源。他在家信中曾这样自述道：

> 弟捐官之说，是个门头，兄可不必究竟。至若想发财，则是生平愿力。[①]

在传统社会，民间的许多纠纷是由地方上的士绅出面调解的。县令收到诉状和禀呈后，如果认为事情不大，通常会写上简短的批词，批复地方，促使双方调解。在这类调解中，乡绅通常都是主角。黄宗智认为，“在告到法庭的所有‘细事’案件中，可能有40%通过这种方式（民间调解）得以解决”[②]。

当然，乡绅做这些工作，绝大多数时候不是无偿的。张仲礼在《中国绅士的收入》一书中说：“有些绅士以裁断纷争和调解诉讼案件为业，从而获得固定的收入。”[③]

---

① 曾麟书等撰，王澧华等整理：《曾氏三代家书》，岳麓书社，2002年，第34页。

② 黄宗智：《集权的简约治理——中国以准官员和纠纷解决为主的半正式基层行政》，《中国乡村研究》（第五辑），2007年，第1～23页。

③ 张仲礼：《中国绅士的收入》，上海社会科学院出版社，2001年，第45页。

道光二十七年曾国藩"跻身卿贰"之后，地方上邀请曾国潢出面解决经济纠纷者立刻增多，曾国潢在家书中多次提及。

湘乡牌头铺商人朱岚轩在广东经营时，有大笔欠账不能收回。道光二十八年年初，他找到曾国潢，携曾国潢一起南下广东。曾国藩一开始不赞成曾国潢去做此事，认为"无济"，要不回多少钱。结果仅半年时间，曾国潢就帮着要回了近两千两白银。而且曾国潢和朱岚轩以及一个跟班刘四，一路除了旅费外，半年时间只用了十多两银子。大部分时间，都是广东当地官员或者幕友宴请安排。道光二十八年六月十二日，曾国潢在给曾国藩的家书中汇报此事说：

> 弟为朱家事，兄则说"无济"，而弟归后，朱所留之人，又执银票收到五百。此会经弟手者，算有千八九百，下少二千五百，将来或亦可望。若不是弟为他弄到，毫厘皆票矣。[①]

此外，"又省关税钱一百五六十千"[②]。

曾国潢参与这类活动的出发点当然是获得经济收入。[③]替别人前后要到了近两千两银子，曾国潢会获得多少收入呢？接下来的信中透露了信息：

> ……止要他谢三百银，庚子年之借字除一百，实谢二百两，退借字足矣。[④]

收益大约是要回账款的七分之一。

曾国潢收入的更主要来源，是充当官府与民间中介，解决欠缴赋税问题。乡绅"处于统治者和被统治者的交流汇合点"，天然地"取得了以官与民之间

---

① 曾麟书等撰，王澧华等整理：《曾氏三代家书》，岳麓书社，2002年，第34页。
② 曾麟书等撰，王澧华等整理：《曾氏三代家书》，岳麓书社，2002年，第44页。
③ 张仲礼：《中国绅士的收入》，上海社会科学院出版社，2001年，第44~46页。
④ 曾麟书等撰，王澧华等整理：《曾氏三代家书》，岳麓书社，2002年，第34页。

的‘牙子’地位”[1]。解决欠缴赋税这一老大难问题，官府每每需要地方上的绅士发挥作用，而绅士们也乐于有所作为。曾国潢在家书中详述办理“八都粮饷案”的经过：湘乡八都某人自道光十七年起，“所有粮票，皆未到手”。以前的银票，“即公道扯算，一概也须钱几十千。至弟手，则以四千了事，又为之将新饷完清，总之便宜之中又便宜”。那人一共谢了他七十千文，除去办事花销，一共收入了四十千。[2]

在道光二十九年闰四月二十六日的家信中，他又这样讲自己如何替人逃避正赋南漕：

> 又熊青六家，正饷南（糟）[漕]，共十三年未完（每年正银五两，四年未完。一年五升米，九年未完），又一个钱办不出。从去年起，叩托弟数十次……拜托四老爷开恩……弟昨一概与之办清，共清出油串五十二张，止去钱壹拾四千贰佰。[3]

得意之态尽显。

曾国潢素喜出头，酷爱揽事。地方上的公益及公务事业几乎都离不开曾国潢。他在地方上所办规模最大的事务是团练。咸丰九年，太平军又一次路过湖南，曾国潢办成一支三千六百人的团练。太平军走后撤营，曾国潢计算，“须钱在二万六千串以外”[4]。在此前此后，他还多次在地方团练中起核心作用。张仲礼在《中国绅士的收入》中举例说：湖南桂阳地方绅士办理团练，人数不过四百，然而每年却可以获得两千六百两白银的收入。[5]曾国潢的具体收入在现有资料中未找到记载，但基于他“想发财”的“平生愿力”，这笔收入当不在少数。

---

① 王先明：《近代绅士——一个封建阶层的历史命运》，天津人民出版社，1996年，第58页。

② 曾麟书等撰，王澧华等整理：《曾氏三代家书》，岳麓书社，2002年，第37页。

③ 曾麟书等撰，王澧华等整理：《曾氏三代家书》，岳麓书社，2002年，第58页。

④ 曾麟书等撰，王澧华等整理：《曾氏三代家书》，岳麓书社，2002年，第109页。

⑤ 张仲礼：《中国绅士的收入》，上海社会科学院出版社，2001年，第50页。

除此之外，曾国潢还可能有一类特别的收入：开当铺的干股收入。

从广东替人要债回乡不到一个月，见识了曾四老爷厉害的朱岚轩又力邀曾国潢与他合伙开当铺。曾国潢在十一月二十日给曾国藩的信中说朱岚轩："信死了曾四老爷……前四月在他（朱某）家吃酒……求弟合伙开当铺……昨夜又遣其脉侄婿刘四来（去年在广东者），送官燕七个，丽参四支，猪肘、羊肘、咸鱼各十余斤，糖十封，鸡一只，总是求弟合伙。其合伙也，不要弟出一文本赀，万一要赔，不干弟事。"[①]不需要曾国潢出一分钱。当铺总成本二十四千，作十二股，白送几股给曾国潢。有利润则与曾国潢对半分，如果赔了，却不干曾国潢的事。

如此好事，只有一个条件："每新正请官与绅衿酒，则须弟到，或者经衙门之事，须弟去，余则全不管理。"[②]

四

曾国潢之所以能在地方上一呼百应，经营如上诸多事务，当然主要不是因为其"捐监生"的身份。官场和社会上给他这么大的面子，是由于他乃京官曾国藩的弟弟。欠债别人要不回来，而曾国潢一出马马上见效的奥秘，当然凭的是他"内阁学士兼任礼部侍郎衔曾"的弟弟这一特殊身份，可以借助广东地方政府的行政力量。其他事项的办理，无一不是因为曾国藩的势力支持。

曾国潢当然很清楚这一点，他在家信中也说："我家若无兄创立在京，热热闹闹，妥兄家中安得衣足食足，礼义频兴。"[③]随着曾国藩在北京不断升迁，曾国潢在湘乡的地位也越来越重要。特别是道光二十七年曾国藩"跻身卿贰"，以内阁学士兼任礼部侍郎衔，后又于二十九年实授礼部右侍郎之后，曾家在地方上的影响力更是迅速增长。有了这样的权势，曾国潢在地方上当然要风得风，要雨得雨，以"湘乡第一绅士"甚至"唯一绅士"自命。他在信中

① 曾麟书等撰，王澧华等整理：《曾氏三代家书》，岳麓书社，2002年，第44页。
② 同上。
③ 曾麟书等撰，王澧华等整理：《曾氏三代家书》，岳麓书社，2002年，第60页。

描写如何受人欢迎："不出外，则时有人会；出外，则一日数件，并拦马者之多。自问何知，而人人尊仰如此耶？"①

同治元年，曾纪泽在家书中这样向父亲汇报叔父的忙碌之状：

> 四叔尚在衡郡未归。年来于省城、县城、衡郡、永丰市诸处疲于奔命，周而复始，习以为常，不乐闲居。虽精力过人，然诚非养生之道……若乃排难解纷，言语直率，常留睚眦之怨，不无谣诼之兴。②

当然，曾国潢疲于奔命的出发点也不全是为了钱。他天性不甘寂寞，喜欢成为人群的中心，更乐于听到他人的吹捧和颂扬。所以，很多时候，他确实也是主动为乡里"排难解纷"。只不过他自己的评价绝不是曾纪泽所说的"言语直率，常留睚眦之怨，不无谣诼之兴"，而是觉得自己极有本领人望，为乡里须臾难离。道光二十八年湘乡因灾歉收，第二年端午节前后，一些为富不仁的大户趁火打劫，囤积居奇，导致谷价大涨，正常年份谷价不过一石一千五左右，端午后居然涨到三千四五。每天来曾家讨米的乞食者有七八十人。"乡间自端节后，谷价涨至三千四五。乞食者每日男女必过七八十，苦不能堪，景况之可怜不可语言形也。"③

这一年闰四月初十，曾国潢由县城返里，原计划到乡绅葛观一家吃便饭，不料到了葛家，发现这里有大批饥民闹事。"待弟进屋，已经来二千人矣（只有三卧房无人）。（草草）［吵吵］闹闹，全不是太平气象。而（草）［吵］事者，虽有头目，又不献出。"④

这种情况下，曾国潢挺身而出："弟高声晓谕，人人皆服。而总要开钱，或问他粮谷，或吃一顿酒饭，弟皆不准。至日晡乃讲清，订十三日，约通都有谷之家，至楠竹观，议发减粮，乃退人。观一家，楠竹、树木、衣服、谷米、

① 曾麟书等撰，王澧华等整理：《曾氏三代家书》，岳麓书社，2002年，第73页。
② 曾麟书等撰，王澧华等整理：《曾氏三代家书》，岳麓书社，2002年，第546页。
③ 曾麟书等撰，王澧华等整理：《曾氏三代家书》，岳麓书社，2002年，第62页。
④ 曾麟书等撰，王澧华等整理：《曾氏三代家书》，岳麓书社，2002年，第58页。

鸡鸭等项，所失约四十千钱光景。”[①]

这一天，曾国潢同闹事的贫民约定，三天后在楠竹观约齐本都有谷的大户，与贫民代表们商议减粮事宜。

曾四老爷很有号召力，十三日那一天，“贫者富者，竟来千余人”。会议开始，是一位叫邹凯五的乡绅讲话。“邹凯五说得不好，无聊辈几乎动凶器。”在这万分危急的时刻，富人们只有求曾四老爷做主。“各绅士皆游移，公请弟言。弟乃立凳上，高声吩咐：谷要通都流转，发则区了区；保甲造出烟火册来，押令发粜；其无谷之区，要稍殷实家与保甲到有谷处买来，则不可减价。十日发一期，以七月朔为止，每人一口，一期发一斗（如一家五人，则五斗），其斗通用葛姓者，价钱通是一千八；不能籴一斗者，则发米。”[②]

据曾国潢自己说，他“讲毕，同声曰好，曰沾恩”。他这一番主持议定之后，各地遵照执行，没再出现抢闹大户的风潮，“毫无吵闹”[③]。

事实是否如曾国潢自己形容的这样具有戏剧性，不得而知。但曾国潢好出头、爱管事却毋庸置疑。曾国潢十分在乎地方上对他敬重与否，在有些场合，还会“老鼠上秤钩，自己称自己”。比如道光二十九年五月十三日，二十四都新兴寺上午举行祭关帝仪式，祭祀仪式的参与者，有“陈金五、王蒯三、颂十、庚三各前辈”，然而人们公请不过三十岁的曾国潢做主祭人。曾国潢也公然不让，等到了这一天，还特意迟到了一下，下午一时方到。一个上午，主祭不到，众人只好在太阳下干等。等到主祭的曾四老爷终于到了，人群攒动，纷纷给四老爷让路。曾国潢“当鼓乐吹闹之场，稠人广众之中，弟自己觉得犹从容而不张皇，安定而无甚舛错，此所谓老鼠子上称钩也……弟之三十初度可谓度得极热闹矣”[④]。文字间的自我感觉良好呼之欲出。

---

① 曾麟书等撰，王澧华等整理：《曾氏三代家书》，岳麓书社，2002年，第58～59页。
② 曾麟书等撰，王澧华等整理：《曾氏三代家书》，岳麓书社，2002年，第59～60页。
③ 曾麟书等撰，王澧华等整理：《曾氏三代家书》，岳麓书社，2002年，第60页。
④ 曾麟书等撰，王澧华等整理：《曾氏三代家书》，岳麓书社，2002年，第62页。

五

曾国藩多次写信给曾国潢，要求他少干预地方事务，曾四老爷却不为所动。因为老曾家除了曾国藩一年往家寄点银子之外，他的“办事本领”就是最主要的收入来源了。综合以上情状，我估计他通过这些事务，一年收入在五百两至一千两白银之间。

不管收入多少，曾国潢有一个原则：公而忘私。不管赚到多少钱，都入公库，绝不私用：“弟手所得之钱，无一文未入祖父房者。积私为败家之原，弟看得透彻之至，且常常与母亲说，万万不可提及某物是谢四牙子的，某物系四牙子买的，某项系四牙子得来的。所以年来稍稍为身以上之人所赏，身以下之人所敬。”[①]

二十九年六月初七，曾国潢在家信中向曾国藩汇报说：家中经济情况不错，虽然因大灾谷价涨到每石三千四五百文，一天要过往七八十个要饭的，但曾家生活费用的筹办“呼来遣去，总无窘手之时也”。世道如此憔悴，“如我家之活活动动，能有几人哉！”这一方面是说明曾家生活宽裕，另一方面当然也是自我表功。[②]

在曾国潢的努力经营下，曾家原本窘迫的经济出现翻身之面貌。道光二十七年冬，曾家在下腰里建成一座大房，一正二横，外有槽门，后命名为“黄金堂”。曾家原有建于嘉庆年间的祖屋一座，道光二十八年改建为三进大屋，青墙黑瓦，双层飞檐，山字墙垛，雕梁画栋，颇为壮观，后名曰“白玉堂”。道光二十八年底，湘乡曾家已经“主仆共二三十人”[③]。除去主人，仆人已经有十多名之多。此时的曾家，一切举止做派，都已经是大族气派了。道光二十九年三月二十六日，曾国藩的祖父出门去看新修的坟墓，派头已经十分威风：“次日，祖父带红顶，穿（泥）［呢］马褂，绸夹衣，珠履，坐椅轿，用四夫，依然子扛，后面扛内用一人打一幨伞。父、叔偕弟等衣冠陪行，看祠

① 曾麟书等撰，王澧华等整理：《曾氏三代家书》，岳麓书社，2002年，第37页。
② 曾麟书等撰，王澧华等整理：《曾氏三代家书》，岳麓书社，2002年，第63页。
③ 曾麟书等撰，王澧华等整理：《曾氏三代家书》，岳麓书社，2002年，第32页。

堂，便看墓坟。三炮而出，三炮而入，颇属大观。”[①]

六

在晚清时期前所未有的绅权大张过程中，曾国潢是一个非常典型的代表。曾国潢在地方上经办事务既多，性格霸悍，又有“发财”之念，所作所为常引起非议。特别是他办理团练，手段残酷，激起强烈民怨。《湘乡县志》中有这样一条告示：

> 访得十四都地方有人布散匿名揭帖，阻挠团练，并敢讪谤办团绅士。此等莠民，如非匪党，即系素不务正之徒。[②]

这个被讪谤的绅士，就是曾国潢。事实上，由于他“凭藉门第，倚恃护符，包揽钱粮，起灭词讼，出入衙门”[③]，甚至私设公堂，早已成为地方上有名的“劣绅”，以至于李鸿章在做湖广总督时也非常为难，不得不写信给曾国荃，让他约束曾国潢：

> 澄丈在乡排难解纷能稍推却否？念甚！[④]

连曾国藩的门生都被迫发出这样的抱怨，曾国藩的担心和不满更可想而知。对于曾国潢的所作所为，曾国藩一直非常头痛。《曾国藩日记》同治六年十月二十一日记载：“接筠仙信，言澄弟在家为众怨所归，深以为虑。”[⑤]《能静居日记》中也记载，曾国藩这样和赵烈文谈到四弟：

---

① 曾麟书等撰，王澧华等整理：《曾氏三代家书》，岳麓书社，2002年，第53页。
② 《湘乡县志·卷五·兵防志·谕密访匪徒条》，同治十三年刊本，页二〇。
③ 田文镜：《钦颁州县事宜·待绅士》，见许乃普辑：《宦海指南五种》，咸丰九年刻本。转引自吴欣：《清代民事诉讼与社会秩序》，中华书局，2007年，第71页。
④ 《李鸿章全集·信函二》，安徽教育出版社，2008年，第18页。
⑤ 《曾国藩全集·日记》，岳麓书社，1994年，第1433页。

因问师第四弟温甫（应为澄侯）先生何如人？师曰："极长厚人，而好事喜功，不顾清议则（与曾国荃）同。在乡有狱讼，县邑不能决者，往往来诉，辄为分剖，胜者以为所应有，负者则终身切齿。足下视此，以为居乡宜乎否乎？"[①]

曾国藩这样对赵烈文表达忧虑：

方今多故，湘中人人以为可危，两舍弟方径情直行，以敛众怨，故吾家人屡书乞来任所，以为祸在眉睫。[②]

曾国藩对大弟，几乎每次去信都有劝诫，劝他少管地方事务，劝他生活俭省，劝阻他为自己买田起屋。然而曾国潢自认为作为湘乡"第一乡绅"，和别的绅富比起来，他生活已经十分节俭了。所以对曾国藩的话，他执行得并不彻底。咸丰六年三月，曾国潢因事在省城向李仲云家借银二百两，事后希望曾国藩代为偿还。曾国藩写信拒绝，要求家中卖地偿还此项：

前三月间，澄弟在长沙兑李仲云家银二百两，刻下营中实无银可拨，只得仍在家中筹还。前年所买衡阳王家洲之田可仍卖出，以田价偿李家之债可也。[③]

因为这件事，曾国藩对曾国潢十分不满，在咸丰六年十一月二十九日致曾国潢的信中说了这样的重话："澄弟与我湘潭一别之后，已若漠然不复相关，而前年买衡阳之田，今年兑李家之银，余皆不以为然。以后余之儿女婚嫁等事，弟尽可不必代管。千万千万！"[④]

---

① 赵烈文：《能静居日记》（第二册），岳麓书社，2013年，第1108页。
② 赵烈文：《能静居日记》，台湾学生书局，1964年，第1962～1963页。
③《曾国藩全集·家书》，岳麓书社，1994年，第321页。
④《曾国藩全集·家书》，岳麓书社，1994年，第336页。

曾国藩积蓄已久的愤懑和不满洋溢在字里行间。在其他信中，曾国藩甚至说出“若不听我，我便恨你”之类的狠话。但是曾国潢仍然积习不改，每日仆仆于道，已经成了他生活的最大乐趣。曾国藩也无可奈何，无法进行更加严厉的约束。因为毕竟多年以来家中一切大小事务，曾国藩无力顾及，都是曾国潢四处奔走操劳的。从大家庭的角度来说，曾国潢贡献极大。曾纪泽在为曾国潢夫妇所写的寿序中这样描述曾国潢为乡邻亲族事务操心费力之状：

> 闾阎百余里内，耰锄箕帚之争，亲串数十家中针布米盐之细，片言所折、屈指以筹，莫不井井有条，平平无党。闻者以为烈同夏日，严比秋霜，见之则谓淡似晴川，霭如瑞玉。[①]

可见他对曾氏一族确实为功甚巨。曾国藩也曾在书信中这样表达感谢之情：

> 余敬澄弟八杯酒，曰：劳苦最多，好心好报。[②]

> 而老弟二十年以来，凡亲属疾病死丧之事，皆弟一人历其危险，尝其劳苦，精力竭矣，忧虑饱矣。弟所尽职于骨肉之际，其劬劳盖百倍于阿兄，且愧且怜。[③]

因此，曾国藩对大弟的管束有时只能适可而止，不能过度打消他为家族服务的积极性。所以，有的时候，曾国藩不得不通过转托他人的方式对曾国潢进行约束。比如同治年间，湖南哥老会大兴，曾国潢必欲究治根株，曾国藩只得托地方官劝诫：

---

① 《曾惠敏公遗集》（卷二），台北艺文印书馆，1963年，第9页。
② 《曾国藩全集·家书》，岳麓书社，1994年，第519页。
③ 《曾国藩全集·家书》，岳麓书社，1994年，第1111页。

哥老会一案……舍弟澄侯不以为然，必欲搜剔根株……求阁下劝诫澄弟，不再搜寻。[1]

七

曾国藩一生给兄弟的钱不多。同治五年十二月，曾国藩在家书中提到，前一段曾寄赠给曾国潢一千两白银。这笔金钱，是曾国藩寄赠曾国潢的最大一笔，但是比起其他督抚来，自然是不值一提的："前致弟处千金，为数极少，自有两江总督以来，无待胞弟如此之薄者。"[2]这笔寄赠有一个特殊背景，是因曾国藩北上剿捻，将家小送回湘乡。曾国潢这一年不但须照顾嫂侄，还为曾国藩营修富厚堂尽了许多心力。

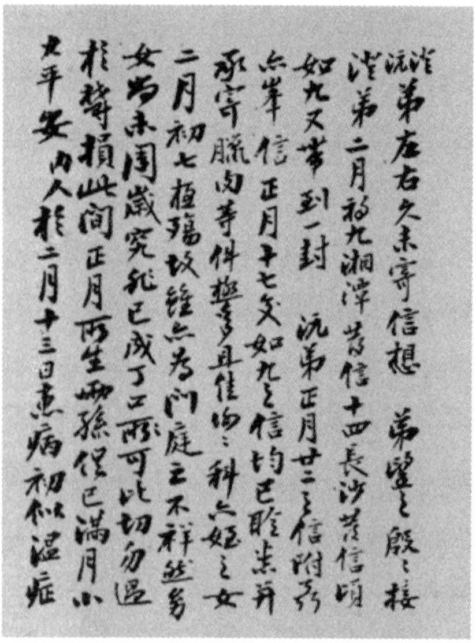

曾国藩致曾国潢、曾国荃家书

成为总督之后，曾国藩在给曾国潢的家书中，一个不变的主题是要求他少干预公事。因为身为总督之弟，"湘乡第一绅士"曾国潢的气焰肯定会更大了：

弟现在不管闲事，省费许多精神，将来大愈之后，亦可将闲事招牌收起，专意莳蔬养鱼，生趣盎然也。[3]

莫买田产，莫管公事。吾所嘱者，二语而已。盛时常作衰时想，上场当念下场时，富贵人家，不可不牢

① 《曾国藩全集·书信》，岳麓书社，1994年，第6408页。
② 《曾国藩全集·家书》，岳麓书社，1994年，第1307页。
③ 《曾国藩全集·家书》，岳麓书社，1994年，第558页。

记此二语也。[1]

吾家于本县父母官，不必力赞其贤，不可力诋其非，与之相处，宜在若远若近、不亲不疏之间。渠有庆吊，吾家必到；渠有公事，须绅士助力者，吾家不出头，亦不躲避。渠于前后任之交代，上司衙门之请托，则吾家丝毫不可与闻。[2]

冯树堂劝弟不必晋省，金石之言。望弟以后信而从之。不特不必到省管闲事，即衡州东征局务及盐局之务亦可不必与闻。贵价弟三字极不易当，动辄惹人谈论，生出谣言。[3]

然捐务公事，余意弟总以绝不答一言为妙。凡官运极盛之时，子弟经手公事格外顺手，一倡百和，然闲言即由此起，怨谤即由此兴。吾兄弟当于极盛之时预作衰时设想，当盛时百事平顺之际预为衰时百事拂逆地步。弟此后若到长沙、衡州、湘乡等处，总以不干预公事为第一义。此阿兄阅历极深之言，望弟记之。[4]

除了不干预公事外，要求他保持俭朴的劝谕更是不断重提。他反复说：

弟每用一钱，均须三思。[5]

后辈子侄，总宜教之以礼。出门宜常走路，不可动用舆马，长其骄惰之气。一次姑息，二次、三次姑息，以后骄惯则难改，不可不慎。[6]

---

① 《曾国藩全集·家书》，岳麓书社，1994年，第856页。
② 《曾国藩全集·家书》，岳麓书社，1994年，第864页。
③ 《曾国藩全集·家书》，岳麓书社，1994年，第1100页。
④ 《曾国藩全集·家书》，岳麓书社，1994年，第1114~1115页。
⑤ 《曾国藩全集·家书》，岳麓书社，1994年，第1159页。
⑥ 《曾国藩全集·家书》，岳麓书社，1994年，第420页。

即如四轿（是指四人抬的轿子）一事，家中坐者太多，闻纪泽亦坐四轿，此断不可。……即弟亦只可偶一坐之，常坐则不可。[1]

同治二年，曾国潢在湘乡围山嘴修了一座桥，又计划兴建历代祠堂，曾国藩写信劝止说：

围山嘴桥稍嫌用钱太多，南塘竟希公祠宇亦尽可不起。湖南作督抚者不止我曾姓一家，每代起一祠堂，则别家恐无此例，为我曾姓所创见矣。沅弟有功于国，有功于家，千好万好，但规模太大，手笔太廓，将来难乎为继。吾与弟当随时斟酌，设法裁减。此时竟希公祠宇业将告竣，成事不说，其星冈公祠及温甫、事恒两弟之祠皆可不修，且待过十年之后再看（好从慢处来）。至嘱至嘱。

余往年撰联赠弟，有"俭以养廉，直而能忍"二语。弟之直人人知之，其能忍，则为阿兄所独知；弟之廉人人料之，其不俭，则阿兄所不及料也。以后望弟于俭字加一番工夫，用一番苦心，不特家常用度宜俭，即修造公费，周济人情，亦须有一俭字的意思。总之，爱惜物力，不失寒士之家风而已。莫怕寒村二字，莫怕悭吝二字，莫贪大方二字，莫贪豪爽二字。弟以为然否？[2]

然而，和曾国荃一样，曾国潢对大哥的指示也经常阳奉阴违。同治七年，曾国潢赴南京看望曾国藩，两人相见甚欢。然而曾国藩日记当中记载，同治七年十月十三日，"二更后，澄弟自外宴归，与之久谈。闻有狎邪之游，心实忧之。老年昆弟，不欲遽责之也"[3]。

就是这一年，曾国藩专门写了《书赠仲弟六则》，赠给曾国潢，指出他身上的几大毛病。第一是平日"饮酒太多"，"说话太多"。第二是"有好动之弊。今日思作某事，明日思访某客，所费日增而不觉"。第三是遇事不明而轻断，容易

① 《曾国藩全集·家书》，岳麓书社，1994年，第1049页。
② 《曾国藩全集·家书》，岳麓书社，1994年，第1058页。
③ 《曾国藩全集·日记》，岳麓书社，1994年，第1561页。

招怨。四是不慎，不畏人言。五是有时盛气凌人。六是不安静，爱入是非之场。

这六条的具体内容是：

清

《记》曰："清明在躬。"吾人身心之间，须有一种清气。使子弟饮其和，乡党薰其德，庶几积善可以致祥。饮酒太多，则气必昏浊；说话太多，则神必躁扰。弟于此二弊，皆不能免。欲葆清气，首贵饮酒有节，次贵说话不苟。

俭

凡多欲者不能俭，好动者不能俭。多欲如好衣、好食。好声色、好书画古玩之类，皆可浪费破家。弟向无癖嗜之好，而颇有好动之弊。今日思作某事，明日思访某客，所费日增而不觉。此后讲求俭约，首戒好动。不轻出门，不轻举事。不特不作无益之事，即修理桥梁、道路、寺观、善堂，亦不可轻作。举动多则私费大矣。其次，则仆从宜少，所谓食之者寡也。其次，则送情宜减，所谓用之者舒也。否则今日不俭，异日必多欠债。既负累于亲友，亦贻累于子孙。

明

三达德之首曰智。智即明也。古来豪杰，动称英雄。英即明也。明有二端：人见其近，吾见其远，曰高明；人见其粗，吾见其细，曰精明。高明者，譬如室中所见有限，登楼则所见远矣，登山则所见更远矣。精明者，譬如至微之物，以显微镜照之，则加大一倍、十倍、百倍矣。又如粗糙之米，再舂则粗糠全去，三舂、四舂，则精白绝伦矣。高明由于天分，精明由于学问。吾兄弟忝居大家，天分均不甚高明，专赖学问以求精明。好问若买显微之镜，好学若舂上熟之米。总须心中极明，而后口中可断。能明而断谓之英断，不明而断谓之武断。武断自己之事，为害犹浅；武断他人之事，招怨实深。惟谦退而不肯轻断，最足养福。

慎

古人曰钦、曰敬、曰谦、曰谨、曰虔恭、曰祇惧，皆慎字之义也。慎者，有所畏惮之谓也。居心不循天理，则畏天怒；作事不顺人情，则畏人言。少贱则畏父师，畏官长。老年则畏后生之窃议。高位则畏僚属之指摘。凡人方寸有所畏惮，则过必不大，鬼神必从而原之。若嬉游、斗牌等事而毫无忌惮，坏邻党之风气，作子孙之榜样，其所损者大矣。

恕

圣门好言仁。仁即恕也。曰富，曰贵，曰成，曰荣，曰誉，曰顺，此数者，我之所喜，人亦皆喜之。曰贫，曰贱，曰败，曰辱，曰毁，曰逆，此数者我之所恶，人亦皆恶之。吾辈有声势之家，一言可以荣人，一言可以辱人。荣人，则得名、得利、得光耀。人尚未必感我，何也？谓我有势，帮人不难也。辱人则受刑，受罚，受苦恼，人必恨我次骨。何也？谓我倚势欺人太甚也。吾兄弟须从恕字痛下工夫，随在皆设身以处地。我要步步站得稳，须知他人也要站得稳。所谓立也。我要处处行得通，须知他人也要行得通。所谓达也。今日我处顺境，预想他日也有处逆境之时；今日我以盛气凌人，预想他日人亦以盛气凌我之身，或凌我之子孙。常以恕字自惕，常留余地处人，则荆棘少矣。

静

静则生明，动则多咎，自然之理也。家长好动，子弟必纷纷扰扰。朝生一策，暮设一计，虽严禁之而不能止。欲求一家之安静，先求一身之清静。静有二道：一曰不入是非之场，二曰不入势利之场。乡里之词讼曲直，于我何干？我若强为剖断，始则赔酒饭，后则惹怨恨。官场之得失升沉，于我何涉？我若稍为干预，小则招物议，大则挂弹章。不若一概不管，可以敛后辈之躁气，即可保此身之清福。[1]

八

同治三年春，以平太平天国功，曾国藩、曾国荃兄弟双双封爵开府。

曾国潢虽然一生都在家乡做绅士，但也跟着“鸡犬升天”，因办理团练

① 《曾国藩全集·诗文》，岳麓书社，1994年，第433～435页。

等事，积功获得“盐运使衔候选郎中”身份，并且获得“诰授通议大夫、貤封建威将军”的荣誉性官爵。这个官爵的名称说明，曾国潢因自身功绩资格获得了“通议大夫”这个正三品文官的荣衔，因子弟功绩资格获得了“建威将军”这个正一品武官的荣衔，因此在正式场合可以使用正一品武官和正三品文官服色。

在曾国荃大兴土木建造“大夫第”的咸丰九年，曾国潢也给自己修建了一座“修善堂”。修善堂与黄金堂毗邻。规模不大，房屋布局新颖别致，像两把以正厅为对称轴连接起来的“F”形古式铜锁钥匙。和“曾氏十堂”的其他诸堂一样，“修善堂”正宅前面也有一个半月形大池塘和一个一字形旗座。和曾国荃同时期修建的“大夫第”比起来，“修善堂”要俭朴得多。这显然是曾国藩告诫的结果。对于曾国潢的“听话”，曾国藩十分高兴。咸丰九年冬，曾国潢从黄金堂移居“修善堂”，曾国藩于翌年正月二十四日写信祝贺，并送贺礼，内容是御赐福字一个，红缎对一副、挂屏二副、桌椅全堂（内梱木桌二十张，太师椅三十张，平头椅三十张，凳六十条）。

曾国潢故居万宜堂（刘建海摄）

然而曾国潢的“从善如流”，仅止于曾国藩生前。曾国藩去世之后，曾国潢到底按捺不住起大屋的欲望，后来又修建了规模宏阔的万宜堂。

万宜堂坐落在荷叶镇峡石村，建造于同治十二年（1873年），占地面积达三十亩，主体结构为对称式六纵二横二层楼房，外有排楼和槽门，共有大小房屋九十八间（含杂屋），建筑面积约一万一千平方米，外面环以长廊。天井底部与四周全用条石镶砌，大门及封火山墙全用青砖砌成。最引人注目的是它东西两侧各有三道高大的山字墙，历经百多年风风雨雨，如今仍巍然独存，在周围低矮民居的映衬下显得格外雄伟。如今这座大宅除了围墙、槽门和东西亭子被拆毁以外，主体建筑基本完好。

曾国藩生前对四弟反复提出的劝谕，并没有让他改掉大手大脚的毛病。在曾国藩身后，曾国潢仍然经常举事花钱，结果欠下巨债。

曾国荃在光绪元年给曾纪泽的信中说：

> 四叔夙累，闻已不过万两，余可为之分年完清，大约即指定朱晓亭应完之款，谅四叔闻之，可以放心。至于每年廿仟之需，余亦当常常有敬恭之意，吾侄服阕出仕，亦可孝敬。静臣得缺，亦必孝敬父亲母亲，友恭介石也。①

可见曾国潢晚年一度欠债数万两，全赖曾国荃给他还清。

1886年曾国潢在湖南去世，终年六十六岁。

① 曾国荃撰，梁小进主编：《曾国荃集》（第五册），岳麓书社，2008年，第387页。

第四章
“英名百战总成空”：命运不顺的曾国葆

第一节　“柴门绝人事”：初出受挫的曾国葆

一

曾国藩在京期间，曾作过《寄弟三首》，其中第三首说：

> 梦里携予季，亭亭似我长。三年不相见，一变安可量。神骏初衔辔，牵牛肯服箱[①]！朝朝偷芋栗，知尔足奔忙。[②]

诗后自注说：“季弟今年十四岁。往年好食栗、煨芋，避人偷窃，顽趣可鞠。”[③]

这个善于偷栗煨芋的“季弟”，就是曾国葆。他是曾氏兄弟中年龄最小的一个。曾国葆字季洪，后来又改名为贞干，字事恒。他小曾国藩十七岁，这几

---

① 服箱，负载车箱（厢）。犹驾车。《诗·小雅·大东》：“睆彼牵牛，不以服箱。”
② 《曾国藩全集·诗文》，岳麓书社，1994年，第70页。
③ 《曾国藩全集·诗文》，岳麓书社，1994年，第71页。

曾国葆像

乎是一代人的年龄差距。在曾国藩离家赴京为官之时，他年仅十二岁。在诸兄弟当中，他和曾国荃关系最近，因为他们仅差五岁，从小最能玩到一起。曾国藩在另一首诗中这样描写兄弟两个童稚时的情景：

昔我初去家，诸弟各弱小。
阿季髡两髦，觑人眸子瞭。
后园偷枣栗，猱升极木杪。
叔也从之求，揖我谓我娇。
分甘一不均，战争在毫秒。
余时轻别离，昂头信一掉……[①]

兄弟两个因为一把枣栗，瞬间战争大起。从这些诗歌，我们能看到少年时代的曾国葆是多么憨顽可爱。不过，长大之后，这个顽皮好动的幼弟却气质大变，变得安静凝重，不苟言笑，“倾心向道”，成为曾氏兄弟当中除了曾国藩外道学味道最浓的一个人。曾氏兄弟后来回忆起他，都说他“一生常郁郁”。

二

曾国葆的读书条件是几兄弟当中最好的，因为他开蒙不久，曾国藩就成举人中进士，曾家已经成为缙绅之家。他的科举之路一开始看起来势头也不错。道光三十年，二十二岁的曾国葆第二次参加考试就取中秀才，这在曾氏兄弟当中属于比较顺利的。

但是中了秀才之后，曾国葆却在科举之路上不再热心，他在第一次参加乡试失利后就在给曾国藩的家书中表示，以后不想再致力于科举，而是要更多地

① 《曾国藩全集·诗文》，岳麓书社，1994年，第14页。

致力于身心性命之类的“有用之学”。

曾国葆做出这一决定的原因有四。

第一是曾国藩曾说他读书天赋一般。上文我们说过，曾国藩对这个弟弟的文才评价不高，认为他在书法上倒可能取得更大成绩：“季洪诗文难于进功，须用心习字。将来即学叔父之规模，亦有功于家庭。”[①]

接到这封家书，曾国葆当时很生气。但是随着年龄的增长，他也渐渐发现，自己在读书一事上不过是中人之姿。科举之路不见得一帆风顺。

第二个原因是曾国藩在科举方面的一贯主张对他影响很大。

一般来说，家中最小的孩子，性格发展往往有两种可能的倾向。大部分幼子在成长过程中会受到家庭成员的“集体宠爱”，容易形成自我为中心的性格，长大后可能比较顽劣张扬。另一种可能，则是家长和哥哥姐姐们的性格比较强势，幼子在重重保护下成长，性格可能会比较柔弱，缺乏自信。曾国葆就是这样。

我们看今天留下的曾国葆家书，言辞当中时时流露出一种忠厚、单纯和驯顺。曾国藩曾在家书中充分肯定曾国葆的“天性笃厚”，但又曾指出：“季弟信亦谦虚可爱，然徒谦亦不好，总要努力前进。”[②]可见曾国葆的性格中谦退内敛的成分很重。

我们读曾国葆家书，可以从字里行间感受到他对长兄非常崇拜，对曾国藩的每句话都奉命唯谨。曾国藩要求弟弟们的家书写得详细一点，写得最细的就是曾国葆，家长里短娓娓道来，巨细靡遗。他在家书中对曾国藩无话不谈，甚至言及自身的隐私：

> （妻子）其体甚好，现虽未见生育，弟亦不能无过，一则弟有一点暗病，二则色欲过度。将来保精全神，或者可以得生子以副堂上之望乎？[③]

---

① 《曾国藩全集·家书》，岳麓书社，1994年，第178页。

② 《曾国藩全集·家书》，岳麓书社，1994年，第103页。

③ 曾麟书等撰，王澧华等整理：《曾氏三代家书》，岳麓书社，2002年，第495页。

这是说他结婚后迟迟没有生子，一则可能是因为年轻夫妻，沉迷性事过多，古人则信奉“寡欲多男”，节制欲望才能多生育。二则可能是因为有一点不便明言的毛病。

他没事就翻看曾国藩寄回家的信件，认真“学习体会”：

> 弟迩来将兄往年家信翻看，见兄于堂上大人实在恭敬，赠族戚之信实在有道理，教诸弟读书实在殷勤，深堪佩服。弟欲兄此后写信，弗用信笺，无论行楷，总以页子写，以便装钉，庶后人知所取则，兄以为可否？①

曾国藩家书中的科举观，因此就深刻地影响了曾国葆。中国传统教育模式，很像今天的“应试教育”。很多读书人为了应付科举考试，成天汲汲于范文试卷当中，视野极其狭窄，所学知识百无一用。大部分人终生科举不成，所学又没什么用处，因此成了废人。曾国藩就受过这样的“应试教育”的长期折磨。曾家早年没有什么藏书，父亲曾麟书要求他读的，全都是“模范作文”。一直到中了进士之后，他才知道自己知识结构的单薄。曾国藩在家书中说，我当日幸亏中得早，否则岂不也成了一个废人：“幸而早得科名，未受其害，向使至今未尝入泮，则数十年从事于吊渡映带之间，仍然一无所得，岂不腼颜也哉？”②

所以他经常告诫弟弟们不要过度执着于功名科考：“此中误人终身多矣。”他在家书中一贯主张，读书重在明理，要通过先贤文字，体会修身为人之道，领悟办事处世之方，才能有益于己，有益于世。他的科举观总结起来一句话，就是勿“以考卷误终身”③。如果读书能明理，就算没有考中，也可以著书立说，或者做幕僚、做实事，总之不怕没饭吃。反之，如果没有真学问，即使侥幸考中了，一生也是失败的。他说：“盖人不读书则已，亦即自名曰读

---

① 曾麟书等撰，王澧华等整理：《曾氏三代家书》，岳麓书社，2002年，第499页。

② 《曾国藩全集·家书》，岳麓书社，1994年，第87页。

③ 同上。

书人，则必从事于《大学》。《大学》之纲领有三：明德、新民、止至善，皆我分内事也。若读书不能体贴到身上去，谓此三项与我身了不相涉，则读书何用？虽使能文能诗，博雅自诩，亦只算得识字之牧猪奴耳！岂得谓之明理有用之人也乎？”[①]他多次在家书中要求弟弟们不要只读“考试文章”，而应该广泛浏览文史。比如道光二十四年（1844年）九月他在家书中说：“我境惟彭薄墅先生看书略多，自后无一人讲究者，大抵为考试文章所误。殊不知看书与考试全不相碍，彼不看书者，亦仍不利考如故也。我家诸弟此时无论考试之利不利，无论文章之工不工，总以看书为急。不然则年岁日长，科名无成，学问亦无一字可靠，将来求为塾师而不可得。或经或史或诗集文集，每日总宜看二十页。”[②]

所以曾国藩建议诸弟，多做几手准备，不要在科举一棵树上吊死。道光二十四年五月十二日家书中，曾国藩针对曾国华的前途，建议他不如抛弃所有应试教材，学点真本事：“吾谓六弟今年入泮固妙，万一不入，则当尽弃前功，壹志从事于先辈大家之文。”因为年龄已经不小，要做多种打算，不能错过最佳学习时期：“年过二十，不为少矣，若再扶墙摩壁，役役于考卷截搭小题之中，将来时过而业仍不精，必有悔恨于失计者，不可不早图也。……温甫以世家之子弟，负过人之资质，即使终不入泮，尚不至于饥饿，奈何亦以考卷误终身也？”[③]

曾国藩的这些话，曾国华听不进去，但是对大哥敬若天神的曾国葆却听进去了。所以他对科举，一开始就不像哥哥们那样汲汲营营。道光二十八年，二十岁的他参加第一次秀才考试未中，“而胸怀全无牢骚，……谓进学小事也，而一家科名之盛不可太焰，稍为屈抑，小则可为一己充学力，大则可为一家蓄元气”（曾国荃家书中语）[④]，表现得甚为通达明理。

第三个原因当然就是六哥国华的前车之鉴。

---

① 《曾国藩全集·家书》，岳麓书社，1994年，第39页。
② 《曾国藩全集·家书》，岳麓书社，1994年，第93页。
③ 《曾国藩全集·家书》，岳麓书社，1994年，第87页。
④ 曾国荃撰，梁小进主编：《曾国荃集》（第五册），岳麓书社，2008年，第10页。

曾国藩所说的读书不成的废人，曾家自己就有一个，那就是曾国华。

曾国葆在给曾国藩的一封家书中说："今世之人，枉道从人，角逐于纷纭利禄之场，其得之者，仅享庸福，学问功业，不能自立自建……其不得者，抑郁无聊，不自爱惜其精神，为有用之才，徒作无益之事。以自滔其身心，而辱及其亲。学问功业，无所自立。品行心术，何堪自问？见弃于友朋，受毁于乡人，并其庸福而不能享，惟溺溺以终也。惜哉!"[①]

"抑郁无聊，……惟溺溺以终也"这一段话，显然完全是在描摹其六哥曾国华的情状，只是没有点名而已。曾国华确实是传统社会被科举制度残害的一个典型，他科举不成，破罐破摔，嫖赌纳妾，让曾家上上下下包括曾国葆都操了不少心，所以国葆发誓不做第二个曾国华。

最后还有一个原因，那就是幼子在多子女家庭中，一般"成功"的压力较小。因为上面兄长们已经撑起了一片天空，家长对幼子的期望值通常不会太高，所以他们在人生选择上往往有更大的自由。曾国葆在家中正是这样的境况。和曾氏其他兄弟比起来，他不必承担那么重的光大门庭之任，人生道路选择显然更为从容。

三

咸丰元年七月，二十三岁的曾国葆写信给曾国藩说，他以后的学习，将不再以举业为目的，而要多为有用之学，"从事于心身伦事之间，……不敢自暇自逸，以渐求其贯通，又必随时随事以求践其实。至于文艺，则参而习之。总之，一切尽人事以待天"[②]。

曾国藩对此表示非常赞同。他回信说："季弟有志于道义身心之学，余阅其书，不胜欣喜。"因为每一个人都可以成为圣贤，"绝不系乎读书之多寡"。他告诉曾国葆："诚有志于此，须熟读《小学》及《五种遗规》二书。"此外，其他有关书籍能读固然好，不能读也无妨。"匪但四六古诗可以不看，即

① 曾麟书等撰，王澧华等整理：《曾氏三代家书》，岳麓书社，2002年，第488~489页。
② 曾麟书等撰，王澧华等整理：《曾氏三代家书》，岳麓书社，2002年，第489页。

古文为吾弟所愿学者，而不看亦自无妨，但守《小学》《遗规》二书，行一句算一句，行十句算十句，贤于记诵词章之学万万矣。”这样也“可以为天地之完人，可以为父母之肖子”[①]。

他又说，曾国葆愿意在家奉养老人，帮忙操持家务，尤其令他高兴：“季弟又言愿尽孝道，惟亲命是听。此尤足补我之缺憾。……余能尽忠，弟能尽孝，岂非一门之祥瑞哉？”[②]

从此之后，曾国葆不再专心举业，而是一边侍奉老人、照料家务，一边自学经史、练书法、作诗文，甚至练剑术，“厌薄举子业，究心手搏击刺法”[③]。生活姿态非常潇洒。他说：“弟常思人自二十岁以前，必从师专意读书，二十岁以后，书也要读，事也要做，庶不辜负。不然，读书万卷，亦何用耶？”[④]

然而经世致用之路又岂是那么容易走的？归根结底，这个家中最小的孩子要想取得什么成就，还是离不开哥哥们给他创造的机遇。

四

咸丰二年底，曾国藩应命出山，由文转武，到长沙办理团练，创建湘军。

所谓“上阵亲兄弟，打虎父子兵”。曾家兄弟也纷纷出山，做曾国藩的左膀右臂。在诸兄弟当中，曾国葆介入最深。

在几兄弟当中，年纪较长的曾国潢、曾国华往来于省城湘乡之间，有时在省城帮曾国藩处理事务，有时在湘乡办理团练。较小的曾国荃和曾国葆则一直在省城帮忙。但是曾国潢性格憨直，能力有限，经常和人发生冲突，不久就

---

① 《曾国藩全集·家书》，岳麓书社，1994年，第220页。
② 同上。
③ 朱孔彰撰，向新阳、朱英士标点：《中兴将帅别传》，岳麓书社，1989年，第116页。
④ 曾麟书等撰，王澧华等整理：《曾氏三代家书》，岳麓书社，2002年，第495页。

让曾国藩赶回了家里[1]。曾国华和曾国荃则仍以科举为志，帮了一段时间忙就都回家继续读书。只有以经世致用为意的曾国葆积极从事，一往无前。在曾国藩办团的时候，他帮着训练团勇，还曾亲率练勇，赴常德、宁乡等地镇压会党起义。

及至曾国藩到衡阳练兵，曾国葆更是“挈六百人以从”[2]，直接充任营官。这个当年偷栗煨芋的幼弟今天已经成了曾国藩的有用帮手，湘军营制以及饷银标准，都是他与曾国藩共同商量定的。“前年在衡州时，与季弟定陆营薪水单。”[3]后来的湘军名将杨载福、彭玉麟，开始都是曾国葆部下的普通军官。曾国葆将其推荐给曾国藩，后来自己反居其下：“始皆客季弟所，为僚佐。季亟荐此二人为英毅非常器，己愿下之。”[4]可见在曾国藩军事生涯的初始，这个幼弟还是颇有贡献的。

在诸弟当中，曾国葆是最想跟着大哥在战场上建功立业的。可惜毕竟年纪太轻，没有经过风浪，带兵打仗并不顺利。

咸丰四年二月底，湘军水陆并进北上岳州，迎战太平军。因为当时北风大作，湘军水师船只在岳州城下漂沉，不战自乱。太平军抓住机会进攻湘军陆军，湘军力不能支，只好撤退。岳州之战是曾国葆随兄出征以来的第一次重大战役。然而二十六岁的曾国葆所率一营士兵在这场战役中表现很差，在太平军的冲击之下没能站住脚跟，兵败之后士兵逃散者颇多。

---

① 在湘军创立之初，曾国潢也曾帮了曾国藩很多忙。他为人实在，肯于负责，不惮劳苦，且有料理杂务之能。曾国藩说他“自到省帮办以来，千辛万苦，巨细必亲，在衡数月，尤为竭力尽心，衡郡诸绅佩服，以为从来所未有。昨日有郑桂森上条陈言，‘见澄侯先生在湘阴时景象，渠在船上，不觉感激泣下’云云。澄弟之才力诚心，实为人所难学”。但是他性格拙直，脾气火暴，也给曾国藩添了不少麻烦。曾国藩创办湘军，千难万难，到处碰壁，处处有冲突。曾国潢“见我诸事不顺，为人欺侮，愈加愤激，肝火上炎，不免时时恼怒，盛气向人”，让矛盾更加激化。所以他在咸丰四年四月十六日夜写的家书中说：“余近来因肝气太燥，动与人多所不合，所以办事多不能成。澄弟近日肝气尤旺，不能为我解事，反为我添许多唇舌争端。军中多一人不见其益，家中少一人则见其损。”所以曾国藩在他患病回家后，就要求他安居家中，不要再回来帮忙。

② 《曾国藩全集·诗文》，岳麓书社，1994年，第274页。

③ 《曾国藩全集·家书》，岳麓书社，1994年，第298页。

④ 《曾国藩全集·诗文》，岳麓书社，1994年，第274页。

这一战的具体战况如何，未见详细记载，但多年之后，曾国藩家书中有这样一段话：

> 与此贼战有两难御者：一则以多人张虚声，红衣黄旗漫山弥谷，动辄二万三四万不等，季洪岳州之败，梧冈樟树之挫，皆为人多所震眩也。①

可见当时的形势是太平军人多势众，鼓噪而来，从来没有见过这么大阵仗的曾国葆一时被吓得乱了方寸，没能率军顶住。

五

湘军从岳阳撤离，回到长沙。不久之后湘潭之战获得大胜，兵威大振。但是曾国藩却没有因此自满，他痛定思痛，开始了著名的长沙整军。整军的原则就是奖有功而黜无能。湘军在战斗中各部表现反差非常大。塔齐布、罗泽南、彭玉麟、杨载福四部表现出色，曾国藩让他们招兵买马，迅速扩充队伍。

表现不好的几营，则基本都被曾国藩遣散。绿营兵打仗，有一个老问题是“集而复溃，溃而复集”，就是说，敌人一来就溃逃，敌人一走，这些人再跑回来继续当兵，这样就越打越疲，越打越油，越打越没有战斗力。曾国藩决心不让湘军复制绿营的这个现象。因此他决定，凡是临阵脱逃的将士，不管你当时有什么理由，都立刻打发回家，永远不再录用。比如湘乡知县朱孙诒，虽然是曾国藩父亲的好友，但因为在战争中表现胆怯，被曾国藩断然逐出湘军。

经过长沙整军，湘军实力大增。但是曾家也为这次整军付出了代价。除了朱孙诒，曾国藩还拿亲弟弟曾国葆开刀。曾国藩将其手下士兵全部遣散，撤去曾国葆营官之职，让他卷铺盖回家。当然后来在给曾国葆写的纪念文章当中，曾国藩说得很客气，说是曾国葆主动请辞：“贞干自引咎，言诸将无罪。”②

其实曾国藩对这个弟弟是非常不满的。除了战争指挥不力外，其他方面曾

---

① 《曾国藩全集·家书》，岳麓书社，1994年，第337页。
② 刘铁铭著：《湘军与湘乡》，岳麓书社，2006年，第190页。

国藩也有批评。他曾在咸丰五年三月二十日信中说：

> 季洪弟尽可不必教书，宜在家中读书。文理尚未甚通，不可误人子弟。去年季弟带兵在益阳等处，所出告示，人有传以为笑者。笔墨之间，不可不慎。[①]

用语如此刻薄，可见他对这个幼弟的能力评价是多么低。

被长兄炒鱿鱼一事，对曾国葆刺激极大。他原本以为自己放弃科举，数年究心于“有用之学”，总能积累了些本领，没想到却如此不堪一击。这个安静内向的幼弟极好面子，他回到家乡后，“筑室紫田山中，柴门绝人事，身与世违”[②]。一连几年闭门深居，足不出户。

曾国葆的这次挫折，让曾国藩下定了一个决心，那就是以后不再让兄弟们参与到兵事当中来，安守家中，一意耕读。

第二节 “望来世再为哲弟”：曾国葆的后半段军事生涯

一

被曾国藩裁撤回家后，曾国葆在家里一连数年，闭门不出，做起了隐士。他一度决定，干脆此生束发山中，永不再出。

但是做“宅男”毕竟不是长久之计，自己年已而立，至少需要养家糊口。隐居数年之后，曾国葆开始静极思动，探寻自己的出处。读书既无成绩，带兵又蒙羞回家，一心想做些实事的他能做些什么呢？

---

① 《曾国藩全集·家书》，岳麓书社，1994年，第292页。

② 朱孔彰撰，向新阳、朱英士标点：《中兴将帅别传》，岳麓书社，1989年，第116页。

他不想再借大哥的光。在一些经商朋友的鼓动之下，他开始做起了小本生意，往来于衡阳、湘乡、湘潭、长沙等地。

对于曾国葆做生意，曾国藩并不赞同。他在咸丰八年七月二十日的家书中指出："季弟生意颇好，然此后不宜再做，不宜多做，仍以看书为上。"[①]在曾国藩看来，做生意容易坏人心术，还是半耕半读靠得住。读书即使不去应考，也可以使人养成良好品行，变化人的气质。

其实曾国葆何尝愿意以经商为终生之业。虽然曾国葆自幼不囿于俗见，也许并不认为做生意有什么丢人，但是眼看着自己昔日的战友一个个都凭军功飞黄腾达，特别是自己原来的部下彭玉麟、杨岳斌等人都做到了很高的级别，心中肯定不是滋味。难道自己这一生，就以一个小贩的身份收场吗？自从被曾国藩遣回老家之后，曾国葆一直是郁郁寡欢，很少见到笑容。曾国藩说他"向来襟怀不畅"[②]。

直到咸丰八年曾国华战死三河的消息传来，彷徨多年的曾国葆终于做出了决定：他要再次带兵，上阵杀敌，为兄报仇。

岳州之败让他自感颜面无存，即使心中一直蛰伏着再出雪耻的想法，也不敢向长兄提及。所以当初大哥困于江西之时，是六哥国华主动请缨去救援长兄，他这个曾经领过兵的人反而没有挺身而出。

但是他心中一直隐藏着再度出山的想法。"在哪儿跌倒，就在哪儿爬起来"，只有在战场上立功，才能挽回在战场上失去的颜面。这次曾国华去世，终于让他为再次出山找到了体面的理由。他告诉诸兄，他再次领兵，一要"以报兄仇而雪前耻"[③]，为兄曾国华报仇，二要洗雪前耻，重新做人。

刚刚得知幼弟这一决定时，曾国藩并不太同意，他对曾国葆的能力还是充满怀疑，他写信给曾国葆说："明年出外，尚需再三筹维。若运气不来，徒然怄气。帮人则委曲从人，尚未必果能相合；独立则劳心苦力，尚未必果能自立。"如果真正能够做到委曲求全、吃苦耐劳，"则家庭亦未始不可

---

① 《曾国藩全集·家书》，岳麓书社，1994年，第405页。
② 《曾国藩全集·家书》，岳麓书社，1994年，第812页。
③ 《曾国藩全集·诗文》，岳麓书社，1994年，第274页。

处也”[①]。

意思是让他老老实实在家里，管管家，或者做一个闲散读书人也无妨。

但是曾国葆决心已定。为此还毅然改名“贞干”，改字“事恒”，表示以后要做到坚毅到底，像曾国藩要求的那样事事有恒，一步一步去建设自己的后半生。曾国藩一见形势如此，只得同意，但是提醒他须选择好依靠对象：“今日办事之人，唯胡润之、左季高可与共事。此外皆若明若昧，时信时疑，非季弟所能俯仰迁就也。”希望他能做到“择人而事，不可草草”[②]。

在曾国藩的推荐下，他于咸丰九年春来到湖北，投奔到湖北巡抚胡林翼麾下。胡林翼当然知道如何安排位置给他，遂派一千人给他，分为两营，号为“湘恒左营”和“湘恒右营”，令他自黄州出征安徽。

这次出山，曾国葆的表现确实比上次要强得多。这一年他已经三十一岁，经过一次大挫折，性格更加成熟沉稳，且怀破釜沉舟之志。他与其他湘军配合，攻下潜山、太湖，与曾国荃会合，协助曾国荃攻打安庆。

在安庆之战中，曾国葆奉命会合彭玉麟水师扼守菱湖，断绝太平军粮道。他做事殚精竭虑，尽职尽责，打退了太平军的多次进攻，出色完成了任务。从此之后，曾国藩就一直把他列于曾国荃麾下，让曾国荃关照。

这次出山，曾国葆还是像以前一样，对长兄奉命唯谨。我们看他写给曾国藩的信，口气与曾国荃写给曾国藩的信大不相同。咸丰九年八月初二，他在湖北写信说：“惟是弟太无学问，初托重寄，常恐有负。谨拟以后待人谦和，办事勤慎，尤求兄始终不弃，时赐训言，以为法守。如能做出声光，亦兄所顾而乐，弟实感恩不忘矣。”[③]

曾国藩对曾国葆这次出山后的表现，也加以肯定。咸丰十年六月二十七日他写信说：

> 顷接沅弟信，知弟接行知，以训导加国子监学正衔，不胜欣慰。官

---

① 《曾国藩全集·家书》，岳麓书社，1994年，第448页。

② 《曾国藩全集·家书》，岳麓书社，1994年，第456页。

③ 曾麟书等撰，王澧华等整理：《曾氏三代家书》，岳麓书社，2002年，第505页。

阶初晋，虽不足为吾季荣，惟弟此次出山，行事则不激不随，处位则可高可卑，上下大小，无人不翕然悦服。因而凡事皆不拂意，而官阶亦由之而晋。或者前数年抑塞之气，至是将畅然大舒乎？《易》曰："天之所助者顺也，人之所助者信也。"我弟若常常履信思顺，如此名位岂可限量？[①]

他嘱咐说：

吾湖南近日风气蒸蒸日上。凡在行间，人人讲求将略，讲求品行，并讲求学术。弟与沅弟既在行间，望以讲求将略为第一义，点名看操等粗浅之事必躬亲之，练胆料敌等精微之事必苦思之。品、学二者，亦宜以余力自励。目前能做到湖南出色之人，后世即推为天下罕见之人矣。大哥岂不欣然哉！哥做几件衣道贺。[②]

二

和对曾国荃一样，曾国藩对这个幼弟，自然也是破格关照。

1862年2月，曾国葆受命率部进攻安徽南部的三山。在这里曾国葆招降了大批被掳入太平军的本地人，"乃以计招降三县义民之陷贼者，噢咻而厉使之，得四千人"[③]。

虽然对待湘军将领方面，曾国藩自己说是一视同仁，但是在弟弟的功名路上，曾国藩一直是特别关注。我们来看曾国藩批牍中的《批统带湘恒左右两营曾丞贞干禀到防察看情形拟将投诚之人编立六营并请颁发关防由》这一篇：

据禀已悉。所收投诚之人，应改为四营，派黄令润昌管带一营，晏副将、陶参将、张游击各带一营。其关防即刊管带昆字营、恭字营，保字

① 《曾国藩全集·家书》，岳麓书社，1994年，第555~556页。
② 《曾国藩全集·家书》，岳麓书社，1994年，第556页。
③ 《曾国藩全集·诗文》，岳麓书社，1994年，第274页。

营、吟字营各一颗，候分别札发祇领。帐房军械各项，准即照四营给发。此外收留者，俱令当长夫，每名每日发钱七十文，仿鲍镇新收梅仁富一起降卒办法。其四营之勇，即自奉到关防之日起，每名每日给发钱一百文。军器每营照章酌发一半，候饬知银钱、军械两所查照。闻此后来降者尚多，立法之初，不可不慎，求为可继，求为可广。①

通过这封批牍我们可以看到，在三山招纳了四千名被太平军强掳入军的本地百姓后，急于扩充自己实力的曾国葆上书曾国藩，要求从这些降卒中挑出三千人，编为六个营，并且表示，要把这三千人“练成一支劲旅”。这样，自己所部就从一千扩大为四千，自己在湘军中的地位就可以一跃而上。

对于幼弟用降卒练成劲旅的勃勃雄心，曾国藩不以为然。他很清楚，这些本地人当初是被太平军胡乱掳入军中的，根本没打过什么仗，没有什么军事素质，所以曾国藩在批牍后半段中说：“此项降卒，本地人多，军械甚少，自系该处百姓为贼所胁，虽授伪职，罕经战阵。今见贼势日衰，人无固志，又因米粮太少，急思反正，以为就食之计耳。官军宥其罪而收之，以为招降贼也可，以为恤难民也亦可，若欲练成劲旅，恃之攻战则不可。”②

但是曾国藩还是在军饷、编制极为紧张的情况下，大笔一挥，同意他扩编四营。给了他四颗关防，批了四个营官（每人每年饷银两千四百两），还有账房、军械，以及每营每月两千九百两的军饷，手笔不可谓不大。如果他不是曾国藩的亲弟弟，不可能这样大张旗鼓地招兵买马。

就在批复了这道公文的同一天，同治元年二月初二，曾国藩给曾国葆写了这样一封信：

弟初放手办事之始，余不遏其兴致，即芜湖不克，余亦不怪也。惟言训练为有用之兵，则余未敢深信。③

---

①《曾国藩全集·批牍》，岳麓书社，1994年，第216页。

② 同上。

③《曾国藩全集·家书》，岳麓书社，1994年，第811页。

"弟初放手办事之始，余不遏其兴致"，这是曾国藩一下批给他这么多编制的唯一原因。后来在家信中，曾国藩更说："季弟并未禀明，径招三千人，此在他统领所断做不到者。"[①]

三

关照曾国葆的不止曾国藩一人。曾国荃与曾国葆小时一起长大，感情最深，对这个小弟的能力更为认可。所以曾国藩才安排曾国葆追随在曾国荃身边。

与曾国藩一直对曾国葆评价不高不同，曾国荃一直认为，曾国葆才分很高，只不过是年轻阅历少而已。同治元年三月，他写信给曾国藩说：

> 初一日晡时抵三山营次，与季弟相会。……至夜间纵谈，观季留心认真公事，知其所处者为不谬矣。[②]

同治元年六月，曾国荃信中说："季弟不过阅历尚少，所谓险阻艰难、人之情伪，犹未尽尝而未尽知也。然大致所处不谬，实亦难得之才。"[③]劝曾国藩对他多加重用。

曾国葆面对大哥，说起话来一直怯生生的，有什么要求往往不敢直接提。曾国荃却不管那一套。我们在家书中可以多次看到曾国荃致信曾国藩，要求他对幼弟更加关照。

曾国葆扩编三千人，曾国荃怕曾国藩不同意，去信说项："湘恒营壁尚坚，新收之三千人亦尚有条理。……祈老兄均俯如所请，俾季得以自展，稍纾曩者郁结之情，造就成材，是为至要。弟如遇公事苟有可以助季之处，亦必竭

---

① 《曾国藩全集·家书》，岳麓书社，1994年，第833~834页。
② 曾国荃撰，梁小进主编：《曾国荃集》（第五册），岳麓书社，2008年，第112页。
③ 曾国荃撰，梁小进主编：《曾国荃集》（第五册），岳麓书社，2008年，第135页。

力襄之耳。”[①]

同治元年四月，因为曾国葆扩充的三千人的棚帐一直没有发放到位。曾国荃替曾国葆催促：

> 惟季部尚有四营无棚帐，应请兄早为饬发。当此用人之际，季之所收，又是已成之局。弟意就而成全之，借资他日之力，兄意以为何如？[②]

曾国荃不停地劝曾国藩对曾国葆加以重用：“季乃昆弟中性情最忠厚者，其所遇亦最苦。吾辈当体谅其心迹，使之得以展布其才，舒畅其气，方为克尽友于之道。”[③]

在两个兄长的共同关照下，曾国葆确实取得了一定战绩。他用这支经过扩充的军队，在长兄批给的充足军饷支持下，“编伍约法，用破鲁港，克繁昌，下南菱、芜湖”。与曾国荃部会师在南京城郊，“兄弟复会师，进薄金陵之雨花台”[④]。曾国葆因功被清廷特赐迅勇巴图鲁名号。

曾国葆终于一扫以前多年不得志的抑郁，脸上露出了笑容。曾国藩在家书中说：“季弟自克复两县一隘后，亦不似前此之忧郁。”[⑤]

四

在著名的雨花台大战中，曾国葆的表现更为出色。

因为意识到雨花台大战的凶险异常，战前曾国藩一度想把曾国葆调离这里，因为他不希望两个弟弟同处险地，更担心上次在岳州大战中表现脆弱的幼弟这次挺不住。所以他写信给曾国荃说：

---

① 曾国荃撰，梁小进主编：《曾国荃集》（第五册），岳麓书社，2008年，第112页。
② 曾国荃撰，梁小进主编：《曾国荃集》（第五册），岳麓书社，2008年，第125页。
③ 曾国荃撰，梁小进主编：《曾国荃集》（第五册），岳麓书社，2008年，第134页。
④《曾国藩全集·诗文》，岳麓书社，1994年，第274页。
⑤《曾国藩全集·家书》，岳麓书社，1994年，第825~826页。

季若不愿在金陵，亦可移至芜湖以上。[①]

但是曾国葆当然不会这样做，他这次出山希望的就是通过死战硬仗，来挽回自己在长兄心目中那个不中用的形象。所以他坚决要求留在军中，协助曾国荃。

在太平军重重围困之下，能否取得后勤粮食武器弹药的支援，成了曾国荃部能否支撑下去的关键。好在雨花台离长江不远，如果能保住雨花台到江边的通路，曾国荃就能获得水师送来的给养弹药。

曾国荃把保护粮路这一关键任务交给了曾国葆。由此也可见他对这个弟弟的信任。

曾国葆不负使命，用极心智，谨慎周详，保障了粮路的通畅。曾国荃在给曾国藩的信中屡次赞扬曾国葆的功劳："季弟日来为保粮路百般辛苦。"[②]"洲上现尚淤水颇多，贼难阵列猛犯，季弟布置又极妥当。"[③]"水师营官，经季弟联络一气，即待弟亦甚好……益之以陈、赖二营，则江边之力更觉有余，粮路亦可放心，可感可慰。"[④]"贼掘江水湮没洲上□粮路。季弟复于中间高路增修数垒，派人守之，又请赖荣光、陈东友各派五舢板抬入双闸长港内，与陆营相为倚护，共保高处粮路。而濠内军心益觉大定。"[⑤]

后来随着雨花台战斗的持续，曾国荃越来越感觉承受不住守壕的压力，不得不调曾国葆火速过来助守。曾国葆在守卫战中表现也非常出色。曾国荃充满感激地写信给曾国藩说：

季弟带八哨人接应东路十营，至今尚留在此。此次季弟甚有韬略，为功于东路不小，为功于金陵不小。[⑥]

---

① 《曾国藩全集·家书》，岳麓书社，1994年，第859页。
② 曾国荃撰，梁小进主编：《曾国荃集》（第五册），岳麓书社，2008年，第162页。
③ 曾国荃撰，梁小进主编：《曾国荃集》（第五册），岳麓书社，2008年，第149页。
④ 曾国荃撰，梁小进主编：《曾国荃集》（第五册），岳麓书社，2008年，第152页。
⑤ 曾国荃撰，梁小进主编：《曾国荃集》（第五册），岳麓书社，2008年，第165~166页。
⑥ 曾国荃撰，梁小进主编：《曾国荃集》（第五册），岳麓书社，2008年，第153页。

季弟此次临警有定识定力，可佩可敬。弟在东路，亦全赖季诸事扶持耳。[1]

兄弟二人同心用命，终于挺过了雨花台大战最凶险的阶段。通过这一战，曾国藩也终于改变了对曾国葆的印象，对他从怀疑转为认可。同治元年九月初二日，曾国藩在给两个弟弟的信中说：

季弟所守江滨一段，系粮运至要之地，而用收降新集之卒，吾深为忧虑。不料季能稳慎有条，弟所寄前后各信，竟无一字稍涉慌张，又能联络水师，使之乐为我用。佳哉！吾二弟可谓贤且劳矣……[2]

同治元年十月十六日，曾国藩又专门写信给曾国葆说：

此次保全粮道，联络水师、援应东路，厥功甚伟。皇天不负苦心人，或终有树立勋名之日。[3]

确实，我们从曾国葆的生命轨迹看，他是一个典型的挫而后奋的人，能成功地从失败中吸取营养。如果曾国葆寿命足够长，他肯定会功成名就，其位势将也许会与曾国荃相类。

可惜他命运不济。

五

曾国葆身体底子不好，一生屡屡患病。早在抵达雨花台不久，他就病倒了。那时李秀成部还没有来攻，所以曾国葆曾打算奏请回籍养病。但是曾国藩

---

① 曾国荃撰，梁小进主编：《曾国荃集》（第五册），岳麓书社，2008年，第159页。
② 《曾国藩全集·家书》，岳麓书社，1994年，第862页。
③ 《曾国藩全集·家书》，岳麓书社，1994年，第891页。

没有同意。

曾国藩同治元年七月二十日家书说：

> 季弟病似疟疾，近已全愈否？吾不以季病之易发为虑，而以季好轻下药为虑。
>
> ……回家之期，不如待金陵克后乃去，庶几一劳永逸。如营中难耐久劳，或来安庆闲散十日八日，待火轮船之便，复还金陵本营，亦无不可。若能耐劳耐烦，则在营久熬更好，与弟之名曰贞、号曰恒者，尤相符合。[①]

曾国藩想不到，正是他的这一封信，要了曾国葆的命。曾国葆是一个自尊心极强的人。曾国藩说他“如难耐久劳”，提醒他改名字为贞、恒，实际上是指责他此次想回家养病是示弱退缩。在这种情况下，曾国葆怎么会示弱？他唯一的选择是留下来。结果不久就遇到了雨花台大战。

雨花台大战中曾国葆虽然表现优异，但他是用生命在作战。他本来生病没有痊愈，这次又“强起筹战守，自当西路，卫饷道，与贼血战四十六日”[②]，耗极心力体力。结果雨花台大战后，操劳过度的他又一次患了重病。

得知曾国葆再次患病之初，曾国藩并没怎么担心。他认为和以前一样，多病的曾国葆很快会好起来。他唯一担心的是，曾国葆略通医术，“果于自医”，总是喜欢自己给自己开药。所以十月十九日，曾国藩在给曾国荃的信中说：

> 季弟究系伤寒症否？近大愈否？吾每以季之多病为虑，尤以其果于自医为虑。以后季或有疾，总嘱其莫轻服药。至要至要。[③]

这一点倒是确有其事。我们参见曾国葆同治元年九月十六致国荃信，可见

---

① 《曾国藩全集·家书》，岳麓书社，1994年，第850页。
② 朱孔彰撰，向新阳、朱英士标点：《中兴将帅别传》，岳麓书社，1989年，第117页。
③ 《曾国藩全集·家书》，岳麓书社，1994年，第892页。

他经常给自己开药："弟目患恙已深。幸弟自知虚实，今日加服芪术、姜附，至明日当可徐徐退红。"①

到了十一月初一，曾国葆的病情未见减轻，曾国藩才担心起来，给曾国葆寄去九钱辽参，这点辽参花了一百多两银子。"万篪轩顷送辽参一两，吾拟备价百二十金与之，不知渠肯收否。吾已蒸食一钱，倘尚有力量。余九钱，兹专人送金陵。季弟病后，服补剂时，可酌服之，但不宜太早，须外症退净，毫无反复之时，乃可蒸服。温弟在江西病时，竟系此物之功。弟劳苦过甚，亦可分食少许。"②

然而这些辽参没发挥作用。

十一月十九日，曾国藩还在写信，要曾国葆千万不要服药：

> 伤寒而反复者，每以服药致误，服补药则更易误。欲求季之有转机，弟须坚持不复服药。③

曾国藩哪里知道，他此信写时，曾国葆已经去世。此信发出后不过三天，他就接到了曾国葆去世的消息：

> 接弟十八日辰刻信，知季弟溘逝，哀恸曷极！④

年仅三十四岁。

六

曾国葆的命确实不好。如前所述，因为身有暗疾，他一直没能生育。这在

---

① 曾麟书等撰，王澧华等整理：《曾氏三代家书》，岳麓书社，2002年，第511页。
② 《曾国藩全集·家书》，岳麓书社，1994年，第899页。
③ 《曾国藩全集·家书》，岳麓书社，1994年，第905页。
④ 同上。

传统时代是男人一生的最大缺憾。三十二岁，他正在三山作战之时，又接到妻子在老家去世的消息。曾国荃在给曾国藩的信中说："久别之后，季又初经忧患，兄弟相对，几凄咽而不能语。……天地间惟不生子之境为最苦况，又从偃蹇抑郁之余，值壮盛之年，二千里外初闻丧其配耦之耗乎！而季弟犹为达观，抑情自处不差，此固季之可敬者耳。"[①]

虽然尽力从军，但是曾国葆生前也并没获得太高的功名，包括雨花台大战，虽然功劳不小，但是曾国藩在战后并没有对曾国葆大力保举。

为什么呢？因为两个弟弟同时从军，他在某一时段，只能有阶段有重点地先提携其中的一个。如果两个人同时推举，未免形迹太显，引来物议。所以在给曾国荃的信中，曾国藩说，雨花台大战后论功行赏，只能先牺牲一下曾国葆：

> 金陵解围一案，季弟请奖一节，实不宜形诸公牍。在我既不能奏请奖弟，在官、李又不能不奏军情，专奏保奖，陈述数行，徒觉词费。
>
> 朝廷立法，所以待大员子弟防范颇严，如在京不准保送军机，不准保送御史，皆因其声势较广，恐其营私树党。咸丰初元，孙苻卿保杜芝农之子，杜保孙之侄，当时物论切讥之。季弟劳绩虽多，吾二人只可置之不议。方今督兵者，如胜、袁、都公，皆有子弟在营，若非皇上特恩，皆只能叙"不敢仰邀议叙"六字而已。[②]

曾国藩的打算是从长计议，等以后有机会，再提携这个幼弟。"树立勋名"，可留待长远。只不过他没想到，幼弟已经没有这个机会了。

雨花台大战后，曾国葆循例获命知府，然而消息到日，他已经去世了。曾国藩说："至大破援贼，晋阶知府。命下而弟不及见矣！"[③]

所以曾国藩在给曾国荃的信中也这样叹息曾国葆的命运说：

---

① 曾国荃撰，梁小进主编：《曾国荃集》（第五册），岳麓书社，2008年，第112页。

② 《曾国藩全集·家书》，岳麓书社，1994年，第894页。

③ 《曾国藩全集·诗文》，岳麓书社，1994年，第274页。

> 季之劳苦功多，既不得邀世俗之荣，乃求一日之康强健爽，而天意亦尚若吝之，然则人生事无巨细，何一不由运气哉！[①]

直到曾国葆死后，曾国藩才放手为他申请功名，最后曾国葆蒙恩“追赠按察使，照军营病故例议恤”[②]。

这是曾氏家族中战死的第二人。至此兄弟五人，已殒其二。曾国葆之所以病故，与曾国藩那封信的“激将”不无关系。他用生命向长兄证明了自己的能力。

七

曾国葆去世后，曾国藩非常难过。同治元年十一月二十二日，曾国藩决定亲去南京城外接曾国葆的灵柩：“定计自往金陵一行，一以慰视沅弟，一以接季弟之灵榇。……伤感之至，不能治事。”[③]生前不能尽心，只有在丧事上多尽些力。

季弟死后，曾国藩又一次遇到了生命中的“神秘体验”。同治元年十一月三十日那天晚上，他为曾国葆写铭旌，忽然闻到一股强烈的檀香味，而询问身边人，并无人焚香：

> 昨日为季弟写铭旌，自外入室，闻檀香甚烈，意戈什哈等焚之，以致诚敬。及至写毕一问，并无人焚香者，殊为可异。[④]

过了半个月，他在家书中又一次谈起此事，认为这证明“神异之不虚”：

① 《曾国藩全集·家书》，岳麓书社，1994年，第896页。
② 《曾国藩全集·诗文》，岳麓书社，1994年，第274页。
③ 《曾国藩全集·日记》，岳麓书社，1994年，第828页。
④ 《曾国藩全集·家书》，岳麓书社，1994年，第911页。

> 余生平不信鬼神怪异之说，而八年五月三日扶乩，预料九江一军之必败，厥后果有三河之变。及昨二十九日写铭旌时，异香满室，余所亲见亲闻，又觉神异之不尽虚妄也。[①]

这次灵异事件，更让他相信某种程度上的天人感应的存在。

曾国藩一共为曾国葆写了两副挽联。其一是“英名百战总成空，泪眼看河山，怜予季保此人民、拓此疆土；慧业多生磨不尽，痴心说因果，望来世再为哲弟、并为勋臣”[②]。另一联是“大地干戈十二年，举室效愚忠，自称家国报恩子；诸兄离散三千里，音书寄涕泪，同哭天涯急难人”[③]。

---

① 《曾国藩全集·家书》，岳麓书社，1994年，第917页。
② 《曾国藩全集·家书》，岳麓书社，1994年，第913页。
③ 《曾国藩全集·家书》，岳麓书社，1994年，第915页。

第二部分

曾国藩的父祖与儿子

第五章
“吾家祖父以‘懦弱无刚’为耻”：曾家奠基人曾玉屏

一

曾国藩屡屡说他的发达“赖祖宗之积累”[①]，依靠祖宗们打下的基础。说他常“念其（祖宗）积累之难”，这并非虚言。

虽然中国人常说“风水轮流转”，但是在传统时代，一个家族要从平头百姓上升为官绅阶层是极其困难的。我们查《曾氏族谱》，在曾国藩的祖父曾玉屏以前，二十二代之间，五六百年之内，曾氏家族虽然多次搬迁，不停奋斗，但是社会地位一直局限于贫农和小地主之间，连一个秀才也没出过。[②]所以曾国藩在《台洲墓表》中说：“吾曾氏由衡阳至湘乡，五六百载，曾无人与于科目秀才之列。”[③]

---

① 《曾国藩全集·家书》，岳麓书社，1994年，第187页。

② 《大界曾氏五修族谱》，全国图书馆文献缩微复制中心据一九四六年三省堂木活字本2002年复制本，《谱叙》第3~4页。

③ 《曾国藩全集·诗文》，岳麓书社，1994年，第331页。

其实不光曾家如此，过去大部分普通家族的命运都是这样。因为承平年代，普通人奋斗的渠道只有科举一途。而科举的录取率比我们今人想象的要低得多，秀才一级的录取率在百分之一左右，考中进士的概率更是小于万分之一。所以从平头百姓奋斗为官宦人家，如同骆驼想穿过针眼一样困难。

“骆驼”要穿过“针眼”，幸运的话，也需要几代人的持续奋斗，经历如下一个共同的过程：首先，第一代人要“先富起来”，至少家里要达到小地主的富裕程度，这样才有余力供一个孩子脱离生产，不必下地干活，而是一辈子专心读书；第二步，开始读书的第二代或者第三代人，由于受家庭环境和教育质量的限制，一般顶多考上个秀才。不过这也是家族崛起的重要一步，因为这些秀才可以亲自做孩子的启蒙老师，给孩子提供比自己更好的教育环境，这样第三代、第四代乃至第五代才有可能成为举人进士。

学者宗韵对明代二十个家族的奋斗史进行分析，得出的结论是：在明代初年，普通农民家庭要培养出一个官员，要花的时间大致为四代半，平均是一百三十余年。[①]

曾国藩家就是接力式奋斗的一个典型。

二

湘乡曾氏奋斗的起点，也就是“先富起来”，是在曾国藩的祖父曾玉屏一代完成的。

曾国藩的祖父曾玉屏号星冈，所以家书中称他为“星冈公”。他出生之时，家境属于中农。他是一个浪荡子，没读过书，“少耽游惰，往还湘潭市肆，与裘马少年相逐，或日高酣寝。长老有讥以浮薄，将覆其家者”[②]。

就是说这个人年轻的时候一度游手好闲，不务正业，买了一匹好马，穿着华贵的衣服，成天跑到城里，和一群浮浪子弟混在一起，赌博打架，无所不为。

---

① 宗韵：《阶层与流动：明初农户入仕案例分析》，《历史档案》2010年03期，第44~51页。

② 《曾国藩全集·诗文》，岳麓书社，1994年，第329页。

但是这个人性格很刚烈。有一天，他正在湘潭城里和一群纨绔子弟鬼混，一个老头指着他教育自己的孩子说：你可别跟这个人学。他是白杨坪老曾家的儿子，家里没什么钱，却跑到城里来装有钱大爷，早晚他们家得败在他手里。

曾玉屏听到了，大受刺激，“闻而立起自责，货马徒行”①，来到市场上，当场把自己的这匹骏马卖了，然后，徒步走了几十里路，回到家里。

从那天开始，曾玉屏就像变了个人一样，“自是终身未明而起”②。从此每日早睡早起，天天下地干活，发誓要兴家立业。曾国藩给他写的碑文里说：“余年三十五，始讲求农事。居枕高嵋山下，垅峻如梯，田小如瓦。吾凿石决壤，开十数畛而通为一。然后耕夫易于从事。吾昕宵行水，听虫鸟鸣声以知节候，观露上禾颠以为乐。种菜半畦，晨而耘，吾任之；夕而粪，庸保任之。入而饲豕，出而养鱼，彼此杂职之。凡菜茹手植而手撷者，其味弥甘；凡物亲历艰苦而得者，食之弥安也。”③也就是说，他三十五岁才开始务农，每天带着长工，日夜苦干，把自己家的梯田扩大，连成一片，这样耕作起来就方便了，产量大大提高。他在劳动中找到了乐趣，积累了丰富的农业经验，凭虫鸣鸟叫就知道节气变化。家里种地、喂猪、养鱼，多种经营。曾家种了半畦菜，每天早上他亲自锄草，傍晚则监督长工上粪。他告诉曾国藩，自己亲手种的菜，吃起来才香，辛苦挣来的钱，花着才心安。

几十年艰苦创业，终于使曾家经济状况逐渐改善。

嘉庆十六年（1811年）曾国藩出生时，家里有田地百余亩④，家中一共八口人，人均至少十二亩半。嘉庆十七年（1812年）的中国人均田地，学者吴慧提供的数字是一点七一亩。⑤也就是说，曾家人均土地是全国水平的七倍多，据此我们大致可以判断曾家的成分为小地主。曾国藩为曾玉屏作的《大界墓

---

① 《曾国藩全集·诗文》，岳麓书社，1994年，第329页。

② 同上。

③ 同上。

④ 赵烈文：《能静居日记》，台湾学生书局，1964年，第1960页。

⑤ 吴慧：《中国历代粮食亩产研究》，农业出版社，1985年，第190页。孙毓棠、张寄谦：《清代的垦田与丁口的记录》，载《清史论丛》（第一辑），中华书局，1979年，第114~120页。

表》中说，曾玉屏中年以后成为地方上的头面人物。“津梁道途，废坏不治者，孤嫠衰疚无告者”，他“量吾力之所能，随时图之，不无小补”。[①]也就是说，他经常在村子里做些修桥铺路、救济孤寡这样的公益事业。这从另一个角度说明他具备了一定的经济基础。

曾家上升为小地主阶层，奠定了向官绅阶层进发的第一层基础。

曾玉屏“早岁失学，壮而引为深耻”，他自己负担起所有家业，令长子曾麟书从小就脱离生产，一心读书，并且不惜代价“令子孙出就名师”，摆出一副破釜沉舟的架势。[②]

在曾玉屏的严厉督责下，曾麟书“穷年磨砺，期于有成”。无奈他的天赋实在太差了，前后应考了十六次秀才，都失败了，直到四十二岁头发已经花白的时候，才“得补县学生员”，也就是中了秀才。不过这毕竟是曾氏家族史上破天荒的重大突破，让曾家在“士农工商”的序列上上升，从普通农家上升到“士绅”一级，值得大书特书。曾国藩回忆父亲生平至此，不觉叹道：“五六百载，曾无人与于科目秀才之列，至是乃若创获，何其难也！”[③]

曾麟书通过十七次艰难科考才得了一个秀才这个事实，让曾玉屏认识到儿子根本无力跨过从秀才到举人的鸿沟。曾玉屏又把努力的重心转到了培养长孙上。他对曾国藩的殷切希望从曾国藩的学业进程中就可以体现出来。曾国藩五岁即启蒙[④]，八岁即“读五经毕，始为时文帖括之学”[⑤]。

曾国藩的科名之路开始也并不顺利。他十三岁开始即赴省城“应童子试”，一直考到二十二岁，前后考了七次才得中。不过在曾玉屏的严厉督责下，曾国藩不屈不挠，顽强奋斗，最终于道光十八年考中进士，完成了亿万中国人的“光大门楣”之梦。相比宗韵所说的普通家族平均需要奋斗一百三十年，曾国藩家族的崛起过程算是相当顺利的，从父亲曾麟书读书起到曾国藩

① 《曾国藩全集·诗文》，岳麓书社，1994年，第330页。
② 《曾国藩全集·诗文》，岳麓书社，1994年，第329页。
③ 《曾国藩全集·诗文》，岳麓书社，1994年，第331页。
④ 《曾国藩年谱》：“嘉庆二十年，公五岁，冬十月，受学于庭。”年谱中的五岁为虚岁。见黎庶昌：《曾国藩年谱》，岳麓书社，1986年，第2页。
⑤ 黎庶昌：《曾国藩年谱》，岳麓书社，1986年，第2页。

中进士，前后不过四十多年。不过，曾国藩父子异峰突起之前，却是曾氏家族五六百年之久的蛰伏。

所以曾家崛起的功臣和奠基者是曾玉屏。

三

从浮浪子到勤苦农民的这一颇有点传奇色彩的转变，说明曾玉屏身上有着豪侠性格和刚毅品质。

曾玉屏确实是一个比较强悍的人物，他脾气火暴，做事有魄力，所以地方上有什么纠纷，大家总是来找他排解。遇上那种不讲理的泼皮无赖，他“声若洪钟”，“厉辞诘责，势若霆摧而理如的破，悍夫往往神沮”。[①]就是说，他声音响亮，厉声责问，说的话都在理上，最后那些地方上的恶霸也不得不低下头来。对于“孤嫠衰疾无告者”，他也尽自己的最大能力，经常施以援手。因此，当他逝世之后，“远近感唏，或涕泣不能自休”。他经常训导自己的子孙说：“君子居下，则排一方之难；在上，则息万物之嚣。”[②]不管是在高位还是底层，都要做一个响当当的人物。

曾国藩的性格中有一部分遗传自祖父，后来他曾说：“余渐衰老，亦常有勃不可遏之候。”[③]就是说，我虽然已经年老，但也常有忍不住要发火的时候。这就是来自祖父的遗传。他在北京的时候，是湖南籍京官的领袖，谁家里有了事情，都是他跑前跑后帮着张罗。这也正是他祖父的作风。

曾国藩虽然是三榜进士出身，却终生对这个没读过书的祖父敬服不已。虽然文化水平不高，但是这位一生没有出过湘乡县的乡下老人经常有一些来自泥土的不凡见解。比如曾国藩进京为官前，这位富有远见的老祖父就对家里人说：“宽一虽点翰林，我家仍靠作田为业，不可靠他吃饭。”[④]这句话一方面

---

① 《曾国藩全集·诗文》，岳麓书社，1994年，第330页。
② 同上。
③ 《曾国藩全集·家书》，岳麓书社，1994年，第934页。
④ 《曾国藩全集·家书》，岳麓书社，1994年，第1264页。

说明翰林之穷是普及到了穷乡僻壤的常识，另一方面说明老人深明大义，不愿以家累拖累曾国藩仕途上的发展。所以曾国藩进京后，老头虽然已经贵为“翰林的爷爷”，每天仍然坚持下地种菜、拾粪，绝不丢弃“勤俭”之家风。

老头看人也有一套。曾国藩辞行时向其祖父求教训，曾玉屏叮嘱他说：“尔的官是做不尽的，尔的才是好的，但不可傲。满招损，谦受益，尔若不傲，更好全了。”[①]事实证明，“傲”确实是青年时代的曾国藩最大的毛病之一。

翻开曾国藩家书，我们可以看到他经常引用祖父的言论：“昔祖父在时，每讥人家好积私财者为将败之征，又常讥驼五爹开口便言水口，达六爹开口便言桂花树，想诸弟亦熟闻之矣。”[②]可见农村生活经验构成了曾国藩智慧的重要基础。

曾国藩经常在家书中用祖父的话来教育子弟。他劝弟弟曾国荃在官场上不可逞一时之快时说：“星冈公教人常言：‘晓得下塘，须要晓得上岸。’又云：‘怕临老打扫脚棍。’……望弟平平和和作一二年，送阿兄上岸后，再行轰轰烈烈做去。至嘱至嘱。”[③]曾国藩平生凡事算出三步以外，特别是功成之后，能迅速解散湘军，妥善解除了功高震主之忧，这不光是读史的结果，也与祖父这种凡事要有长远打算的教导有关。

即使在位极人臣之后，曾国藩仍然说自己的能力远远不如祖父：“国藩与国荃遂以微功列封疆而膺高爵，而高年及见吾祖者，咸谓吾兄弟威重智略，不逮府君远甚也。”[④]他认为，曾玉屏如果有机会的话，其实可以做出一些大事，可惜命运所限，一生只能终老山林。“王考府君威仪言论，实有雄伟非常之概，而终老山林，曾无奇遇重事，一发其意。”[⑤]

曾国藩对自己的祖父，从小就有一种崇拜心理。曾玉屏最看不起男人的懦弱，曾国藩也非常推崇倔强这个品质：“倔强二字，却不可少。功业文

① 《曾国藩全集·家书》，岳麓书社，1994年，第588页。
② 《曾国藩全集·家书》，岳麓书社，1994年，第313页。
③ 《曾国藩全集·家书》，岳麓书社，1994年，第1281~1282页。
④ 《曾国藩全集·诗文》，岳麓书社，1994年，第331页。
⑤ 《曾国藩全集·诗文》，岳麓书社，1994年，第329页。

章，皆须有此二字贯注其中，否则柔靡不能成一事。孟子所谓至刚，孔子所谓贞固，皆从倔强二字做出。”[①]他经常回忆祖父的教训来强化自己身上的倔强之气：“吾家祖父教人，亦以懦弱无刚四字为大耻。故男儿自立，必须有倔强之气。”[②]

曾国藩的行为举止，也多有效仿祖父之处。比如老头子平时非常严肃[③]，一举一动都从容沉重，非常有派头。曾国藩行走坐卧，也有意识地效仿老头的风格：“余尝细观星冈公仪表绝人，全在一重字。余行路容止亦颇重厚，盖取法于星冈公。”[④]

四

高瞻远瞩地命儿子和孙子读书，让曾玉屏在老年享受到了丰厚的回报。

曾国藩成了翰林，曾氏家族的社会地位发生了翻天覆地的变化。乡下小地主曾玉屏成了地方头面绅士，地方官来曾家拜访，首先要进谒老头子。

曾家的居家气派也与以前迥然不同。曾家原本只有一座老屋。曾国藩中进士十年之后，曾家把老屋改建为三进大屋，后来命名曰“白玉堂”。此前曾家还在下腰里建成一座大房，后来起名为“黄金堂”。此时的曾家，已经有了十多名仆人。曾玉屏一出门，前呼后拥。曾国藩的弟弟曾国潢汇报，道光二十九年，祖父出门去看新修的坟墓，头上戴的是顶戴，身上穿的是呢子和绸缎，脚下踩的是镶珍珠的鞋子，坐的是四人抬的轿子，后面还专门有一个人给打伞，这气派几乎可以和县太爷相仿：“次日，祖父带红顶，穿呢马褂，绸夹衣，珠履，坐椅轿，用四夫，依然子扛，后面扛内用一人打一蟾伞。父、叔偕弟等衣冠陪行，看祠堂，便看墓坟。三炮而出，三炮而入，颇属大观。”[⑤]他当初

① 《曾国藩全集·家书》，岳麓书社，1994年，第934页。

② 《曾国藩全集·家书》，岳麓书社，1994年，第1139页。

③ 曾在家书中回忆说，他的祖父“昔年待人，无论贵贱老少，纯是一团和气，独对子孙诸侄则严肃异常，遇佳时令节，犹为凛不可犯”。他对曾国荃解释说，他有时对弟弟们太严格，实际上也是效法星岗公，防止弟弟们在家境顺利之时，流于放逸。

④ 《曾国藩全集·家书》，岳麓书社，1994年，第506页。

⑤ 曾麟书等撰，王澧华等整理：《曾氏三代家书》，岳麓书社，2002年，第53页。

曾国藩出生地曾家老屋（后命名为“白玉堂”）

不惜代价供子孙获得功名的决定，现在看来是何其英明。

道光二十九年十月初四夜，曾玉屏以七十六岁的高寿辞世。老人一手开创了曾家的缙绅事业，生前得见孙子晋升到侍郎，本人得到朝廷从一品荣禄大夫的封赠，实在是难得的有福之人。他的遗体穿上了曾国藩早先寄回的朝靴，还有“蟒袍，一品补服，生丝纬呢边冬帽，一品顶，魏家所送墨晶朝珠”[①]，体面风光。葬礼上县令师梧冈送的蓝呢幛上写的是“福备哀荣”[②]，“周荷台及门丁皆有蓝绫幛”[③]，真是极尽哀荣。

五

除了供子孙读书有功外，曾玉屏还是曾氏家风的重要奠基人。

湘乡曾氏是中国传统时代一个典型的克勤克俭、艰苦奋斗的人家。早起和节俭是其一贯的家风。曾国藩在给儿子的信中说道：“吾家累世以来，孝

① 曾麟书等撰，王澧华等整理：《曾氏三代家书》，岳麓书社，2002年，第71页。
② 曾麟书等撰，王澧华等整理：《曾氏三代家书》，岳麓书社，2002年，第74页。
③ 同上。

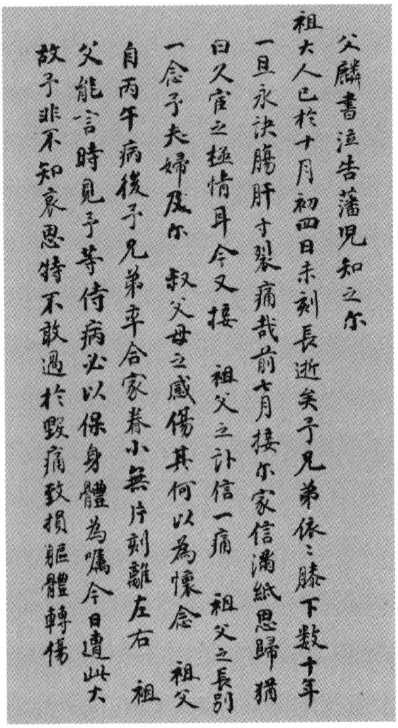
父麟書泣告藩兒知之
祖大人已於十月初四日未刻長逝矣予兄弟依依膝下數十年
一旦永訣腸肝寸裂痛哉前七月接尔家信滿紙思歸猶
曰久宦之極情耳今又接 祖父之訃信一痛 祖父之長別
一念予夫婦及尔 叔父母之感傷其何以為懷念 祖父
自丙午病後予兄弟率合家眷小無片刻離左右 祖
父能言時見予等侍病必以保身體為囑今日遭此大
故予非不知哀思特不敢過於毀痛致損軀體轉傷

曾麟书致曾国藩家书其一

弟勤俭。辅臣公以上吾不及见，竟希公、星冈公皆未明即起，竟日无片刻暇逸。竟希公少时在陈氏宗祠读书，正月上学，辅臣公给钱一百，为零用之需。五月归时，仅用去一文，尚余九十八文还其父。其俭如此。星冈公当孙入翰林之后，犹亲自种菜收粪。吾父竹亭公之勤俭，则尔等所及见也。今家中境地虽渐宽裕，侄与诸昆弟切不可忘先世之艰难。”①

曾国藩青年时代就立志要做一部曾氏家训，当时的主旨当然不是谈自己的见解，而是绍述历代特别是曾玉屏的治家之风。

关于曾玉屏的治家之法，曾国藩后来将其总结为“八好六恼”。所谓八好，是指八项常行之事：“吾近将星冈公之家规编成八句，云：‘书、蔬、鱼、猪，考、早、扫、宝，常说常行，八者都好……’”②关于这八个字，他还要详细地解释：“论治家之道，一切以星冈公为法，大约有八个字诀。其四字即上年所称书、蔬、鱼、猪也，又四字则曰早、扫、考、宝。早者，起早也；扫者，扫屋也；考者，祖先祭祀，敬奉显考、王考、曾祖考，言考而妣可该也；宝者，亲族邻里，时时周旋，贺喜吊丧，问疾济急，星冈公常曰人待人，无价之宝也。星冈公生平于此数端最为认真。故余戏述为八字诀曰：书、蔬、鱼、猪，考、早、扫、宝也。”③

也就是说，一个家庭要兴旺，要有读书声，要种菜、养鱼、养猪，要早

① 《曾国藩全集·家书》，岳麓书社，1994年，第1066页。
② 《曾国藩全集·家书》，岳麓书社，1994年，第1307页。
③ 《曾国藩全集·家书》，岳麓书社，1994年，第536页。

起、爱清洁、讲卫生，要重视祭祀祖先，要注意处理好邻里亲族关系，礼貌周到，多帮助人。

曾国藩后来尽管转徙各地从政治军，公务异常繁忙，但终生坚持早起，一有空闲就在衙署后院开辟空地种些瓜果蔬菜。如他曾在安庆军营、两江总督署和直隶总督署内都开过菜地，经常干些轻微的体力活。他还要求家中的妇女每天要坚持纺纱、织布、做衣、做鞋，这些都是为了遵守祖父定下之家法。

至于六恼，则是指“地、命、医理、僧巫、祈祷、留客久住，六者俱恼”[①]。

也就是说，老头一生最讨厌的几样事物是看坟地风水的、和尚道士算卦的、走乡串户看病的、一有事就四处求神许愿的，以及留客人在家久住。

从这些来看，曾玉屏更愿意把命运掌握在自己手里，而不愿意寄希望于虚无缥缈的迷信。能有这种主见的人，在当时的社会环境下是很罕见的。

在其他家书中，曾国藩又将这些概括为“三不信”，他说：

> 吾祖父星冈公在时，不信医药，不信僧巫，不信地仙，卓识定志，确乎不可摇夺，实为子孙者所当遵守。近年，家中兄弟子侄于此三者，皆不免相反。余之不信僧巫，不信地仙，颇能遵守祖训、父训，而不能不信药。自八年秋起，常服鹿茸丸，是亦不能继志之一端也。以后当渐渐戒止，并函诫诸弟，戒信地仙、僧巫等事，以绍家风。[②]

曾国藩后来对风水和命运的看法，受祖父的影响很大。他也要求“此八好六恼者，我家世世守之，永为家训。子孙虽愚，亦必略有范围也”[③]。

从这个意义上讲，曾玉屏是曾氏家族成长史中除了曾国藩之外第二重要的人物。

① 《曾国藩全集·家书》，岳麓书社，1994年，第1307页。
② 《曾国藩全集·日记》，岳麓书社，1994年，第623页。
③ 《曾国藩全集·家书》，岳麓书社，1994年，第1307页。

第六章

“究是老辈典型也”：韧性过人的父亲曾麟书

一

大部分读者对曾国藩父亲的印象，可能仅止于老实和懦弱。

之所以如此，是因为曾国藩在墓表中的一段描写。曾国藩说，脾气暴躁的曾玉屏经常痛骂自己的这个长子：“王考气象尊严，凛然难犯。其责府君也尤峻，往往稠人广坐，壮声呵斥；或有所不快于他人，亦痛绳长子。竟日嗃嗃，诘数愆尤。间作激宕之辞，以为岂少我耶？举家耸惧，府君则起敬起孝，屏气负墙，踧踖徐进，愉色如初。”[①]

也就是说，曾玉屏当着大家的面，动不动就大声呵斥长子。生活中有什么不如意，也爱拿这个曾麟书当出气筒，一天到晚，斥骂不休，大家都躲得远远的。曾麟书呢？“起敬起孝，屏气负墙，踧踖徐进，愉色如初。”大气都不敢出。

---

① 《曾国藩全集·诗文》，岳麓书社，1994年，第332页。

这副样子，在今天的读者看起来实在是太窝囊了。其实曾国藩的本意倒并非如此。

曾国藩是想用这样的描写来突出父亲的过人品性。在中国传统当中，下位者对上位者的恭顺是最大的美德之一。我们看孔子在国君面前，“鞠躬如也，屏气似不息者。……复其位，踧踖如也”[①]。曾麟书的这副表现，完全是依照圣人的教导，是臣与子在君与父面前的完美态度。

二

不过，我们从现存资料可以判断，曾麟书性格中，老实懦弱确实是重要成分。曾国藩在一封家书中这样说：“孟子所谓至刚，孔子所谓贞固，皆从倔强二字做出。吾兄弟皆秉母德居多，其好处亦正在倔强。”[②]既说兄弟身上的刚强之处都是遗传自母亲，言下之意则父亲曾麟书性格比较柔弱。[③]

这种性格的形成，应该有多方面原因。过于严酷暴躁的父亲，培养出来的往往是比较懦弱的儿子，这也是家庭生态的一种规律性互补。同时还有遗传因素。曾麟书的父亲虽然性格刚烈暴躁，但是他母亲王氏的性格特点却是隐忍木讷，在曾玉屏面前同样不敢回嘴：“虔事夫子，卑诎已甚，时逢愠怒，则竦息减食，甘受折辱以回眷睐。”[④]此外还有一个原因，那就是曾麟书屡考不第，有负父亲厚望，让他在父亲面前抬不起头来。

曾麟书号竹亭，生于乾隆五十五年（1790年）。曾玉屏耻于家中没有读书人，命曾麟书自幼读书。曾国藩在墓表中说，曾玉屏原本对他期望值很高：“（曾氏）自国初徙湘乡，累世力农，至我王考星冈府君，乃大以不学为耻，

① 李泽厚著：《论语今读》，生活·读书·新知三联书店，2008年，第298~299页。

② 《曾国藩全集·家书》，岳麓书社，1994年，第934页。

③ 曾国藩的祖父曾玉屏有子三人：长子曾麟书，次子曾上台，三子曾骥云。因为次子早殇，所以曾国藩家书中我们能看到的只有曾麟书和曾骥云。长年应试不第，让他难免自卑，在父亲面前抬不起头来。

④ 《曾国藩全集·诗文》，岳麓书社，1994年，第330页。

讲求礼制，宾接文士，教督我考府君，穷年磨厉，期于有成。”[①]无奈平民家庭崛起，岂是容易之事。曾麟书生长在一个穷乡僻壤中没有什么文化氛围，甚至连藏书都没有一本的普通农家，既无名师指授，天资又相当钝拙，一连参加十六次童子试都名落孙山，直到四十三岁才中了秀才。每一回落第归来，估计都会收获老父的一顿冷脸和痛骂。曾麟书除了赔笑脸之外，还能说什么呢？

不过，这个表面上看一事无成的人，实际也有很多可取之处。

首先，这个人身上有一种超人的“韧”性。

虽然屡战屡败，但是能够坚持应试十七次，绝不放弃，这本身就表现出了一般人所不能及的韧性。曾国藩后来也称自己身上最大的长处是韧劲和挺功，在困难的境地中能百折不挠，自拟谥号为“文韧公”，这显然是来自曾麟书的影响。

另外，从曾麟书对待父亲的态度上，可以看出他端淳的品性和超乎寻常的吃苦耐劳精神。

曾国藩进京为官六年多之后，祖父曾玉屏初次中风。道光二十七年正月十七日，曾国藩在写给祖父的信中说：“接到家中十一月十九所发信，敬悉大人之病已愈大半。……孙去冬信言须参用化痰之药，不知可从否？”中医对中风之症，有所谓化痰之说。[②]

到了道光二十八年，曾玉屏再次中风，瘫痪在床，不能动弹。四月十四日，曾国藩在家书中说：“祖大人之病未知近日如何？……男前有信托江岷樵买全虎骨，不知已办到否？闻之医云，老年偏瘫之症，病右者，以虎骨之右半体熬胶医之；病左者，以虎骨之左半体熬胶医之，可奏奇效。此方虽好，不知祖大人体气相宜否？当与刘三爷商之。”[③]

可见此时曾玉屏偏瘫相当严重，以至于不得不求助于虎骨。左侧偏瘫则吃

---

① 《曾国藩全集·诗文》，岳麓书社，1994年，第331～332页。

② 二月十二日家书又说：“祖大人之病久不见效，兄细思之，恐有火。”六月十七日说：“知祖父身体康强，服刘三爷之药，旧恙已经全愈。”七月十八日又说：“祖父大人病已什愈八九。”可见此次生病，时间很长。

③ 《曾国藩全集·家书》，岳麓书社，1994年，第165页。

左半边的虎骨，右边偏瘫吃右半边，“可奏奇效”，这是典型的中医思维。

强烈暴躁的老头，现在成了病猫。曾麟书的表现如何呢?

曾麟书按他从小所读的圣贤书的要求，做了孝子的典范。这一年曾麟书已经五十九岁，在传统时代已经是一位老人，家中子弟众多，孙子也已经有了好几个。曾麟书本来可以把伺候病人的事交给别人，自己总持大纲即可。然而他却不想影响孩子们的学业，坚持要做伺候老父的主力。

他晚上亲自伺候老父，每夜要起来六七次，却毫不为苦。①曾国荃在家书中将父亲侍奉的情状说得很详细：“夜间则父大人在房内侍奉。每夜小解，大率以六七次为度。丑初时，即坐于床边，背后以絮被三四铺围之，面前以帐遮之，而以马褥复其膝，至天明时。叔大人起来后，乃为之洗脸，吃水烟、旱烟。”②曾玉屏解手之时，曾麟书唯恐他受风着凉，身边用被子帐子给他围得严严实实。

俗话说，“久病床前无孝子”，但曾麟书数百天如一日，对瘫卧在床的父亲服侍得极为周到。时间长了还有了窍门。父亲说话不清，需要什么，只要动一动眼神，儿子就能心领神会。晚上曾玉屏频繁地小解，老人经常不忍心唤醒儿子，曾麟书却总是半睡半醒，只要父亲有一点响动，他就立即起来，将便器送过来接着。寒冬时节，父亲需要解大便，曾麟书命仆人移动老人到固定的椅子上，他自己则用身子替父亲挡风。因为伺候得好，“祖父大人快畅之时，每笑容可掬”③。

为了让老人更舒服一点，在曾麟书的带领下，曾家人展开“科研攻关”，想尽了办法。曾国潢在家书中说：“近来伺候祖父无法不想，无计不生，因难扶起小便，将单夹绵小衣皆于当中剪开，止两边头上各留一寸不剪。每夜一换，每早一换，每临睡，褥子中间置一絮簟，夜间必要扶起坐几回，坐则又换

---

① 六月十二日，弟弟曾国潢写信汇报说：“祖父大人病势，常常如是。虽右手总不能动，而常换衣，常浴身，从无不洁净者。且有父亲、叔父率弟伺候，未或少吃亏。……父亲体气很好。一切高兴是一样，唯夜里起来，实不很易。幸而日中日旰，稍睡两次也。”

② 曾麟书等撰，王澧华等整理：《曾氏三代家书》，岳麓书社，2002年，第130页。

③ 同上。

一架篁，恐有小便未接到者。其接小便也，用一竹筒，如牛药筒一般，钉扶手，如油匠过壶一般，将被下半折开，以手执其物置于过壶中，则一点不漏。时时去接，总要幸遇几次。然而祖父近日最倦于报信，接不到者尚多，亦无如之何矣，止求保得常常如是清吉，总不令老人多穿湿服也。”①

虽然百般医治，小心服侍，无奈此病难治，祖父的身体还是每况愈下，“大便亦在身上，昏然不自知”②。“迩来饭食较减，每顿多亦不过满茶碗，吃得奇哉之缓。……除左手持烟袋外，丝毫不能动。又难久坐，又难久睡。”③可见侍候起来得有多难。但是曾麟书却打点精神，全力以赴，从不叫苦。曾国潢和曾国荃在家书中汇报说：“父亲精神极健，兴会极好，抱两孙无间时。虽先夜伺候祖父，次早亦不要多睡。掀天揭地，吩咐各件事，算计亦总无差错也”④，“真如铁打一般，毫不为劳”⑤。

曾国荃对父亲的表现非常钦佩，他说：“父大人近来体气康健，勤理家政，间或为地方排解小事。事祖大人惟谨，从未有一事惮劳，又无有一事不合圣贤道理。”⑥

在曾麟书的带领下，曾家人将老祖父照顾得周到之至，身上的衣服总是新的，整整齐齐，每天都要扶他出来呼吸新鲜空气，吃茶吸烟毫不耽误，尽最大可能地减少了疾病给他带来的痛苦：“祖父……起得最早，饭后坐轿出外少坐，即进房饱睡。间或孔鼻，与早年一样。煮午饭时起来，吃建元，又出来。然后去房午饭，茶后即出来久坐，又吃建元。一发灯，即吃饭，吃条丝三口，叶子烟一大兜。喝茶即睡，总要起来几次。每日饮食与身上衣服鞋袜，皆精精致致，总是昼夜不得片瞬离人。”⑦

从最初得病到道光二十九年十月初四日去世，曾玉屏病了一共三年，其

① 曾麟书等撰，王澧华等整理：《曾氏三代家书》，岳麓书社，2002年，第50页。
② 曾麟书等撰，王澧华等整理：《曾氏三代家书》，岳麓书社，2002年，第48页。
③ 曾麟书等撰，王澧华等整理：《曾氏三代家书》，岳麓书社，2002年，第51页。
④ 曾麟书等撰，王澧华等整理：《曾氏三代家书》，岳麓书社，2002年，第62页。
⑤ 曾麟书等撰，王澧华等整理：《曾氏三代家书》，岳麓书社，2002年，第69页。
⑥ 曾麟书等撰，王澧华等整理：《曾氏三代家书》，岳麓书社，2002年，第130页。
⑦ 曾麟书等撰，王澧华等整理：《曾氏三代家书》，岳麓书社，2002年，第59页。

中偏瘫在床至少一年半。曾麟书率领子侄，日日侍奉在侧，极尽孝道。曾国藩在墓表中说病中的曾玉屏一天也离不开这个长子，有时暂时离开就表现出不安，只有他在身边伺服才能满意：“痿痹瘖哑，起居造次，必依府君，暂离则不怡，有请则如响。”[①]

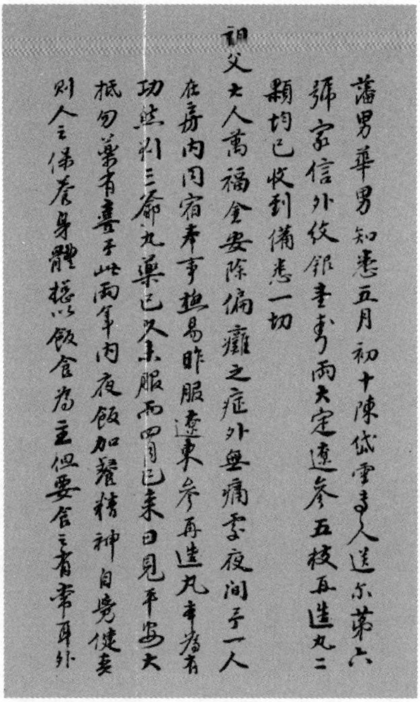
藩男華男知悉五月初十陳岱雲處人送來第六
號家信外收銀壹兩大定遼參五枝再造丸二
顆均已收到備悉一切
祖父大人萬福金安除偏癱之症外無痛處夜間予一人
在房內同宿奉事極易昨服遼東參再造丸本為有
功然料三斋丸藥已久未服而四月已來日見平安大
抵伺第有喜于此兩年內夜飯加餐精神自覺健爽
則全係養身體總以飯食為主但要食之有常耳外

曾麟书致曾国藩家书其二

然而曾麟书在给曾国藩的家书中，对自己的辛苦劳累总是三言两语带过，从不细说。比如他在道光二十八年六月初一日的信中说：“祖父大人万福金安，除偏瘫之症，外无痛处。夜间予一人在房内同宿，奉事极易。”[②]把这样辛苦的劳动说成了“极易”之事。曾国葆则在家书中说，父亲在家中，也从来不提自己的劳累：“侍夜则仍是父亲一人，亦颇难焉，而父亲并不以为言，所以不可及也。”[③]

这并不是一般人能够做到的。曾麟书的这些举动对曾氏家风起到了深远的影响。

三

在父亲面前，他是一个孝顺的儿子。在儿子面前，他也是一位合格的父亲。

在传统时代，一个读书人找不到前途，往往会充当塾师来谋生。嘉庆

① 《曾国藩全集·诗文》，岳麓书社，1994年，第332页。
② 曾麟书等撰，王澧华等整理：《曾氏三代家书》，岳麓书社，2002年，第1页。
③ 曾麟书等撰，王澧华等整理：《曾氏三代家书》，岳麓书社，2002年，第180页。

二十二年（1817年），二十八岁的曾麟书开了一个私塾，起名叫“利见斋”，语出《易经》“利见大人”（有大人物风范或者得到大人物赏识之意）句。意思是希望跟着他读书的学生都有出息。当时年仅七岁的曾国藩也开始随着父亲在此读书。

曾麟书读书笨，做塾师也不怎么高明，长处只是耐苦耐烦：“平生劬劳于学，课徒传业者盖二十有余年。国藩愚陋。自八岁侍府君于家塾，晨夕讲授，指画耳提，不达则再诏之，已而三复之；或携诸途，呼诸枕，重叩其所宿惑者，必通彻乃已。其视他学僮亦然，其后教诸少子亦然。尝曰：‘吾固钝拙，训告尔辈□钝者，不以为烦苦也。’”[①]

因此虽然曾麟书极尽心力，然而在曾国藩的记忆中，跟着父亲读书并不是愉快的经历。其中最难堪的情节也许就是跟着父亲一次次去赶考，然后收获一次又一次的失败和嘲笑。“府君既累困于学政之试，厥后挈国藩以就试。父子徒步橐笔以干有司，又久不遇，至道光十二年（1832年），始得补县学生员。府君于是年四十有三，应小试者十七役矣。”[②]直到不再跟着父亲读书，而是到外求学开阔了眼界和思路后，曾国藩才开了窍，中了秀才和举人。

道光十六年（1836年），曾国藩第二次在京会试落第南返。进京一次的花费，已经消耗掉了家中所有财力，因此南归之时曾国藩手中已经没有路费。路过江苏时，不得不向睢宁县知县、老乡易作梅借了一百两白银。结果到了南京，他在一家书肆见到一套精刻的“二十三史”，爱不释手，一问价钱，将近百两，大致与自己手中的余钱相当。

起自普通农家的湘乡曾家除了几本“应试教材”外素乏藏书，更是从来没有“二十三史”这样大部头的丛书。居京一年的曾国藩已经认识到了广泛阅读对自己的重要性。因此考虑再三，做出了一件惊人的豪举：一咬牙一跺脚把这套书买下来，然后典当衣物做路费，回到家中。

这近百两书价对小地主曾家来讲是一件空前的大事，相当于全家十年八年

① 《曾国藩全集·诗文》，岳麓书社，1994年，第331页。
② 同上。

的积蓄。曾国藩一路上都非常忐忑，生怕父亲骂他。结果曾麟书见他带回来厚厚一套史书，并没有一句责备和抱怨，只是对他讲了这样一句话：

> 尔借钱买书，吾不惜极力为尔弥缝，尔能圈点一遍，则不负我矣。[1]

也就是说，你借钱买书，这不是坏事，不管多难，我都会尽力帮你还账。只望你细心研读，能把此书认真圈点一遍，就算对得住我了！

这几句话对曾国藩既是安慰，也是刺激，曾国藩非常感动，“闻而悚惧”，立下誓言：“嗣后每日圈点十页，间断不孝。”[2]从此闭门复习功课，每日必读几页那套“二十三史”，“由是侵晨而起，中夜始休，泛览百家，足不出户者几一年”[3]。从此，曾国藩养成了研究历史的兴趣，写作文章，眼界也比以前开阔不少，遂于下一届中了进士。

四

曾麟书是传统时代一个典型的旧式家长，他信奉那些为大部分人所信奉的《菜根谭》式的世俗教条，做事老实稳重，不逾规矩。如果抛开外在行迹，探讨曾麟书的内心世界，我们会发现他的思维特点就是两个字：中庸。

曾麟书的家书大都体现了这种中庸气象。现存的最早的曾麟书家书，是道光二十八年写给在北京的曾国藩曾国华二人。信的结尾说：“华写信与老兄、老弟，每多愁苦语。凡作诗赋，宜避穷愁字句，写信亦然。自来乘风破浪、得时而驾者，其文章语言，未有不和平畅快、令人可爱者也。”[4]也就是说，人的精神面貌对文章的气势有决定性的作用。那些偏僻落寞之人，写出来的文字总是愁苦味道，而那些进取成功之人，写出来的文章也是气象蓬勃，令人心情

---

① 《曾国藩全集·诗文》，岳麓书社，1994年，第396页。
② 同上。
③ 黎庶昌：《曾国藩年谱》，岳麓书社 ，1986年，第4页。
④ 曾麟书等撰，王澧华等整理：《曾氏三代家书》，岳麓书社，2002年，第2页。

愉快。“保养好则精神固，精神固则文章健”，“其中者文章，其所以能中者精神也”。[①]

这些话当然俗之又俗，我们都知道，诗文都是穷而后工。写得光润华丽的只能是没深度的时文。然而这些话对科举来说，倒是十分实用。

曾麟书还十分反感别人说八股无用。他说，制艺文字，是朝廷不变之法，必须重视：

> 朝廷立法数百，不易者惟制艺耳。[②]

> 读书作八股……童子心要入理，从诗论入门，心必粗；从八股入门，心乃细。[③]

“八股”和“小楷”是一对固定的搭配，所谓“以浮华无实之八股，与小楷试帖之专工，汩没性灵，虚费时日”[④]。曾麟书却要求孩子们一定要注意字迹端方，符合官方审美标准：“本朝以文章诗赋考言，以字迹端方取士，实属不易之良法。”[⑤]甚至国藩已经在朝为官，曾麟书还写信提醒他写字不要倾斜，要悬腕悬肘。

对于父亲这些“庸俗”的见解，曾国藩却并不轻视。这些见解，正是在世俗中取得现实功利的必由之路。对父亲指导他如何写字，曾国藩的回信说：

> 去年大人教男写字不宜斜脚，男近日已力除此弊。自去年六月起，无论行楷大小字皆悬腕悬肘，是以力足而不精致，伏求大人教训。[⑥]

---

① 曾麟书等撰，王澧华等整理：《曾氏三代家书》，岳麓书社，2002年，第10页。
② 曾麟书等撰，王澧华等整理：《曾氏三代家书》，岳麓书社，2002年，第2页。
③ 同上。
④ 郑观应：《盛世危言》，中州古籍出版社，1998年，第73页。
⑤ 曾麟书等撰，王澧华等整理：《曾氏三代家书》，岳麓书社，2002年，第18页。
⑥ 《曾国藩全集·家书》，岳麓书社，1994年，第116页。

他不但本人照此遵行，而且常常以此教导弟弟和儿子。比如咸丰九年八月十二日五谕纪泽说：

> 凡作文，末数句要吉祥；凡作字，墨色要光润。此先大夫竹亭公常以教余与诸叔父者。尔谨记之，无忘祖训。[①]

曾国藩身上，也有着一定的中庸气象，在很多时候追求四平八稳的境界。这也是曾麟书对他的影响之一。不过，对曾麟书要求纪泽学八股的指示，曾国藩却全力顶住了。他不得不吃下这些散发着庸俗气息的方药，是因为在这个世界上你只有先占据自己的地位，才能施展才华。他已经为儿子创造了更好的条件，再也不想让儿子再吃这个苦了。

五

曾麟书的中庸，还体现在他对曾国藩做官方法的指导上。

虽然自己只是一个乡间老秀才，但是本着老父对在外宦游的长子的关心，他对儿子也偶尔进行自己力所能及的指点。

关于如何对待皇帝，曾麟书教导曾国藩说，要为君分忧，适时进言："……当此时事维艰，宜为君上分其忧。万一进言可有益于时事，皇上圣明，采而用之，亦未可知。又劝同寅各抒所见，以呈奏皇上，集群谋而用，教匪不难除矣。"当然，妄言轻进，则万万不可："若无明见不可轻言。"[②]

关于如何处理与师长、同僚和下属的关系，曾麟书的教导落脚在谦逊二字上，要小心翼翼，谦虚谨慎："尔在京与同寅及下属和衷济美，三命滋益，恭惟小心翼翼，终日乾乾，即是持盈保泰之道，而不失建功立业之时也。"[③]"官阶既高，接人宜谦，一切应酬，不可自恃，见各位老师，当安

---

① 《曾国藩全集·家书》，岳麓书社，1994年，第497页。
② 曾麟书等撰，王澧华等整理：《曾氏三代家书》，岳麓书社，2002年，第24页。
③ 曾麟书等撰，王澧华等整理：《曾氏三代家书》，岳麓书社，2002年，第21页。

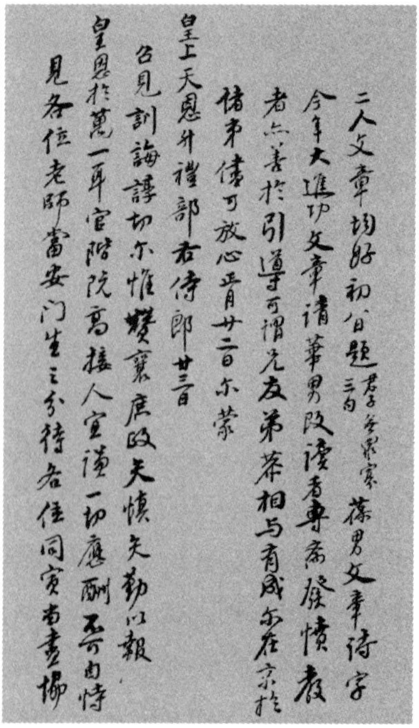
二人文章均好初八日题君子务家三句 荃男文章诗字
今年大进功文章请华男改读书专斋发愤教
者亦善于引导可谓兄友弟恭相与有成尔在京于
诸弟俱可放心正月廿二日尔蒙
皇上天恩升礼部右侍郎廿三日
召见训诲谆切尔惟兢业底致夫慎矢勤以报
皇恩于万一耳官阶既高接人宜谦一切应酬不可自恃
见各位老师当安门生之分待各位同寅当尽协

曾麟书致曾国藩家书其三

门生之分；待各位同寅，当尽协恭之谊。”①

甚至曾国藩创建湘军后，关于如何带兵，他也有指示。

咸丰四年正月，曾国藩率军出师北上，在岳州城外遭遇不利，退回长沙。三月二十二日，曾国藩在长沙接到曾麟书从家中写来的信，谈到军营中的几点要注意的地方。

第一点是每天要早起，早起才能保持一天都精神振奋。第二点是扎营要牢靠，不要舍不得气力挖壕筑营。第三点是用兵不要过于分散，要集中力量打击敌人。第四点是教导曾国藩临阵可用“常山蛇阵法”。

曾麟书对于军事自然是一个外行。他只是基于日常生活经验，和临时读过的几本兵书，提出了以上几点意见。曾国藩不但兼任过兵部侍郎，还亲自赤手空拳创建出了一支军队，可谓军事的行家里手。曾麟书的这封信，不客气点说，真可谓是班门弄斧。

今人如果接到外行老父的这样一封信，可能会一笑置之，顶多会为父亲牵挂儿子的那种心情稍为感动一下而已。曾国藩却并不如此。

二十五日，曾国藩写了回信，对父亲所指示的几点都一一做了答复。

男国藩跪禀父亲大人万福金安：

二十二日接到十九日慈谕，训戒军中要务数条。谨一一禀复：

一、营中吃饭宜早，此一定不易之理。本朝圣圣相承，神明寿考，即

① 曾麟书等撰，王澧华等整理：《曾氏三代家书》，岳麓书社，2002年，第3页。

系早起能振刷精神之故。即现在粤匪暴乱，为神人所共怒，而其行军，亦系四更吃饭，五更起行。男营中起太晏、吃饭太晏，是一大坏事。营规振刷不起，即是此咎。自接慈谕后，男每日于放明炮时起来，黎明看各营操演。而吃饭仍晏，实难骤改，当徐徐改作天明吃饭，未知能做得到否。

一、扎营一事，男每苦口教各营官，又下札教之。言筑墙须八尺高、三尺厚；壕沟须八尺宽，六尺深；墙内有内濠一道，墙外有外濠二道或三道；壕内须密钉竹签云云。各营官总不能遵行。季弟于此等事尤不肯认真，男亦太宽，故各营不甚听话。岳州之溃败，即系因未能扎营之故。嗣后当严戒各营也。

一、调军出战，不可太散。慈谕所戒，极为详明。昨在岳州，胡林翼已先至平江，通城屡禀来岳请兵救援，是以于初五日遣塔、周继往。其岳州城内王璞山有勇二千四百，朱石樵有六百，男三营有一千七百。以为可保无虞矣，不谓璞山至羊楼司一败，而初十开仗，仅男三营与朱石樵之六百人，合共不满二千人，而贼至三万之多，是以致败。此后不敢分散。然即合为一气，而我军仅五千人，贼尚多至六七倍，拟添募陆勇万人，乃足以供分布耳。

一、破贼阵法，平日男训戒极多，兼画图训诸营官。二月十三日，男亲画贼之莲花抄尾阵。寄交璞山，璞山并不回信；寄交季弟，季弟回信言贼了无伎俩，并无所谓抄尾阵；寄交杨名声、邹寿璋等，回信言当留心。慈训言当用常山蛇阵法，必须极熟极精之兵勇乃能如此。昨日岳州之败，贼并未用抄尾法，交手不过一个时辰，即纷纷奔退。若使贼用抄尾法，则我兵更胆怯矣。若兵勇无胆无艺，任凭好阵法，他也不管，临阵总是奔回，实可痛恨。

一、拿获形迹可疑之人，以后必严办之，断不姑息。

以上各条，谨一一禀复，再求慈训。

咸丰四年三月二十五日巳刻[1]

---

① 《曾国藩全集·家书》，岳麓书社，1994年，第247~248页。

曾国藩的这封回信，郑重其事，周到细致。

为什么呢?

第一是出于孝道。中国人的伦理要求晚辈对长辈的指示，无论如何都要充分尊重。

第二则是出于曾氏父子相似的思维方式和做事方式。曾氏父子都是笨人，因此都追求扎实稳重的做事方式。做事不冒险，不急于求成，舍得付出，肯比别人多付出数倍的努力，只求最后多一份成功的保险。所以“吃饭宜早”“扎营宜硬”这两条父训，也正是曾国藩自己的主张，经过父亲提醒后，曾国藩更加注意。此后，“未明求衣，既明就餐，坚扎墙子，力戒分兵”[①]，便成为湘军克敌制胜的四大法宝。当然，关于古书上那些玄而又玄的阵法，曾国藩并不很以为然，所以用套话应付。

曾麟书对曾国藩军事生涯的另一次重要影响，是在他兵败靖港后多次寻死之时。在这个关键时刻，曾麟书托人带信给曾国藩，告诉他说：“出湖南境而战死，是皆死所；若死于湖南，吾不尔哭也。”[②]这句话令曾国藩最后打消了自杀念头。

曾麟书是个好脾气的父亲，而曾国藩则是一个听话的儿子。因此家书中体现出的曾国藩父子关系，一直比较和谐。曾麟书唯一一次对曾国藩发火，是因为曾纪泽的婚事。

咸丰元年十月十二日，曾国藩在即将为曾纪泽定下贺长龄之女时，忽然反悔变计。主要是因为当时社会特别讲究嫡庶之分。曾国藩的夫人欧阳氏打听到贺家女儿是庶出。所以曾国藩致书家中说：“京师女流之辈，凡儿女定亲，最讲究嫡出庶出之分……知贺女实系庶出，内人即不甚愿……”[③]

曾麟书对贺家小姐非常满意，为这桩婚事跑前跑后已经忙了很长时间。因

---

① 王澧华：《曾国藩家藏史料考论》，广西师范大学出版社，1996年，第207页。

② 左宗棠著，林鸣凤等整理：《左宗棠全集13　家书·诗文》，岳麓书社，1987年，第270页。

③ 《曾国藩全集·家书》，岳麓书社，1994年，第225页。

此曾国藩出尔反尔，让他非常生气。他于十一月初十日接信后，次日即回了一封长信说：

……儿女择配，父母主之，祖父母不敢与闻。尔曾寄信，要予在乡为纪泽求淑女，予未应允，不敢专其事也。耦耕先生之女，系罗罗山作媒，尔从前寄信回，言一定对贺氏女……予问其女，罗山详述之，其女端庄体好，真淑女也……霞仙自省归，予问及，亦如罗山言。华男目见其女，予问之，云："若对此女，异日体度，可接祖母懿规。"予是以择期订盟。今尔又言是庶出，异日其姑必嫌之，纪择亦必嫌之，尔不能禁止。此尔饰非之词也。

尔幼年时，作媒者不下十余人，予不愿对，皆祖父大人所不愿者。尔岳父沧溟先生以其女来对，祖父大人欣然，尔母不喜：一则嫌其年小，一则嫌其体小。厚奁之说，更不必言。予承祖父之欢，毅然对之。冢妇在家六年，朝夕随尔母无芥蒂之嫌者。予型于之化，尚可以自问。

……昔卫青无外家，其母更不能上比于庶。卫青为名将，良家淑女，岂不肯与为婿乎？目前陶文毅公与胡云阁先生结姻，陶女庶出也，胡润滋为太守，初不闻嫌其妇。润滋官声甚好，官阶不可限量，异日其妇以夫荣，诰授夫人，庶出之女，又何如尊贵也。尔宜以此告知尔妇尔子。夫者，扶也，扶人伦也。冢妇宜听尔教训，明大义，勿入纤巧一流。至父为子纲，纪泽尤当细细告之，勿长骄矜之气习。

我家世泽本好，尔宜谨慎守之。况尔前信内，念及耦耕先生，始与结姻，人人咸知。今又以庶出不对其女，更有何人来对？贺氏固难为情，即尔此心何以对耦耕先生于地下？尔寄信于予，要对此女为媳，予又为之细察，始择期订盟，今忽然不对，尔又何以对予于堂上？……予以尔列卿位，国家大事得与闻者，独贵明断。况为男儿定婚，尔宜自主之，予亦不必多出议论也。此嘱。[①]

---

① 曾麟书等撰，王澧华等整理：《曾氏三代家书》，岳麓书社，2002年，第15~16页。

曾麟书引经据典，头头是道，可见这个平时不爱说话的家长其实内心也是颇有些主意的。王澧华评论说："此函义正词严，而无声色俱厉之态，援古证今，归结于'明断'一义，且寓训斥于教诲之中。善教子者，不轻于一发，发必有中。"[①]曾国藩接信后，马上复信表示谨遵父命，不再犹疑。

六

曾国藩在墓表中，只提到了父亲的孝顺。其实除了做一个床前的孝子，曾麟书在地方上还做了一些有益乡里的事情。

读过《曾国藩家书》的人都知道，曾国藩为官之后，写给父亲和弟弟的信中，经常告诫他们洁身自好，不要插手地方事务，苦口婆心，反复申辩。不过，这些信件并没有阻止他的家人在地方上呼风唤雨。

如果曾国藩没有成为官员，曾麟书这样的老秀才也许只能在穷乡僻壤的白杨坪做做孩子王，然而儿子仕途上的成功，令曾麟书的社会角色也发生了戏剧性的变化：这个老实本分不爱出头的人，成了地方上的头面人物。在曾国藩升为礼部侍郎后，曾麟书更成了名副其实的"湘乡第一绅士"，历任地方官对曾麟书都毕恭毕敬，敬礼有加。

传统时代，乡绅在中国基层社会发挥着不可代替的作用。因为清朝地方官员要实行回避制，"一个州县官到达自己的辖区时，对地方上的情况几乎一无所知，甚至很可能听不懂当地方言，这就使他处于孤立无援的境地"[②]。如果得不到当地绅士的支持，往往干不下去。"地方官往往被绅士们合伙告掉，或者经由同乡京官用弹劾的方式把他罢免或调职。"[③]这一点在曾氏家书中我们也可以找到一些证据。道光二十一年，曾国藩刚刚到京为

① 王澧华：《曾国藩家藏史料考论》，广西师范大学出版社，1996年，第209页。

② 刘彦波：《清代基层社会控制中州县官与绅士关系之演变》，《武汉理工大学学报（社会科学版）》，2006年第4期，第590页。

③ 同上。

官不久。曾麟书写信给曾国藩，说湘乡县令严丽生“在湘乡不理公事，簠簋不饬，声名狼藉”，让他想办法除掉此人。曾国藩道光二十一年八月初三日回信说：“如查有真实劣迹，或有上案，不妨抄录付京，因有御史在男处查访也；但须机密。”[①]

道光三十年，江西人朱孙贻出任湘乡知县，为人处事深得曾麟书的欢心。咸丰元年八月十八日曾国潢在家书中向曾国藩汇报说，曾麟书在湖广总督程矞采路过永丰之际，专门前去拜会，要求他多留朱孙贻在湘乡干几年。总督对曾麟书自称“小侄”，说：“小侄可保其三几年不调动。”[②]曾国藩也在家书中说，他已经写信给朱孙贻的上级，让他们安排朱氏在湘乡干得长一些：“朱明府之得民心，予已托人致书上游，属其久留我邑。”[③]传统时代巨绅势力对地方政治的影响力和曾家在湖南的社会地位，由此可见一斑。

朱孙贻新官上任三把火，想搞一次赋税改革。湘乡县的粮饷以前都是由书吏等包征包解，他们层层加码，百姓深受其累。朱氏想革除地方赋税征收中的这个百年积弊，提出一个重大改革方案：由户粮房包征包解改为县里亲征亲解，以杜书吏等贪占之源。

要实行这样重大的制度改革，必须获得地方绅士的支持。因为只有经过绅士从中“晓谕”，普通百姓才会信从知县，接受新的征税方式。[④]

咸丰元年三月初十日，朱孙贻用禀帖请曾麟书到县城。虽然曾国藩一再在家书中劝谕父亲不要干涉地方事务，曾麟书还是欣然前往。他在家书中对曾国藩解释说，朱孙贻到任半年，“清廉勤俭，谨慎谦和，有识有才，丁门书差全无半点权”，想兴办利县之大事，所以“数年来予未出门，有此好官，不得不

---

① 《曾国藩全集·家书》，岳麓书社，1994年，第11页。

② 曾麟书等撰，王澧华等整理：《曾氏三代家书》，岳麓书社，2002年，第89页。

③ 《曾国藩全集·家书》，岳麓书社，1994年，第216页。

④ 曾在福建做过知县的姚莹说：“（为县官）之要，州县虽曰亲民，而仁信未孚，愚众岂能尽晓？官之贤否，取于士绅之论……愚民不知畏官，惟畏若辈，莫不听其驱使。苟失驭之，则上下之情不通。官虽惠爱而民不知，民或甚冤抑而官不能察。”姚莹：《覆方本府求言札子》，贺长龄、魏源编：《清经世文编》，中华书局，1992年，第577页。

晋县一见”。[1]

从三月十三日起，曾麟书在湘乡县城与一班头面绅士一起斟酌商量税改办法，定下章程。朱孙贻决定，将整个湘乡正饷征收分成娄底、永丰、县城三局，由曾麟书一个人负责永丰局。自五月起，曾麟书几乎天天去永丰办理征收事宜，一连三四个月忙得脚打后脑勺。由于曾麟书为人忠厚，办事公道，更兼之有二品京官的儿子做背景，遇有一些掣肘之处，他一出面，也就顺利解决。相比之下，另外两个局遇到了很多问题。十月初二日，朱孙贻干脆把曾麟书接到了县城，借他这块牌子弹压不服之人。“一则圆转调停，一则坐镇弹压。”县中百姓原来对新的计划半信半疑，经过侍郎之父的一再解释，才放心交纳。“予在县久住月余，亦以钱漕之事，先年粮房包征包解，今年忽改作官征官解，要细意告之乡民，俾不受都书之愚，又不受都书之卡。”[2]

据曾麟书和曾国潢的汇报，在曾麟书的主持协助下，整个湘乡县这一年的钱漕征收非常顺利。朱孙贻对曾麟书自然感激涕零，一再说：“老伯如此劳心费力，实在不安。”[3]原来一个前途无望的老秀才，此时却成为整个湘乡县呼风唤雨、决定全县百姓福祉的大人物，曾麟书的兴奋自豪自然溢于言表。曾国潢也汇报说：“父亲是日日晡由永丰归，精神百倍，兴致勃然，现在灯时并不须如往日之少睡。”[4]

七

除了赋税征收外，地方治安也是曾麟书参与的重要地方事务。先是为害多年的湘乡巨盗左光八，被曾麟书命二儿子曾国潢拿获，“左光八已被潢男购线拿获”[5]，送到县城，“数日即站笼站死”[6]。接着曾麟书又亲手消灭了一

① 曾麟书等撰，王澧华等整理：《曾氏三代家书》，岳麓书社，2002年，第7页。
② 曾麟书等撰，王澧华等整理：《曾氏三代家书》，岳麓书社，2002年，第17页。
③ 曾麟书等撰，王澧华等整理：《曾氏三代家书》，岳麓书社，2002年，第80页。
④ 曾麟书等撰，王澧华等整理：《曾氏三代家书》，岳麓书社，2002年，第81页。
⑤ 曾麟书等撰，王澧华等整理：《曾氏三代家书》，岳麓书社，2002年，第12页。
⑥ 曾麟书等撰，王澧华等整理：《曾氏三代家书》，岳麓书社，2002年，第95页。

伙“会匪”。原来太平军兴之后，湖南各地会、道、门多有响应之状。曾麟书说：“我县会匪极多，而为首者，熊聪一……等，其意与粤西行为相似。”[1]计划于咸丰元年起事。曾麟书获得消息，“在制军公馆先行密告”。总督随即“委员来县协办”[2]。于是曾麟书“在县与石翘父台密商，假催钱粮，上永市。又月廿三夜二更起行，带乡勇百余，刘东屏率其子霞仙，带乡勇二百余，东屏一带之人，天未晓即到熊家，大战一场，受伤者数十人，重伤八人，比毙一人，肚子打出了”[3]。昔日的老秀才今天竟然运筹帷幄，指挥战斗了。经过数日战斗，擒获“匪徒”五十三人，送到衡州。总督亲审，“议定首犯斩枭，从犯斩决，余均拟遣、拟军、拟徒”[4]。成功地为大清王朝消除了一个小小隐患。

因为曾家在湘乡的地位如此重要，所以曾麟书简直比县令还要忙，想不出门办事都不行。曾国藩的叔父曾骥云也到处处理事务：“现在白玉堂、黄金堂两宅门面均非寻常。而父大人自去年三月以来，为邑中公事，为地方闲事，纠缠萦扰，外出日多，家居日少。叔大人自去年八月以后，不散闲事之日十不过二三，如新年来在虾背地方已将二十天矣。”[5]

从曾麟书的例子我们可以看出，乡绅能否发挥其功能，主要并不在其性格和能力，而在于他的权力背景。当然，虽然曾麟书自认为所办之事有功地方甚多，但并不是所有乡人都这样认为。他被人欺骗利用之处也不少。曾麟书去世后，左宗棠曾这样评价他：

> 此老心地甚厚，惟不晓世故，多为人所欺蒙，以故多为乡人所诟责。然究是老辈典型也。[6]

这句话可以作为对曾麟书绅士活动的一个侧面注脚。

---

① 曾麟书等撰，王澧华等整理：《曾氏三代家书》，岳麓书社，2002年，第13~14页。
② 曾麟书等撰，王澧华等整理：《曾氏三代家书》，岳麓书社，2002年，第12页。
③ 曾麟书等撰，王澧华等整理：《曾氏三代家书》，岳麓书社，2002年，第14页。
④ 同上。
⑤ 曾麟书等撰，王澧华等整理：《曾氏三代家书》，岳麓书社，2002年，第102页。
⑥ 《左宗棠全集·书信一》，岳麓书社，2009年，第199页。

八

曾国藩咸丰二年底出山，数年领兵在外，自愧不能在老父面前尽孝，因此在江西时，一度考虑把父亲接到江西，以慰父子多年不得相见之亲情。

咸丰六年十二月二十七日，曾国藩在给曾国荃的家书中说：

> 弟若久驻吉安，余于正月初旬即至吉安犒师，并拟请父亲大人来袁州一行。父子相离四年，或得借此一见。①

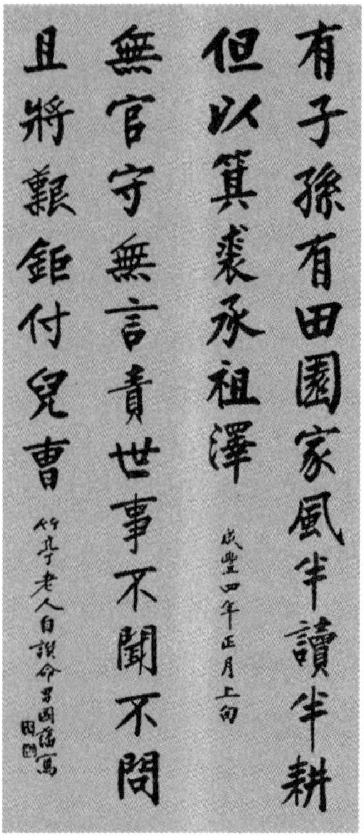

曾国藩书曾麟书所撰联语

然而，还没等曾国藩执行这一计划，咸丰七年正月二十六日，曾麟书突然中风，七日后去世。曾麟书的身体向来很健康，这么快去世实出全家人意外。曾国藩闻讣，非常悲痛。当时他在江西，正是受到地方官场排挤、非常不得志之时，因此闻父讣即上奏朝廷：

> 计微臣服官二十年，未得一日侍养亲闱。前此母丧未能妥办葬事；今兹父丧未能躬视含殓。而军营数载，又过多而功寡，在国为一毫无补之人，在家有百身莫赎之罪。椎胸自责，抱痛何极。瑞州去臣家不过十日程途，即日遵制丁忧，奔丧回籍。一面由驿驰奏，恭候谕旨。②

---

①《曾国藩全集·家书》，岳麓书社，1994年，第337页。

②《曾国藩全集·奏稿》，岳麓书社，1994年，第855页。

没等皇帝回复，他就径直回到了湘乡，在家亲自主持了父亲的安坟下葬诸事。

如王澧华先生说，总体来讲，曾麟书是一位识大体、肯任事、中正和平的典型乡绅。他晚年对自己的这个身份也非常满意。咸丰四年，他曾经撰有这样一副对联命曾国藩写出，挂在屋里：

有子孙，有田园，家风半读半耕，但以箕裘承祖泽；

无官守，无言责，世事不闻不问，且将艰巨付儿曹。

上款是“咸丰四年正月上旬”，下款是“竹亭老人自撰，命男国藩写”。

第七章
替父雪耻的“克家之子”：曾国藩最喜欢的儿子曾纪泽

人们经常批评有些家长把自己做不到的事强加到孩子身上，让下一代去完成自己无法完成的人生梦想。

曾国藩恰恰是这样做的。

咸丰八年，曾国藩在写给儿子的信中说，他一生有三个遗憾，希望他的儿子能弥补。一个是不懂天文学和数学，二是做事缺乏恒心，三是书法上没能自成一家：

> 余生平有三耻：学问各途，皆略涉其涯涘，独天文算学，毫无所知，虽恒星五纬亦不识认，一耻也；每作一事，治一业，辄有始无终，二耻也；少时作字，不能临摹一家之体，遂致屡变而无所成，迟钝而不适于用，近岁在军，因作字太钝，废阁殊多，三耻也。尔若为克家之子，当思雪此三耻。[①]

这封信对他的两个儿子产生了深远的影响，特别是在长子曾纪泽身上体

① 《曾国藩全集·家书》，岳麓书社，1994年，第418页。

现得更为显著。曾纪泽后来成为一名书法家，“真草篆隶无一不工”。他做事极富恒心，在三十多岁记忆力已经衰退的情况下，自学外语，并且学有所成，这一点令我这个多次发誓打通外语关口却止步于英语四级的人钦佩不已。另一个儿子曾纪鸿则长年致力于“算学”，成为晚清重要的数学家。可以说，这两个孩子都成了曾国藩所希望的“克家之子”。

曾纪泽像

其实回顾曾国藩一生，他最大的遗憾倒不在这三点，而是在外交上的挫折。他晚年处理天津教案，“刚柔失据”，以致被骂为“卖国贼”，连他自己也说，“外惭清议，内疚神明”。

而曾纪泽在晚清中俄伊犁交涉中，以刚柔相济的手段“熊口索食”，从沙俄手中讨回了一大块土地，创造了晚清外交史上的奇迹。这一功业为曾氏家族增添了光彩，更为父亲弥补了遗憾。相信曾国藩地下有知，也一定会颔首微笑。

我们无法以现代教育理念去苛求古人。总的来看，曾国藩的家庭教育相当成功。不但他的两个儿子都能各有所成，曾家其他后人中也人才辈出。这一切与曾国藩独特的家庭教育理念密切相关。

第一节　不愿子孙当大官

一

曾纪泽并不是曾国藩的第一个儿子，他上面有过一个叫曾桢第的哥哥，可惜这个孩子出生不久就夭折了。欧阳夫人非常难过，天天以泪洗面。好在几个月后，欧阳夫人就发现自己再次怀孕了。道光十九年（1839年）十一月初二日，第二个儿子曾纪泽在湖南湘乡出生。

对这个“失而复得”的儿子，曾氏一家更加钟爱。纪泽从小身体不甚结实，每一次闹毛病，全家人都紧张异常，到处求神许愿。比如纪泽三岁时，生了一场大病。欧阳夫人在北京[①]拜求观音，许愿要给老家的观音像再装金身。而身在湘乡的曾国藩的祖母则跑到西冲去拜寿佛，也许愿重新装修佛像。道光二十一年六月曾国藩家书说：“甲三病时，孙妇曾于五月二十五日，跪许装修家中观世音菩萨金身，……又言西冲有寿佛神像，祖母曾叩许装修，亦系为甲三而许。”因此，“伏求家中今年酬愿”[②]。

后来曾国藩在京又给纪泽种了当时还是“新鲜事物”的牛痘，以防他重蹈曾桢第的覆辙。

翻阅曾国藩北京时期的家书，一个常见的内容是向老家的老人汇报孩子们的成长情况，以慰他们的思念之情。当然，汇报的大抵都是好消息。比如道光二十一年，曾国藩在家书中汇报，夫人已经断乳，纪泽“每日吃炒米粥二餐，泡冻米吃二次”，“日日嬉笑好吃”。[③]两个月后，曾国藩又汇报：“甲三……日见肥胖，每日欢呼趋走，精神不倦。”[④]活画出一副活泼好动惹人喜爱的男童形象。

二

每一代人都是下一代人的阶梯。曾国藩出身于穷乡僻壤的普通农家。他在科举路上的成功，使他的儿子一出生就成了“官宦子弟”，获得了远远优于曾国藩的成长条件。

---

① 道光二十年冬天，刚满一周岁的小纪泽在襁褓中随母亲来到北京，投奔做翰林的父亲。

② 《曾国藩全集·家书》，岳麓书社，1994年，第8页。

③ 同上。

④ 《曾国藩全集·家书》，岳麓书社，1994年，第12页。

曾国藩小时候，家中没有几本藏书。而纪泽小时候，家中图书丛插满架。公务之余，曾国藩经常教小纪泽背诵百家姓和唐诗宋词，因此才三四岁，纪泽就已经识了几百字。曾国藩开蒙的时候，塾师是一个乡下老秀才。而曾纪泽的塾师，则是品学兼优的举人、曾国藩的好友冯树堂。曾国藩小时候，每天最快乐的事不过是和村里的小伙伴一起上山下河，捉鱼虾，玩泥巴。而纪泽小时候最爱做的事情是什么呢？居然是写大字。

曾国藩翰林时期，几乎每日都要练习小楷。纪泽在襁褓中最常看到的，是父亲在书桌前专注练习书法的背影，因此他从小就对捉笔写画一事大感兴趣。

曾国藩在家书中汇报，开蒙之后，纪泽对写字非常着迷：从早到晚闹着要写字，一拿起毛笔就写个没完，到睡觉时间还不放笔，大人骂他也没用，还要求母亲把他的“书法作品”订成本子，郑重保留起来。道光二十四年十一月二十一日曾国藩家书说：“曾孙最好写字，散学后则在其母房中多写，至初更犹不肯睡，骂亦不止。目下天寒墨冻，脱手写多不成字。”[①]“曾孙读书有恒，惟好写字，见闲纸则乱画，请其母钉（订）成本子。”[②]

无论如何，亲近笔墨是值得高兴的事。曾国藩特意将儿子涂鸦的“禀安帖”寄回家乡，为的是“博堂上大人一欢笑”[③]。

曾纪泽后来能成为一个书法家，显然得益于儿童时期奠定的基础。而他后来成为一个博雅多闻的学者，更离不开“往来无白丁”的翰林家庭氛围的熏陶。

三

传统时代的教育方式和今天大不相同。我们不妨以曾纪泽为例，具体了解一下过去儿童都读什么书以及怎么读。

和自己当年一样，不到五周岁，曾国藩就请塾师给纪泽开了蒙。开蒙读

---

① 《曾国藩全集·家书》，岳麓书社，1994年，第97页。
② 《曾国藩全集·家书》，岳麓书社，1994年，第100页。
③ 《曾国藩全集·家书》，岳麓书社，1994年，第97页。

物和当时的所有孩子一样，是《三字经》。从曾国藩家书看，曾纪泽用了两个多月，就读完了《三字经》。接下来读的是《尔雅》。《尔雅》是一本词典，全书收词四千多个。“尔”即“迩”，“近”也。“雅”是指“雅言”，也就是古代的普通话。古人认为学习《尔雅》可以“博物不惑”，“多识鸟兽草木虫鱼之名”，所以将它当成启蒙读物。曾纪泽用了一年零一个月的时间读完了《尔雅》。

接下来，刚刚七虚岁的纪泽就开始正式攻读四书五经。一开始是读《诗经》，花了一年多读完《诗经》后，道光二十七年起，也就是九虚岁起，曾纪泽又开始读《论语》《孟子》。

十虚岁起，曾纪泽又开始读《尚书》。韩愈所谓“周《诰》殷《盘》，佶屈聱牙”，连大人都感觉“佶屈聱牙”的东西，一个孩子读来肯定更是如同天书。然而无论如何，下一年纪泽已经读毕《尚书》，开始正式攻读史书了，每天“加讲通鉴一页”。这个学习进度，对今天的儿童来说，简直是不可想象的。

不过相比当时大部分学童，曾纪泽的学习还算是比较轻松的。曾国藩在家书中说纪泽“每日读书，颇能领会”①。从曾国藩的这句“颇能领会”，我们可以知道，纪泽读书并非单纯的死记硬背，老师会为他讲解课文的意思。

这在今天听起来是非常平常的事，但是在当时并不常见。当时私塾教授学生，专以背诵为主，一般都先要求儿童把课文背熟，并不要求理解。所以很多老师的教法是头几年专门背诵，过几年才进行讲解。

而曾国藩对塾师的要求却与众不同。他要老师每一篇都先给纪泽详细讲解一遍，要纪泽听懂，然后再进行背诵。

这两种教学方法的差别，后来民国年间的著名学者胡适以自身经验，进行过生动说明。胡适在《胡适四十自述》中说，他母亲每年在规定的学费之外，额外多给了老师几元，所以他上学时，老师会专门特意为他“讲书”：

---

① 《曾国藩全集·家书》，岳麓书社，1994年，第156页。

每读一字，须讲一字的意思；每读一句，须讲一句的意思。……故进学堂之后，不觉得很苦。念的几本书虽然有许多是乡里先生讲不明白的，但每天总遇着几句可懂的话。[①]

胡适感觉比较轻松，但他的同学们可就不一样了。那些没有额外付学费的学生，得不到老师的讲解，只能死读硬背。胡适说，有一次，一个和他一样已经读过《四书》的同学，拿了一封家信来请教他：“这信上第一句‘父亲大人膝下’是什么意思？”胡适大吃一惊，这么简单的文字，同学居然不能理解，他这才明白，“念古文而不讲解，等于念‘揭谛揭谛，波罗揭谛’，全无用处”[②]。

曾国藩在那个时代算是非常开明的家长，他发现纪泽“悟性较佳，记性平常”。就是领悟理解能力强，但是死记硬背并不是长项。所以他对塾师说，不要给孩子太大压力，“若令其句句读熟，或责其不可再生，则愈读愈蠢”[③]。

四

在自己的两个儿子当中，曾国藩显然更喜欢纪泽。从很小开始，纪泽就表现出突出的读书天赋。

今天的小学生，三年级起才开始练习作文，而且一开始写的都是非常简单的题材，比如“今天你做了什么事”之类。而曾纪泽从九虚岁起，就已经开始做议论文了，而且还是“史论”。

今天看起来这有点“丧心病狂”，其实在当时只是正常进度。

道光二十九年正月初十，曾国藩在家书中汇报了一件让他感到非常惊喜的事情：“纪泽儿自去腊庞先生归河间，请李笔峰来代馆，日加奖赞，悟性大进。一日忽自作四言诗一篇，命题曰《舜征有苗篇》，余始不信。次日余与黄

---

① 胡适著：《胡适四十自述》，人民日报出版社，2013年，第28页。
② 何卓恩编：《胡适文集自述卷》，长春出版社，2013年，第154页。
③ 《曾国藩全集·家书》，岳麓书社，1994年，第291页。

翥吾面试之，果能清顺。或者得祖父德荫，小有成就亦未可知，兹命其誊出寄呈堂上，以博一笑。然记性不好，终不敢信其可造也。”[①]

这一年纪泽才虚岁十一岁，没有任何人要求，他突然写了一首四言诗。四言诗是上古诗体，诗的内容又是歌颂大舜征讨有苗这段古老的历史，难度颇高，他居然写得不错，通顺可读。曾国藩看了之后，无论如何不信是纪泽的手笔，所以第二天又和一个朋友一起给纪泽搞了个面试，当场出题。结果纪泽做出来的文章亦文清句顺，斐然可观。

曾国藩大喜过望，特意向老家人写信汇报。看来曾氏家族后继有人，这个孩子确实有点天才，将来应当会有些造化。

五

对于这个聪明伶俐的长房长孙，远在湘乡的曾国藩的父亲更是寄予厚望。早在曾纪泽十岁的时候，曾麟书就专门写信给曾国藩，嘱咐他将来一定要让纪泽认真学习作八股：“朝廷立法数百，不易者惟制艺耳。尔等亦必深鄙也。此后教纪泽读书，定要作八股。”在信后还加上了“至嘱！至嘱！”四字。[②]

连九弟曾国荃也在家书中郑重建议让纪泽早点开始作八股。曾国荃在家书中说：

> 甲三侄天分既高，弟意愿老兄仍教他，兼读八股，且需开首做半篇。盖近来读书毛病，才高者往往不就范围。以八股之法范之，庶几更易于成就。如欲其学圣贤，为伟人，不局于小成小就，则不做八股工夫尽可。而学八股工夫，亦断无碍于正业也。……望老兄大人遵行为幸。[③]

就是说，近些年来，那些眼光高的人往往瞧不起八股，其实学八股并不妨

---

① 《曾国藩全集·家书》，岳麓书社，1994年，第178页。

② 曾麟书等撰，王澧华等整理：《曾氏三代家书》，岳麓书社，2002年，第2页。

③ 曾麟书等撰，王澧华等整理：《曾氏三代家书》，岳麓书社，2002年，第155页。

碍研究正经学问，所以你一定要让纪泽作八股。

在传统时代，像曾纪泽这样的官宦子弟，人生似乎只有一条路，那就是读书应考“做大官”。老曾家的人大部分在读书方面天分不高，好不容易出了一个“读书苗子”，全力鞭策驱驰他在科举路上奋斗，似乎是不二的选择。

但是曾国藩却不这样想。他在家书说纪泽将来也许“小有成就”，指的并不是科举成就。对这个孩子的人生道路，他有自己的想法。

虽然自己科举过程整体上还算顺利，但曾国藩终生对科举抱有一种非常反感的态度。因为科举一途难度太高，偶然性很大。传统时代，连考个秀才，都是一件很不容易的事情，百分之九十八的读书人会在这一步被淘汰掉：“在200万名参加院试的读书人中，只有3万名（大约1.5%）成为生员。”至于举人和进士，那当然更是难上加难。根据何炳棣的研究，以明代1393年为例，“进士只占总人口的0.000055%，而在清代1844年，则占0.000048%”[①]。

一个人要想科举成功，必须投入十多年甚至几十年时间，全力攻读范围极窄的应试教材。如果科举不成，“高不成低不就”，很容易成为肩不能担、手不能提的废人。即使科举成功，进入仕途，那又如何？曾国藩身为官场中人，对官场的势利和虚伪深有了解。大多数读书人在官场上沉浮多年，混到的是些微功名利禄，丢失的却是初心和人品。

所以曾国藩一直说科举一事“误人太深”。曾国藩认为，一个人一生快不快乐，不在于做多大的官，赚多少钱，而在于你找没找到心灵的归宿。读书重在明理，只有明理，才能快乐。所以他多次说：“凡人多望子孙为大官，余不愿为大官。”[②]

曾国藩的父亲和兄弟们对曾国藩的这种“清高”的态度都非常清楚，担心影响到长房长孙的前途，所以才专门写信要求纪泽学八股。

对于父亲和兄弟的殷殷嘱咐，曾国藩并不同意，他回信说，孩子过早作八股有害无益，即使要学，不妨晚几年再开始：“植弟（指曾国荃）劝我教泽

① 纪莺莺：《明清科举制的社会整合功能——以社会流动为视角》，《复印报刊资料：明清史》第2期，2007年，第10~11页。

② 《曾国藩全集·家书》，岳麓书社，1994年，第324页。

儿学八股，其言甚切至有理，但我意要《五经》读完始可动手。计明年即可完经书，做时文尚不过满十四岁，京师教子弟十四岁开笔者甚多。若三年成篇，十七岁即可作佳文。现在本系荫生，例不准赴小考。拟令照我之样，二十四岁始行乡试，实可学做八股者十年。若稍有聪明，岂有不通者哉？若十九、二十即行乡试，无论万万不中，即中得太早又有何味？”[①]

曾国藩的意思，是四年之后，也就是纪泽十四岁时再学八股。在此之前，先让孩子学有用之学，打下良好的学术基础。

但实际上，这只是曾国藩的敷衍之说。到了纪泽十四岁那一年，曾国藩并没有践行诺言，以致老父亲不得不又一次去信催促：“尔教子宜急教做文章，学小楷，慎勿以予言为非，鄙而勿听也。”[②]

但是一贯孝顺的曾国藩仍然拒不从命。咸丰四年十一月二十七日，纪泽已经十六虚岁，曾国藩在家书中仍然表示坚决不让纪泽学作八股：“至甲三读书，天分本低，若再以全力学八股、试帖，则他项学业必全荒废。吾决计不令其学作八股也。”[③]

下一年，曾国藩又在给曾纪泽的家书中嘱咐说：

> 八股文、试帖诗皆非今日之急务，尽可不看不作。至要至要。[④]

对于曾国藩如此抗命，曾麟书也无可奈何。好在曾纪泽身上有一个“荫生”的资格，也就是有额外的做官机会。所谓“荫生”，是朝廷给中高级官员的一项特殊“福利待遇”。清代“四品京官以上，三品外官以上，皆得荫一子入国子监读书”，经过吏部的简单考试，即可为官。早在道光三十年，曾纪泽就获得了正二品荫生资格。按规定将来可任“主事”，也就是获得正六品的官衔。正因为有这条退路，才让曾麟书不至于在这个问题上和曾国藩气急败坏。

---

① 《曾国藩全集·家书》，岳麓书社，1994年，第230页。
② 曾麟书等撰，王澧华等整理：《曾氏三代家书》，岳麓书社，2002年，第18页。
③ 《曾国藩全集·家书》，岳麓书社，1994年，第285页。
④ 《曾国藩全集·家书》，岳麓书社，1994年，第292页。

不过大家子弟凡有能力尝试科举的，通常不会直接通过恩荫为官，因为在当时社会，只有科举出身，才“够牛”“够份儿”，才有机会入翰林，做到大学士。但是曾国藩却不想让纪泽在科举上浪费时间。将来想不想让纪泽入仕还是两说，何苦让孩子受这个罪呢？

不光是对纪泽要求如此，对没有荫生资格的另一个儿子，曾国藩一开始也并不主张他学八股：“纪鸿儿亦不必读八股文，徒费时日，实无益也。”[①]

直到二十岁上，在大家的劝说之下，曾国藩才让纪泽花了一段功夫来专门学习八股。但是毕竟时间太短，所以虽然古文写得很出色，但是纪泽的八股文却写得平常。光绪四年（1878年）夏，曾纪泽入京叩谢袭爵之恩，慈禧太后问曾纪泽能作诗文否，曾纪泽回答，自己“别的诗古文还学过，就是不会作考试之文”。

在家族的压力下，曾纪泽也参加过一次科举考试，那就是咸丰八年的湖南乡试[②]。不过曾国藩父子对这次考试都不太重视。成绩还没出来，曾国藩就写信给儿子说：“今年初次下场，或中或不中，无甚关系，榜后即当看《诗经》注疏。”[③]

不出所料，纪泽没有考中。曾国藩写信安慰说：“纪泽照常读书，不作悻悻之态，余亦欣慰。”[④]

这一次之后，曾纪泽再也没有参加过科举考试。[⑤]

六

不希望儿子们做官，那么曾国藩对孩子们未来的人生设计是什么呢？在

① 《曾国藩全集·家书》，岳麓书社，1994年，第292页。

② 因为有荫生的身份，所以纪泽不必考秀才，可以直接参加乡试。

③ 《曾国藩全集·家书》，岳麓书社，1994年，第419页。

④ 《曾国藩全集·家书》，岳麓书社，1994年，第433页。

⑤ 曾国藩咸丰八年十二月二十三日（1859年1月26日）家书曾说：“余念尔庚申、辛酉下两科场，文章亦不可太丑，惹人笑话。尔自明年正月起，每月作四书文三篇……”有的论著据此认为他在咸丰十年、十一年先后赴考两次。其实这只是曾国藩当时的计划，后来并没有实践。

“余不愿为大官”这一句后面，曾国藩说：“但愿为读书明理之君子。”[1]

在大的方向上，曾国藩对儿子们的期望是做一个君子。什么是君子呢？“勤俭自持，习劳习苦，可以处乐，可以处约。此君子也。”[2]君子是在任何环境下都能找到快乐和内心宁静的人，这些快乐和宁静与财富、地位、权力无关。

具体地说，他希望儿子们能从学问中获得快乐。曾国藩在家书中说，望纪泽为“伯申氏”。所谓伯申氏，是指清代大学者王引之。高邮王念孙、王引之父子，是清代训诂学大家，父子两人都是学者，经常在家里披阅图书、探讨学问，其成就在当时被人称为“高邮学”。梁启超评价王氏父子是“清学第一流大师，一代所宗”。郭沫若也认为王氏父子是“考证学中之白眉，博洽精审，至今无人能出其右者”[3]。

曾国藩一向好高邮王氏父子之说，王家父子相继探讨经史的家风，更是曾国藩非常欣赏艳羡的。他认为自己入仕太早，中年后又军务丛集，没时间研究学术，无法与王念孙齐名，所以期望纪泽“为伯申氏甚切”，常常鼓励儿子要认真研究学问，争取成为王引之第二，以偿自己的夙愿。他在家书中说：

> 高邮王怀祖先生父子，经学为本朝之冠，皆自札记得来。吾虽不及怀祖先生，而望尔为伯申氏甚切也。[4]

把人生目标定位于成为君子而不是大官，这样的话他不仅对儿子们说过，也对弟弟们说过。他曾多次在家书中对几个弟弟说，人生要做多手准备，要想好科举不成后做什么。如果能够做一个普普通通的乡间知识分子，从读书思考中得到单纯的快乐，也是一种不错的选择。甚至不从事“士”，而是从事“农

---

① 《曾国藩全集·家书》，岳麓书社，1994年，第324页。
② 同上。
③ 郭沫若：《管子集校：卷首》，科学出版社，1956年。转引自周生杰著：《太平御览研究》，巴蜀书社，2008年，第301页。
④ 《曾国藩全集·家书》，岳麓书社，1994年，第437页。

工商”中的任何一项，只要能在日常生活中贯彻儒家的孝悌精神，能让家族上下和睦，温饱有余，就不失是一种成功的人生。

曾国藩在家书中提到的“为人佣工画碗”的婺源汪双池就是他推崇的一个典型。乾隆年间的名儒汪绂，号双池，徽州婺源人，少时家贫，曾经在景德镇的烧瓷作坊里给人家画碗为生。他一边打工一边不辍读书。虽然一生未入仕途，但著述共两百余卷，入《清史稿・儒林传》。江永曾评价汪绂“志高识远，脱然缰锁之外，殚心不朽之业，藏名山”[①]。曾国藩认为，汪氏一生虽然没有功名，但仍然是成功的，因为他找到了真正的人生快乐。

同治元年夏，曾国藩在家书中对二十四岁的曾纪泽说，你既然不愿当官，那么不妨效法王羲之、陶渊明那样“襟韵潇洒”，终老田园，尽情享受读书的乐趣：“尔既无志于科名禄位，但能多读古书，时时哦诗作字，以陶写性情，则一生受用不尽。”[②]

像曾国藩这样不功利的家长，不仅在当时非常少见，在今天也难能可贵。

第二节　以身作则、尊重鼓励的教育方法

一

曾国藩是一个儿女情很重的人。

咸丰二年年底起，曾国藩就带兵在外。他的军事生涯备极苦楚，不但因为战事忧惧煎熬，还因受到官场的排挤而痛苦。在戎马倥偬当中，唯有想起家人和孩子，心情才能稍为安慰。所以遇到精神上极为痛苦之时，他偶尔会要求孩子赴军营与他见面，让他得享一点天伦之乐。比如湘军在南京城下受到太平军猛烈围攻四十余日，曾国藩极为忧惧，得了“怔忡”之疾，战事过后，仍然战

① 徐道彬：《皖派学术与传承》，黄山书社，2012年，第87页。
② 《曾国藩全集・家书》，岳麓书社，1994年，第849页。

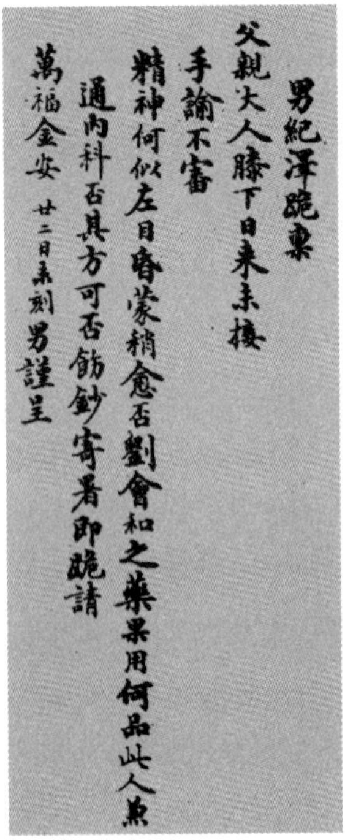
男紀澤跪稟
父親大人膝下日來未接
手諭不審
精神何似左目昏蒙稍愈否劉會和之藥果用何品此人無
通內科否具方可否飭鈔寄署即跪請
萬福金安 廿二日未刻男謹呈

曾纪泽禀曾国藩家书其一

栗忧惶，不能自持，给儿子写信说：

近日金陵已稳，而忧惶战栗之象不为少减，自是老年心血亏损之症。欲尔再来营中省视，父子团聚一次。一则或可少解怔忡病症，二则尔之学问亦可稍进。……尔在此住数月归去，再令鸿儿来此一行。①

余近日心绪极乱，心血极亏。其慌忙无措之象，有似咸丰八年春在家之时，而忧灼过之。甚思尔兄弟来此一见。不知尔何日可来营省视？②

在这个处处荆棘的世界上，亲情是他最后的庇护所。

当然，鉴于路途的遥远和战争的危险，他无法让孩子经常来营。更多的时候，他是通过读家书来缓解压力。接读家书，特别是儿子写来的家书时，是他在军营中最快乐的时刻之一。所以他总是觉得纪泽的家书写得太短，一次又一次要求他写长些，写细些：

泽儿写信太短，以后宜长些。③

以后写安禀来营，不妨将胸中所见，简编所得，驰骋议论，俾余得以考察尔之进步，不宜太寥寥。④

尔每次安禀详陈一切，不可草率。祖父大人之起居，合家之琐事，学

① 《曾国藩全集·家书》，岳麓书社，1994年，第883~884页。
② 《曾国藩全集·家书》，岳麓书社，1994年，第890页。
③ 《曾国藩全集·家书》，岳麓书社，1994年，第277页。
④ 《曾国藩全集·家书》，岳麓书社，1994年，第419页。

堂之工课，均须详载。切切此谕。[①]

闻尔至长沙已逾月余，而无禀来营，何也？……余前有信教尔学作赋，尔复禀并未提及。又有信言涵养二字，尔复禀亦未之及。嗣后我信中所论之事，尔宜一一禀复。[②]

鞍马劳顿之际，他也从来没有忽视孩子们的教育。他要求纪泽一辈把作文寄到大营，亲自批阅。这一点家书中经常提及："甲三之论、甲五（曾国潢之长子曾纪梁）之小讲，已加批付回。"[③]有空的时候，他通过一封封家书，耐心指导他们的学业。一百多年后重读这些家书作品，我们可以看到他的教育方式有很多与众不同的地方。

二

生活在一百多年前的曾国藩肯定没有学过儿童心理学。但是他的很多教育方法，都与现代观念巧合。

曾国藩的第一个"现代观念"，是不主张孩子"苦学"，而要求他们"快乐学习"。

曾国藩认为，读书本来是人生的至乐之一，但是前提是不把读书当成敲门砖。所以他要求两个儿子读书，一定要体会书中的意思，"得些滋味"，从读书中悟到古人的气势、识度、情趣，进入"怡悦之境"。[④]

在曾国藩的心目中，孩子们的心灵活泼、身体健康比学业优异更为重要。他要求孩子们在读书的同时，也要注意身体，不可太累："以后在家则莳养花竹，出门则饱看山水，环金陵百里内外，可以遍游也。算学书切不可再看，读他书亦以半日为率。未刻以后，即宜歇息游观。"[⑤]

① 《曾国藩全集·家书》，岳麓书社，1994年，第327页。
② 《曾国藩全集·家书》，岳麓书社，1994年，第452页。
③ 《曾国藩全集·家书》，岳麓书社，1994年，第256页。
④ 《曾国藩全集·家书》，岳麓书社，1994年，第489页。
⑤ 《曾国藩全集·家书》，岳麓书社，1994年，第1221页。

他经常对孩子说："胸中不宜太苦，须活泼泼地，养得一段生机。"[①]"要养得胸次博大活泼"[②]，为了保证孩子身体健康，他经常减轻孩子功课。"纪鸿在此体气甚好，月余未令作文，听其潇洒闲适，一畅天机。"[③]

与此同时，他也提醒孩子不要"蛮读蛮记"，而要掌握正确的读书方法。他对孩子们和弟弟们说，读书要"三要"，即"第一要有志，第二要有识，第三要有恒"。还解释说："有志则断不甘为下流，有识则知学问无尽，不敢以一得自足……有恒则断无不成之事。"[④]

他还为纪泽总结了"看、读、写、作"这"四字诀"：

> 读书之法，看、读、写、作，四者每日不可缺一。看者，如尔去年看《史记》《汉书》韩文《近思录》，今年看《周易折中》之类是也。读者，如《四书》《诗》《书》《易经》《左传》诸经、《昭明文选》、李杜韩苏之诗、韩欧曾王之文，非高声朗诵则不能得其雄伟之概，非密咏恬吟则不能探其深远之韵。譬之富家居积，看书则在外贸易，获利三倍者也，读书则在家慎守，不轻花费者也；譬之兵家战争，看书则攻城略地，开拓土宇者也，读书则深沟坚垒，得地能守者也。看书如子夏之"日知所亡"相近，读书与"无忘所能"相近，二者不可偏废。[⑤]

后来纪泽为了把这四字诀铭记于心，特写信请父亲亲笔书写这四个大字，挂在墙上，时时督促自己。

三

让孩子在鼓励和肯定中成长，也是现代教育的重要理念。

---

① 《曾国藩全集·家书》，岳麓书社，1994年，第1214页。
② 《曾国藩全集·家书》，岳麓书社，1994年，第481页。
③ 《曾国藩全集·家书》，岳麓书社，1994年，第1301页。
④ 《曾国藩全集·家书》，岳麓书社，1994年，第48页。
⑤ 《曾国藩全集·家书》，岳麓书社，1994年，第406页。

但是旧式中国家长大多都是贾政的做派。他们信奉“天下无不是的父亲”，把“我把你生出来”当成天大的功劳。在孩子面前，开口就是批评，不训斥就不会说话。孩子表现得再好，他们的嘴里也不会蹦出一个肯定的词儿。骂得轻些，就相当于表扬了。孩子见了这样的家长，自然就“老鼠见了猫一样”。所以《家》里面的高老太爷走到哪里，哪里就鸦雀无声。

道学家们也经常为这种愚蠢的家长气焰帮腔。朱熹说：“凡为人子，须是常低声下气，语言详缓，不可高言喧哄，浮言戏笑。父兄长上，有所教督，但当低首听受，不可妄大议论。”[①]读了这个，我们就更明白了贾宝玉为什么在父亲面前只能呆若木鸡。

就连晚清另一位名臣左宗棠也不能免俗。我们翻看左宗棠家书，会发现其中极少对孩子的肯定和鼓励，处处都是居高临下的训斥、责备和“恨铁不成钢”：

> 尔等近年读书无甚进境，气质毫未变化，恐日复一日，将求为寻常子弟而不可得，空负我一片期望之心耳。夜间思及，辄不成眠，今复为尔等言之。尔等能领受与否，则我不能强之，然固不能已于言也。

> ……尔等读书总是混过日子，身在案前，耳目不知用到何处，心中胡思乱想，全无收敛归著之时，悠悠忽忽，日复一日，好似读书是答应人家工夫，是欺哄人家掩饰人家耳目的勾当！昨日所不知不能者，今日仍是不知不能；去年所不知不能者，今年仍是不知不能！

> 孝威今年十五，孝宽今年十四，转眼就长大成人矣。从前所知所能者究竟能比乡村子弟之佳者否？试自忖之。

---

① 朱熹：《童蒙须知》。转引自蒋启扬著，蒋世玢等点校：《问梅轩诗草偶存》，广西人民出版社，2001年，第121页。

孝威气质轻浮，心思不能沉下；年逾成童，而童心未化，视听言动，无非一种轻扬浮躁之气；屡经谕责，毫不知改。孝宽气质昏惰，外蠢内傲，又贪嬉戏，毫无一点好处；开卷便昏昏欲睡，全不提醒振作；一至偷闲顽耍，便觉分外精神；年已十四，而诗文不知何物，字画又丑劣不堪；见人好处，不知自愧；真不知将来作何等人物！我在家时常训督，未见悛改；今我出门，想起尔等顽钝不成材料光景，心中片刻不能放下。尔等如有人心，想尔父此段苦心，亦知自愧自恨，求痛改前非以慰我否？[①]

尔幸附学籍，人多以此贺我，我亦颇以此为乐……今尔年甫十七，亦复得此，自忖文字能如仲父及而翁十七时否？家太冲诗云：“以彼径寸根，荫此千尺条。”盖慨世胄之致身易于寒畯也。尔勿以此妄自矜宠，使人轻尔。[②]

家书中的左宗棠，处处唯我高明，而孩子们“毫无一点好处”。曾国藩家书中极少这类语言。曾国藩比同时代家长更高明的是，他懂得鼓励的重要性。

曾国藩待下，一贯主张多誉人而少责人。他培养人才的原则是“宏奖以育才”，也就是多多鼓励。他说：“余所见将才杰出者极少，但有志气，即可予以美名而奖成之。”[③]他在给部下许振祎的信中说：“人才何常，褒之则若甘雨之兴苗，贬之则若严霜之凋物……米汤若醍醐之灌顶，高帽如神山之冠鳌。昔胡文忠每以此法诱掖将才。今阁下以此法诱掖诸生，何患人才不勃然兴起？”[④]

也就是说，人才如同小苗，鼓励就如同甘雨，贬斥如同秋霜。“灌米汤”“戴高帽”对培养人才来讲，都是很有用的手段。过去胡林翼就常用此法来激

---

① 左宗棠著，喻岳衡选辑：《左宗棠教子书：身教与言传并重的实录》，岳麓书社，2002年，第3~5页。

② 左宗棠著，喻岳衡选辑：《左宗棠教子书：身教与言传并重的实录》，岳麓书社，2002年，第25页。

③ 《曾国藩全集·家书》，岳麓书社，1994年，第1284~1285页。

④ 《曾国藩全集·书信》，岳麓书社，1994年，第7579页。

励人才。

他在教育部下方面还有两句名言，即“扬善于公庭，规过于私室”。表扬要在大庭广众之中，批评则应该在私下进行。

对部下犹如此，对孩子当然更是这样。上引曾国藩家书中有“请李笔峰来代馆，日加奖赞，悟性大进”一句，可见曾国藩对鼓励、“奖赞”在孩子成长中的作用看得很清楚。

我们翻曾国藩家书，处处可见对纪泽的鼓励、肯定之语。

对于纪泽的诗作，曾国藩一直认为格调很高，天分不凡：

尔七律十五首圆适深稳，步趋义山，而劲气倔强处颇似山谷。尔于情韵、趣味二者皆由天分中得之。[①]

对于纪泽的写字天赋，他更是一直比较欣赏：

二十二日接尔禀并《书谱叙》，以示李少荃、次青、许仙屏诸公，皆极赞美。云尔钩联顿挫，纯用孙过庭草法，而间架纯用赵法，柔中寓刚，绵里藏针，动合自然等语。余听之亦欣慰也……[②]

接尔二月二十日安禀，得知一切。内有贺丹麓先生墓志，字势流美，天骨开张，览之忻慰。惟间架间有太松之处，尚当加功。[③]

对纪泽读书作文的天赋，曾国藩更是不吝一再肯定：

尔之天分甚高，胸襟颇广……[④]

① 《曾国藩全集·家书》，岳麓书社，1994年，第1332页。
② 《曾国藩全集·家书》，岳麓书社，1994年，第472页。
③ 《曾国藩全集·家书》，岳麓书社，1994年，第468页。
④ 《曾国藩全集·家书》，岳麓书社，1994年，第1353页。

泽儿字，天分甚高，但少刚劲之气，须用一番苦工夫，切莫把天分自弃了。[①]

尔看书天分甚高，作字天分甚高，作诗天分略低……是尔之所短，即宜从短处痛下功夫，看书写字尔之所长，即宜拓而充之。[②]

对另一个儿子纪鸿也是这样：

鸿儿文笔劲健，可慰可喜。[③]

从纪泽写出第一篇文章起，曾国藩就非常欣喜，认为这个孩子在文学方面能有所成就。《曾惠敏公遗集》（曾纪泽谥惠敏）汇辑了几十篇经曾国藩批阅过的诗文，文后所录的曾国藩批示大多为肯定之辞，比如说纪泽之诗“胸次恬适，胎息甚高”“工整”“工稳”“神颇俊”“起句意趣奇拙，颇似山谷”“胸襟洒落，一气卷舒”“格老而气昌”“情韵俱胜”“尚无俗句”“气势驱迈”“傲岸不群”“藻采甚佳”之类。[④]

有人读曾国藩家书后总结说，曾国藩“责弟严而责子宽”。写给弟弟的书信，经常是直接而严厉的批评，而写给孩子的家书，大多是温和的鼓励。其实原因很简单，曾国藩写家书之时，弟弟们都已经是成年人，有足够的承受力，而孩子年纪还小，需要呵护。

四

当然，曾国藩对孩子也不是一味鼓励肯定。很多时候，他的表扬是一个铺

---

① 《曾国藩全集·家书》，岳麓书社，1994年，第606页。
② 《曾国藩全集·家书》，岳麓书社，1994年，第634页。
③ 《曾国藩全集·家书》，岳麓书社，1994年，第597页。
④ 曾纪泽著，喻岳衡点校：《曾纪泽集》，岳麓书社，2005年，第224~234页。

垫，是为了下一句提出更高的要求。比如在表扬了纪泽的诗有天分后，接下来就说："而余所好者，尤在陶之五古、杜之五律、陆之七绝，以为人生具此高淡襟怀，虽南面王不以易其乐也。尔胸怀颇雅淡，试将此三人之诗研究一番，但不可走入孤僻一路耳。"

在肯定纪泽的字写得好之后，接下来说：

> 尔从赵法入门，将来或趋南派，或趋北派，皆可不迷于所往。
>
> 我先大夫竹亭公，少学赵书，秀骨天成。我兄弟五人，于字皆下苦功，沅叔天分尤高。尔若能光大先业，甚望甚望！[①]

曾国藩对孩子也有严厉的一面。

曾国藩认为纪泽身上的一个重要问题，在于"举止过轻"，走路太快，"说话太易"。他说纪泽"天质聪颖，但嫌过于玲珑剔透"[②]，聪明外露。其实放到今天，这些并不是问题，相反，敏捷、反应快都是优点。但是在传统时代，对一个男人来讲，这显得不"压重"，不够沉稳。[③]

曾国藩在家书中一再指出这点：

> 尔之容止甚轻，是一大弊病。[④]

他说，你的祖父之所以一举一动有威仪，就是因为一个重字。我也取法于他，行动重厚："余尝细观星冈公仪表绝人，全在一重字。余行路容止亦颇重厚，盖取法于星冈公。"所以要求纪泽"以后宜时时留心。无论行坐，均须

---

① 《曾国藩全集·家书》，岳麓书社，1994年，第472页。

② 《曾国藩全集·家书》，岳麓书社，1994年，第1247页。

③ 曾国藩在家书中说过纪泽"聪明太过"，左宗棠曾经在家书中说，曾国藩"颇忧其（纪泽）聪明太露"。

④ 《曾国藩全集·家书》，岳麓书社，1994年，第506页。

重厚”。[1]

终其一生，曾国藩不停地在提醒这一点。他不断写信询问儿子：“尔走路近略重否？说话略钝否？”[2]“常常记忆否？”要“刻刻留心”，“痛下功夫”……

除了“轻”之外，曾国藩对儿子性格担心的另一点，是“清”。所谓“清”，是指天生格调高远，但是也容易“不接地气”，有清高之心，至清无鱼。世家出身的子弟，容易眼光高，容易看不起他人。所以曾国藩在家书中这样教训儿子：“尔禀气太清。清则易柔，惟志趣高坚，则可变柔为刚；清则易刻，惟襟怀闲远，则可化刻为厚。”[3]

也就是说，气质过于清洁，人就容易柔弱。只有立下高远坚定的志向，可以变柔为刚。过于清洁，人也容易刻薄，过于挑剔他人。曾国藩要求纪泽“宜从浑字上用些工夫”[4]。只有心胸广阔，才可以变刻薄为宽厚。

因此，曾国藩给纪泽起了个字：“劼刚。”他解释说：

> 余字汝曰劼刚，恐其稍涉柔弱也。教汝读书须具大量，看陆诗以导闲适之抱，恐其稍涉刻薄也。尔天性淡于荣利，再从此二事用功，则终身受用不尽矣。[5]

“劼”字有三个意思，一个是慎重，一个是稳固，一个是勤勉。由这个字，可见曾国藩对纪泽的期望。

---

① 同上。曾国藩长年带兵在外，没有时间亲自指点纪泽的一举一动。只有偶尔儿子去军营省亲，才能够“板正”一下：“泽儿看书天分高，而文笔不甚劲挺，又说话太易，举止太轻，此次在祁门为日过浅，未将一轻字之弊除尽，以后须于说话走路时刻刻留心。”

② 《曾国藩全集·家书》，岳麓书社，1994年，第624页。

③ 《曾国藩全集·家书》，岳麓书社，1994年，第1333页。

④ 《曾国藩全集·家书》，岳麓书社，1994年，第1247页。

⑤ 《曾国藩全集·家书》，岳麓书社，1994年，第1333~1334页。

五

我们在家书当中，经常能够看到曾国藩和儿子以平等的态度探讨学问，鼓励孩子大胆表达见解。

咸丰九年七月二十五日，曾纪泽在禀父书中说：

> 男谓凡披一书，先有鄙之之心，即不能看进去。看《书经》虽不以其伪鄙之，而当文辞奥衍，注疏勉强牵合之处，则怀不以为然意焉。今看《左传》尚否……《诗经》菁华全在疏上，《左》疏颇浅近无味，不知然否？[①]

一般家长读了这样的信，估计都会批评孩子大胆，居然敢说古人的注疏浅而无味。但是曾国藩却对纪泽的独立思考能力非常肯定。八月十二日回信说：

> 尔问看注疏之法，“《书经》文义奥衍，注疏勉强牵合”，二语甚有所见。《左》疏浅近，亦颇不免。国朝如王西庄（鸣盛）、孙渊如（星衍）、江艮庭（声）皆注《尚书》，顾亭林（炎武）、惠定宇（栋）、王伯申（引之）皆注《左传》，皆刻《皇清经解》中。《书经》则孙注较胜，王、江不甚足取。《左传》则顾、惠、王三家俱精。[②]

曾国藩夸赞儿子“甚有所见”，因为纪泽读经书看注疏的功夫颇深，善于独立思考，让他非常欣慰。

曾国藩还不惮以自己的缺点为反面教材，鼓励儿子在这些方面超过自己。

曾国藩经常说，自己平生大病，在于无恒：

> 余生平坐无恒之弊，万事无成。德无成，业无成，已可深耻矣。逮办

---

① 曾麟书等撰，王澧华等整理：《曾氏三代家书》，岳麓书社，2002年，第515页。

② 《曾国藩全集·家书》，岳麓书社，1994年，第498页。

理军事，自矢靡他，中间本志变化，尤无恒之大者，用为内耻。尔欲稍有成就，须从有恒二字下手。[①]

因此要求纪泽从小要注意做事有恒，在这方面超过自己。

他甚至不惮提起自己因为向咸丰帝要官不成在家中气急败坏，与家人争吵、大失风度的一段往事，让他们不要向自己学习，而是要超过自己，让乡亲们夸奖纪泽的气量大于父亲的气量：

余因去年在家，争辨细事，与乡里鄙人无异，至今深抱悔憾。故虽在外，亦恻然寡欢。尔当体我此意，于叔祖各叔父母前尽些爱敬之心。常存休戚一体之念，无怀彼此歧视之见，则老辈内外必器爱尔，后辈兄弟姊妹必以尔为榜样，日处日亲，愈久愈敬。若使宗族乡党皆曰纪泽之量大于其父之量，则余欣然矣。[②]

曾国藩家庭教育的另一个特点是能做到以身作则。

曾国藩要求孩子做到的，自己都首先做到。他虽然总是说自己年轻时做事无恒，但是其实他的恒心和毅力常人难及，特别是四十岁以后，做事均能长久坚持。

曾国藩要求“纪泽看《汉书》，须以勤敏行之。每日至少亦须看二十叶，不必惑于在精不在多之说。今日半页，明日数页，又明日耽阁间断，或数年而不能毕一部。如煮饭然，歇火则冷，小火则不熟，须用大柴大火乃易成也”[③]。

而曾国藩自己正是这样做的。我们看曾国藩的日记，凡读书都能做到每日坚持，不读完这一本不看下一本，做事也能做到首尾精神不懈。

曾国藩说不懂天文算学和书法未成一体是耻辱，但是他并没有满足于把这两件事推给孩子了事。我们看日记，晚年他经常带着孩子一起夜观恒星，学习天文学知识。他一生也都在致力于书法的进步，直到晚年还经常在日记中写下

① 《曾国藩全集·家书》，岳麓书社，1994年，第506页。
② 《曾国藩全集·家书》，岳麓书社，1994年，第452页。
③ 《曾国藩全集·家书》，岳麓书社，1994年，第335页。

对书法的体悟和心得。

曾国藩在外期间，会定期把自己的日记寄回老家。一个重要目的，就是给兄弟子侄立一个榜样，让他们看看他是如何每天勤奋不辍的。我们看曾国藩日记，没有一天不治事、不读书，每一天对自己都有严格要求。这一点，对他的两个孩子都产生了深刻的影响。我们看曾纪泽日记中体现出的自我管理风格，与乃父可谓极其肖似。

六

曾国藩家庭教育观念中还有一个特别高明的地方，就是他辩证地认识到出身“世家大族”“富贵之家”对一个人来讲，往往并不是优势，而是劣势。“福兮祸所伏”，富贵之家的孩子自幼没经过艰苦，如同秧苗没经过“蹲苗”这个阶段，很难成材。

咸丰十年四月初四日，他在日记中特意记下左宗棠的话：“凡人贵从吃苦中来。又言，收积银钱货物，固无益于子孙，即收积古籍字画，亦未必不为子孙之累云云。”[①]曾氏称赞左宗棠这些话是“见道之语”。

其实早在道光二十九年，曾国藩就已经深刻认识到这一点。身在官场、当时已经做到礼部侍郎的他见到了太多不成材不成器的大家子弟，所以曾国藩在给诸弟的信中说：“断不蓄积银钱为儿子衣食之需。盖儿子若贤，则不靠宦囊，亦能自觅衣饭；儿子若不肖，则多积一钱，渠将多造一孽，后来淫佚作恶，必且大玷家声。故立定此志，决不肯以做官发财，决不肯留银钱与后人。”[②]

人是由环境决定的动物。“人必有所激有所逼才有所成。”只有有压力，才会有动力。没有压力，人就会受制于好逸恶劳的本性，流于游手好闲。“从来纨绔少伟男”，家里钱财多了，诱惑也就多了，自小流于淫逸，小则害一

---

① 《曾国藩全集·日记》，岳麓书社，1994年，第490页。

② 《曾国藩全集·家书》，岳麓书社，1994年，第183页。咸丰五年他在给诸弟信里又一次重复这个观点说：“仕宦之家，不蓄积银钱，使子弟自觉一无可恃，一日不勤，则将有饥寒之患，则子弟渐渐勤劳，知谋所以自立矣。”见《曾国藩全集·家书》，岳麓书社，1994年，第306页。

身，大则害一族。不留钱财给子孙，子孙才能自己去奋斗去创业。比尔·盖茨捐出大部分遗产，其实也何尝没有这方面的考虑。[①]

所以曾国藩明确告诉孩子们说，我将来不会给你们留什么钱："银钱、田产最易长骄气逸气。我家中断不可积钱，断不可买田，尔兄弟努力读书，决不怕没饭吃。至嘱。"[②]

有一次，曾纪泽路过曾国葆军营，曾国葆给纪泽的路费太多，曾国藩知道后去信说：

> 季弟赐纪泽途费太多。……余家后辈子弟，全未见过艰苦模样，眼孔大，口气大，呼奴喝婢，习惯自然，骄傲之气入于膏肓而不自觉，吾深以为虑。前函以傲字箴规两弟，两弟不深信，犹能自省自惕；若以傲字诰诫子侄，则全然不解。盖自出世以来，只做过大，并未做过小，故一切茫然，不似两弟做过小，吃过苦也。[③]

同治元年，他给次子写信说："凡世家子弟衣食起居，无一不与寒士相同，庶可成大器；若沾染富贵气息，则难望有成。"[④]

世家子弟，又容易有一种先天的优越感，对人容易颐指气使。因此曾国藩经常在家书中对儿子们提醒这一点。他说：

> 世家子弟最易犯一奢字、傲字。不必锦衣玉食而后谓之奢也，但使皮

---

① 其实早在晚清，当时的中国外交家张德彝就注意到欧美社会很多人将万贯家财捐献于社会的现象。他询问欧人，得到了这样的答复："以吾一人之财，生千万人，养千万人，诚为乐事。今吾虽有子，将来贤否不知。贤者即能守成，必致好逸偷安，毫无所学。不肖者既不能保全，因而伤身败德，更无所学。莫若自幼使之贫乏，令其学成一艺，以赡其身，则美名或可望获也。……吾舍重赀以成善举，虽千百年犹奉吾像于其地，又何乐而不为善哉？"张德彝著：《随使英俄记》，钟叔河主编《走向世界丛书》，岳麓书社，1986年，第451页。

② 《曾国藩全集·家书》，岳麓书社，1994年，第597~598页。

③ 《曾国藩全集·家书》，岳麓书社，1994年，第837页。

④ 《曾国藩全集·家书》，岳麓书社，1994年，第593页。

袍呢褂俯拾即是，舆马仆从习惯为常，此即日趋于奢矣。见乡人则嗤其朴陋，见雇工则颐（颐）指气使，此即日习于傲矣。《书》称“世禄之家，鲜克由礼”，《传》称“骄奢淫佚，宠禄过也”。京师子弟之坏，未有不由于骄奢二字者，尔与诸弟其戒之。至嘱至嘱。[1]

他一直要求自己的孩子保持寒素之风，打掉内心的依恃之心和优越之感。儿子参加省城乡试时，他嘱咐不可递条子、通关节。家属由湖南去安庆，坐的是湘军战船，他叮嘱因为他不在船上，不可张挂帅字旗，沿途不要拜客，不要接受宴请。

他经常要求儿子们在家不得摆少爷架子，不得高声呵斥仆人，不要坐轿，尤不可坐四抬轿，要多走路。儿子们要自己动手扫地，抹桌子，甚至锄草、拾粪这类事也可做，不是丢脸的事：“子侄除读书外，教之扫屋、抹桌凳、收粪、锄草，是极好之事，切不可以为有损架子而不为也。”[2]咸丰五年八月二十七日，曾国藩家书中说：

甲三、甲五等兄弟，总以习劳苦为第一要义。生当乱世，居家之道，不可有余财，多财则终为患害。又不可过于安逸偷惰，如由新宅到老宅，必宜常常走路，不可坐轿骑马。又常常登山，亦可以练习筋骸。[3]

第三节 处理实际事务的锻炼

一

在曾国藩的指导下，曾纪泽成了一个小有成就的学者。

---

① 《曾国藩全集·家书》，岳麓书社，1994年，第332页。
② 《曾国藩全集·家书》，岳麓书社，1994年，第276页。
③ 《曾国藩全集·家书》，岳麓书社，1994年，第306页。

曾国藩的“生平三耻”，激励曾纪泽开始研究天文学和算学。他一方面通读“十七史”中各《天文志》及《五礼通考》中所辑的《观象》《授时》等篇，另一方面从认识恒星、星座入手来学习天文学，晚上经常坐在院中，观察恒星方位，默记在心。

在算学方面，他也有所收获。同治四年，他替父亲写了《重刻几何原本》的序文，这篇文章显示，曾纪泽对数学的研究相当深入。虽然没能像弟弟那样成为一名数学家，但是显然他对西方数学是很了解的。

在书法方面，纪泽成绩更为突出。他楷书师法柳公权、颜真卿、赵孟頫，用笔方圆结合，顿挫有力。小楷致力于《灵飞经》，行草取法二王和孙过庭，篆书宗李阳冰和吴让之，笔力稳健，独具特色，创造了自己的审美特色。①

曾国藩希望他成为“伯申氏”第二，而曾纪泽在训诂音韵之学上也很有研究。在出使英、法两国之前，曾纪泽已经写出多部学术著作，据日记、家书、湘乡曾氏文献、墓志铭等资料，纪泽写成的书稿有《佩文韵求古编》《说文重文本部考》《群经臆说》《音学考》等，可惜大多在一次北上途中因船上失火而被烧毁。

在文学方面，他的文章不循规蹈矩，不拘“场屋格式”，有一种“气象峥嵘之势”。除此之外，曾纪泽对地理、习射、绘画、音乐、篆刻各门都有所涉猎，或多或少也都有所成绩。我们在日记当中经常可以见到他在家中练习各种乐器以自娱的记载。

二

当然，曾国藩对孩子们的人生设计，并不是只做一个单纯的书斋中的学者。曾国藩自己推崇“经世致用”，除了学术之外，曾国藩还注重让他们在实践中历练，磨炼处理实际问题的本领。他多次说，纪泽天资不错，“将来或……可冀有成立也”，这个成立，所指不仅是学问。

---

① 魏明、陈立果：《险劲挺拔、古朴雄强：曾国藩曾纪泽书法作品考析》，《收藏家》2008年03期。

咸丰四年六月二十三日，曾国藩率水陆大军准备从长沙出发征战太平军，他写家书让十六岁的曾纪泽和曾国潢之长子曾纪梁（甲五）兄弟两人来省城送他起程，目的之一是让他们接触社会，增长军事知识：“盖少年之人，使之得见水陆军旅之事，亦足以长见识。”[①]

他早早就安排纪泽主持家政，以资历练：

> 尔在家料理家政，……李申夫之母尝有二语云“有钱有酒款远亲，火烧盗抢喊四邻”，戒富贵之家不可敬远亲而慢近邻也。我家初移富托，不可轻慢近邻，酒饭宜松，礼貌宜恭。建四爷如不在我家，或另请一人款待宾客亦可。除不管闲事，不帮官司外，有可行方便之处，亦无吝也。[②]

传统时代管理一个大家庭并不容易，须有王熙凤之才才行。曾国藩也认为，家政与国事相通，家风决定家运。所以家政绝不是小事。“吾家门第鼎盛，而居家规模礼节总未认真讲求。历观古来世家久长者，男子须讲求耕读二事，妇女须讲求纺绩酒食二事。《斯干》之诗，言帝王居室之事，而女子重在酒食是议。《家人》卦，以一爻为主，重在中馈。《内则》一篇，言酒食者居半。”[③]因此管家对年轻的纪泽是一个相当大的考验与磨炼。

战争期间，纪泽多次应父亲之召，前往大营。比如咸丰十年六月二十日，他抵达祁门，住了两个多月，留心战争形势。不久，又奉命到曾国荃大营，了解了围攻安庆的军事安排。这对曾纪泽开阔视野、增长见识作用也很大。

成为两江总督，有了比较稳定的总督署之后，曾国藩把孩子们接到身边。曾纪泽实际上就成了总督府的管家和曾国藩的私人助手。[④]在曾纪泽这个阶段的日记当中，常见帮曾国藩处理事务的记载。比如同治九年（1870年）二月

---

① 《曾国藩全集·家书》，岳麓书社，1994年，第265页。

② 《曾国藩全集·家书》，岳麓书社，1994年，第1303页。

③ 《曾国藩全集·家书》，岳麓书社，1994年，第1268页。

④ 这也是当时官场上的常态，李鸿章的长子李经方也是长年在他身边随侍。

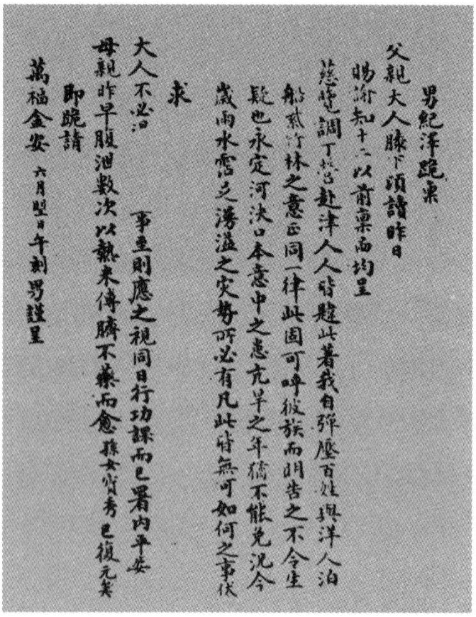
男紀澤跪稟

父親大人膝下頃讀昨日

賜諭知十二以前稟函均呈

慈覽調丁營赴津人人皆韙此著我自彈壓百姓與洋人泊

船熱竹林之意正同一律此固可畔彼族而明告之不令生

疑也永定河決口本意中之患亢旱之年猶不能免況今

歲雨水需之湧溢之災勢所必有凡此皆無可如何之事伏

求

大人不必以 事至則應之視同日行功課而已署內平安

母親昨早腹泄數次以熱米傳臍不藥而愈 孫女賓秀已復元矣

即跪請

萬福金安 六月望日午刻男謹呈

曾纪泽禀曾国藩家书其二

十四日，“大人作函寄刘霞仙外舅，命缮之”[①]。十九日，“大人寄朱尧阶函，奉命缮写”[②]。三月十八日，“大人发湖南信，命作函寄易芸陔”[③]。在父子往来家书中，我们常见他们探讨家中的财政问题。曾国藩由两江总督北上任直隶总督时，粮台小金库中的余钱，就是由纪泽具体处理。曾国藩晚年在老家修宅子，也由曾纪泽协同叔叔经手。几个妹妹的婚事，也都是他操办的。

曾纪泽处理家事井井有条。曾国荃称纪泽“博文约礼”，处事有法，称赞有加。曾国藩对纪泽的办事能力也比较满意。同治六年曾国藩在家书中说：“尔于经营外事颇有才而精细。”[④]曾纪泽在后来的外交实践中也表现出过人的精细。在他奉派出使英法之前，他在朝廷没有要求的情况下主动住进总理衙门，花了一段时间专门查看外交档案。慈禧因此对他说：“你办事倒很细心。”这种细心，就是在处理具体事务中磨炼出来的。

在总督衙门随侍父亲的几年，纪泽熟识了政务，开阔了眼界，有了初步的政治经验。所谓多年父子成兄弟，曾国藩晚年，曾纪泽已成为父亲离不开的“顾问”。在天津教案中，我们看曾纪泽给曾国藩的信，其语气已经“当仁不

① 曾纪泽著，刘志惠点校辑注，王澧华审阅：《曾纪泽日记》上册，岳麓书社，1998年，第13页。

② 曾纪泽著，刘志惠点校辑注，王澧华审阅：《曾纪泽日记》上册，岳麓书社，1998年，第14页。

③ 曾纪泽著，刘志惠点校辑注，王澧华审阅：《曾纪泽日记》上册，岳麓书社，1998年，第22页。

④《曾国藩全集·家书》，岳麓书社，1994年，第1325页。

让”。[①]这些参政经历对他后来从政成功，有着决定性的作用。

第四节　苦学外语

一

在一贯强调有恒的曾国藩的陶铸下，曾纪泽形成了强毅的性格。翻开日记，生活的规律性处处可见。下面一段是同治九年纪泽在直隶总督衙门陪侍父亲时的日记：

> 庚午年正月初一日，晴。看《南史》杜岸、王琳、张彪传。又阅陈宗室诸王传未毕，凡十五页；温《左传》三十页。
>
> 初二日，晴。阅《南史》陈宗室诸王传十五页。温《左传》三十页。
>
> 初三日，晴。夜微雨如雾。辰初起看《南史》陈宗室诸王传毕，接看

① 处理天津教案时，曾国藩打算先把天津的几个地方官撤职查办。曾纪泽闻听，立刻去信反对。他知道对洋人如此示弱，一定会使父亲名誉受损。他说：“撤道、府、县三官，诚足以悦洋人之意，然若因此遂失民心，则所损者大，而患方未已，似宜斟酌尽善，然后行之。”曾麟书等撰，王澧华等整理：《曾氏三代家书》，岳麓书社，2002年，第607页。他还建议，此事交涉，对法国人势必要做一些让步，但是让步不要让得太急，要一步步来：“缉凶本非以媚夷也。然照会洋人，不可作十分承允之词。事起则万众同心，事后即零星四散，访察凶犯，何可骤得？只能缓缓搜捕，获则讯问明确，以法诛之；不获则不能妄坐平民，搪塞了事。如此柔软之中，稍参一二硬语，庶临事犹可转圆（圜）。譬如卖物者索价倍于所直，买者先许以极少之价，然后可以平价得之。今卖者尚未开言，而买者已许重价，则将何以为继？如撤官之举，俟洋人咆哮至极，徐撤一县令应之足矣。今事未至，而自道以下遂撤三官，洋人至则必曰：‘此汝中国政治宜然，吾所求者，殊不在此。’”曾麟书等撰，王澧华等整理：《曾氏三代家书》，岳麓书社，2002年，第607~608页。这些见解，对曾国藩有一定的影响。在天津教案的同时，永定河又决了口。这也是直隶总督的分内事，因此曾国藩更为焦虑忧惶。纪泽去信安慰父亲说：“永定河决口……伏求大人不必过于焦灼，事至则应之，视同日行功课而已。”同上书，第606页。同治九年六月望日。他嘱咐父亲不要预先焦灼，不妨事情到了再应对，如同日常功课一样看待此事，这口气已经有点像曾国藩当年开导他了。

杜僧明、周文育、侯瑱、侯安都传……饭后温《左传》三十页。

初四日，阴微有霰意。辰正阅《南史》，饭后出门拜客，在陈作梅处一谈，余未入归。看《南史》连前十五页。……温《左传》三十页。[1]

从这些酷似曾国藩文风的日记，可见他的毅力之强。

最能体现曾纪泽过人毅力的，是他学习外语的过程。

二

曾纪泽学外语的动机，是由曾国藩的外交失败触发的。

同治九年，曾国藩处理天津教案，因为不谙熟外情，处理时刚柔未能把握得当，舆论普遍认为他对中国地方官处理过严，对法方让步稍多，导致声名尽毁，“积年清望几于扫地以尽矣”。曾国藩不止一次在致友朋的信中表示，他办理此案对外“过柔”，“寸心抱疚”，“外惭清议，内疚神明”。

曾纪泽也深感屈辱和郁闷。就在教案处理当中，曾纪泽给父亲写了一封信说，目前国家之患，在于缺乏外交人才：

男意近年中外交接，洋人所以日强，华人所以日弱，其弊在于无人。[2]

他说，当时从事外交的清朝人员，无非两种：一种是不明世界大势，一味排外，高唱中国只要修明德政，外国自然宾服的老调。“不揣事势，诽议和局，但欲拒绝通商，屏斥洋货，言中国修德力政，而远人自然宾服者，此迂远而阔于事情者也。”[3]朝中大臣多是此类。另一种是挟洋自重、谋取私利的人。“稍识夷情，挟以自重，助夷而猾夏，叛孔孟而乐道异端，藉其小智

---

① 《曾惠敏公手写日记》，吴相湘：《中国史学丛书》，台湾学生书局，1965年，第1~5页。

② 曾麟书等撰，王澧华等整理：《曾氏三代家书》，岳麓书社，2002年，第612页。

③ 同上。

末技以成汉奸者。”[①]各处的翻译、经纪甚至“食禄任职”的官员中有很多这样的人。

之所以如此，是因为中国人中没有多少人懂外语、识外情。曾国藩的外交挫折，“泰西之轮楫旁午于中华”的局势，使曾纪泽认识到，了解世界局势是当务之急。所以他动了学外语的念头：“国家怀柔所暨，琛赆所通，殊方异俗，至于十余万里，于是讲求经济之学者，以通知各国语言文字为当务之急。”[②]

曾纪泽还说，即使从学术研究角度来讲，学习外语也是必要的。因为中西交通以后，传统的国学已经受到西学的严重挑战，中学西学融合，是一个大趋势。所以，他学习外语的另一个目的，是成为在学问上有所“开创”的人物：

> 男近年每思学问之道，因者难传，而创者易名，将来欲拼弃一二年工夫，专学西语、西文，学之既成，取其不传之秘书，而悉译其精华，察其各国之强弱、情伪而离言之，此于词章、经济似皆有益也。[③]

这封信展示了曾纪泽那平易随和外表下不常展露的特立独行精神。

三

曾纪泽的这个念头，在当时是“不正常”的。虽然今天学外语很“高大上”，但是在曾纪泽那个时代，学外语却是被人看不起的。不光是学外语，凡是和洋人、洋务有关的事皆会遭到鄙夷。所以当时肯学外语的人，都是底层社会出身者。冯桂芬在《采西学义》中批评道：“今之习于夷者曰‘通事’，其人率皆市井佻达游闲，不齿乡里，无所得衣食者始为之。其质鲁，其识浅，其心术

① 曾麟书等撰，王澧华等整理：《曾氏三代家书》，岳麓书社，2002年，第613页。
② 曾纪泽著，喻岳衡点校：《曾纪泽集》，《湖湘文库》，岳麓书社，2008年，第128页。
③ 曾麟书等撰，王澧华等整理：《曾氏三代家书》，岳麓书社，2002年，第613页。

又鄙，声色货利之外，不知其他，且其能不过略通夷语，间识夷字，仅如货目数名与俚浅文理而已，安望其留心学问乎？”①

直到曾纪泽发愿学外语十七年后，光绪二十三年（1897年），张元济还说：

> 向来士族儒流，多鄙视别国方言为不屑。而习攻翻译，大抵闾阎寒贱、性识暗钝之人。②

甚至出使英国的郭嵩焘驻英期间私下里学了点英语，竟然被副使刘锡鸿举报，告到朝廷。

那么为什么曾纪泽敢于做这样冒天下之大不韪的事呢？这与曾国藩的影响有关。曾国藩虽然一贯被称为文化保守主义者，但是他的对外观念是相当开放的，对西洋事物和国际形势，一直很感兴趣。早在同治六年的日记当中，就有他观看地球仪的记载：

> 同至湖南会馆，观方子恺所为大地球。③

现在我们还能看到一幅画，叫《曾文正公看地球图》，画的是曾国藩带着两个孩子围观一个巨大的木制地球仪。这不是虚构，而是写实。曾国藩对这个地球仪非常重视，还专门盖了房子来存放：“余盖屋三间，本为摆设地球之用，不料工料过于坚致，檐过于深，费钱太多，而地球仍将黑暗不能明朗，心为悔慊。”④

而曾国藩晚年兴办洋务运动，幕府中网罗了许多洋务人才，更让曾纪泽有机会接触到当时大部分人接触不到的新鲜事物。

---

① 冯桂芬：《校邠庐抗议》卷下，上海书店出版社，2002年，第67~70页。

② 张元济：《张元济全集·第5卷：诗文》，商务印书馆，2008年，第1页。

③《曾国藩全集·日记》，岳麓书社，1994年，第1360页。

④《曾国藩全集·日记》，岳麓书社，1994年，第1482~1483页。

《崇德老人年谱》称：

> 容纯甫君有照相机一具，惠敏留而玩之，因以赠尹。[①]

能把容闳的照相机留下来玩，后来又转手赠予他人，说明纪泽与容闳关系很密切。他还认识了帮助李鸿章创立军工厂的英国人马格里[②]，和常胜军首领戈登也有交往。在他的卧室中，有寒暑表、千里镜、电气匣、三角镜、照相机、显微镜、小轮车、洋秤、手枪及轮盘机器等新奇玩意儿。日记中常见他把玩这些器物的记载。比如同治十年五月十六日“试烧小轮车，与诸妹等观看极久”[③]。七月二十五日“与栗、镜、松至花园亭上，看千里镜极久”[④]。他最喜欢玩的是显微镜，经常起床后的第一件事就是用它来观察微生物。

同治九年三月，也就是曾纪泽写这封信几个月以前，曾国藩在致友人信中曾经说：

> 大约海外地形当以洋人之图为蓝本。洋人于地舆之学既所究心，所至又多经目验，惜其文字不能尽识耳。若得熟识西字者与之往返商定，或遇西土之有学者，从之访问形势，考核字体，必能有益此书。至于中国诸儒之书，率皆悬度影响以自炫于华人而已，不足据依也。[⑤]

也就是说，世界地理这一块，还是洋人权威。可惜我们不识洋文。如果通西文，能够与西方学者深入探讨，肯定对你写好这本书有帮助。中国学者所写

---

① 熊治祁编：《湖南人物年谱》（第五册），湖南人民出版社，2013年，第313页。

② 英国人马格里（Macartney），他模仿中国人，给自己起了个字，叫清臣。所以曾纪泽在日记当中经常称他为马清臣。他是爱丁堡大学的医科毕业生，曾在常胜军中担任白齐文的军务秘书，后来入淮军担任教习，并帮助李鸿章创立军工厂。

③ 曾纪泽著，刘志惠点校辑注，王澧华审阅：《曾纪泽日记》上册，岳麓书社，1998年，第124页。

④ 曾纪泽著，刘志惠点校辑注，王澧华审阅：《曾纪泽日记》上册，岳麓书社，1998年，第142页。

⑤ 曾国藩著，殷绍基等整理：《曾国藩全集·书信》，岳麓书社，1994年，第7087页。

的这方面的书，水平太差，弄点过时的玩意儿来唬国人，不足为据。

可见曾国藩对学习西方语言的态度是很开明的。事实上，曾家后人大多对西洋文化都很感兴趣，甚至有多人成了基督徒[①]，这和曾国藩的这种态度不无关系。

四

同治十一年，曾国藩去世。曾纪泽回到湖南为曾国藩料理丧事并守制。同治十二年正月初一，曾纪泽在日记中写：

> 试笔后学洋字良久。[②]

开始学着描写英语字母，这是他系统地学习英语之始。[③]这一年，他已经三十五虚岁。

之所以在守制时开始学外语，一是因为守制之时时间充裕，无他事可做；二是守制之地非常偏僻，不引人注目。名门子弟学习外语之事在当时如果为人所知，必然掀起轩然大波。事实上，前一年纪泽护送曾国藩遗体回湘，选择了使用西式小轮船，已经在湖南引起长沙绅士的长久不满，责难之声“数年不息”。纪泽当然不得不谨慎行事。

作为一个极富恒心和毅力的人，这次拿起外语书，纪泽就没有再放下：

> 他不知从何处得到一本《英话正音》。……从同治十二年正月初五

---

① 曾国藩的后人当中，有多人领风气之先，信仰了基督教，比如曾纪芬、曾季融、曾宝荪、曾昭权、曾约农、聂云杰等。

② 曾纪泽著，刘志惠点校辑注；王澧华审阅：《曾纪泽日记》（上册），岳麓书社，1998年，第260页。

③ 同治十年九月二十四日，曾纪泽日记中第一次开始出现阅读外语书籍的记载。这一天日记中，他写道：“与马清臣谈极久。归，……二更后看外国字典良久。三更睡。”几天后，他又记道：“与马清臣谈英国文字，即在彼处中饭。饭后复久谈。……看洋字，三更睡。”不过这次曾纪泽与外语的接触仅限于粗做了解，正式开始学习外语，是一年多以后。

日，吃过晚饭的曾纪泽便开始读它。此后，几乎每日他都读这本书。……从他的日记中，看出他有时读半页，有时读一页，风雨无阻，雷打不动。他即便在出门访客时，也不忘在轿子里坚持读这本书。……他的自学英语自此真正开始了，而且几乎没有中断。根据他的日记，仅有同治十三年六月至光绪元年八月间（一年多的时间），因交际、旅行和准备考试而被迫中断，即使如此他仍不忘偶尔拿出来温习一番。[①]

五

曾纪泽学习外语，是非常困难的。首先，他没有老师，完全靠自学，所以他只能记字母拼写，却不知道如何发音，更别说练习口语。

曾纪泽自己在日记中回忆说：

余能西音，然在湘苦无师友。取英人字典钻研逾年，事倍功半。又年齿渐长，自憾难记而健忘，一知半解，无可进矣。[②]

其次，他体弱多病，胃肠病时常发作，家事又多，特别是幼儿不停生病。但是他利用一切场合和时间学习。

我们在日记当中经常见到这样的记载：

是日，体有寒疾，甚倦惫，舆中仅译英语七条。

夜坐旅店，翻阅英话。

舆中诵英语韵编，并温诵旧诵英语。头痛，不能如课，偃卧数次。夜饭后，……温诵英语，亥正睡。

---

① 季压西、陈伟民：《从“同文三馆”起步》，学苑出版社，2007年，第478页。
② 曾纪泽著，喻岳衡点校：《曾纪泽集》，《湖湘文库》，岳麓书社，2008年，第309页。

抚抱蚉儿，钞英话《自迩集》，饭后毕。

曾纪泽能学通英语，靠的完全是惊人的毅力。当时美国驻中国公使馆头等参赞临时代办何天爵（Holcombe Chester）说，曾纪泽是“在没有教师的情况下，他仅仅借助一本《圣经》、一本《韦氏大辞典》、一本华兹（Watts）的作品、一本《赞美诗选》（Select Hymns）和一些习字本，花费了几乎三年的时间努力自学英语”的。[1]

通过在乡下数年的艰苦自学，纪泽记下了大量英语单词，熟悉了英语语法，达到了基本能阅读英语小说的程度。

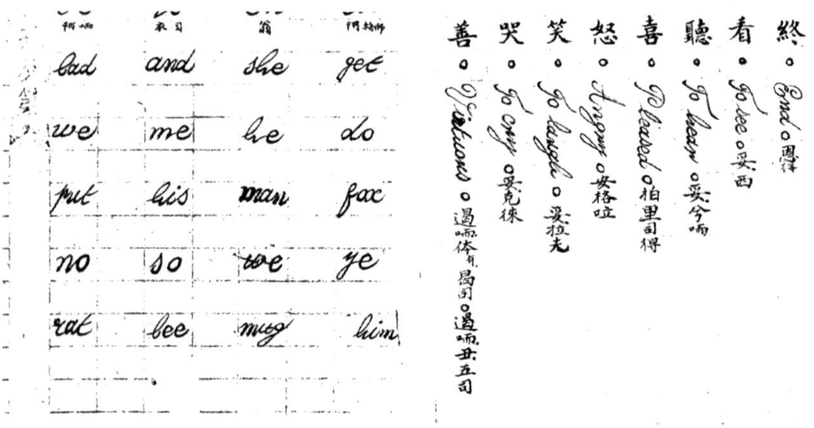

曾纪泽学习英语的笔记

① ［美］何天爵（Holcombe C.）著，鞠方安译：《真正的中国佬》，中华书局，2006年，第42页。

六

光绪三年（1877年）七月，曾纪泽守孝期满，来到北京，才有机会学习口语。他在英语上勇于实践，与当时的外交官广泛接触，虽然自己说得很差，但是敢于开口。

虽然此时他的书面英语水平也还不够高，但是他不放过任何一个使用它的机会。他给自己刻了一方英文印，把自己的名字译为“Gearkhan of Tseng”。他在与西方人交往过程中很爱做的一件事是把自己的诗译成英文，以两种文字同时书写在折扇上，送给外国人。他自己称之为“中西合璧诗”。

何天爵对曾纪泽十分地钦佩，说他是“一位出类拔萃、孜孜不倦的学者”。并称曾纪泽所作“漂亮流畅”的英文诗，“无论其风格还是书法方面都堪称上品”。[①]

但是他也说，纪泽的英语也还有一些问题，包括语法错误：“当然曾纪泽先生的英文诗中也有一些词不达意和语法方面的问题”，有的诗还“深深地陷入了我们英语中情态动词的泥塘沼泽里，再也挣扎不出来”。[②]

丁韪良也说，曾纪泽初见他时英语水平不高，向他奉赠的该诗英译“是典型的‘巴布英语’”（Baboo English）。这首诗的中文部分是：

学究三才圣者徒，识赅万有为通儒。
闻君兼择中西术，双取骊龙颔下珠。[③]

英文部分是：

---

① ［美］何天爵（Holcombe C.）著，鞠方安译：《真正的中国佬》，中华书局，2006年，第42~43页。

② ［美］何天爵（Holcombe C.）著，鞠方安译：《真正的中国佬》，中华书局，2006年，第44页。

③ 董丛林：《曾国藩家族》，辽宁人民出版社，2014年，第128页。

To combine the reason of heaven, earth and man,

Only the sage's disciple who is can.

Universe to be included in knowledge all men are should,

But only the wise man who is could.

I have heard doctor enough to have compiled the branches of science.

And the books of chinese and foreigners all to be experience.

Chosen the deeply learning to deliberated are at right.

Take off the jewels by side of the dragon as your might.①

翻译得确实算不上高明。丁韪良说：

曾纪泽远居于内陆，几乎从未见过白种人，主要靠语法和词典学习英语。不知是因为隔绝（它使曾缺乏比较的机会）还是因为奉承（贵族总是少不了有人奉承，所以自我膨胀），曾纪泽对自己的英语水平非常自负，常常向朋友们赠送双语题诗团扇，诗是他自己创作的。……译文是典型的“巴布英语”。……曾英语口语流畅，但不合语法，阅读、写作总有困难。②

丁氏认为曾纪泽四处赠送自己的双语诗是“自我膨胀”，我倒认为这是勇于实践不怕丑，学过外语的人都知道，大胆地练习和使用是最可贵之处。有人据此对曾纪泽的英语水平大加讥评，说什么“曾纪泽是清末外交界有名的人物，曾办过几件著名的交涉，据说是通西文的，原来如此！”③。但是我们对曾纪泽要有恕心，他三十五岁起在那样困难的条件下学习，能达到这样的外语

---

① 在这里作者评论曾纪泽不太懂英文，借助了太多的情态动词和“can、could、should、might”等以求押韵。引自［美］何天爵（Holcombe C.）著，鞠方安译：《真正的中国佬》，中华书局，2006年，第44页。

② ［美］丁韪良著，沈弘、恽文捷、郝田虎译：《花甲忆记——一个美国传教士眼中的晚清帝国》，广西师范大学出版社，2004年，第245~246页。

③ 《人间世》第24期，第33~34页。

水平，在当时已经是非常不容易了。

中国有句话，叫"一招鲜，吃遍人"。正是这点今天看来不算太高的外语水平，给了曾纪泽开创自己事业的机会。

第五节　出使西洋

一

曾纪泽到四十岁，才正式"就业"。

我们前面说过，曾纪泽11岁就成了荫生，考差后就可以为官。但曾国藩不愿意儿子过早从政。所以纪泽长年随侍在曾国藩身边，一直没有入京考差。

直到同治九年，曾国藩时任直隶总督，北京近在咫尺，经不住亲友及幕僚的屡次劝说，才让纪泽赴京参加考荫，这时距纪泽获得荫生资格，已经过了整整二十年。

考差只是走个形式，经过考试，曾纪泽获得"户部陕西司任员外郎"一职。但是获官以后，曾纪泽仍回保定随侍父亲，没有到户部就职。

两年之后，曾国藩去世，纪泽回湖南守制，刚刚服满，母亲又病故于长沙，他再服三年（实际上是二十七个月）孝期，这样在湖南乡下一共待了五年多。

直到光绪三年，已经接近不惑之年的他才服阕入都。此行有两个任务，一个是觐见皇帝皇太后，叩谢承袭侯爵之恩。①另一个是向户部销假，因为八年前获户部员外郎一职后请假至今。但实际上作为功臣之子，面见皇帝皇太后后肯定会另获封赏，不会官任原职。因此说白了，纪泽此行是为了"找工作"而来。虽然"天性淡于荣利"，但是传统时代，一个男人还是要为国家建功立

---

① 曾国藩同治三年获封一等侯爵，纪泽以嫡长子身份承袭。

业，此生才算圆满。何况父亲天津教案处理的缺憾，在内心深处激起了他的斗志：他期望能从事外交并取得成就，以弥补父亲的遗憾。

二

官场上对纪泽的期待也大致在外交方面。因为早在曾纪泽进京之前，他自学外语的这一石破天惊的举动经李鸿章的大力宣传，在官场上已尽人皆知了。

李鸿章与曾氏家族关系密切，通过与纪泽通信，李鸿章了解到纪泽已经自学英语数年。因此在与同僚通信时，李鸿章就开始宣传曾纪泽的外语能力和洋务水平。[①]

这一宣传，甚至到了皇太后耳朵里。慈禧对这一消息非常感兴趣。在太后看来，洋人的话如同鸟语，掌握它们，一定是一件很奇妙的体验。所以她在接见曾纪泽时，谈话重点就放在了外交方面。

光绪三年七月十六日，曾纪泽觐见了两宫皇太后和皇上。曾纪泽在日记中详细记载了觐见过程。

当天卯正二刻，也就是早上六点半，曾纪泽在养性殿东暖阁，叩见了两宫皇太后和皇上。

慈禧皇太后先问他："你多大年纪？"

曾纪泽对："三十九岁。"

慈禧按接见大臣的惯例，问："湖南情形还好？"

纪泽回答之后，太后问了一个不常见的问题："湖南有洋人否？"

曾纪泽对："湖南没有洋人入境，惟衡州、湘潭有天主堂，偶有洋人改扮中国装束来传教者，却也不常有。"

问："那系法国人？"

对："系法国人。"

接下来，慈禧又直接问："你在外多年，懂洋务否？"

---

① 他早就知道曾纪泽对洋务和西方科学技术都有浓厚兴趣，所以曾经想推荐纪泽主持机器局事务，但是纪泽志不在此，没有答应。

对："奴才父亲在两江总督任内时，兼署南洋通商大臣，在直隶总督任内时，虽未兼北洋通商大臣，却于末了儿办过天津教堂一案，奴才随侍父亲在任，闻见一二，不能全知。"

慈禧又问："你能通洋人语言文字？"

显然她事前对曾纪泽学外语的事已有所知。

对："奴才在籍翻阅外国字典，略能通知一点。奴才所写的，洋人可以懂了；洋人所写的，奴才还不能全懂。"

问："是知道英国的？"

对："只知道英国的。至于法国、德国等处语言，未曾学习。美国系与英国一样的。"

……[1]

这次谈话并没有涉及纪泽的工作问题。但是太后问他"懂洋务否"，"懂何国语言"，显然话出有因。

第二天，曾纪泽收到上谕，皇帝、皇太后加恩，命他以四、五品京堂候补。因为晚清的缓慢政治节奏，"候补"两个字，让纪泽一等就是一年零三个月。不过通过与太后的谈话，曾纪泽已经可以确定，他的未来工作方向是外交。

三

曾纪泽觐见皇太后的第三天，光绪三年七月十八日（1877年8月19日），李鸿章在给时任驻英公使的郭嵩焘的信中提及，曾纪泽是一个合适的公使人选。李鸿章说，出使外洋，必须博学多才，识大体，尤以通知西洋语言文字为第一要义。"劼刚自谓能识洋字，而不能作洋语，若置之庄岳数年，必有突过侪辈者矣。"[2]"庄岳之间"典出《孟子》，就是说，如果把他放到外国，有了语言

① 曾纪泽著，刘志惠点校辑注，王澧华审阅：《曾纪泽日记》（中册），岳麓书社，1998年，第679页。

② 《李鸿章全集》，时代文艺出版社，1998年，第3696页。

郭嵩焘像

环境，他的外语水平会突飞猛进。

两个人之所以探讨这一问题，是因为大清王朝在一年前发生了一件新鲜事：天朝上国在历史上向西方派出了第一位驻外公使。

一个国家派出驻外大使，在今天看来再正常不过，但是在当时，却是一件“天翻地覆”的大事。因为“天朝上国”以前从来没有以平等姿态遣使到“属藩”。到了光绪二年（1876年），在国际形势的压力下，朝廷才不得不俯从国际惯例。

成为中国第一个驻外公使的是曾国藩的好友、曾纪泽的父执郭嵩焘，他出使的是英国和法国。这个先例一开，以后势必还要向其他国家陆续派驻大使，寻找能担当此任的人才就成了当务之急。而曾纪泽显然是一个很好的备用人选。

不过，大清王朝的政治节奏是异常四平八稳的，向其他国家派驻公使的过程进展得非常缓慢，曾纪泽只能“候补”。

光绪四年七月二十七日（1878年8月25日），曾纪泽正百无聊赖地在京郊台基厂宅邸读英文小说，忽然接到消息：朝廷正式任命他接替郭嵩焘，充任出使英国、法国钦差大臣。

原来，此前首任中国驻英法公使郭嵩焘与驻德公使刘锡鸿在欧洲相互攻击，势同水火。这场意外的冲突促成了曾纪泽的外交机会。

刘锡鸿本是郭嵩焘的副使，但是这两位中国使臣对西方文明却表现出两种截然相反的态度。郭嵩焘对英国的社会治理和政治制度大表钦佩，甚至说西方政治有“三代”之遗风。这让以“爱国者”自居的刘锡鸿大为不满，不断向朝廷举报郭氏的“汉奸”行为。两位大使因此闹得满城风雨，无法调和。清政府遂决定将两人同时免职调回。

挑选谁做郭嵩焘的继任者呢？大英帝国是现在世界第一强国，因此驻英公使只有相当地位和名望的人才能担当。李鸿章说："英使一席关系綦重，名位既须相称，才望亦要兼优，筠仙尚为英人所推许，颇难为继。"①郭嵩焘出身翰林，出使英国前，做过署理巡抚和侍郎，二品大员，资格很老，地位很高。而曾纪泽仅仅是"四五品京堂"，又没有实际从政经历，所以本来是没资格充任正使之选的。但是他的外语能力帮了他的忙。

接见纪泽后，慈禧太后感觉曾纪泽外表、仪态、气质都很不错。特别是会外语这点特长给太后留下了极深的印象。人一定要有特点，有可辩识度，才会被人记住。正是这一特长奠定了曾纪泽一生事业的基础。丁韪良说："但他知道的那一点英语使他在社交活动中大占优势，并使他成为中国派驻外国首都最有才干的使者。"

经过权衡之后，朝廷委派曾纪泽往代郭嵩焘，出任驻英国和法国公使。

四

得知出任公使的消息，曾纪泽的心情很不平静。他当天日记上记载："亥初睡。未成寐，子初三刻起……"夜里九点多钟上床，但是通宵未能成寐。不到十二点他就起床整理朝服，准备上朝。

曾纪泽出使英法的任命发布后，各国反应都很好。美国公使何天爵在致国务卿的报告中，除了详述曾纪泽自学英文的经过及其到京后与外人的密切往来之外，还评论说："此项任命，应给予特别注意。曾侯是近代中国最卓越政治家之一的曾国藩之子，现约四十岁，他至少部分遗传了他父亲非常的才能，是一位文雅的学者。虽然他父亲的思想，相当保守，他自己却十分开明。……据我所知，他实在是清廷高官中唯一学习外国语文的人。他在丁忧家居的时候，已专力攻读英文，虽无师授，却很有进步，现在已具相当基础。他受命出使，我认为是最适宜的一项选择，对于未来的中外关系，必有良好的

---

①《李鸿章全集》，时代文艺出版社，1998年，第4374页。

效果。”[①]

英国《北华捷报》也发表社评：“曾侯之被派使英，实为最佳人选，渴望他在此职位上表达他个人的善意与才能。”又说：“就他个人的业绩而言，他固然尚无表现，但从他温婉率真的性格来看，可以预料，他将能成功地应付未来的难题。”[②]

然而，曾纪泽的许多亲戚朋友中却没有多少人为他感到高兴。

在当时人的眼里，洋务是一种肮脏可耻的事情，士大夫“闻洋务二字，则掩耳却走，或诋为汉奸”[③]。名士许珏曾经这样问大学士阎敬铭：“今正士亦有善外交其人者乎？”阎氏慨然叹曰：“焉有正士而屑为此？”[④]人们对外交使团的看法是：“此算什么钦差，直是一群汉奸耳。”一位军机大臣甚至惋惜地对一位出使随员说：“你好好一个世家子，何为亦入洋务，甚不可解。”[⑤]

所以在当时一般人看来，出使国外不但不是一件光荣的使命，反而是一桩巨大的屈辱。当初郭嵩焘被任命为驻英公使，他的亲朋好友都认为此事“有辱名节”。名士李慈铭大发感慨说：“我之使彼，形同寄生，情类质子，供其驱策，随其颦笑，徒重辱国而已。”也就是说，我们的使臣到了外国，就如同被送去的人质一样，只能寄人篱下，成为国家的耻辱。“郭侍郎文章学问，世之

---

① Foreign Relations of the United States, 1879, NO.104, Holeombe to Evarts。Dec.5. 1878. 转引自黄小用：《曾纪泽的外交活动与思想研究》，《湖湘文库》，湖南大学出版社，2013年，第12页。

② North China Herald, V01.21, No.602, Dec.5, 1878, P541。转引自黄小用：《曾纪泽的外交活动与思想研究》，《湖湘文库》，湖南大学出版社，2013年，第12页。

③ 闵尔昌纂录：《碑传集补》（卷十三），《近代中国史料丛刊》，文海出版社，1973年，第7页。

④ 闵尔昌纂录：《碑传集补》（卷十三），《近代中国史料丛刊》，文海出版社，1973年，第15页。

⑤ 坐观老人：《清代野记》，巴蜀书社，1988年，第24页。

凤麟。此次出山，真为可惜。行百里者半九十，不能不为之叹息也。”[1]意思是说他因此晚节不保。面对“举世哗笑”，连思想非常开通的郭嵩焘也一度想称病不干，辞掉这项任命。

所以当时如果曾纪泽选择留京做朝官，以曾国藩之子的身份，可保声名利禄无忧，但出任驻外使节，却要承担巨大风险。特别是他的前任郭嵩焘最终落得个黯然下台，还差点要被朝廷问罪。所以他接受此项任命背后，体现出的是不同寻常的勇气。

五

出使之前，光绪四年八月二十八日，慈禧太后再次召见曾纪泽。这一次，太后仍然好奇地重提他会英语这件事：

问：“你能懂外国语言文字?”

曾纪泽对：“臣略识英文，略通英语，系从书上看的，所以看文字较易，听语言较难，因口耳不熟之故。”[2]

在这次召见中，君臣二人还交流了对洋务的看法。

精于世故的慈禧太后故作体恤地说：“办洋务甚不容易，闻福建又有焚毁教堂房屋之案，将来必又淘气。”

对：“办洋务难处，在外国人不讲理，中国人不明事势。中国臣民常恨洋人，不消说了。但须徐图自强，乃能为济；断非毁一教堂杀一洋人，便算报仇雪耻。现在中国人多不明此理，所以有云南马嘉理一事，致太后、皇上宵旰勤劳。”

旨：“可不是么，我们此仇何能一日忘记，但是要慢慢自强起来。你方才

---

① 李慈铭：《越缦堂日记·戊集第二集》，上海商务印书馆，1936年，第16页。郭嵩焘出使，寻找随从，“求随员十余人，竟无有应者”。后来另一位外交官邵友廉出使俄国时，朋友请他吃饭，席中竟然有人落泪，担心他一去不复返：“同年公饯行于广和居，睢州蒋绶珊户部亦在座，竟向之垂泪，皆以今日此宴，无异易水之送荆轲也。”坐观老人：《清代野记》，巴蜀书社，1988年，第24页。

② 曾纪泽：《使西日记（外一种）》，湖南人民出版社，1981年，第4页。

的话说得很明白，断非杀一人烧一屋就算报了仇的。”

对：“是。”

旨：“这些人明白这理的少。你替国家办这等事，将来这些人必有骂你的时候，你却要任劳任怨。”[①]

曾纪泽之所以愿意承担出使之任，一个主要的原因是当初慈禧说曾国藩“文武全才，惜不能办教案”[②]。所以曾纪泽抓住这次机会，要替父亲表明心迹，在太后面前为父亲争取一个公正的评价：

> 臣从前读书到“事君能致其身”一语，以为人臣忠则尽命，是到了极处。观近来时势，见得中外交涉事件，有时须看得性命尚在第二层，竟须拼得将声名看得不要紧，方能替国家保全大局。即如前天津一案，臣的父亲先臣曾国藩，在保定动身，正是卧病之时，即写了遗嘱分付家里人，安排将性命不要了。及至到了天津，又见事务重大，非一死所能了事，于是委曲求全，以保和局。其时京城士大夫骂者颇多，臣父亲引咎自责，寄朋友的信常写“外惭清议，内疚神明”八字，正是拼却声名以顾大局。其实当时事势，舍曾国藩之所办，更无办法。[③]

曾纪泽的这番议论，终于为父亲换来了一句好评。

> 旨：“曾国藩真是公忠体国之人。”曾纪泽免冠叩头，未对。
>
> 旨：“也是国家气运不好，曾国藩就去世了。现在各处大吏，总是瞻徇的多。”[④]

从这次谈话看，曾纪泽确实是带着为父雪耻之志踏上出使之路的。

---

① 曾纪泽：《使西日记（外一种）》，湖南人民出版社，1981年，第5页。

② 徐凌霄、徐一士：《曾胡谈荟》，《国闻周报》第6卷，第38页。

③ 曾纪泽：《使西日记（外一种）》，湖南人民出版社，1981年，第6页。

④ 同上。

第六节 熊口夺食

一

在外交生涯中，曾纪泽最大的成就当然是收回伊犁。

1864年，新疆回民掀起反清战争，中亚浩罕汗国一名军官阿古柏趁机带兵侵入新疆南部，建立“哲德沙尔汗国”，清政府鞭长莫及，未能及时平定。沙俄一贯自称“中国友邦”，所以它一方面拒绝承认“哲德沙尔汗国”，另一方面又想趁乱获取利益，遂出兵侵占了伊犁。俄国当时宣称它是代清政府“暂时”占领，当清政府收复新疆后就会交还。

1878年，左宗棠率领大军收复新疆，归还伊犁自然提上议事日程。清政府派崇厚为全权大臣出使俄国，办理收回伊犁事宜。崇厚被认为是满人中处理外交事务的“能员”，此人曾任三口通商大臣、直隶总督、总理各国事务大臣等职务。他之所以一再担任外交重任，主要是因为他性格“柔懦持重”，在洋人面前能摆出一副友好“恭顺”的态度，所以被洋人称为“欧洲人的得力助手”。

但是崇厚交好西人，只有一味讨好这一种手段。在沙俄政府的软硬兼施之下，颟顸糊涂的崇厚居然在没有告知清政府的情况下，擅作主张签订了《里瓦几亚条约》。俄国名义上将伊犁归还中国，但伊犁以南的特克斯河流域及斋桑湖以东的土地却被割让给了俄国，同时还允许沙俄在蒙古及新疆免税贸易，允许沙俄在嘉峪关等七地设领事馆。中国只得到了收回伊犁这一个空名，却丢失了大量实际利益，还带来了新疆安全的无尽隐患。

消息传来，朝野舆论大哗，人们纷纷谴责崇厚丧权辱国。就连外交上一向主和的奕䜣也认为这个条约丧失的权利太多，不能批准。张之洞更是上书要求朝廷将“误国媚敌”的崇厚“拿交刑部，明正典刑”。左宗棠则气愤地说：“我得伊犁只剩一片荒郊，北境一二百里间皆俄属部，孤注万里，何以图存？”[①]在这种情况下，清朝政府拒绝批准崇约，改派出使英法公使曾纪泽兼任出使俄国公使，赴俄谈判改约。

二

曾纪泽接到这一任务，既感觉有压力，又感觉兴奋。

想当年他的父亲曾国藩处理天津教案，正是栽在这个崇厚手里。

处理天津教案本来是当时驻天津的三口通商事务大臣崇厚的责任。天津教案前，崇厚对民众骚乱处理不力，听任事态蔓延，导致教案发生。之后他又表示自己无能力处理，奏请时任直隶总督的曾国藩前来，把重病之中的曾国藩拉入了这个烂摊子。更为关键的是，在外交谈判中，他不断给没有多少外交经验的曾国藩乱出主意，施加压力，逼迫曾国藩大幅度对法国人让步，并且说这样就能迅速达成妥协。曾国藩按崇厚的意见将天津地方官员免职并送交刑部治罪后，法国人并没有如崇厚所说的那样就此止步，反而得寸进尺，非要清廷杀掉这几个人不可。这一下，曾国藩进退失据，后悔不已。他在家书中不断抱怨崇厚误导了他，说：“崇帅事事图悦洋酋之意以顾和局，余观之殊不足恃。”“不得已从地山之计，竟将府县奏参革职，交部治罪。”“以前为崇公所误，失之太柔，以后当自主也。”[②]

可以说，曾国藩一生清誉，实际上是毁于崇厚一人，曾纪泽也因此对崇厚痛恨不已。没想到这次，是曾国藩的儿子接过崇厚留下的烂摊子，他要为国家力挽狂澜，也要替父亲替家族挽回脸面。

然而这谈何容易。回顾晚清外交史，几乎每一次外交冲突都是以清政府的忍辱退让为结束。清朝拒不批准《里瓦几亚条约》，沙俄到了嘴边的肥肉迟迟吃不到，当然不会就此罢休。俄国在边界大量增兵，宣称要以清政府最惧怕的武力来解决问题。一时间，西北边界张弩拔剑。

---

① 《左宗棠全集·奏稿》，岳麓书社，2009年，第378页。

② 《曾国藩全集·家书》，岳麓书社，1994年，第1375~1376页。

朝中大臣大多认为曾纪泽此次出使不可能有成效。李鸿章在致张佩纶的信中说："再遣（使）未必有益。"[①]在给四川总督丁宝桢的信中又说，派曾纪泽使俄"殊欠斟酌。地山（崇厚字地山）以头品京秩、头等公使之议，旋即翻变。劼刚名位视地翁相去远甚；地山衔朝命而出尚不可靠，劼刚则由海外移俄，知其未曾面圣，亲授机宜。又俄、英猜嫌已深，劼刚与英人交密，俄必疑其与英勾串，更格格不入。有此数节，可谓画蛇添足。恐于国事无益有损耳"[②]。

也就是说，崇厚位高权重，尚且失败。曾纪泽资历和地位都远不如崇厚，又是由英国赴俄国。英国和俄国本来互相犯忌，俄国肯定怀疑英国在背后使坏，因此派他使俄，实在是画蛇添足，不可能有什么益处。

总理衙门也认为谈判成功收回失地的可能性不大，所以电报指示曾纪泽赴俄谈判要领说："到俄先告以难准之故，如因条约不准，不还伊犁，大可允缓，将崇议两作罢论，便可暂作了局。"[③]

意思是说，没指望他收回失地，只要能先把崇厚已经先签的条约作废，维持现状即可。

曾纪泽却志不在此，他分析局势后定下来必须挽回权益的目标，动身前往俄国。

三

1880年8月1日，曾纪泽到达俄国彼得堡。为了给谈判增加筹码，清政府也派左宗棠亲率大军离开肃州（今酒泉市），出嘉峪关，向伊犁方向挺进。曾纪泽调动起全部斗志和精力，无论俄国外交当局怎样威胁利诱，他都"持之定力"，百端争辩。"与俄外部及驻华公使布策等反复辨（辩）论，凡数十万言。"

---

① 李鸿章：《复张幼樵侍讲》，《李文忠公全书·朋僚函稿》（卷十九），第8~9页。
② 李鸿章：《复丁稚璜宫保》，《李文忠公全书·朋僚函稿》（卷十九），第14页。
③ 左舜选辑：《中国近百年史资料》（上），上海中华书局，1926年，第304页。

曾纪泽像

当时的沙俄和土耳其关系紧张，不想再起兵端，同时，曾纪泽在外交谈判中据理力争，有章有法，让沙俄理屈词穷，不得不降低要求。

1881年2月，俄方与曾纪泽签订了《中俄伊犁条约》和《陆路通商章程》。清王朝虽然在通商口岸与赔款方面略做让步，但是却争回了伊犁全境与特克斯河流域，这是举朝都没有料到的最佳结果。伊犁谈判一事让曾纪泽在世界范围内声名鹊起，一举奠定了"晚清中国最杰出的外交家"的名声。

我们细考曾纪泽在俄国的成功，就会发现，他这一成就的取得，与曾国藩的教育和指导密切相关。

曾纪泽取得成功的第一个原因是他在谈判中能分清主次，大事上毫不退让，小处则稍做妥协。曾国藩在外交上有一句著名的话，叫"大事苦争，小事放松"，一定要分清主次。具体地说，"办理洋务，小事不妨放松，大事之必不可从者，乃可出死力与之苦争"[①]。"凡与洋人交际，小事可许者，宜示以宽大平恕，大事不可许者，宜始终严执力争，若小事处处争竞，则大事或反有放松之时。不分大小，朝夕争辩，徒为彼族所轻视也。"[②]

因此，在赴俄前，曾纪泽就已经确定了交涉的基本原则，那就是谈判要有重点，有步骤。核心目标是收回伊犁及其周边地区，因为伊犁地理位置非常重要，不仅是新疆的门户，也是中国的门户："伊犁一隅，夫固中国之奥区，非仅西域之门户也。第就西域而论，英、法人谓伊犁全境，为中国镇守新疆一大炮台，细察形势。良非虚语。"[③]次要目标则是在通商偿款中不要损失太多。

---

① 《曾国藩全集·书信》，岳麓书社，1994年，第6301页。

② 《曾国藩全集·批牍》，岳麓书社，1994年，第634页。

③ 曾纪泽著，喻岳衡点校：《曾纪泽集》，岳麓书社 ，2005年，第25页。

用曾纪泽的话说，“不外分界、通商、偿款三大端”，其中以分界最重，通商次之，偿款又在其次。因此全力争取收回失地，其他可以从宽：“臣之愚以为分界既属永定之局，自宜持以定力，百折不回，至于通商各条。惟当即其太甚者酌加更易，余者似宜从权应允。”①

最终谈判正是沿着曾纪泽确定的方向达成协议，在领土上争取到了最好的结果，而在军费赔偿上略有加增。

第二个原因在于知己知彼，知道对方谈判底线。

曾国藩有一句话，叫作“强字原是美德，……第强字须从明字做出，然后始终不可屈挠。若全不明白，一味横蛮，待他人折之以至理”②，肯定会归于失败。所以曾国藩推崇强，但是要点是“明强”，而不是一味蛮干。

曾纪泽在与俄方谈判时，表现得非常坚定，甚至可以说非常强硬。这是因为他平时注意研判各方面信息，对国际形势比较了解。他知道俄国当时因与土耳其连年战争，已经国困民穷，并不想真的再打一仗。只要能在谈判中多少有些收获，他们就会满足。与此同时，早在出使前，曾纪泽就认真研究过《公法便览》等国际法著作，对国际法知识比较了解，在谈判中能自如地运用国际公法为自己争取利益。

正是因为有了以上准备，所以在谈判中不论俄国人如何虚声恫吓，他都百折不回，不为所动，完全做到了曾国藩所说的“理之所在，百折不回，不可为威力所绌”③。

第三个成功之处在于曾纪泽采取诚信的谈判方式，开诚布公，而不是采取小贩式讨价还价的谈判策略。

晚清以来，中国外交官员与列强交往时，经常使用“痞子手段”，虚开要价，欺诈糊弄。盖历代以来，中国人对外交往一直讲究“羁縻之术”。所谓羁縻，是中国自古以来处理与难打交道的蛮夷关系的一贯办法。“羁，马络头也。縻，牛缰也。”也就是说，是一种对付牲畜的工具。羁縻之道的基本出发

---

① 曾纪泽著，喻岳衡点校：《曾纪泽集》，岳麓书社，2005年，第26页。
② 《曾国藩全集·家书》，岳麓书社，1994年，第1010页。
③ 曾纪泽著，喻岳衡点校：《曾纪泽集》，岳麓书社，2005年，第182页。

点是蛮夷非我族类，跟他们是讲不了道理的，只能以权宜之术来笼络糊弄："夫戎狄者，四方之异气也。蹲夷踞肆，与鸟兽无别；若杂居中国，则错乱天气，污辱善人。是以圣王之制，羁縻不绝而已。"[①]在晚清中国人看来，糊弄欺骗洋人，就是爱国："洋人来商量的事，明知可行，偏要说不行。今朝磨明朝磨，不问自家曲直，也不问外国是非，一味推三阻四。"[②]广州入城谈判就是非常典型的案例。然而洋人似乎不太好糊弄，他们虽然被中国人界定为半人半兽，但智商似乎并不太差，而且性格又很"执拗"，所谓"洋人性多坚执"。采用市井商贩那样讨价还价的方式，往往并不好使。

所以曾国藩一贯主张"诚信外交"，以君子的方式与外国人谈判：

> 与外国交际，最重信义，尤贵果决。我所不可行者，宜与之始终坚持，百折不回；我所可行者，宜示以豁达大度，片言立定，断不宜若吐若茹，稍涉犹豫之象，启彼狡辩之端。[③]

也就是说，在对外谈判中，应该像君子一样，首重信义，而不能像流氓痞子一样，又瞒又骗。能答应的，大大方方地答应，不能答应的，坚定不移，不能学市井商人的手段，让人看不起。

之所以如此，是因为曾国藩认为，如果你的力量不如对手，越使诈，结果只能是自己越倒霉。他曾对李鸿章说："我现在既没有实在力量，尽你如何虚强造作，他是看得明明白白，都是不中用的。不如老老实实，推诚相见，与他平情说理；虽不能占到便宜，也或不至于过于吃亏。无论如何，我的信用身分，总是站得住的。脚踏实地，蹉跌亦不至过远，想来比痞子腔总靠得住一点。"[④]

曾国藩还引用儒学的"忠信笃敬"来为自己辩解："夷务本难处置，然根

---

① 范晔：《后汉书》（上册），岳麓书社，2008年，第321页。
② 王庆成编著：《稀见清世史料并考释》，武汉出版社，1998年，第338页。
③《曾国藩全集·奏稿》，岳麓书社，1994年，第5785页。
④ 吴永口述：《庚子西狩丛谈》，中华书局，2009年，第123页。

本不外孔子忠、信、笃、敬四字。”[①]“我想洋人亦同此人情。圣人言忠信可行于蛮貊，这断不会有错的。”[②]

这在当时是一个革命性的见解：要把外国人当成平等的人来看。要转变天朝上国君临万邦的传统观念，把国际关系建立在互相尊重的基础上。

曾纪泽在这次谈判中，正是采取这样的方针，将诚意放在桌面上。他在俄国没有表现出任何“天朝上国”式的虚骄，正如曾国藩所说：“不自恃中华上国，而欺凌远人，可许者开口即许，不可许者始终不移。”[③]但他一开始就明确宣布自己不可动摇的目标，他对国内解释说：“然则目前之所驳，是姑就吾华之公论，聊以尝试之耳，尝试不效，乃复许之，此市井售物抬价之术，非圣朝所以敦信义以驭远人之道也。俄人本以夸诈为能事，若此时逐条驳改，日后又不得已而允之，则将益启其狡谲之谋，且使西洋各国从而生心，诚恐此次伊犁约章所挽回者无几，而从此中外之务，议论日以滋多。”[④]

也就是说，如果我迁就国内舆论的压力，提出不切实际的过高要求，等对方拒绝之后，再不得不降低，这是市井之人做生意虚要价的做法，不利于在俄国人心目中建立我方的形象。而且不利于以后和其他国家谈判。

这种谈判方式为他赢得了俄国人的尊重，也有利于最后的成功。

从以上几点我们可以看出，曾纪泽外交谈判过程中大的方针原则，都是遵从父亲遗教。但是在具体谈判过程中，年轻一代的他又比父亲当年精力充沛、机智灵活。

“曾氏在谈判过程中，有时也插入几句饶富风趣的话，以稍稍冲淡其严肃的气氛。”[⑤]当一些细节问题产生分歧时，他说：“有许多事，原无妨碍，而不知事理之人，只看面子：譬如吃咖啡，时或有先放牛奶，后斟咖啡，在明白人视之，原无分别，然拘执人见之，即以为大谬不然矣。”[⑥]紧张的气氛一下

---

① 《曾国藩全集·书信》，岳麓书社，1994年，第2648页。
② 吴永口述：《庚子西狩丛谈》，中华书局，2009年，第123页。
③ 曾纪泽著，喻岳衡点校：《曾纪泽集》，岳麓书社，2005年，第182页。
④ 曾纪泽著，喻岳衡点校：《曾纪泽集》，岳麓书社，2005年，第27页。
⑤ 李恩涵：《外交家曾纪泽》，东方出版社，2014年，第157页。
⑥ 《金轺筹笔》（卷四），第2页。

子轻松了。

他在谈判中刚柔相济，不卑不亢，举重若轻，既表现出了能力，也表现出了风度。“他在整个谈判过程中，处处都表现出立言谨慎风趣得体的特点，并常在俄人的峻言威胁下，反唇相讥，措辞十分强硬。”①

谈判成功的最后一个因素要归于曾纪泽精细的头脑。俄方有谈判中经常“出现‘争辩虽紧，漫无实际，朝允商改，夕复游移’的情形”，曾纪泽却始终冷静沉着。“半年多，他与俄国辩论数十万言，由于他思考周详，头脑清晰，立言谨慎，既没有出现前后矛盾的论辩，也没有被对方发现破绽利用了去的情形。”②他做事细心，谈判前购买了所有能买到的地图细加研究，对条约每一条都反复斟酌，俄文本他字字细校，汉文本则由他亲笔誊写。

可以说，曾纪泽是曾国藩一手塑造出来的政治家。他的理论来自父亲，实践则比父亲更为成功。他用自己的行动，为父亲、为国家赢得了荣誉。

---

① 李恩涵：《外交家曾纪泽》，东方出版社，2014年，第156页。

② 张立真：《曾纪泽与中俄伊犁改约》，《辽宁大学学报（哲学社会科学版）》，1981年第2期，第67页。

第八章
“即栗诚亦不甚得其欢心”：曾国藩为什么不喜欢曾纪鸿

一

曾国藩夫妇生下纪泽后，数年间又生了四个孩子，然皆为女儿。夫妇二人不免有点着急，因为在“多子多福”的传统社会，膝下只有一子，未免不太“保险”。

道光二十八年初，又一个孩子将要出世。出生前不到一个月，曾国藩夫妇正在家中宴请朋友，可能是过于劳累，欧阳夫人席间突然晕厥，众人七手八脚把她扶到床上。转醒后，欧阳夫人说刚才梦中“见一石碑，刻人名甚多，有儿之名，又见一熊猫”。可见她下意识里是多么盼望再生一个儿子。客人当然也纷纷恭喜说这是吉祥之兆。曾国藩的同年郭沛霖（雨三）的夫人更相信这次怀的肯定是男孩，怀抱着不足周岁的女儿，指着欧阳夫人的肚子说，要把女儿许配给这个孩子。[1]这是现实版的“指腹为婚”。

---

① 董丛林：《百年家族——曾国藩》，河北教育出版社，2000年，第61页。

道光二十八年二月二十四日，这个孩子出生于北京南横街路北宅中，郭沛霖的夫人亲自帮着接生，生出来果然是一个“带把的”。这就是曾国藩的第二个儿子曾纪鸿[①]。那时候指腹为婚可不是玩笑，后来郭沛霖的女儿郭筠果然成了曾国藩的儿媳。[②]

二

龙生九子，种种不同。同胞之间的巨大差异，一直深深令我惊奇。基因组合的偶然和不可预测，正是这个世界有趣的地方之一。

曾纪泽和曾纪鸿就是这样。

曾纪鸿像

咸丰六年，曾国藩在家书中说，听来到大营之人说九岁的纪鸿在家[③]“举止大方，余为少慰”[④]。

咸丰十年，纪鸿十三岁，作了一篇连珠文送交父亲批阅，曾国藩读了很高兴，说“文笔劲健，可慰可喜”[⑤]。

从这些家书看起来，曾国藩对这个儿子也比较满意。但是事实并非如此。

在曾国藩的孩子和女婿当中，他唯一真正满意的是曾纪泽。左宗棠光绪八年（1882年）复李兴锐信说：

---

① 曾国藩开始名之为纪沄，后来改为纪鸿。

② 怀纪泽的时候，欧阳夫人因为桢第早夭心情悲痛，营养吸收不好，小纪泽身体单薄，长大后也一直闹毛病。和纪泽比起来，纪鸿一生下来就显得“体气甚壮”，长得又胖又大，让曾国藩夫妇大为高兴，曾国藩家书中经常有“次孙体甚肥胖”“日日欢笑走跃”之类的汇报。

③ 曾纪鸿在北京长到六岁，因为祖母去世，和母亲及全家一起回到湖南读书。

④ 《曾国藩全集·家书》，岳麓书社，1994年，第324页。

⑤ 《曾国藩全集·家书》，岳麓书社，1994年，第597页。

> 劼刚聪明仁孝。……曾文正尝自笑坦运不佳，于诸婿中少所许可，即栗诚亦不甚得其欢心，其所许可者只劼刚一人。

坦运是指选女婿的运气，栗诚是曾纪鸿的字。也就是说，曾国藩曾经对左宗棠说过，自己在选女婿方面运气不好。曾纪鸿也不太得父亲欢心。

纪泽从小聪明，悟性高，爱深思，有毅力，做事精细有条理，所以曾国藩一直很喜欢他。和纪泽比起来，纪鸿的智力显得稍差，也不如纪泽更有自制力。

同治五年，曾国藩曾在家书中评论两个儿子的短长说：

> 泽儿天质聪颖，但嫌过于玲珑剔透，宜从浑字上用些工夫。鸿儿则从勤字上用些工夫。用工不可拘苦，须探讨些趣味出来。[①]

这说明，曾国藩认为纪鸿读书不太用功，为人有些懒惰，又缺乏灵透之气。

曾国藩对纪泽的八股功夫没有做太多要求，因为纪泽自有荫生的资格。但是纪鸿的前程就要靠自己的努力了。所以曾国藩对纪鸿的科举，还是寄予了很大期望。虽然在他八岁的时候，曾国藩在给诸弟的信中曾嘱咐“纪鸿儿亦不必读八股文”[②]，但是不久后曾国藩改变了想法，嘱咐家里，给纪鸿找名师习八股，希望纪鸿能够追踪自己的脚步，让曾氏一门在科举上后继有人，不失世家气象。

同治元年，十五岁的纪鸿赴县试，取了一个榜首，曾国藩大喜过望。[③]他在家书中说，这是老师辛苦的结果，“寅皆先生时雨之化，可敬可感”[④]。一生节俭的他一次拿出一百两白银奖励老师，可见他是多么兴奋：“邓寅师处谢

① 《曾国藩全集·家书》，岳麓书社，1994年，第1247页。
② 《曾国藩全集·家书》，岳麓书社，1994年，第292页。
③ 纪泽到这一年已经二十四岁了，还没中秀才，纪鸿这么早就成了秀才，已经创了曾家的纪录，曾国藩认为他接下来在科场上肯定会大有作为。
④ 《曾国藩全集·家书》，岳麓书社，1994年，第827页。

礼百两。”[①]

他哪里知道，这居然就是纪鸿一生最高的实际功名了。正如曾国藩所说，科举一途，自有命运决定。但与此同时，纪鸿用功程度不够，也是他科场不顺的原因之一。在曾国藩家书日记当中，有多处对纪鸿表示不满的地方。

同治五年正月二十四日，曾国藩在家书中对纪鸿说：

> 尔出外二年有奇，诗文全无长进，明年乡试，不可不认真讲求八股试帖。吾乡难寻明师，长沙书院亦多游戏征逐之习，吾不放心。尔至安黄后，可与方存之、吴挚甫同伴，由六安州坐船至周家口，随我大营读书。……尔到营后，弃去一切外事，即看《鉴》、临帖、算学等事皆当辍舍，专在八股试帖上讲求。丁卯六月回籍乡试，得不得虽有命定，但求试卷不为人所讥笑，亦非一年苦功不可。[②]

这一年，曾国藩在家书中借教纪鸿习字之法，鼓励他做事要有恒心、有毅力，能打通人生关口：“数月之后，手愈拙，字愈丑，意兴愈低，所谓困也。困时切莫间断，熬过此关，便可少进。再进再困，再熬再奋，自有亨通精进之日。不特习字，凡事皆有极困极难之时，打得通的，便是好汉。”[③]

然而曾纪鸿的表现并没有能让曾国藩满意。

同治六年二月二十五日，曾国藩在给曾纪泽的信中评价纪鸿说：

> 科一（纪鸿小名）生长富贵，但闻谀颂之言，不闻督责鄙笑之语，故文理浅陋而不自知。又处境太顺，无困横激发之时，本难期其长进。惟其眉宇大有清气，志趣亦不庸鄙，将来或终有成就。[④]

---

① 《曾国藩全集·家书》，岳麓书社，1994年，第836页。
② 《曾国藩全集·家书》，岳麓书社，1994年，第1238页。
③ 《曾国藩全集·家书》，岳麓书社，1994年，第1237页。
④ 《曾国藩全集·家书》，岳麓书社，1994年，第1327页。

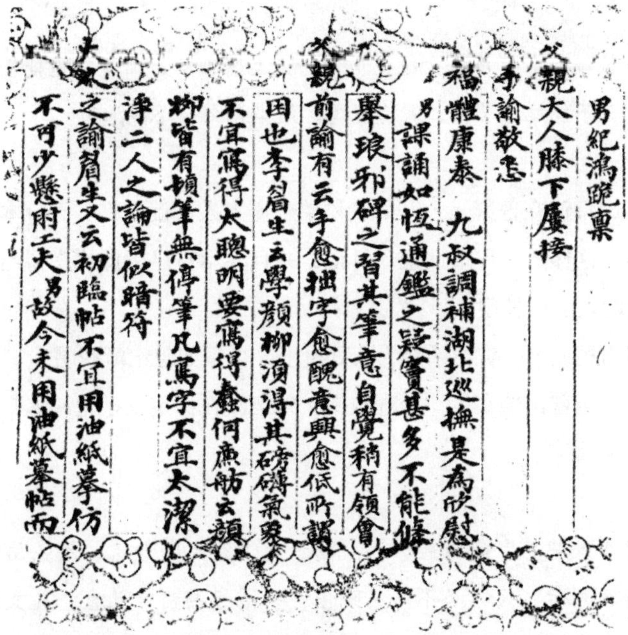
男紀鴻跪稟
父親大人膝下屢接
手諭敬悉
福體康泰　九叔調補湖北巡撫是爲欣慰
男課誦如恆通鑑之疑實甚多不能條
舉琅邪碑之習其筆意自覺稍有領會
父親前諭有云手愈拙字愈醜意興愈低所謂
困也李眉生云學顏柳須得其磅礴氣象
不宜寫得太聰明要寫得蠢何廉舫云顏
柳皆有頓筆無停筆凡寫字不宜太潔
淨二人之論皆似暗符
大人之論眉生又云初臨帖不宜用油紙摹仿
不可少懸肘工夫男故今未用油紙摹帖而

曾纪鸿家书

从这封信中我们可以看出，曾国藩认为纪鸿写文章文理浅陋，又缺乏自知之明；毅力差，不努力；但是毕竟眉宇间有些清气，志趣也还高远，所以也许还有希望。

然而，曾纪鸿终于没有打通科举这一关。他十七岁、二十岁、二十三岁三次参加乡试，均未能取中。

曾国藩对纪鸿相当失望。而科举的压力，也让纪鸿变得越来越抑郁内向。同治七年十二月初二日，曾国藩在日记中记载：

> 夜至纪鸿户外，视其气象委靡之至，心实忧之。[①]

同治九年曾国藩的一则日记又说：

① 《曾国藩全集·日记》，岳麓书社，1994年，第1578页。

夜核批稿各簿毕。至纪鸿房中，见桌有骰牌，而身在他处下棋，天分本低，又不能立志苦学，深为忧虑，闷坐良久，不能治事。[①]

曾国藩的日记在曾家是公开的，兄弟子侄人人可读。将“天分本低，又不能立志苦学”这样的批评重话记入日记，并且表示自己因此忧虑得不能治事，可见他对纪鸿是多么失望。

除了毅力稍差外，曾纪鸿在为人处事上，也不如曾纪泽精明。

同治九年，曾国藩在天津处理教案，曾纪泽在保定安排纪鸿入都考试。他给父亲写信说：

纪鸿入都直宜断绝应酬，一则场前本须息心静虑，埋头用功，自非款接宾客之时，人亦必不怪其疏慢；一则纪鸿语言憨直，礼文脱略，往往与人亲近而反开罪于人。如景剑泉[②]唯阿善谀，似非端人，纪鸿喜与往还。剑泉外为笃挚而退多讥笑，仙屏尝为男言之，又言纪鸿不妄誉人而好讥人。此次男一面力劝纪鸿寡交，仍求大人谆切训戒，庶能敬遵。即跪请万福金安。[③]

曾国藩身上，精明和憨直并存。而到了孩子这里，则分别遗传给了二人。从这封信我们可以看到纪鸿为人憨直无城府，礼节文辞均不擅长，往往想和人亲近，却又得罪人。他又不善鉴别他人的人品，还有好讥评他人的毛病。

三

虽然对这个儿子不太满意，但是曾国藩对纪鸿仍然非常关爱。

---

① 《曾国藩全集·日记》，岳麓书社，1994年，第1536页。

② 景其濬，贵州人，咸丰二年进士，收藏家，书法家，曾官多省学政。

③ 曾麟书等撰，王澧华等整理：《曾氏三代家书》，岳麓书社，2002年，第605页。

同治六年三月，正随侍在曾国藩身边读书的纪鸿得了痘症，遍身发红疹子，一开始又错服药剂，一时病势颇为凶险。曾国藩极为紧张，因为长子桢第就是因为此症而夭折的。“殊深忧灼……久不成寐”“深为焦灼”[①]等记载多次出现在曾国藩日记当中。

三月十九日，曾国藩因纪鸿的病极为忧心，通宵未睡，半夜还起床到纪鸿卧室外听纪鸿呼吸是否正常：“二更三点睡。念鸿儿年已二十，体气素弱，此次错服诸药，痘多而重，竟夕不能成寐。四更后，至其窗下潜听，气息尚匀，为之少慰。”[②]一个父亲的忧切之心显露无遗。

这一天，曾国藩看文件都没能十分用心：“阅本日文件，粗粗一过。”而是忙着求神拜佛：“乃打扫屋宇，择花园中厅净室敬奉痘神。傍夕沐浴，灯后拈香行礼。”[③]

直到第二天，曾国藩仍然罕见地没有接见下属，甚至没有正常办公：

是日，衙门堂期，因心绪怫乱，谢绝诸客。……竟日未甚治事。……核批札各稿，均草草了事，余则绕室傍徨而已。[④]

他在日记中详细地记下了纪鸿的病情及治法：

鸿儿之痘甚险，而尤可虑者在咽喉不能进饮食。盖一则毒火冲塞喉嗝间，二则舌上、喉内痘颗甚多，三则平日虚火，喉间双蛾多痰，此际蛾愈大而痰愈壅，以致药水难入，本日刘叟所开之药方，午刻灌入六匙。未刻，强服米汤半茶碗，咽喉微有疏通之意。酉刻，吃黄松鱼及鸭翅掌汤一茶碗，灯后又服米汤半茶碗，二更后吃干饭一杯，由是喉关稍通，渐渐有生机矣。早间痘色尚暗。午后渐觉红润，及至灯初，面上之暗而低者亦有

---

① 《曾国藩全集·日记》，岳麓书社，1994年，第1362~1363页。
② 《曾国藩全集·日记》，岳麓书社，1994年，第1363页。
③ 同上。
④ 《曾国藩全集·日记》，岳麓书社，1994年，第1363~1364页。

起色，合署为之稍慰。[①]

下一日，纪鸿病状更有起色。曾国藩在日记当中感激神灵说：“盖全赖神佑，非由人力，钦感无已。”[②]

接下来数日，曾国藩皆详记纪鸿食谱。到了二十八日，曾国藩因为忧煎太过，牙齿开始作痛：“近日因忧煎太过，左下腭壮齿疼甚。酉正后，久睡大半时许。”[③]

为了给纪鸿炖人参燕窝，曾国藩甚至罕见奢侈地花八两白银打了一把银壶：“李翥汉言照李希帅（李续宜）之样打银壶一把，为炖人参、燕窝之用，费银八两有奇，深为愧悔。”[④]

纪鸿病愈后，曾国藩总结原因，将功劳一分为二，归之于大夫和痘神的共同努力：“此次由至险而得至安，实初意所不到。一则赖痘神佑助，一则刘叟之老练精慎。”[⑤]他于四月初八日亲作祭文送痘神，还给“痘娘娘”扎了状元坊一座，彩亭三座，纸伞、纸旗十把，燃爆竹十余万。过后又“以二千金修痘神庙，保金陵城内男女永无痘灾”[⑥]。同年九月初七，痘神庙完工，他又亲至庙内拈香礼拜。

为了给纪鸿治病，曾国藩一反常态地大把地花钱。惊险过后，曾国藩在日记当中又开始反省“鸿儿痘症用钱太多，恐情过于礼，蹈薄孝厚慈之讥”[⑦]，又恢复了一个道学家的本来面目。

四

对纪鸿的科举，曾国藩从来没有放松。

---

① 《曾国藩全集·日记》，岳麓书社，1994年，第1963~1964页。
② 《曾国藩全集·日记》，岳麓书社，1994年，第1364页。
③ 《曾国藩全集·日记》，岳麓书社，1994年，第1367页。
④ 《曾国藩全集·日记》，岳麓书社，1994年，第1368页。
⑤ 《曾国藩全集·日记》，岳麓书社，1994年，第1367页。
⑥ 《曾国藩全集·日记》，岳麓书社，1994年，第1370页。
⑦ 《曾国藩全集·日记》，岳麓书社，1994年，第1371~1372页。

同治七年，曾国藩自金陵北上就任直隶总督，曾纪鸿随行。在直隶总督署内，曾国藩虽然工作极繁重，仍常于夜间课子背书。比如同治八年（1869年）二月初八日日记记载："二更后，课纪鸿背《左传》十叶。"①十八日日记记载："二更后，课纪鸿背书。"②

然而直到曾国藩去世，纪鸿也没能考中举人。曾国藩去世之后，朝廷特赏曾纪鸿举人资格，准予"一体会试"。这表面上看是帮助他跳过了举人这一关口，实际上让他身负更大的压力。因为身为名臣曾国藩之子，又获朝廷特赏举人之恩，他在科举泥途上只能有进无退，死而后已。1877年、1880年，他两次参加会试，都未能取中。

科举不中，功名不成，按当时的社会评价体系，曾纪鸿的人生显然是比较失败的。但是今天看来，曾纪鸿的一生也颇有成绩，因为他靠自己的努力成为晚清知名的数学家。

一代理学名臣、文学大家的儿子成了数学家，这一机缘就埋伏于曾国藩那封"生平三耻"的家书当中。③这封信对纪鸿幼小的心灵产生了强烈的影响。

虽然算学在传统时代被称为"九九贱技"，但曾纪鸿从此对数学开始感兴趣，日日钻研，下了不少功夫。曾国藩去世之后，居丧的兄弟二人不约而同想起父亲的遗志。哥哥曾纪泽开始攻读英语，他则致力于数学。"与丁公取忠等乡人常相交往，皆酷好钻研数学，相互砌磋。"也许是痛悔自己生前让父亲屡屡失望，他发誓要在数学上做出成绩，因此异常发愤用功。他的女儿曾广珊回忆说他："每日晨兴即入书室，终日危坐案前写作不辍，无论酷寒盛暑，从未间断。夜分犹手执一篇，挑灯细读。"④

在这一年，曾纪鸿写出了第一部学术专著——《对数详解》。这本书对对

① 《曾国藩全集·日记》，岳麓书社，1994年，第1613页。
② 《曾国藩全集·日记》，岳麓书社，1994年，第1617页。
③ 如前所述，曾纪鸿十一岁时，曾国藩在给曾纪泽的信中说："予生平有三耻……独天文算学，毫无所知……尔若为克家之子，当思雪此三耻。"《曾国藩全集·家书》，岳麓书社，1994年，第418页。
④ 曾广珊：《显考中宪大夫栗諴府君轶事》。1945年曾约农记，手抄件。

数的源流、对数的原理以及实用价值等做了简明扼要的阐发。[①]

1874年，曾纪鸿又写了《圆率考真图解》一书。当时国际上都以推算圆周率之位数标志其数学水平。曾纪鸿汲取古今中外学术成果，运用传统的几何直观方法，独创简捷的公式。“以月余之力推得圆周率百位”，将数值求到小数点后100位，这是继祖冲之、朱鸿（算到40余位，但第25位以后均错）之后，中国人在圆周率计算上的一大飞跃，在当时整个东方世界也算领先成就。李约瑟在《中国科技史》中也肯定了曾纪鸿在数学史上的地位。《清史稿·畴人传》中这样记载曾纪鸿的成就：“纪鸿少年好学，与兄纪泽并精算术，尤神明于西人代数术。锐思勇进，创立新法，同辈多心折焉。谓大衍求一术亦可以代数推求，依题演之，理正相通，撰对数详解五卷。始明代数之理，为不知代数者开其先路。中言对数之理，末言对数之用，明作书之本意。其于常对、讷对，辨析分明。先求得各真数之讷对，复以对数根乘之，即为常对数。级数朗然，有条不紊，虽初学循序渐进，无不可相说以解焉。”[②]

除了精研数学，在其他方面，他也是尽力贯彻父亲的教导。

父亲生前一再教导他不忮不求，他在这方面做得也很好。他不仅学问渊博，而且学术品格、学术风度都非常好。由于他所著《对数详解》一书受到同行的启发和支持，所以他在该书每卷卷首都把丁取忠的名字署在前面，同时又将同行的名字署于每卷之后。

父亲和长兄教导他在交游时要有所鉴别，长兄曾批评他好讥人之短。所以他后来“慎交游，所过从者皆当代知名之士。每见有一技之长者，必退而称道再三，广为揄扬”[③]。

他对待经济问题，一如父亲：“性好施与，人有危难，倾囊相助。持躬俭约，恶衣菲食。”[④]

---

① 此书由丁取忠负责刊刻印行，后收入《白芙堂算学丛书》。

② 《清史稿校注》（第十五册），台湾“商务印书馆”，1999年，第11630页。

③ 曾广珊：《显考中宪大夫栗诚府君轶事》。1945年曾约农记，手抄件。

④ 曾广珊：《显考中宪大夫栗诚府君轶事》。1945年曾约农记，手抄件。转引自许康编：《湖南历代科学家传略》（湖湘文库），湖南大学出版社，2012年，第66页。

郭筠像

虽然一生功名不顺，但是曾纪鸿的生命中也有安慰，那就是他的家庭生活是比较幸福的。曾纪鸿与指腹为婚的郭筠志趣相投，感情很好。富厚堂南北各有三层书楼一座，南楼是曾国藩、曾纪泽父子的藏书，北楼名“芳记书楼”，是曾纪鸿、郭筠夫妇的藏书，其中除了经史子集大部头书以外，有大量天文、算学、英文、占卜等书，此外小说也不少。曾宝荪说：“进去真是宝藏与焉，五花八门，接应不暇……另外还有大部头的佛经与图画。”[①]可见夫妇二人兴趣非常广泛。曾纪鸿一生多数时间是在家中沉浸书海，夫妇并读，教育子女。闲暇之时，夫妇二人经常下棋为戏，尝尽家居读书课子之乐：“公夫妇教育子女读《论语》《诗经》《唐诗》并习字等，……公夫妇间琴瑟静好，相敬如宾。治学之暇，多籍手谈消遣。”曾纪鸿还雅爱听戏，“又妙解音律，喜听京剧。入剧院每背台坐，闭目听，不睹台中人物观姿，或察为侯相之子，莫不骇然”[②]。因此这一生过得并不算枯燥。

五

曾纪鸿数学上的成绩虽然今天看来很重要，但是在当时毕竟只算是“旁门左道”。连续“春官不第”让曾纪鸿长年抑郁，“郁郁不乐”。加之“夙有咯血症，伏根已久，时作时辍，已而遂成痼疾”，肺病加剧。1881年春天，“中

① 曾宝荪、曾纪芬著：《曾宝荪回忆录》，岳麓书社，1986年，第15页。
② 曾广珊：《显考中宪大夫栗诚府君轶事》。1945年曾约农记，手抄件。

西医俱束手”，他“恰好颜回之年而逝”，终年三十四岁。[①]曾国藩不知道，他一直主张不要受科举之害，自己的儿子却成了科举的殉葬品。

由于曾国藩没有给儿子们留下什么遗产，所以纪鸿在经济上一直是比较紧张的，以至去世前后，医药和丧葬等事都要左宗棠帮忙。左宗棠在家书中说：

> 上年弟在京寓，目睹栗诚苦窘情状，不觉慨然，为谋药饵之资、殡敛衣棺，及还丧乡里之费，亦未尝有所歧视也。劼刚在伦敦致书言谢，却极拳拳。[②]

曾纪鸿去世时，他和郭筠所生的长子、曾国藩的长孙曾广钧才十六岁。父亲连年不第的事实想必对他刺激很深，故他能在母亲的督促下发愤读书，二十三岁中了进士，并成为当时最年轻的一名翰林，总算完成了父亲遗志，也完成了曾国藩希望家中世代科第有人的遗愿。

---

① 曾广珊：《显考中宪大夫栗诚府君轶事》。1945年曾约农记，手抄件。转引自许康编：《湖南历代科学家传略》（湖湘文库），湖南大学出版社，2012年，第69页。

② 《左宗棠全集·书信》，岳麓书社，2009年，第710页。

第三部分

曾氏家族的女人

第九章 劳瘁终生却总是被忽视的母亲江氏

一

曾国藩从祖父身上遗传了刚烈，从父亲那里学到了韧性，从母亲身上则继承了倔强和诙谐。

曾国藩曾经说："吾兄弟皆禀母德居多，其好处亦正在倔强。"[①]也就是说，他们兄弟大多数都继承了母亲的性格特点，最突出的一点是倔强。

曾国藩的母亲姓江，出身于普通耕读之家[②]。江家原本家境比较殷实（江氏的祖父是一个"国学生"，也就是监生，算是个有功名的人），但是到了她父亲江沛霖手中，因为"轻财好义"，用今天的话说，其实就是不过日子胡乱花钱，渐渐穷了下来。江沛霖读书一生，没取得任何功名[③]，靠当"孩子王"也就是塾师为生。后来曾国藩中进士后到大舅家拜访，已经"陶穴而居，种菜而食"[④]，过着半野人的生活，可见江家败落之彻底。

那时湖南乡下择婚流行女大于男。曾国藩的祖母比祖父大七岁，母亲也比

---

① 《曾国藩全集·家书》，岳麓书社，1994年，第934页。

② 曾麟书择亲时，曾家刚刚因为曾玉屏的勤劳苦作，从中农勉强上升到小地主，曾麟书还没有考上秀才。因此可选择的对象，也只能是比上不足比下有余的耕读人家。

③ 所以曾国藩只能称他为"处士"。

④ 《曾国藩全集·家书》，岳麓书社，1994年，第76页。

父亲大五岁。结婚之时，曾麟书十九岁，江氏二十三岁。

江氏嫁到曾家之时，上面有公公婆婆、太公公婆婆，下面有两个未成年的小叔子，曾麟书又长年以读书为业，家中内政大小事情，都要靠江氏一个人操持。特别是老公公性格暴烈，动不动就开口骂人，很难侍候。她又为曾家生下、养大五个男孩、四个女孩，一生劳苦，可以想见。

但是江氏从不叫苦，为人豁达，在任何时候都能保持乐观。曾家年年添丁进口，曾麟书因常以“人众家贫为虑”，江氏夫人却总是“好作自强之言”，或用“谐语以解劬苦”[①]。她常对丈夫说：“某业读，某业耕，某业工贾。吾劳于内，诸儿劳于外，岂忧贫哉？”[②]虽然每日没日没夜地操劳，但是江氏总是兴兴头头，精神饱满。

曾国藩的兄弟们在向他汇报家中情况时经常提到母亲的劳瘁之形。

道光二十八年七月二十二日，曾国潢家书中说：“……父母亲……治内治外，总是昼夜无天光。”[③]道光二十八年十二月初九，另一封家书中说：“母亲每早每夜经理内政，接手已三年，贤声满人口，身体甚健。”[④]道光二十九年二月二十三日家书中说：“母亲康健如常，理内政更加精神，一日如打铁一般，而不稍告劳。”[⑤]

咸丰元年九月初六日曾国葆家书中说：“母大人身体强健，而于内政处处筹划，亦极勤极俭，又识大义，提头即知尾。近来与父大人并不伤一点和气，于媳妇全无一点偏爱。”[⑥]

江氏去世后，曾麟书在给岳父写的碑文中这样描写自己的妻子：“顺而贤，孝而有礼，与麟书共事高堂四十有四年。攸助于艰难事苦之中，育诸子以成立，筋力亦云瘁矣。”[⑦]

---

① 《曾国藩全集·诗文》，岳麓书社，1994年，第332~333页。
② 同上。
③ 曾麟书等撰，王澧华等整理：《曾氏三代家书》，岳麓书社，2002年，第36页。
④ 曾麟书等撰，王澧华等整理：《曾氏三代家书》，岳麓书社，2002年，第45页。
⑤ 曾麟书等撰，王澧华等整理：《曾氏三代家书》，岳麓书社，2002年，第49页。
⑥ 曾麟书等撰，王澧华等整理：《曾氏三代家书》，岳麓书社，2002年，第493~494页。
⑦ 曾麟书：《岳父江公良济墓志铭》，收录于《湘乡江氏五修族谱》。转引自谭运良、谭华：《曾国藩与湘乡》，湖南人民出版社，2009年，第25页。

曾国藩则说：

江太夫人……事舅姑四十余年。饎爨必躬，在视必恪，宾祭之仪，百方检饬。而子男五人，女四人，尺布寸缕，皆一手拮据。[①]

江氏虽然操劳一生，但毕竟也是有福之人。在她的支撑之下，丈夫四十多岁上终于考上了秀才，读书一生，总算是有了个交代。更重要的是，长子曾国藩居然中了进士，做了高官，其他几个儿子，在长兄的提携下也都有了功名。如果没有她的一生辛苦，曾家不可能如后来这样兴旺发达。

二

和大部分传统中国妇女一样，江氏对曾家贡献极大，但是在家中却一贯受到忽视。

江氏生活中很少向丈夫和儿子提什么要求，我们看曾家兄弟家书，她向儿子们要求的，往往都是极为琐碎廉价的东西。比如曾国荃家书中说："又命弟写信与六兄，欲买顶上汉丝布一个，缝夹衣一件，得之则如愿而偿矣。"[②]

"母亲云有人南归，望寄头号底针子十个，贰号针底针子四十个。"[③]

她在极少的情况下，会向丈夫和儿子们提出一些比较重大的要求，然而这些要求几乎从没有得到满足。

比如她晚年年事渐高，深感家务忙不过来，一直想买一个丫头帮忙。道光二十八年六月十四日曾国荃在给曾国藩的家书中说："（母亲）迩来意思，颇想得一丫头侍奉。"[④]这个想法已经萌生很久了，然而却不敢向丈夫提。曾麟书虽然在外人看来懦弱老实，但在妻子面前，却绝对是说一不二的。他的一贯主张是勤苦持家，反对多花钱，江氏的要求只能偷偷和最懂事的老九说。

七月十八日，曾国荃又一次在信中提到此事说，他曾经想自己做主，帮

---

① 《曾国藩全集·诗文》，岳麓书社，1994年，第332页。
② 曾国荃撰，梁小进主编：《曾国荃集》（第五册），岳麓书社，2008年，第4页。
③ 曾国荃撰，梁小进主编：《曾国荃集》（第五册），岳麓书社，2008年，第20页。
④ 曾国荃撰，梁小进主编：《曾国荃集》（第五册），岳麓书社，2008年，第4页。

母亲买一个，但是考虑到如果没有得到父亲的同意，不合道理，也怕日后不相安，因此只好写信给做官的长兄，让长兄出面：

> 又，母大人意欲买如意丫头一个，以服事左右，而不敢对父亲说。弟想曲体其意而顺承之，来省城时，托陈岱兄代买。陈已买数次，看来都不合式，大约奇蠢奇陋者俱（居）多，稍有心思玲珑者，则价银钱大不廉矣。昨有一个，年只十三岁，略觉聪明一点，只要四十千文。陈谓可买，弟已办就钱，而看来总太小，在母大人难得如意，所以未买。既又再三思之，此事非寻常事也，也非一朝一夕也，仅禀母大人之命，而未禀父大人之命，又未商之于兄，甚非道理，如有不相安之处，则一刻难安矣。且丫头之难买，其弊不可以屈指而数也，一则恐其性情不好，触忤上人，唇齿相稽；一则恐其添嘴添舌，播弄是非，使家人骨肉之间易生嫌隙；一则恐其太蠢顽、太懒、太名士。兼此数者，所以不敢独断独行也。大兄素来用心周密，而又善于筹度，望从容写信告我，或行或止，惟所命焉（信回，私告我，不要彰明昭著。如以为可，则待事成时以为出自兄之意，欲雇一人侍奉母亲大人可也）。[①]

曾国藩居然也不敢直接写信给父亲，遂写信给叔父母来说这件事，要求叔父出面命曾国潢来办，企图绕过父亲。他在当年七月二十日给叔父的家书中说："闻母亲近思用一丫环，此亦易办，在省城买不过三四十千；若有湖北逃荒者来乡（今年湖北大水奇灾），则更为便益，望叔父命四弟留心速买，以供母亲、叔母之使令，其价，侄即寄回。"[②]

一家人费了这么多折腾，结果曾麟书知道后，一句话轻轻给否决了。道光二十八年九月，曾国葆给哥哥写信说，父亲命他在给长兄的信中加上这么一句："尔母亲亦健……丫嬛亦可以不必买。"[③]你妈身体还扛得住，丫鬟可以

---

① 曾国荃撰，梁小进主编：《曾国荃集》（第五册），岳麓书社，2008年，第8页。
② 《曾国藩全集·家书》，岳麓书社，1994年，第171~172页。
③ 曾麟书等撰，王澧华等整理：《曾氏三代家书》，岳麓书社，2002年，第479页。

不用买了。江氏多年的愿望，最终也没能达成。

三

江氏一生的另一个重大要求，是见到儿子曾国藩。

曾国藩道光十九年离家后，一直没有回去过。江氏非常想念远在数千里之外的长子。曾国荃家书中说："母亲大人康健如常，惟以所生之人常在远游，不无挂虑。"[①]

虽然不识什么字，但是江氏生活中最高兴的事，就是等到长子来信，丈夫读给她听的时候。有时候长子长时间不来信，她就寝食不安，生怕出什么意外，甚至到神像面前去祈祷。道光二十九年七月初八日，曾国荃在信中说："前次有五十余天未接兄信，（母亲）不胜系怀，常常祝祷神明，祈佑兄体。"[②]

随着离家日久，曾国藩也越来越想念家乡，想念亲人，家书中一再流露想回家探亲的念头。但是曾麟书一直不同意曾国藩回家，要求他在京老老实实做官。

道光二十九年十月初四日，曾国藩在给曾国潢的信中说，他经过反复思考，多次犹豫，终于下定决心，要回老家一趟：

> 吾现已定计于明年八月乞假归省，后年二月还京，专待家中回信详明见示。[③]

结果就在写信的这一天，曾国藩的祖父在湖南乡下去世了，曾国藩非常悲痛，后悔没能早回家再见祖父，尽尽为孙的孝心。曾麟书在家书中也说，曾国藩这一段的家书流露出非常强烈的思家之情，结果不久祖父就去了，这证明亲人之间，有第六感觉相通：

> 九月中旬接尔七月所发家信，满纸皆思亲之词。十月初四日，尔祖大人即

---

① 曾国荃撰，梁小进主编：《曾国荃集》（第五册），岳麓书社，2008年，第4页。

② 曾国荃撰，梁小进主编：《曾国荃集》（第五册），岳麓书社，2008年，第20页。

③《曾国藩全集·家书》，岳麓书社，1994年，第197页。

弃养。大抵骨肉之情隐相感通，家门将有大故，游子在外，其心先即不安。[①]

但是曾麟书仍然不同意曾国藩回家，因为在传统时代，高级官员想要回家，或者经过皇帝特批，或者要自己告退辞职，并不是一件容易的事。曾国藩于是又提出另一个计划，接父母来北京享几天福。

道光二十九年十二月初三日，曾国藩在家书中说：

离家十年，想见堂上之心，实为迫切。今祖父大事既已办过，则二亲似可迎养。然六旬以上之老人，四千有余之远道，宿聚之资既已不易，舟车之险尤为可畏，更不敢轻举妄动。烦诸弟细细商酌，禀知父母亲及叔父母，或告假归省，或迎养堂上，二者必居其一，国藩之心乃可少安。父母亲近来欲见国藩之意，与不愿国藩假归之意，孰缓孰急？望诸弟细细体察，详以告我。祷切望切。[②]

道光三十年正月初九，曾国藩再次写信，详细计划父母来京之事：

父亲两次手谕，皆不欲予乞假归家。而予之意，甚思日侍父母之侧，不得不为迎养之计。去冬家书，曾以归省、迎养二事与诸弟相商。今父亲手示，既不许归省，则迎养之计更不可缓。所难者，堂上有四位老人。若专迎父母而不迎叔父母，不特予心中不安，即父母心中亦必不安；若四位并迎，则叔母病未全好，远道跋涉尤艰。予意欲于今年八月初旬迎父亲、母亲、叔父三位老人来京，留叔母在家，诸弟妇细心伺候。明年正月元宵节后，即送叔父回南，我得与叔父相聚数月，则我之心安；父母得与叔父同行数千里到京，则父母之心安；叔母在家半年，专雇一人服侍，诸弟妇又细心奉养，则叔父亦可放心；叔父在家抑郁数十年，今出外潇洒半年，

① 曾麟书等撰，王澧华等整理：《曾氏三代家书》，岳麓书社，2002年，第6页。
② 《曾国藩全集·家书》，岳麓书社，1994年，第201页。

又得观京师之壮丽，又得与侄儿、侄妇、侄孙团聚，则叔父亦可快畅。在家坐轿至湘潭，澄侯先至潭雇定好船，伺候老人开船后，澄弟即可回家。船至汉口，予遣荆七在汉口迎接。由汉口坐三乘轿子到京，行李婢仆，则用小车，甚为易办。求诸弟细商堂上老人，春间即赐回信，至要至要。[①]

在曾国藩多次要求之下，曾麟书一度松口同意和江氏一起进京，江氏非常兴奋。道光二十年，曾麟书曾护送曾国藩的妻儿北上北京，得以壮游京师，开了眼界。江氏却从来没有出过远门，这次既可以看到曾国藩和孙子孙女们，又可以长途旅游一次，当然很激动。曾国藩得知后也非常高兴，他在三月三十日家书中说：

父母亲大人俯允来京，男等内外不胜欣喜。手谕云……明年二月潢男仍送两大人进京。[②]

然而，不久之后，曾麟书又变卦了，原因还是长途旅行花费太大，于是取消了北上计划。江氏又一次大失所望。

四

父亲不同意北上，曾国藩就更想南下了。

曾国藩在北京的生活非常痛苦。一方面是思家之苦，另一方面，在朝中也并不得志，因仗义执言受到官场的孤立。

咸丰二年正月初九，曾国藩终于做了决定，写信说：

余近来常思归家，今年秋间实思挈眷南旋，诸弟为我禀告堂上大人，春间即望一回信。[③]

---

① 《曾国藩全集·家书》，岳麓书社，1994年，第203~204页。
② 《曾国藩全集·家书》，岳麓书社，1994年，第205页。
③ 曾麟书等撰，王澧华等整理：《曾氏三代家书》，岳麓书社，2002年，第20页。

但是曾麟书再一次坚决表示反对。

在曾麟书看来，做官再苦，也比做老百姓强。拼死拼活好不容易进了官场，无论如何也要挺着。他对曾国藩念起的，仍然是被人重复了千百遍的“尽职即是尽孝”的老教条：“二月接尔今年所发第一号安信，云欲率眷口南旋省亲之意，本属人子之至性至情，但官秩是朝廷所颁，职分是己躬所尽。尔……惟日孜孜尽力供职，以报塞于万一，即是尽孝之道，何必以予夫妇为念，而有归省之辞也？”[①]“《孝经》云：‘中以事君。’谓中年时竭力做好官，即是为孝。尔年四十一岁，正是做官之时，为朝廷出力以尽已职，以答皇恩，扬名显亲，即不啻日侍吾夫妇之侧，何必更念南旋，孜孜焉欲省亲也。”[②]

为了稳住曾国藩，曾麟书家书中提出一个计划。如果这年的乡试曾国藩的弟弟们有谁能够中举，则他们夫妇可以随儿子进京会试：

> 尔母今冬有进京就养之意，本科乡试，尔弟观光者三人，倘有一二得中试，侍母北上，予亦可偕行，则尔日侍予夫妇之前，乐何如也！[③]

这其实也是针对江氏的稳兵之计。

曾国藩提出“迎养”计划后，江氏就心心念念去北京，每次接到曾国藩的家书，就提起这件事。咸丰元年十一月十二日曾国荃来信说：“母亲大人……每接京信，常道及明年若有银钱，犹能就养京师。”[④]

这一次丈夫又不许大儿子归家，她罕有地对丈夫发起抗争，宣布今年秋天一定要进京，谁也不许拦着。曾国潢在咸丰二年二月十二日家书说到了这一点：“母亲大人口气，今秋决欲进京，并不许人打破。”[⑤]

---

① 曾麟书等撰，王澧华等整理：《曾氏三代家书》，岳麓书社，2002年，第20页。
② 曾麟书等撰，王澧华等整理：《曾氏三代家书》，岳麓书社，2002年，第21页。
③ 曾麟书等撰，王澧华等整理：《曾氏三代家书》，岳麓书社，2002年，第20页。
④ 曾国荃撰，梁小进主编：《曾国荃集》（第五册），岳麓书社，2008年，第29页。
⑤ 曾麟书等撰，王澧华等整理：《曾氏三代家书》，岳麓书社，2002年，第103页。

当然，对于母亲这一坚决态度，儿子们都认为这是妇人之见，准备慢慢劝止。曾国潢说："弟拟徐徐几谏。现在身体极健，不必挂心。"[①]曾国荃也说："母亲犹甚有意就养京师。弟等以京城颇苦，而母大人年亦高，而目前难办资斧，不敢主张。"[②]

曾麟书提出曾氏其他兄弟中举再进京的想法，其实几乎没有实现的可能。因为曾家兄弟读书天分实在不高，中举的可能性小之又小。

在这些男人的考虑中，只有冷酷精确的计算，并没有给母亲思念儿子这种情感留任何位置。曾国潢和曾国荃都写信给曾国藩，劝他不要回家。

曾国潢的意见是：

> 惟兄告归之说，父母亲皆大以为不可。自后不惟不可出此言，并不可作此想。何也？一则无事乞假，圣上必至生疑；二则以一品大人归里，乡村之人，少男妇女，骚扰当至何如！甚且惊天动地，境内一旬犹不得安静；三则弃妻子儿女于远方，如何放心？除非放主差，万不得已而远离数月，则又当别论。归家之意，从此而息可也。[③]

也就是说，一是皇上会不高兴，二是大员归里，乡里接待诸多不便，三是北京的妻小无人照顾。

咸丰二年四月二十六日曾国荃信中说：

> 归省之说，堂上既无意见，自然随兄自作主张。然而南省不甚安靖，未知道途何如，一也。到家以后，恐亦必出来为本地方办事，未能安居鼓老坪脊上读书，二也。又未必十分有饭啖，有饭啖则不能还账，三也。祈兄细为裁酌为幸。[④]

---

① 曾麟书等撰，王澧华等整理：《曾氏三代家书》，岳麓书社，2002年，第103页。
② 曾国荃撰，梁小进主编：《曾国荃集》（第五册），岳麓书社，2008年，第38页。
③ 曾麟书等撰，王澧华等整理：《曾氏三代家书》，岳麓书社，2002年，第69页。
④ 曾国荃撰，梁小进主编：《曾国荃集》（第五册），岳麓书社，2008年，第52页。

主要是考虑他回家之后，曾家经济收入无法支撑。

这些理智的计算说服了曾国藩，他硬着头皮在北京继续熬下去。他不知道，母亲的生命，已经快走到了尽头。

五

就在曾国藩苦苦思家而不能归时，喜从天降。

原来，咸丰二年六月十二日，皇帝派他充任江西乡试正考官。这实在是一个太天从人愿的安排。江西与湖南相邻，这样一来，他就可以在乡试结束后顺理成章地回家探亲。特别是乡试主考会发一笔财，父亲一直担心的赴京路费即所谓“宿聚之资”，一下子得以解决。

曾国藩兴兴头头地做好准备，向皇帝请了假，获江西乡试竣后，“赏假两月回籍”。六月二十四日，他满怀兴奋地“驰驿出都”。

他哪里知道，恰在他接到主考任命的那一天，母亲江氏在湖南乡下已经去世。

江氏比较胖，曾国潢信中说她“体厚”，夏天怕热，冬天反而比较好过。曾国荃也说江氏“体亦丰肥”，到夏天容易中“热毒”。根据这些我们判断，江氏也许有高血压、高血脂等病。咸丰元年七月十五日，曾国荃信中说：“惟母亲大人体气虚弱，近日时觉头昏，旋服补药即愈。”[①]

不过总的看来，她的身体并无大碍。直到咸丰二年四月初六，曾国葆还在信中说，六十八岁的“母大人病痛全无，眠食如常”[②]。

在传统社会，一个妇女所获得的社会地位，完全依赖男人。江氏一生最大的荣誉，就是因长子曾国藩而获朝廷“恭人、一品夫人”诰封。[③]

---

① 曾国荃撰，梁小进主编：《曾国荃集》（第五册），岳麓书社，2008年，第25页。

② 曾麟书等撰，王澧华等整理：《曾氏三代家书》，岳麓书社，2002年，第503页。

③ 咸丰元年十二月二十二日，曾国藩家书中说：“诰封各轴已于今日领到，正月廿六恩诏四轴（曾祖父母、祖父母、父母、叔父母），四月十三恩诏亦四轴，三月初三恩诏一轴（本身妻室），凡九轴……一切写法行款俱极斟酌，比廿六年所领者不啻天渊之别，颇为欣慰……诸弟为我敬告父母大人、叔父母大人，恭贺大喜也。”

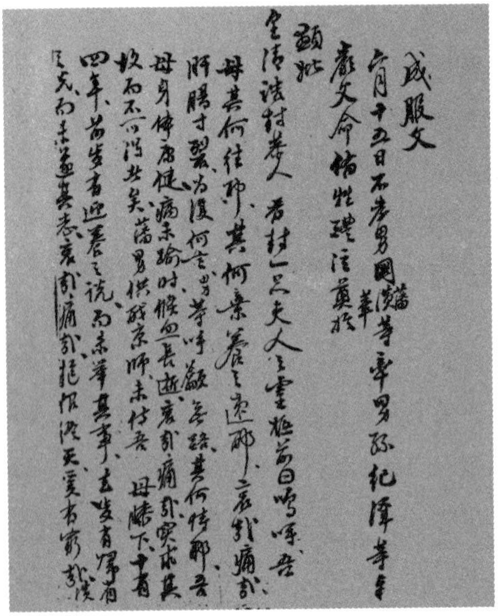
成服文

成服文

咸丰二年春天，曾国藩托人把朝廷的诰封文书带回老家[①]。就在曾国藩获放江西主考官的头一天，九轴诰封送到了湘乡县城。曾国潢把这一消息告诉了江氏，江氏非常高兴。谁能想到她这样一个农妇，竟然成了堂堂一品夫人！也许是因为过于兴奋，几个小时后江氏就发病了。

《湘乡曾氏文献》第三册第1340页有一篇《成服文》，其中说：

> 十一日，……日已晡，适藩男寄诰轴到县，潢男转报吾母，吾母喜溢眉宇，时方乘凉院落，转至堂屋，与女婿王待聘外孙王临三聚数语竟，当起往挑灯，倚于席，忽头昏目眩，不能立，遂成大病。潢男问数语，母皆答，忽然痰响目蔽，男抱不能支，遂抱以坐，至半夜，虽有二医用药无验。待华男荃男葆男到，扶入内寝，易衣而睡，只翼吾母之渐愈，岂知自此遂不能言矣，目已瞑矣，于次日黎明时，即鹤驭上升。

也就是说，听到封诰寄到的喜讯，江氏喜溢眉宇，非常高兴。当时天色已晚，江氏在堂屋坐着，站起来去挑灯，这一站，可能站猛了，引发了脑出血。开

① 因为是极为重要的文书，没有适合的人没法寄回家里："惟目前无出京之人，恐须明年会试后乃交公车带归。重大之件，不敢轻率。"这是整个曾家的重大事件。早在咸丰元年九月十四日，曾国潢就曾经探问："诰轴已发下，今冬可付到家否？"这一年四月十八日，曾国荃来信提及这一点："闻乔莘农先生须六月乃可到长沙，则所寄之诰轴，须俟伊时更送回里耳。"

始还能说话，曾国潢问了几句，江氏都能应答。但是不久，就昏迷过去，次日黎明去世。而几乎就在同时[①]，曾国藩接到了江西主考的消息。

七月二十五日凌晨两点半，出京赴主考任的曾国藩正在太湖县小池驿休息，接到了报丧的家人送来的讣告。这真是五雷轰顶，完全想不到。“一出家辄十四年，吾母音容不可再见，痛极痛极！”[②]

他一开始计划从小池驿行二百里，到长江边上的黄梅，从黄梅坐船到达武昌，再由武昌赴湖南。但后来盘算之下，还是先到了江西九江，耽搁了两天，收到了江西省城官员公送的一千两银子奠金，才有了钱回家办丧事。三十日他从九江开船赴湖北，八月十四日在湖北起行，二十三日到家，“在腰里新屋痛哭吾母”[③]。

六

曾国藩一生虽然作文众多，但只为母亲写了一百一十八个字：

> 江太夫人为湘乡处士沛霖公女，来嫔曾门，事舅姑四十余年。饎爨必躬，在视必恪，宾祭之仪，百方检饬。有子男五人，女四人，尺布寸缕，皆一手拮据。或以人众家贫为虑，太夫人曰：“某业读，某业耕，某业工贾，吾劳于内，诸儿劳于外，岂忧贫哉？”每好作自强之言，亦或谐语以解劬苦。咸丰二年六月十二日疾卒。[④]

这是为他父亲曾麟书所写的墓表中所附的一段。

中国式的母亲就是这样，劳瘁终生，最终却注定被忘却。

---

① 这一天的日记当中写道：“……早饭，旋闻报，蒙恩放江西主考。早，看陆诗十余页，未刻，作谢放主考恩折，并作请假回籍片。早饭后，至太和殿授节，旋至礼部。是日，会客多次。申刻，拜副主考丁松亭同年。”

② 《曾国藩全集·家书》，岳麓书社，1994年，第231页。

③ 九月十三日暂厝于腰里屋后，“共祭百余堂”。“正酒一百九十席，前后客席甚多。”“十四日开吊，客八人一席，共二百六十余席。诸事办得整齐。”江太夫人丧事圆满完成。

④ 《曾国藩全集·诗文》，岳麓书社，1994年，第332~333页。

第十章
“人事纷纭万变，造物者都不訾省”：曾国藩女儿们的悲惨命运

一

也许是上天注定，曾国藩家的女人们大都命运多舛。和自己的姐妹们一样，曾国藩的头四个女儿，婚姻生活都不顺遂，只有最小的女儿是一个例外。

吊诡的是，头四个女儿的夫家，都是曾国藩千挑万选亲自择定的。

曾国藩对选择亲家一事，向来非常重视。他曾经在家书中说：

> 常家欲与我结婚，我所以不愿者，因闻常世兄最好恃父势作威福，衣服鲜明，仆从烜赫，恐其家女子有宦家骄奢习气，乱我家规，诱我子弟好佚耳。……贤弟婚事，我不敢作主，但亲家为人何如，亦须向汪三处查明。若吸鸦片烟，则万不可对。[1]

---

① 《曾国藩全集·家书》，岳麓书社，1994年，第102页。

曾国藩在这封家书中讲了选择亲家的两条原则，一是对方绝不能有吸鸦片烟等恶习，二是不能有官宦人家的骄奢习气。

因此曾国藩的女婿，有这样几个共同特点：第一，都是曾国藩的湖南好友或同事的孩子；第二，这些孩子他都亲自见过，可谓知根知底；第三，这些女婿的父亲都品行高尚，才气不凡。

按道理，这样选出来的女婿，肯定差不到哪里去。但是世事就是如此奇怪，曾国藩的设想居然一一落空。

曾国藩的长女曾纪静，嫁的是曾国藩翰林院同事、好友袁芳瑛的儿子。

袁芳瑛字漱六，湖南湘潭人，工书法，尤善写白折小楷，“能使笔入纸”（《湘潭县志》）。又嗜藏书，乃晚清著名藏书家。黄濬在《花随人圣庵摭忆》中说：“（袁芳瑛）其生平有一大事，则为藏书，号为近代第一。”[①]晚清著名学者李盛铎则称袁氏藏书之盛为“二百年所未有”。他曾载书数十船以归，于湘潭崎头湾起楼五间，曰“卧雪庐”，其中“随手翻之辄是宋元佳椠”，“东南文献菁华，盖在此五间楼中”，为天下藏书家所艳羡。这样的人家，诚可谓“书香门第”。

曾国藩也酷爱藏书，所以经常出入其家，品鉴版本，探讨学问。袁漱六的大儿子袁榆生那时才六七岁，长得虎头虎脑，聪明伶俐。袁漱六是诚实君子，博雅好学，这个儿子长大之后应该也错不了。所以在大女儿才六岁的时候，曾国藩就迫不及待地主动向袁漱六提亲。曾国藩在家书中说：“前信又言以大女儿许袁漱六之长子，是男等先与袁家说及。漱六尚有品学，其子亦聪明伶俐。与之结姻，谅无不可。”[②]言语中颇为这样的选择感到得意。

曾家上下也都很高兴。孰料世事常不如人愿。袁漱六长于藏书，却短于教子，对这个聪明可爱的儿子过于娇纵。袁榆生长大之后，“不喜故书雅记”，一味“豪迈善博饮”，不服管教。等到袁芳瑛去世后，他更如同脱缰的野马，终日放荡饮酒，后来因负债累累，竟然出售父亲一生藏书。全国各地垂涎已久

---

① 黄濬：《花随人圣庵摭忆》（中），中华书局，2008年，第515页。
② 《曾国藩全集·家书》，岳麓书社，1994年，第151页。

的藏书家一拥而上，“购者麇集”。[①]中国藏书史上经常出现的藏书家惨淡经营一生却被不争气的后人一夕散尽的悲剧，在曾国藩的亲家家里居然再一次重演。

袁漱六死时，纪静十八岁。曾国藩已经听说这位准女婿长成了一位花花公子，品格堪忧。如果单纯考虑女儿的未来，他应该悔婚。但是一为了不负死去的老友，二则因为自己此时已经位高权重，怕世人认为悔婚是嫌贫爱富，所以他还是在漱六死后两年，“厚道”地把纪静嫁给了袁家。他哪里知道，自己亲手把长女推进了火坑。

袁榆生结婚之前，就已经瞒着岳家“未婚而先娶妾”[②]，曾纪静进门之后，才发现家里已经有人“捷足先登”。结婚之后，也许是嫌曾家的女儿过于严肃古板，不解风情，袁榆生经常到外面拈花惹草，夫妻感情极为冷淡，曾纪静也一直没有怀孕。

曾纪静不敢向老父说起这些事情，得空只能向长兄纪泽哭诉。曾纪泽在给曾国藩的家书中隐约透露了这些情事。曾国藩于同治元年五月二十四日回信说：

> 尔信极以袁婿为虑，余亦不料其遽尔学坏至此，余即日当作信教之。尔等在家却不宜过露痕迹，人所以稍顾体面者，冀人之敬重也。若人之傲惰鄙弃业已露出，则索性荡然无耻，拼弃不顾，甘与正人为仇，而以后不可救药矣。我家内外大小于袁婿处礼貌均不可疏忽，若久不悛改，将来或接至皖营，延师教之亦可。大约世家子弟，钱不可多，衣不可多，事虽至小，所关颇大。[③]

也就是说，你们在家里注意不要流露出对袁榆生的鄙夷厌弃。否则大家撕破脸，袁榆生万一破罐破摔，就更难办了。如果实在不行，曾国藩考虑可以把

---

① 黄濬著，李吉奎整理：《花随人圣庵摭忆》（上），中华书局，2013年，第517页。
② 《曾国藩全集·家书》，岳麓书社，1994年，第1249页。
③ 《曾国藩全集·家书》，岳麓书社，1994年，第835页。

他接到身边，亲自管教。袁榆生的例子，也再一次证明了曾国藩反复向儿子陈述的观点，也就是世家子弟如果从小习于骄奢，一生很难成立。

这封信的思路和当初曾国藩打发妹夫王率五回家后写的那封家书相似。从这封信看，曾国藩认为袁榆生和他那个不争气的妹夫王率五一样，问题仅止于游手好闲而已。认为如果有人好好督教，袁榆生也许能浪子回头，改过自新。

同治二年，曾国藩执行这个计划，把女婿女儿接到了自己身边，亲自“教诫”。

曾国藩对自己的教子之法还是非常自信的，他的儿女个个守规矩，懂道理。因此他相信自己宽严相济、以身作则、耳濡目染的教育方式，能让这个女婿有所进步。

谁承想，事态远比想象中严重。

一开始，曾国藩认为袁榆生的最大问题不过是不愿读书。他在家书中说，袁榆生来到这里，“尚无为非之事，惟不肯读书作字，难期有成”[①]。所以给他找来经验丰富又有耐心的老师，希望能诱起他对书本的兴趣。孰料这个从小在书堆中长大的书痴之子，对书籍竟然似乎有一种刻骨的仇恨，在书房里怎么也坐不住，对文字硬是亲近不起来。不久之后，曾国藩就失去了信心，他说：“袁婿读书之事抛荒太久，又心之所向不在此途，故不令其拜师上学。”[②]

实在不愿读书，曾国藩也不再勉强，毕竟曾国藩是一个讲究“经世致用”的人，一贯开明，他认为并非只有书本上记载的才叫知识，如果愿意去读世事这本大书，能经办具体事务，也能体现一个人的人生价值。既然袁榆生生性外向，愿意与人打交道，曾国藩就把他安排到徐州粮台，让他经理湘军粮饷，以锻炼办事才能。

然而袁榆生在徐州的表现，让曾国藩再一次大跌眼镜。据曾国藩同治四年二月初九日的日记记载，袁榆生到了徐州不久，就大肆招嫖，而且还仗着总督女婿的身份横行霸道，欺压平民：“袁婿樵泽强封民房，娼妓多人，本年尚未

---

① 《曾国藩全集·家书》，岳麓书社，1994年，第1046页。
② 《曾国藩全集·家书》，岳麓书社，1994年，第1063~1064页。

入署拜年（即未至岳父处拜年）。本日闻将带人去打保甲局，因派人去拿其家丁四人，杖责三百、一百不等。唯许满未责，令与中军同去拿娼家哈氏女子，亦掌嘴数百，发交首县管押。”[①]

曾国藩是一个讲“礼学”的人，“刑不上大夫”，他没有直接处理自己的女婿，只是严厉责打了女婿的家丁，还把妓女抓了起来。曾国藩在日记中说自己当天“竟夕为之不怡”[②]。一直讲究家风家教的曾家竟然出了这样的事，曾国藩怎么能不愤懑至极。

然而这还不是这次风波的顶点。袁榆生真不是白给的，见岳父如此让自己没脸，于当日夜晚吞服鸦片自尽，“其毒甚重，指甲已青”[③]，好在最终被抢救过来，没闹出人命。

这一下，这件事更是轰动内外，尽人皆知。曾国藩的幕友莫友芝在当天日记当中记载说：“昨日相公命捉其子倩袁公子所狎妓及其徒者二人，痛鞭之，袁公子遂吞鸦片，垂毙，救且活矣。”[④]

曾国藩从一桩风流新闻的配角，差点上升为一桩命案的制造者。曾氏家族当中还从来没有出过这样的事。到了这时，想必曾国藩才为自己当初的决定真正感到后悔了。

事情过去之后，经过曾纪静耐心解劝，袁榆生入署向岳父“谢罪”，表示“愿图自新”，算是给了曾国藩一个面子。曾国藩“为之少慰”[⑤]。

然而，江山易改，本性难移。第二年，也就是同治五年，袁榆生在徐州粮台又出了事，他贪污挪用公款白银六百两用来挥霍。一贯以清廉自持的曾国藩，怎么会允许自己家里人做出这样的事来？他至此确认袁榆生是一块朽木，没有成器的可能了。

在给纪泽、纪鸿的家书中，曾国藩宣布和这个女婿从此断绝关系：“袁秉

---

① 《曾国藩全集·日记》，岳麓书社，1994年，第1110~1111页。

② 《曾国藩全集·日记》，岳麓书社，1994年，第1111页。

③ 同上。

④ 张剑编：《莫友芝年谱长编》，中华书局，2008年，第348页。

⑤ 《曾国藩全集·日记》，岳麓书社，1994年，第1112页。

桢在徐州粮台扯空银六百两，行事日益荒唐。顷令巡捕传谕，以后不许渠见我之面，入我之公馆。”曾国藩又翻起旧账，“渠未婚而先娶妾，在金陵不住内署，不入拜年，既不认妻子，不认岳家矣。吾亦永远绝之可也”[1]。

“永远绝之”就意味着以后袁榆生做出什么荒唐的事，概与我曾国藩无关了。

二

这一下，曾纪静觉得自己终于解脱了。

得婿如此，纪静的心情可想而知。在湘潭袁宅，她得不到丈夫的喜爱，甚至得不到亲近，终日郁郁。在父亲的两江总督署，丈夫四处惹祸，动不动就让曾家人丢脸。长期精神痛苦压力之下，同治三年五月在金陵，纪静终“因抑郁而终成大病”，躺倒在了病床上。这一年五月二十四日，曾国藩写信给曾国荃说：“大女儿病殊不轻。盖肝郁是其本病，而气痛不食，是其标病。袁婿若至弟处，望嘱其速归。”[2]但袁榆生后来并没有去看望妻子。

如果精神折磨一直这样持续下去，曾纪静可能活不了几年。因此，当父亲宣布与女婿断绝关系，曾纪静反而轻松了。从此之后，她可以长住娘家，读书自适，一个人过，倒也清静。

不料曾国藩却不是这样想的。曾国藩在家书中说：“大女送至湘潭袁宅，不可再带到富托，教之尽妇道。”[3]

富托是曾国藩在湘乡老家的居所。也就是说，不但不许女儿在两江总督府跟着自己，也不许她住回湘乡老家。女婿不再是我的女婿了，但是女儿却仍然是人家的儿媳，还是要送到人家家里，去尽“妇道”。

这是一个非常冷酷的决定。

曾国藩何尝不知，逼着女儿回到夫家，是推她再入火坑。已经断绝了翁婿

---

① 《曾国藩全集·家书》，岳麓书社，1994年，第1249页。
② 《曾国藩全集·家书》，岳麓书社，1994年，第1129页。
③ 《曾国藩全集·家书》，岳麓书社，1994年，第1249页。

关系，实际上也就意味着女儿也断绝了夫妻关系，住在袁家，就是守活寡。

曾国藩极力表明，他只是厌恶袁榆生一个人，但是对老友袁漱六家的其他人，还是要保持亲戚关系。同治六年二月十三日曾国藩在给纪泽的家书中说："袁薇生（榆生之胞弟）入泮，此间拟以三百金贺之，以表明我屏绝榆生，恶其人非疏其家也。"[①]但是，出了这样的事，两家关系怎么可能还保持正常状态呢？女儿在袁家肯定会受到袁家其他成员的冷漠对待。所以曾国藩的这个做法，相当于把女儿一个人孤独地扔到了一片无边的冰原。

但是曾国藩不得不这样做。因为在理学家的世界观当中，只有这样做，才是符合天理的。天地之间，人各有各的角色，各有各的义务，必须恪守本分，安于命运。即便命运如此冰冷，也要无条件地接受。

虽然懂得行权、务实，但是从骨子里来说，曾国藩是一个被理学所深刻塑造、生活在"道理"中的人。

曾国藩是本着他的道德原则来处理这件事的。然而在今天看来，他秉持的这种道德当然是建立在最不道德的基础上的。可惜曾国藩反省不到这一点。

曾纪静只好流着眼泪回到夫家，在袁家人的敌意与冷漠中度日。丈夫经常不在家，回到家后，直接钻进小妾房间，对她从来不理不睬。虽然曾国藩宣布"并非疏其家"，但是其他家人对纪静也是不阴不阳。如果膝下有个一男半女，以儿女为生活重心，曾纪静的日子也能支撑得下去，可是袁榆生却根本不给她这个机会。

在痛苦中，曾纪静一封又一封给长兄写信，要求回娘家。曾纪泽不敢违背父亲的旨意，不敢做主，只能请示父亲。曾国藩却容不得女儿这么"胡来"，他委托曾纪泽规劝女儿要恪守妇道，说"夫虽不贤，妻不可不顺"，嫁到这样的人家，遇到这样的丈夫，这是天意。对于天意，只能顺承，不能违逆。他让曾纪静不要"重母家而轻夫家"，要"忍耐顺受"，"以能耐劳忍气为要"。[②]

---

① 《曾国藩全集·家书》，岳麓书社，1994年，第1325页。
② 《曾国藩全集·家书》，岳麓书社，1994年，第936~937页。

在回到袁家四年之后，曾纪静抑郁而终，终年二十九岁。

曾国藩亲手杀死了自己的亲人，用“天理”为凶器。

曾国藩是在南下路上得知这一消息的。在当天的日记中，他这样写道：“接李少泉信，知长女适袁氏者，于九月下旬去世，为之伤感。日内所深虑者，家乡哥老会滋事，恐扰及桑梓、丘墓，又恐沅弟带兵未能得手，不料儿女中有袁氏女之变。老境颓唐，不堪伤感。”[①]

三

三女曾纪琛的命运，和大姐很像。

纪琛的公公同样是曾国藩的同乡兼好友。而且这位公公还是位名人：湘军名将罗泽南。

罗泽南像

罗泽南是一位奇人。此人身世悲苦，家境极为贫寒，命运数奇，十年之间，包括母亲、儿子、兄长在内的十一个近亲因为饥饿和贫困而死。但是他意志极为坚强，不论多穷多苦，从不以个人之穷达为忧，而是刻苦研习性理之学。“所著皆言性理书，忧道不忧贫。假馆四方，穷年汲汲，与其徒讲濂、洛、关、闽之绪，瘏口焦思，大畅厥旨。”[②]太平军起，他以老秀才身份带兵作战，居然卓有成效，“行军有伸有缩，有开有合”[③]，征战四年，克城数十，历经二百余战，几无败绩，屡屡

① 《曾国藩全集·日记》，岳麓书社，1994年，第1796页。

② 朱孔彰撰，向新阳、朱英士标点：《中兴将帅别传》，岳麓书社，1989年。

③ 《曾国藩全集·家书》，岳麓书社，1994年，第887页。

以少胜多，成为湘军中的战神。咸丰六年，他因急于攻城在武昌城下战死。

罗泽南去世之后不久，有人给曾罗两家提亲，想把曾国藩的三女儿许配给罗泽南的小儿子罗允吉。曾国藩一开始并没有同意。

罗泽南这样的奇男子，所生的孩子想必也天赋不凡。曾国藩与罗泽南是患难之交，成为亲家，按理是好上加好。

曾国藩不同意的原因主要是罗允吉此时已经是一位“贵公子”。虽然父亲命运不辰，却用性命给儿子挣下了一份功名。父亲去世后，罗允吉因为父亲的功勋，小小年纪就被朝廷钦赐举人，授内阁中书，赏戴花翎。

曾国藩在咸丰七年初的那封家书中说得很明白，他之所以不同意这门亲事，一是因为“缘罗子系恩赐举人，恐人疑为佳婿而争之也”[①]，二是因为“近世人家，一入宦途即习于骄奢，吾深以为戒。三女许字，意欲择一俭朴耕读之家，不必定富室名门也”[②]。

如果真的贯彻这个想法，也许曾纪琛的悲惨命运能得以避免。可惜，经过再三考虑，曾国藩后来又同意了这门亲事。首先，罗泽南是一个极为清廉之人，家中并无资财，罗允吉虽然成了贵公子，但是还不算富家，这样的孩子应该无富贵公子习气。其次，罗泽南当初在武昌城下战死，是因为急着拿下武昌，好早些回援处于危险中的自己。现在罗允吉成了孤儿，自己也有教导养育之责。咸丰七年，曾国藩在家守制之时，考虑到罗允吉无人教导，曾经想把罗允吉接到自己家中，在自己的家塾中入学。如果成了自己的女婿，岂不是更可以好好调教，使之成立？

同治元年，曾纪琛与罗允吉成婚。结婚之后，曾国藩很关心这位女婿的读书问题。他在家书中说：“罗允吉婿从邓师读书甚好。业经成婚之后，欲将各书一一温熟，势必不能。惟求邓师将《五经》点一遍讲解一遍，正史约亦讲一遍，不求熟，不求记，但求经过一番而也。邓师辛苦一年，明年或另择师专教罗婿亦可。”[③]

---

① 《曾国藩全集·家书》，岳麓书社，1994年，第340页。
② 《曾国藩全集·家书》，岳麓书社，1994年，第333页。
③ 《曾国藩全集·家书》，岳麓书社，1994年，第960页。

然而，结婚之后不久，曾家人就发现，这个女婿也是个不省油的灯。同治二年正月，曾纪泽在老家给曾国藩寄来一信，其中忧心忡忡地谈到了自己的这位妹夫：

罗允吉妹婿局量褊浅，又甚愚昧不谙事，常与其胞叔晓屏龃龉。前因修砌祖坟晓屏未出费赀，遂磨治碑碣，灭其名。晓屏讼其侄于亲串，至今尚未勾当。顷闻刊发讣闻，又因乃叔不出费赀，欲不列其名。剌谬如此，殊为可忧。[①]

径言其"褊浅""愚昧不谙事"，可见对这位妹夫评价是何等之低。因为修祖坟时叔父没出钱，就跑到坟上要把叔父的名字从碑上挖去，闹得阖族不安，确实可以称得上"剌谬"。

成大事者往往都是个性偏执之人，只是这种偏执必须建立在大气之上。看来这位女婿没能继承乃父的奇崛大气，却只继承了他的偏执顽固。

事情还不仅如此，虽然家境并非十分殷实，虽然是理学名家罗泽南之后，但是罗允吉居然长成了一个小小的纨绔。原来罗泽南去世之时，罗允吉才十一虚岁。他的生母周氏是罗泽南的小妾，出身农家，没什么文化，膝下只有这一个儿子可以依靠。丈夫去世之后，她对这个独苗百般溺爱，要星星不给月亮，自己省吃俭用，却让这个孩子大手大脚地花销。罗允吉在宠溺中长大，脾气极为暴烈，有什么要求必须立刻满足，否则就大闹不止。结婚之后，罗允吉凡事稍不如意，或身体稍有不适，就对纪琛大发雷霆。

儿子如此，婆婆更难相处。曾国藩的小女儿曾纪芬说三姐的婆婆"性颇悍厉"，行事常出人意表之外。她在《崇德老人自述年谱》中有这样的描述：

三姊之姑待媳不近人情，乡间有时难觅仆妇，则三姊自涤亵器。其姑

① 曾麟书等撰，王澧华等整理：《曾氏三代家书》，岳麓书社，2002年，第549页。

虽有婢女，不为之执役，反纵容婢女，任意辱骂吾姊。[1]

也就是说，这个婆婆竟然让大家闺秀曾纪琛自己刷马桶，还纵容婢女辱骂这个儿媳。自小接受“三从四德”教育的曾纪琛对婆婆不敢有任何反抗，小心服侍，百依百顺，但婆婆还是稍有不顺眼的地方就大发雷霆。因此曾纪琛的处境，比大姐好不了多少。

婚后不久，纪琛就提出想和丈夫一起到父亲身边，以便丈夫接受父亲教育。

曾国藩一开始并不同意。因为儿媳在家伺候婆婆才是正理，不管这个婆婆多么不近人情。同治二年八月初四日，他听说三女儿夫妻二人打算跟着纪鸿一起来到两江总督署后，写信给纪鸿说：“三女与罗婿，则尤应在家事姑事母，尤可不必同来。余每见嫁女贪恋母家富贵而忘其翁姑者，其后必无好处。余家诸女当教之孝顺翁姑，敬事丈夫，慎无重母家而轻夫家，效浇俗小家之陋习也。三女夫妇若尚在县城省城一带，尽可令之仍回罗家奉母奉姑，不必来皖。若业已开行，势难中途折回，则可同来安庆一次。小住一月二月，余再派人送归。”[2]

然而此时罗婿夫妇已经起行，曾国藩只好欢迎他们的到来。曾国藩让罗允吉和自己的儿子们一起读书，自己亲自监督。他在家书中汇报说：“纪泽兄弟及王甥、罗婿，读书均属有恒。”[3]同治三年三月初七日日记中说：“是日辰刻，观鸿儿及王甥、罗婿所作时文，无甚进境。”[4]

在自己身边观察了一段时间，曾国藩发现这个女婿确实如纪泽所说“性情乖戾”，动不动就摔东西，发脾气，实在可怕。他希望能够在自己的调教下，让这个孩子变化气质，读书上进，有所成就。同治四年五月二十三日，曾国藩写了个“忍敬”二字的条幅，并“缀以数语”送给他，希望让他时时自省。

---

① 曾宝荪、曾纪芬著：《曾宝荪回忆录》，岳麓书社，1986年，第28页。
② 《曾国藩全集·家书》，岳麓书社，1994年，第1022页。
③ 《曾国藩全集·家书》，岳麓书社，1994年，第1092页。
④ 《曾国藩全集·日记》，岳麓书社，1994年，第991页。

然而和袁榆生一样，江山易改，本性难移。曾国藩不久就判断这个人的性情已经很难改变，他在家书担忧地说："罗婿性情乖戾，与袁婿同为可虑，然此无可如何之事。"[①]

不论如何，在曾国藩面前，这个女婿还算是收敛了不少，在两江总督署内，小夫妻日子过得还算消停。同治四年，曾纪琛在两江总督署生下了一个儿子，曾家上下都极为高兴。就凭这一点，纪琛的命运就比大姐纪静强多了。

不料孩子刚生下两月，就出现了意外。曾国藩奉命北上剿捻，安排家人回湖南老家。"文正公出署登舟之际，全城水陆诸军举炮送行，其声震耳，久而不绝。其子因惊致疾，已登舟，疾甚，遂折回署中也，医治无效，竟殇。"[②]因为被礼炮声惊吓生病，这个不到三个月的孩子居然夭折了。从此曾纪琛没再生男孩。

没能为罗家养大一个男孩，又要与那个极难伺候的婆婆相处，因此离开两江总督署回湖南时，曾纪琛恋恋不舍，泪流不止。曾纪芬回忆说："姊之姑为罗忠节之妾，性颇悍厉，姊惮于行，临别悲恋不已。"[③]

回到婆家一段时间后，曾纪琛实在受不了这个婆婆的有意折磨和丈夫的暴躁脾气，向哥哥纪泽表示，想再回娘家住上一段时间。

曾国藩此时写了一封著名的家书给纪泽，明确表示反对：

> 罗婿性情乖戾，与袁婿同为可虑，然此无可如何之事。不知平日在三女儿之前亦或暴戾不近人情否？尔当谆嘱三妹柔顺恭谨，不可有片语违忤。三纲之道，君为臣纲，父为子纲，夫为妻纲，是地维所赖以立，天柱所赖以尊。故《传》曰：君，天也；父，天也；夫，天也。《仪礼》记曰：君至尊也，父至尊也，夫至尊也。君虽不仁，臣不可以不忠；父虽不慈，子不可以不孝；夫虽不贤，妻不可不顺。吾家读书居官，世守礼义，尔当诰戒大妹三妹忍耐顺受。吾于诸女妆奁甚薄，然使女果贫困，吾亦必

---

① 《曾国藩全集·家书》，岳麓书社，1994年，第936页。
② 曾宝荪、曾纪芬著：《曾宝荪回忆录》，岳麓书社，1986年，第13页。
③ 同上。

周济而覆育之。目下陈家微窘，袁家、罗家并不忧贫。尔谆劝诸妹，以能耐劳忍气为要。吾服官多年，亦常在耐劳忽气四字上做工夫也。①

这封冷酷的信恰可证明曾国藩不是一个伪君子，他真诚地信仰他的人生哲学，并且全力践行。“君虽不仁，臣不可以不忠”，正是他与咸丰皇帝关系的写照。“夫虽不贤，妻不可不顺”，是他对女儿不可置疑的要求，哪怕是以亲人的痛苦为代价。

曾纪琛只好在罗家苦熬度日，辛苦支撑。因为自己没再生儿子，所以她本着“妇道”，主动张罗给丈夫纳妾。此举给罗家留下了一个遗腹子：

吾姊前生一子不育，后只生一女，因置妾，夫妇亦不甚和。罗姊婿后出外觅事，欲接家眷，吾姊则令其妾往。戊子年姊婿殁于秦州，幸得一遗腹子以传宗，此实赖姊氏之贤。②

也就是说，后来罗允吉外出谋事，纪琛不愿跟随，只让小妾去陪侍。不久罗允吉死在外地，幸好这位小妾生了个遗腹子，让罗氏的血脉得以延续。

四

和自己的大姐和三妹比起来，曾国藩的二女儿曾纪耀的生活还不算特别苦。

曾纪耀的公公是曾国藩的另一位同乡兼好友，那就是曾国藩在京期间家书中经常提到的同事陈源兖。

陈源兖字岱云，是湖南茶陵县人，可谓曾国藩的至交。他和曾国藩既是同乡，又同为戊戌科进士，同时入选翰林院庶吉士，性格又特别投合。所以他们

---

① 《曾国藩全集·家书》，岳麓书社，1994年，第936~937页。

② 曾宝荪、曾纪芬著：《曾宝荪回忆录》，岳麓书社，1986年，第28页。

两个人在京期间往来密切，“不啻一家骨肉”[①]。陈源衮在道光二十三年曾经大病，曾国藩天天去看望，有时甚至通宵达旦守护在他的身旁。次年，陈妻病逝，曾国藩日日到陈家，“代为经理一切”[②]。陈岱云的儿子陈松生那时刚满月，无人照管，曾国藩将这个孩子带回自己家，雇乳母喂养。

鉴于多种特殊的关系，陈源兖在道光二十七年主动向曾国藩提出联姻之事，曾国藩也欣然同意。

陈松生十岁的时候，父亲陈源兖在地方官任上抵抗太平军兵败自杀，他就成了父母双亡的孤儿。曾国藩对这个未来的女婿疼爱有加，从生活上、学业上都给予了多方关照。好在此子自幼聪明，学习刻苦，诗文都作得很不错，因此，在曾国藩的几个女婿中，算是比较有出息的一个。他在1862年与曾纪耀成婚之后，曾有几年专心攻读举业，不过没能成功。

陈松生算是一个有上进心的人，曾纪耀上面又无公婆，这两点强于她的三妹。但是陈家也有自己难念的经。第一个是穷。陈岱云是一个清官，没留下什么积蓄，陈松生没成长为一个花花公子，但是他的哥哥陈杏生却没能幸免。有一次陈松生借到手两万两白银，却被他哥哥私取后很快挥霍殆尽。有这样一个败家子，陈家生活相当艰难。

第二个是陈松生为人虽然不荒唐，但是性格偏执急躁，在家里说一不二，很难伺候。在《崇德老人自述年谱》中，妹妹曾纪芬这样描述二姐的婚后生活：

> 姊婿松生性颇偏执，不听姊数数归宁也。……仲姊之嫁后生涯，有非人所堪者，而委曲顺从，卒无怨色。姊婿性峻急，患咯血时，扶持调护，真能视于无形听于无声。[③]

曾国藩的女儿个个贤惠，而曾纪耀又是她们当中最贤惠的一个。后来在父

---

① 《曾国藩全集·书信》，岳麓书社，1994年，第40页。

② 《曾国藩全集·家书》，岳麓书社，1994年，第70页。

③ 曾宝荪、曾纪芬著：《曾宝荪回忆录》，岳麓书社，1986年，第22页。

亲曾国藩病危时，又是她，毅然“祷天割臂以进”，从自己的胳膊上割下一块肉来当药给父亲吃。据说孝女孝子的肉有奇效，当然事实上是丝毫无补，不过由此可见她的性格和观念。所以不论丈夫怎么挑剔发脾气，她从来都是打不还手、骂不还口，逆来顺受，百般服侍。

第三个痛点是纪耀身体不好，终生没能生育。

有此三点，纪耀的生活虽然强于大姐三妹，但也很难说幸福。后来曾纪泽出使英国，提携自己这位妹婿，让他做了自己的帮办，带着他们夫妇一起去了英国。纪耀领略了西洋世界的异样风光，生活也比从前优裕得多了，终于算过上了一段舒心日子。可惜因为身体素弱，到了英国之后的第三年就病逝了，终年三十九岁。

小妹曾纪芬总结二姐一生，说她“抑郁终身”，“无生人之欢”，“令人怆念不置”。[①]

五

在曾国藩的前四个女儿当中，只有曾纪纯曾经品尝到了夫妻和乐、举案齐眉的幸福滋味。

曾纪纯的公公，是曾国藩最好的朋友之一的郭嵩焘。曾国藩、刘蓉、郭嵩焘三人青年订交，情同手足，后来又都成了亲家。

1858年，曾纪纯才十二三岁，就许配给了郭嵩焘的长子。1865年，曾纪纯和郭依永顺利成婚。

曾国藩选婿的出发点，是有其父必有其子。这一点只在郭依永身上实现了。郭依永和他的父亲一样聪明好学，兴趣广泛，文笔极佳，“自场屋经义律赋试帖，以至唐人楷法、名家绘画，皆窥其藩而究其趣，而于古近体诗为之尤勤”。他尤其喜欢作诗，有名士风，经常“矫首长吟，丛稿满室”。有时骑一匹骏马，携带一名僮仆，“薄暮游古寺，觅句以归，用是自适”。[②]

---

① 曾宝荪、曾纪芬著：《曾宝荪回忆录》，岳麓书社，1986年，第27页。
② 《曾国藩全集·诗文》，岳麓书社，1994年，第326页。

曾国藩很喜欢这个女婿，对他的诗才也高度评价："依永之诗，嵯峨萧瑟，如秋声夜起，万汇伤怀；又如阅尽陵谷千变，了知身世之无足控抟者。"[①]

曾纪纯从小读书，也能吟诗作文，结婚后，夫妻二人诗文唱和，相敬如宾，感情很好，又很快生了两个儿子。曾国藩对自己女儿未来命运的设想，终于有一个算是实现了，他感到非常安慰。

然而郭依永诗歌当中的伤感气息，似乎预示了他的命运，曾国藩说："览依永之诗篇，似多见道之词。胡含愁而郁郁，岂其中有不自持？"[②]结婚才三年，不过二十一虚岁，郭依永就因病去世了。纪纯从二十岁就开始守寡。

消息传来，曾国藩悲痛异常。从这件事上，他更切骨地体会到了命运的无常。他的四个女儿，每一个择婿时都是千挑万选，公公都是修身立品的正人，然而女儿个个命运不佳。看来，上天在很多时候是不讲道理的，或者说，上天的"道理"，超越了人类能理解的尺度。

悲怆之中，他为这个唯一满意的女婿撰写了《墓志铭》，在这篇文章当中，他谈到了自己对命运的看法。他说：

> 呜呼！衰龄而哭子，仁慧而不寿，皆人世所谓不幸。然圣贤有遭之者矣，岂天之所可否，与人间所称善恶祸福，其说绝不类耶？抑人事纷纭万变，造物者都不訾省，一任其殃庆颠倒、漫无区别耶？天人感应之故，自昔久无定论。[③]

不管怎么样，作为一个君子，对于天命，如同孝子之于亲命，不管多么不合理，只能敬顺承之：

---

① 《曾国藩全集·诗文》，岳麓书社，1994年，第326页。
② 《曾国藩全集·诗文》，岳麓书社，1994年，第327页。
③ 《曾国藩全集·诗文》，岳麓书社，1994年，第326页。

吾闻君子之畏天命，有如孝子之事庭闱。苟遭祸谪，敬受不疑。恭若申生，顺若伯奇。又闻道家之言，与化推移。纵心任运，有若委衣。虽宗旨之各别，要安命而无违。……修德之报或爽，虽神圣不能测其微。主之人者为吾能为，主之天者吾安敢与知？[①]

曾纪纯独自一人含辛茹苦抚养两个幼子，生活并不容易。郭依永的母亲是郭嵩焘的小妾，为人刁钻刻薄，“姊于归后，与筠仙先生之侧室不相容洽”[②]。婆婆特别小气，曾纪纯过着“日食至粗之米，唯以莱菔为肴，月费一缗亦吝而不与”[③]的日子，其辛苦程度可知。1881年，曾纪纯积劳成疾，于三十六岁的盛年去世。

六

鉴于四个女儿的不幸婚姻，对于最小的女儿曾纪芬的婚事，曾国藩不敢再轻易决定了。

因此，在曾国藩的几个女儿当中，曾纪芬订婚是最晚的，直到十八岁时，才选定了一个名叫聂缉椝的十九岁的小伙子。

这个女婿是曾国藩女婿当中最初看起来最平凡的一个。首先这个“满女婿”家世不如前几个高。他是湖南衡山人，父亲名聂尔康，号亦峰，虽然也是翰林出身，不过官做得不大，多年做县官，最高只做到了知府，与曾国藩关系也不算亲密。

其次这个聂缉椝本身看起来也并不算出色。他科举多次名落孙山，当时只是一个监生，在江南制造局中做一个普通委员。

但是这个小伙子长得很英俊，而且谈吐清楚，看起来颇有才干。当时出身官宦人家而选择做洋务的年轻人并不多，曾家感觉这个青年人将来能有点出

---

① 《曾国藩全集·诗文》，岳麓书社，1994年，第326~327页。
② 曾宝荪、曾纪芬著：《曾宝荪回忆录》，岳麓书社，1986年，第22页。
③ 同上。

息，因此定下了这门亲事。

这一做法事后被证明是非常英明的。曾国藩以前选婿，都犯了为时过早的毛病。很多孩子小时候看着聪明伶俐，长大后却往往不成材。因此，选择一个已经成人的人，显然更为明智。

择婿晚，结婚更晚。曾纪芬结婚前，连续遭遇父亲曾国藩和夫家长辈之丧，因此婚期一再拖延。1875年，曾纪芬与聂缉椝的婚礼正式举行，这一年她已经二十四岁了。

聂缉椝像

后来的事实证明，曾纪芬是曾国藩女儿当中命运最好的一个。她的丈夫聂缉椝结婚时虽然只是一个普通职员，但是后来工作出色，又因特殊身份受到曾国藩故交的照顾，在上海制造局做到总办，后来又转入地方官场，一直做到巡抚。夫妻两人感情和睦，子孙满堂，纪芬又活到九十高龄，诚可谓有福之人。人称她一生“由侯门千金小姐，而巡抚夫人，而工商巨擘的太夫人，起居八座，子孙绵继，寿登耄耋，既贵且贤”。她写的《崇德老人自订年谱》也成为中国近代重要史料。

七

曾纪芬之所以能够生活幸福，除了夫婿不是按曾国藩以前的原则找的，逃过了“曾国藩择婿铁律”之外，恐怕还有一个原因，就是这个小女儿比她的姐姐们性格更为活泼可爱，更得丈夫欢心。

作为曾国藩女儿当中唯一留下回忆录的一个，纪芬在《崇德老人年谱》中提及其父亲的地方并不多。在她的回忆里，曾国藩是一个非常严肃的老头，刻

崇德老人曾纪芬像

板得有些不近人情："文正平日对儿女极严肃。"[①]

曾国藩的教女方式是非常传统的。他在家书中曾经说："五十（人名）读书固好，然不宜以此耽阁自己功课。女子无才便是德，此语不诬也。"[②]因此曾家女儿在成长过程中，都是"大门不出，二门不迈"。曾纪芬在回忆录中说："余在督署虽仅髫龄，而随诸姊之后不出署门一步，惟从望楼上得见迎会之高跷，稍知市井间情状耳。"[③]曾纪芬说，同治九年她十九岁时，路过盐道署，想到其中的花园去看一看，但是鉴于男女之大妨，竟然没有如愿："欧阳太夫人以次于十月间由运河南下，居盐道署。署中有花园，惟须经过幕僚所居，余等以不便竟未一游。"[④]

在总督府中，曾国藩不许孩子们穿华丽衣服：

> 余忆幼时所见皆淳朴无华，而余家为尤甚，姊妹姑嫂至一衣递袭，已详前记矣。文正素恶纷华，曾手书不准穿大镶花边衣五采花裙，盖今日所视为陈旧者，彼时方矜奇炫异也。[⑤]

有一次见曾纪芬穿了一条彩色绸裤，就立命她换掉：

---

① 曾纪芬：《崇德老人自订年谱》，《曾宝荪回忆录》附录，岳麓书社，1986年，第10页。
② 《曾国藩全集·家书》，岳麓书社，1994年，第102页。
③ 曾纪芬：《崇德老人自订年谱》，《曾宝荪回忆录》附录，岳麓书社，1986年，第11页。
④ 曾纪芬：《崇德老人自订年谱》，《曾宝荪回忆录》附录，岳麓书社，1986年，第17页。
⑤ 曾纪芬：《崇德老人自订年谱》，《曾宝荪回忆录》附录，岳麓书社，1986年，第57页。

忆入金陵督署时，尚未终靖毅公丧，所着为蓝呢夹袄及长嫂贺夫人所遗黄绸裤，缀青花边。文正见而斥以为侈，乃亟取三姊之绿裤易之。此裤亦贺夫人遗物，盖嫂以遗姑、姑又互相袭用也。[①]

由此可见曾家教育女儿，实在是过于“道学”。前四个女儿的悲苦命运，可能也与曾国藩从小对她们的妇道教育过于严格，导致这些女儿性格过于刻板无趣有关。

好在对这个最小的女儿，曾国藩不太一样。曾国藩夫人一生生过六个女孩，在生纪芬之前，第五女“因脾虚病痢失于调理而殇”，“故余生而欧阳太夫人及诸兄姊保抱提携，怜爱弥笃”。对后来的最小的女儿纪芬，全家人如“失而复得”，都非常疼爱。[②]包括曾国藩，对这个“满女”都不像对别的女儿那样严厉。

曾国藩有时竟然还罕见地和这个“满女”开开玩笑。曾纪芬回忆说：

余幼时头上常生虱，留发甚迟，十一岁始留发。因发短年稚，须倩丁婆为余梳头。其时方行抓髻，须以铁丝为架而发绕之。余闻而以意仿制，为之过大，文正见而戏曰：“须唤木匠改大门框也。”文正平日对儿女极严肃，惟亦偶作谐语。[③]

纪芬十一岁开始留长发，因为当时流行抓髻，中间用铁丝做架子，缠得越大越好。小纪芬好美贪大，用了一个大大的架子，梳了一个大大的头，成了大头娃娃。曾国藩一看，乐不可支，说，看来咱家得叫木匠来了。纪芬问，叫木匠做什么？曾国藩说，得把门框改大点，要不你的头进不来啊！

---

① 曾纪芬：《崇德老人自订年谱》，《曾宝荪回忆录》附录，岳麓书社，1986年，第11页。
② 曾纪芬：《崇德老人自订年谱》，《曾宝荪回忆录》附录，岳麓书社，1986年，第6页。
③ 曾纪芬：《崇德老人自订年谱》，《曾宝荪回忆录》附录，岳麓书社，1986年，第10~11页。

由此可见曾国藩对这个最小的女儿，有着一份与众不同的怜爱。所以纪芬从小的生活氛围应该是比诸姊轻松一些的。

在这样的环境下，曾纪芬养成了较其他曾家女儿更为活泼可爱的性格。曾家的家规训练，又让她从小懂事能干。与此同时，曾纪芬又有文化，她“幼承家学，工书、善诗文，所作楷书，雍穆浑厚，人争宝之”[①]，和丈夫又有共同语言。因此结婚后，夫妇感情不错。结婚之初，丈夫聂缉椝尚未谋到正式职业，无固定收入，加之生育儿女较多，几乎每年出生一个，所以经济上颇为困窘。但曾纪芬把家务管理得井井有条，使丈夫解除了后顾之忧。她与婆母张氏的关系处理得很融洽，让丈夫对她感激不尽，这也是她夫妻和睦、生活幸福的重要基础。她是曾家女儿中，“妇道”“妇德”与天性比例结合得好的一个，因此也是人生最幸福的一个。

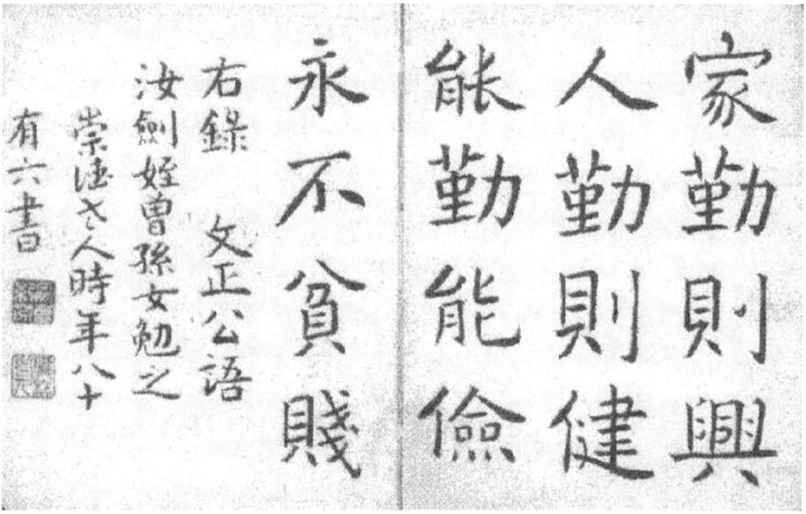

崇德老人手书文正公语

① 赵禄祥主编：《中国美术家大辞典》（下），北京出版社，2007年，第1932页。